재일조선인과 암시장

전후(戰後) 공간의 생존서사

재일조선인과 암시장

전후(戰後) 공간의 생존서사

초판 1쇄 발행 2021년 5월 31일

지은이 | 박미아
펴낸이 | 윤관백
펴낸곳 | 도서출판 선인

등 록 | 제5-77호(1998.11.4)
주 소 | 서울시 마포구 마포대로 4다길 4(마포동 324-1) 곶마루 B/D 1층
전 화 | 02) 718-6252 / 6257
팩 스 | 02) 718-6253
E-mail | sunin72@chol.com

정가 39,000원

ISBN 979-11-6068-484-1 93910

재일조선인과 암시장

전후(戰後) 공간의 생존서사

박미아

도서출판 선인

머리말

남들보다 늦은 나이에 역사 전공으로 대학원 공부를 시작하게 되었다. 무엇을, 어떻게, 왜 탐구해야 하는지 스스로에게 무수한 질문을 던지며 대학원에서의 첫해를 보냈다. 병아리 연구자에게 연구 주제 선택이란 망망대해에서 나침반도 없이 방향을 찾아야만 하는 작업 같은 것이다. 길이 없는 것이 아니라 세상의 모든 방향으로 천 갈래, 만 갈래 향해 있는 길이 너무 많은 까닭에 그 선택 과정은 고심과 시행착오로 가득 찬 혼란의 연속일 수밖에 없다. 그런 행로에서 '재일조선인'이라는 희미한 등댓불을 스쳐 지나가듯 만나게 되었다. 원래의 선택지에 없던 경로였으나 어쩐지 그 불빛에 자꾸 시선이 가고, 마음이 쓰여 주변을 뱅뱅 돌다 보니 결국 그곳이 나의 정박지가 되어 버렸다.

국립국어원 표준국어대사전에서는 '재일조선인'을 "일제 식민지 시기에 일본으로 건너가 거주하게 된 교민을 가리키는 말. 일본에 정착하여 일본 국적을 취득하거나 한국 국적을 유지한 채 살고 있는 동포를 가리키는 재일 교포와는 구별되는 개념이다"라는 몇 줄로 간단히 설명하고 있다. 하지만 보통의 한국인에게는 '교민' '재일교포' '동포'의 차이부터 이해하기 쉽지 않다. 엄밀하게 말하자면 보유 국적에 따라 각 개념들을 분류할 수 있는 것도 아니다. '재일조선인'이라는 단어는 어쩐지 생경하고, 동시대성을 느낄 수 없는 사어(死語)로 여기는 이들도 적지 않을 것이다.

그런데 일제 강점기에는 보편적 호칭이었던 ‘재일조선인’은 1945년 해방 이후에도 짧지 않은 기간 동안 재일 사회 내부의 공감대, 각종 공문서, 언론, 일반 대중의 인식에서 이질감 없이 수용되는 호칭이었다. 하지만 남북 분단과 두 개의 정부 수립, 이후에도 이어지는 한반도와 일본의 복잡한 관계 속에서 ‘재일조선인’은 점차 특별한 의미를 지닌 용어가 되어 버렸다. 몇 세대에 걸쳐 이들이 정주하고 있는 일본 사회에서는 호칭에서 오는 논란을 피하기 위해 현재 ‘재일코리안’, 혹은 재일(在日)의 일본어 발음인 ‘자이니치’를 어영부영 전체를 뭉뚱그린 중립적 의미로 사용하고 있지만 ‘재일’이라는 공통분모를 뺀다면 그 명명의 속사정은 각기 다르다.

이 사정의 발단이 된 ‘재일조선인’이라는 이름은 역사적, 사회적, 정치적 관점에서 설명하기가 길고 어렵고 민감하다. 같은 뿌리를 지닌 재외거주 민족 집단의 이름에 대해 긴 부가설명이 붙고, 상황에 따라 호칭이 달라진다는 것은 식민지와 분단의 역사가 재일 사회에도 그대로 반영된 현실을 보여준다. 그렇다고는 해도 이 용어에 귀속감을 느끼는 이들은 적지 않으며, 현재진행형으로 생명력을 가지고 있다.

본 저서는 필자의 박사학위 논문이었던 「해방 직후 재일조선인의 경제활동 : 1945~1950년 암시장을 중심으로」(2016)를 기본으로 하여 추가 내용을 덧댄 것이다. 이 연구에서 필자의 관심은 해방 이후 재일조선인의 일상에 집중되어 있다. 해방은 되었으나 한반도의 정치, 경제, 사회 현실은 식민지 시기와는 또 다른 불안함의 연장이었고, 귀국 배편이 원활하지 않은데다 사유재산 반출 제한까지 있어 많은 이들은 귀국을 연기하거나 포기하게 되었다. 여기에 해방 후 5년 만에 동족상잔의 비극인 전쟁이 발발하고, 한반도 분단은 고착화되어 염원하던 귀국 의지나 희망은 점점 사그라들 수밖에 없었다. 재일조선인 대다수는 귀국을 희망했다고 하지만 이런 상황들로 인해 원하지 않게 일본에 뿌리를 내리고, 영원히 돌아오지 못하는 이방인으로서 살아가게 된다. 그런 운명은 이 시기에 결정되었다고 해도 과언이 아닐 것이다.

전쟁 말기 강제 연행되어 주로 군수산업에 종사했던 많은 수의 조선인들은 급작스런 패전 선언 이후 실업자가 되었고, 식량과 물자 부족 사태 속에서 일본인과 마찬가지로 굶주림과 궁핍을 겪어야만 했다. 필자가 연구의 축으로 삼았던 암시장은 이 시기 민중들의 일상 체험이었고, 약육강식의 동물적 본능만이 생존을 기약하는 공간이었다. 일본인들이 씁쓸하게 인정하듯 '악의 온상'이지만 '필요악'이기도 했다. 민족과 계층을 초월해 패전의 실존적 의미가 공유되었던 암시장은 일본의 전후가 정리되면서 자연스럽게 소멸되었다.

하지만 암시장이 종언을 고한 이후에도 빈핍 계층이 절대 다수인 재일조선인들은 오랫동안 암시장 시기와 크게 다르지 않은 하류세계의 생활공간에서 맴돌게 된다. 무산자와 비식자층 비중이 높았던 재일조선인들은 경제적 계급상승이 가능했던 일부를 제외한다면 힘들고(difficult), 더럽고(dirty), 위험한(dangerous) 말단 직업군에 주로 종사하며 일본 고도성장의 그늘 뒤에 머물러 있거나 도태되기도 했다. 여기에 배타적인 제도와 사회적 인식 속에서 암암리에 혹은 노골적으로 겪게 되는 차별과 멸시는 식민지와 암시장의 기억이 배태한 또 다른 역경으로 작용하게 된다.

2000년대 초반, 당시 도쿄도지사 이시하라 신타로는 도쿄에서 '흉악한 범죄' '소요사건' 등이 '제3국인'에 의해 일어날 가능성을 언급한 적이 있었다. '제3국인'은 패전 이후 일본에 재류하던 외국인 중 '(전쟁)당사국 이외 제3국의 국민'을 광범위하게 일컫는 가치중립적인 단어였다. 문제는 이 단어가 암시장 범죄와 관련해 의도적으로 강조되면서 모욕적인 차별어로 전용되었다는 점이다. 소수의 중국계인이 포함되긴 하지만 패전 이후 재일 외국인의 90% 이상은 재일조선인이었고, 이런 상황에서 '제3국인'은 누구를 주 대상으로 지칭하는지 명약관화한 것이었다.

암시장은 전후 무뢰배들이 눈앞의 이익을 위해 폭력적인 극한 대결을 벌이는 장소였다. 같은 민족 집단 사이에서도 분쟁은 끊이지 않았고, 식민지 역사에서 비롯된 이민족끼리의 대립 감정은 일본인의 패전의식과 맞물리면서 더욱 격렬한 방식으로 표출되었다. 민족대립은 패전 책임으로부터 사람들의 시선을 돌리려는 정치인들에 의해 교활하게 이용되기도 했다.

당시 정치계와 언론을 중심으로 유포되었던 대표적인 언설은 재일조선인이 암시장에서 온갖 불법과 탈법을 저지르면서 경제를 교란하고 이익을 독점한다는 것이었다. 무모한 전쟁 수행과 패전 이후 혼란의 책임이 누구에게 있는지는 너무나 자명한 사실임에도 불구하고, 허탈함에 사로잡힌 일본 민중은 이 악의적 선전선동에 휘둘리는 경향을 보였다.

고금을 막론하고 전후의 민중들에게 최소한의 도덕적 가치관이나 행동을 기대하기는 어렵다. 일본인들의 전후의식은 식민지 '이등국민'에서 하루아침에 신분이 바뀌어 '해방민족' 행세를 하는 재일조선인에 대한 비틀린 감정과 결부되었다. 점령군 지배하에서 전후 몇 달 동안 재일조선인에게 주어졌던 '한줌의 특권'에 대해 눈꼴 신 감정이 근저에 깔려 있었고, 식민지 압제에 대한 복수심으로 과격 행위를 자행하는 일부 조선인 청년들에게 향하는 괘씸한 감정은 식민지 멸시의식과 무관하지 않았을 것이다. 전쟁 수행의 주범들에게 향해야 할 분노는 자신보다 약하고 만만한 상대에게 집중되었고, 식민지 지배 수십 년간 그들보다 열등한 위치로 여겼던 재일조선인은 이를 발산하기 좋은 상대였다. 하지만 재일조선인들의 전후 각자도생(各自圖生)은 일본인과는 또 다른 조건의 실존적 일상이었다.

당시 7천5백만 명 정도였던 일본 인구의 백분의 일도 되지 않는 재일조선인이 경제 혼란의 주범이라는 주장은 어떤 면에서도 보더라도 말이 되지 않을뿐더러 실제로 그렇지도 않았다. 약육강식의 정글 같은 암시장판에서 재일조선인 중에도 약삭빠르게 기회를 포착한 이들은 분명 있었다. 다만 이는 그야말로 극히 일부이며, 만일 그 주장대로 전후 재부(財富)를 독점했다면 그 이후로도 이어지는 대다수 재일조선인의 빈곤의 세월은 어떤 논리로 설명을 할 수 있을 것인가? 이러한 선동은 일부의 일탈을 재일조선인 전체의 행위로 등치시키면서 전후 혼란을 '남의 탓'으로 몰아가려는 집단적 책임 전가 의식의 한 면모를 보여주는 것이라 하겠다. 표현 그 자체만으로는 객관적으로 보이는 '제3국인'이 야비하고 차별적인 용어로 인식되는 것은 이런 의도를 비겁하게 담고 사용되었던 실체적인 역사에서 기인하는 것이다.

일본에서도 차별어 사용 자제의 분위기가 형성되면서 어느 시기부터 '제3국인'은 공공연하게 사용하지 않게 되었다. 하지만 과격 우익 성향인 이시하라의 발언을 통해 이 단어의 비열한 역사성이 재조명되었고, 이는 이시하라 등으로 대표되는 인물들의 시대착오적 재일조선인관을 보여주는 것이라 하겠다.

하지만 필자는 이런 사례를 빌어 비정상적인 전후 윤리관과 암시장 담론을 전개하자는 것은 아니다. 그보다는 재일조선인의 생존투쟁기와 이 시기에 형성된 틀이 이후 영향을 끼치는 요소가 된 것에 보다 집중하고 싶었다. '재일조선인'의 역사는 상투적인 수식을 최소화하고, 팔이 안으로 굽는 민족주의적 관점을 가능하면 배제한다고 하더라도 '고난과 차별의 수난사'임은 분명한 사실이다. 필자는 문헌 자료와 제한적인 만남을 통해 역사 속의 그들과 조우한 것이 고작이지만 오랜 세월을 통과해

온 역사 기록 뒤의 수많은 재일조선인들에게 인간적인 경의를 표하지 않을 수 없다. 또한 연구를 하면 할수록 그들의 존재를 너무 몰랐고, 너무 늦게 접했다는 송구스러움을 느끼고 있다. 그런 마음과 자세가 학문 연구라는 망망대해에서 나를 이끌어주는 나침반 역할을 한 것이 아닐까 한다. 본 저서는 내가 만들어 왔고, 만들어 갈 잔잔한 물길의 시작점에 해당한다. 같은 문제에 관심 있는 이들에게 도움이 된다면 정말 보람찰 것이다.

이 책이 나오기까지 이끌어 주신 스승님, 선후배 동학, '재일조선인' 문제에 대해 인간으로서의 예의를 보여주신 일본의 양심적인 시민과 학자들, 그리고 재일조선인 · 재일코리안 · 자이니치들에게 참으로 많은 것을 배우고, 도움을 받았다. 그리고 천학비재(淺學菲才)의 박약한 의지가 흔들릴 때마다 굳건한 신념의 거울이 되어주셨던 노공님과 문님, 논문 작성으로 지친 정신과 육체에 위안이 되었던 서대문 안산 자락길, 마지막으로 늦깎이 학생을 오랫동안 묵묵히 지켜보고 지원해준 가족에게 무한한 감사와 애정을 보낸다.

2021년 4월

한반도와 전 세계의 안녕을 기원하며

| 목차 |

제1장

서 론

제 1 장

1. 연구의 목적

재일조선인[1]은 1945년 8월 15일 일본의 패전 선언으로 인해 피지배 신분에서 벗어나게 되었다. 패전국 일본에서는 사회 전반에 걸친 지각변동이 일어났고, 재일조선인의 상황도 이와 연동되었다. 복원병과 제국의 식민지 거주자들이 귀국하면서 일본 내의 인구가 급격하게 증가하고, 전시기 군수산업 중심의 산업 전반이 해체, 재편성되었다. 재일조선인 대다수는 해방 이전부터 주력 군수산업이기도 하였던 토목, 탄광, 공장 등의 저변부에서 노동자로 일했는데 이 때문에 조선인의 실업 상태는 더욱 심각한 상황이었다.

총력전을 내세운 일본 정부는 전시기에 통제경제를 실시하였고, 패전

[1] 본 연구는 대상 시기를 해방 공간으로 삼았기 때문에 당시 보편적으로 사용되었던 '재일조선인'이란 명칭을 사용하고자 한다. 해방 이전 도항하고, 정주하게 된 이들과 그 후세대에 대한 호칭은 재일조선인, 재일한인, 재일한국인, 재일한국 · 조선인, 재일코리안, 재일동포, 재일교포 등 다양한 용어가 학문분과에 따라 선택되거나 혼용되고 있다. 최근에는 이 용어들이 지닌 의미를 모두 함축하고 있는 자이니치(在日)라는 단어도 일상적으로 사용되고 있다. 재일한국 · 조선인, 재일코리안, 자이니치 등은 모두 본 연구의 대상 시기 이후에 사용되었으므로 필자는 '재일조선인'이 시기에 가장 적합한 용어라고 판단하였다. 1948년 한반도에 남북 정부가 각기 수립된 이후에도 '조선인'이라는 용어는 동포 사회 내부에서 스스로를 지칭하는 보편적인 용어였다. 다만 1965년 한일협정을 계기로 정치적 지향성을 강하게 반영하는 용어가 되었으므로 이를 범용으로 사용하기 어려운 시기, 혹은 그 이외의 시기를 기술할 때는 중립적인 의미의 '재일코리안'이라는 용어로 대체하였다.

이후 붕괴된 국가 시스템 복구라는 명목으로 점령군도 통제경제 정책을 이어나갔다. 암시장은 이런 시기에 자연스럽게 나타난 현상이었다. 암거래는 전시기에 통제경제의 외곽에서 암암리에 횡행하였지만, 전후가 되자 물리적 공간에서 생산과 소비, 유통을 지탱하는 공공연한 존재가 되었다. 암시장은 이런 과도기에 나타나 5년 미만의 기간 동안 존재했던 일탈적인 시스템이었다.[2)]

재일조선인은 부족한 배급식량의 보충, 귀국을 염두에 둔 임시 생계 방편, 혹은 전후 혼란상황에서 '벼락부자'의 꿈을 꾸며 일본인이 형성한 암시장으로 유입되었다. 암시장은 패전 이후 정치 · 사회 · 경제 · 문화 전반의 변화를 반영하는 공간으로 일본인에게는 잊혀진 역사에 가깝지만 향후 재일조선인 생활 전면에 깊은 영향을 끼치는 주요 인자로 작용하게 된다.

정치 · 사회적 측면에서 보자면 제국주의 질서가 역전되면서 일본인과 조선인 사이에는 새로운 역학관계가 설정되었다. 암시장은 민족 · 계급 · 연령 · 성별 · 교육 수준이 다른 계층의 사람들이 혼재된, 일본 역사에서도 미증유의 공간이었다. 식민지 시기에 접촉면이 제한적이었던 양국민은 암시장을 기반으로 새로운 공존과 대립의 틀을 형성해 나가게 된다.

경제적 측면에서는 일본 산업구조의 말단에서 보조적 역할을 수행했던 조선인이 암시장을 통한 자본축적으로 향후 전개될 '재일산업'[3)]의 기

---

2) 수요와 공급의 극심한 불균형 속에서 유지되었던 암시장은 물자통제가 점진적으로 해제되면서 서서히 그 기능을 상실하게 되었다. 도쿄도의 경우 1949년 8월, 암시장적 성격인 노점에 대해 정리안을 제시했다. 이듬해 5월 말경 노점의 완전 철거로 암시장은 외형과 실질적 속성 측면에서 그 기능이 종료되었다. 공식적인 암시장은 소멸되었지만 재일조선인 사회의 '암시장적 속성'은 지속되었다. 암시장을 통해 어렵게 생계유지를 해왔던 재일조선인 중 이후에도 암시장 시기의 거래처를 중심으로 상업 활동을 하거나 밀주제조에 더욱 집중해 경제적 궁핍의 현실을 보여준다.

반을 형성하는 계기가 되었다.

이렇게 해방 직후 재일조선인과 암시장은 불가분의 요소임에도 불구하고 이에 대한 연구는 공백 상태에 가깝다. 그 이유는 다음처럼 분석해 볼 수 있다. 첫째, 학문 영역에서 포착되기 어려운 속성 때문이다. 암시장은 본질적으로 '어둠의 경제'였고, '이면의 존재'였다. 패전 이후의 사회환경에서 대다수가 의존하면서도 공공연하게 그 존재를 인정하기 어려운 '필요악'이었다. 패전으로 약체화된 공권력은 암시장을 효율적으로 통제할 수 없었고, 암시장은 '만악의 근원' '범죄의 온상'으로 치부되었다. 이러한 연유로 참고할 만한 자료, 통계, 지표 등이 충분하지 못하고 신뢰도 또한 낮다. 재일조선인의 경우, 해방 직후에는 일본 공권력의 통제 범위 외곽에 있었으므로 참고자료는 더욱 희소하다. 연구의 기본 자료가 풍부하지 못한 까닭에 학문적 접근이 쉽지 않았다고 여겨진다.

둘째, 재일조선인 내부의 거부심리를 상정해 볼 수 있다. 암시장 관련 직업은 정업(定業)적 요소가 약해 유동성이 높고, 전술한 이유로 자부심을 가질 만한 일이 아니었다. 암시장에서 경제적 성공을 이루었다 하더라도 이는 숨기고 싶은 사실에 속했다. 여기에 해방 이전부터 존재하던 일본인의 조선인 멸시 의식이 해방 이후 암시장을 통해 새로운 방식으로 강화된 것도 한 요인이 될 것이다.

---

3) 韓載香, 『「在日企業」の産業經濟史 : その社會的基盤とダイナミズム』, 名古屋大學出版會, 2010, 7~36쪽 ; 임영언 외, 『재일코리안 기업가 −창업방법과 민족네트워크』, 한국학술정보, 2006, 40~69쪽 분석 참조. 본고에서는 '재일산업'이라는 용어를 사용하였으나 이는 '에스닉 비즈니스' '에스닉 마켓'의 개념에서 차용한 것이다. 에스닉 비즈니스는 마이너리티 민족 그룹이 受入國 사회에서 경원하는 저계층의 시장, 수요 변동이 심해서 대기업이 진출하지 않는 시장에 진출해 사업 영역을 펼쳐나가는 것을 의미한다. 재일조선인은 해방 이전부터 토건업, 고물회수업 등에서 그런 경향을 보였고, 해방 이후에는 암시장을 배경으로 성장한 특정 제조업, 야키니쿠업, 파친코업 등을 대표적으로 꼽을 수 있다. 그 외에 직업선택에 제한요인이 되는 국적조항 등으로 인해 이에 구애받지 않는 부동산, 금융업, 서비스업 등의 집중도도 높다. 이런 직업들이 이른바 재일산업으로 인식되고 있다.

패전에 대한 일본 민중의 원성을 무마하려는 일부 정치인과 언론의 선전선동, 전후 윤리의식 붕괴 속에서 암시장은 유용한 타격 대상이 되었고, 암시장 속 재일조선인의 존재는 패전 책임회피의 주체들에 의해 과장되게 부풀려졌다.[4] 패전의식과 생존경쟁 속에서 일본인들은 다양한 형태로 가공된 재일조선인의 '암시장 신화'를 무비판적으로 받아들이고, 의도된 '조선인 때리기'에 공조했다. '사실'과 '거짓'이 복합적으로 뒤섞인 채 이런 경향은 시기에 따라 반복·재생되면서 고착화되었다. 재일조선인 사회에서는 이런 빌미를 제공해준 암시장과의 연관 관계를 굳이 복기하지 않으려는 심리가 내재화되었을 것이다. 재일 사회의 '빛'만을 강조해도 차별과 편견이 엄존하는데 '그림자'에 해당하는 암시장을 굳이 내세우지 않으려는 암묵적이고 집단적인 거부심리가 존재하는 것이 아닐까 한다.

상기한 이유 등으로 암시장은 역사 기술의 전면에 떠오르기 어려웠다. 그럼에도 불구하고 필자는 다음과 같은 점 때문에 암시장의 존재를 주목하게 되었다. 먼저 암시장과 해방 이후 재일조선인 경제활동의 상관관계에 관한 것이다. 암시장은 해방 이후에 형성된 재일 경제사의 출발점이라고 해도 과언이 아니다. 재일상공업자는 암시장에서 성장의 기반을 마련하고, 일본 전후 재건 경제에 일조하는 한편, 그 과정 중에 독자적인 '재일산업'의 근간을 마련해 나갔다. 일본에서 재일코리안 산업을 대표하는 양대 업종이 야키니쿠와 파친코가 되는 과정은 암시장 활동과 밀접한 관련이 있다고 할 수 있다.

다음으로는 해방 이후에도 여전히 식민지 멸시의식의 연장선을 보여

---

[4] 재일조선인이 암시장에서 발호하여 일본 경제를 교란하고, 신엔 발행분의 3분의 1을 보유하고 있다는 항간의 확인할 수 없는 소문을 공공연히 국회 발언과 정치집회를 통해 유포하였다.

주는 부정적 '재일조선인관' 형성에 암시장이 담당한 역할 때문이다. 암시장은 전후 혼란 속에서 일본인이 주체가 되어 형성한 공간이지만 돌연한 패전선언으로 인해 재일조선인의 귀국은 차질을 빚었고, 암시장 참여는 이런 상황에서 고른 선택지였다. 일부 자산가 및 엘리트층을 제외하면 재일조선인 대다수는 단순기술자, 육체노동자, 무산자 등이었고, 교육의 혜택을 입은 이는 매우 적었다. 지식과 일정 자산을 가진 이들도 암시장에서 쌀 몇 말 때문에 경찰과 사투를 벌였고, 밀조 막걸리를 비롯한 다양한 물자를 판매하면서 귀국과 정주의 전망 사이에서 고심하였다. 암시장에서 부수적 위치였던 재일조선인이 암시장의 주도세력으로 매도 당하는 과정에는 특정 세력의 특정 의도가 작용하는 역사적 인과관계가 있었음을 학문적으로 구명할 필요가 있는 것이다.

암시장은 해방 직후 재일조선인 사회의 이면을 반영하는 공간이었다. 선악의 경계가 불분명하고, 포장된 명분 이면의 실리가 존재했다. 암시장의 구조와 참여 인원을 보더라도 재일조선인이 암시장의 주류가 될 수는 없었다. 전후 60여만 명 정도였던 재일조선인이 7,500여만 명의 일본인보다 더 많은 불법과 탈법을 자행할 수 있는지, 구조적으로 이것이 가능한지는 단순하게 생각해 보아도 알 수 있는 일이다.

암시장을 둘러싼 재일조선인의 일탈 행동, 민족단체의 이름 뒤에서 행해진 호가호위와 사리사욕의 충족, 이를 둘러싼 이전투구 등은 실재하였지만 이런 면모는 해방 공간 재일조선인의 일면일 뿐, 암시장에서 생존해야 했던 대다수 조선인의 서사를 설명하는 것은 아니다. 일본 측이 식민지 역사에 대한 사과나 패전 책임표명의 회피 기제로서, 혹은 선전선동의 대상으로서 암시장과 재일조선인을 호출할 때 과장되고 왜곡된 면은 더욱 도드라져 보이기 마련이다.

필자는 재일조선인이 암시장에서 탈법, 불법을 하지 않았다고 주장하거나 옹호하면서 실체적 사실을 축소할 의도는 없다. 약육강식이 일상적인 생존경쟁의 장, 선악구분과 흑백의 경계로 재단되지 않는 암시장은 이를 통제하는 일본 정관계 인사, 경찰들조차 일상적으로 이용했고, 일본인 대다수는 암시장이 없으면 생활할 수 없을 정도였다. 다만 일본측에서 생성하고, 반복 재생산하며 각종 사회 문제의 부정적 발원지로 사용하는 '재일조선인 만능론'의 기원이 어떻게 시작하였는지 분명하게 지적할 필요성은 있다.

암시장은 일본의 다면적인 전후를 보여주고, 재일조선인은 이와 복합적으로 연동해 새로운 재일사회를 구축해 나갔다. 암시장은 정리되지 않은 식민지 상황의 연장과 현재의 재일사회를 연결해주는 시공간으로 존재한다. 하지만 재일조선인과 암시장의 역사는 여전히 어둡고 두꺼운 장막으로 가려진 채 '도시 전설' 수준의 일화로만 점철되어 있다. 일본측 시각에서 암시장 연구가 축적되고 있지만, 재일 학계나 한국에서는 연구의 스펙트럼이 확장되지 않고 있다. 필자는 미흡한 역량과 자료 접근의 한계에도 불구하고 다각적 시각의 재일조선인 연구를 위해 본 주제를 선택하였다.

2. 선행연구 및 문제제기

재일조선인 문제는 식민지 경험의 산물로 결코 한국 근현대사와 분리될 수 없다. 하지만 한반도의 정치적 지형을 그대로 반영하고 있는 국내학계에서는 현실적으로 재일사회 연구에 한계가 있었다. 1980년대 이후로 그런 한계를 극복하고자 하는 연구결과들이 나타났지만, 한국과 북한, 일본의 정치·외교적 상황으로 인해 여전히 미답의 경지가 더 많은 상황이다.

해방 후 재일조선인의 정치 · 경제 · 사회 · 문화 연구는 여러 학문분과에서 이루어졌다. 운동사, 교육사, 문학사에서 꾸준하게 연구가 진행되었고, 최근에는 시민운동 차원의 실행과 현지 조사 등의 보고 등으로 그 반경을 확대하고 있다. 해방 이후 재일조선인 연구 중 가장 이른 시기에 착수된 것은 법적 지위와 인권에 주목한 법제사, 정책사 쪽이다.[5] 본 글과 관련해 한일 양국에서 행해진 재일조선인사 연구를 크게 ① 재일조선인의 역사와 실태에 대한 개괄적 연구, ② 재일조선인의 경제 및 산업사 연구로 분류해 보았다.

①의 범주에 해당하는 연구의 효시로는 일본 패전 후 에드워드 W. 와그너가 점령군 군인 신분으로 작성한 보고서를 들 수 있다.[6] 이 연구는 재일조선인을 점령 정책에 장애가 되는 존재로 생각했던 점령군의 관점과 달리, 재일조선인의 역사적 배경을 염두에 두었다. 하지만 재일조선인을 오키나와인, 아이누인 등과 같은 일본의 '소수민족'으로 파악하거나 차별적 점령 정책에 대해서는 개괄적 언급으로만 그치고 있다. 후세대 학자들이 이런 오류를 지적하는 것은 당시의 한계를 반영하는 것이라 하겠다. 그렇다고 해도 동시대의 일본과 한국, 그 어느 쪽에서도 주목하지 않았던 재일조선인의 해방 전후사를 제3자의 시각에서 정리한 선구적 연구였고, 이후 연구에도 영향을 미쳤다.

1950년대 후반부터는 재일조선인 학생 혹은 소장학자들에 의한 연구 결과가 나타났다.[7] 이 시기는 1959년, 이른바 '북송사업' 혹은 '귀국사업'

5) 1950년대 이한기와 유진오가 국제법과 '북송사업'에 관한 논문을 발표하였지만 재일조선인 일반의 삶과는 거리가 먼 내용이고, 학술연구라기보다는 정책 분석에 가깝다.

6) 『Korean Minority in Japan, 1904~1950』, International Secretariat, Institute of Pacific Relations, 1951. 본 논문에서는 일본 번역본인 エドワ-ド · W · ワグナ-, 『日本における朝鮮少數民族 : 1904年~1950年』(湖北社, 1975)을 참조하였다.

7) 朴在一, 『在日朝鮮人に關する綜合調査硏究』, 新紀元社出版部, 1957 ; 李瑜煥, 『在日韓國

이 시작되어 재일조선인이 대규모로 북한에 영주 귀국하는 큰 인구 변동이 일어났다.[8] 이 연구들은 재일조선인들의 생활 실태를 사회과학적 시각에서 종합 조사 분석한 것으로, 재일조선인에 의한 본격적인 학문 연구라는 점에 큰 의미가 있다.

동일한 시기에 1세대 재일사학자인 강재언(姜在彦), 박경식(朴慶植), 강덕상(姜德相)은 기존에 해오던 조선사 개괄 연구를 근현대사 속의 재일조선인 연구로 확장했다. 박경식의 『朝鮮人強制連行の記録』[9]은 조선인 강제 연행의 실상을 밝힌 최초의 보고서로 이후 재일운동사 연구에 주요한 전기를 제공해 주었다. 다만 연구 초기에는 재일조선인 형성사 전반을 개괄적으로 다루고 있어 해방 이후 동시대사와 일상사 측면까지 그 연구영역이 확대되지는 않았다.

1960년대에는 한일 국교정상화를 전후해서 한일관계의 전망과 법적 지위, 민족교육에 대한 연구가 나타나기 시작했다. 특기할 것은 1968년 김희로 사건[10]을 계기로 재일조선인의 일본 내 위치와 생활 실태가 학계와 시민단체의 주목을 받게 되고 이에 관한 연구가 확산되기 시작했

人の五十年史: 發生因 に於ける 歷史的 背景と解放後 に於ける 動向』, 新樹物産株式会社出版部, 1960 ; 朴庚来, 渡辺博史, 『在日韓国人社会の総合調査研究』, 民族文化研究会, 1963.

8) 국제고려학회 일본지부 재일코리안사전 편찬위원회, 정희선 · 김인덕 · 신유원 옮김, 『재일코리안 사전』, 선인, 2012, 66~67쪽. 1959년 12월부터 1984년까지 93,340명이 북한으로 귀국하였다. 전체의 80%인 74,900여 명이 초기 2년 동안 귀국하여 재일조선인 사회에 인구 변동을 초래하였다.

9) 이 보고서는 한일회담이 이루어진 1965년에 발행되어 재일조선인 강제연행의 실상을 밝혔다. 강제연행은 좌우 진영과 관련 없이 구명되어야 하는 일이었지만 이 보고서 발간 이후, 박경식은 '분파주의자'라는 비난을 받고 북한 지원으로 건립된 도쿄 조선대학교 교원직에서 해고되었다.

10) 1968년 재일조선인 2세 김희로는 폭력배와 채무 관계로 싸우던 도중 조선인 비하 욕설을 듣고 총으로 일본인을 사살한 후 시골 여관에서 일본인 인질을 잡고 경찰과 대치전을 벌였다. 이 사건은 방송으로 중계되며 전국적 주목을 끌었다. 이 과정 중 차별 문제를 언급해 그의 범행이 일본 식민지 지배와 재일조선인 관계에서 기인한 것임을 일본 사회에 널리 알렸다. 흉악범죄에 대한 단죄와 별도로 그의 발언은 의식을 가진 일본 시민들에게 큰 영향을 미쳤고 재일조선인 인권운동의 주요한 계기가 되었다.

다는 점이다.[11] 1976년에는 박경식을 비롯한 재일연구자들과 일본 학자들이 중심이 되어 재일조선인운동사연구회를 결성하였다. 이 연구회는 학술지『在日朝鮮人史研究』를 정기적으로 발행하였고, 재일조선인 연구는 하나의 학문분야로 자리 잡기 시작했다.

한국 학계에서 재일조선인에 대한 본격적 연구가 진행된 것은 1990년대부터였다. 이 시기에 한국 학자들이 한일 양국에서 재일조선인을 주제로 학위논문을 취득하기 시작했다. 먼저 해방 전사로서 조선인의 일본 도항 요인과 집거지 형성, 재일조선인 사회의 성립과 전개 과정, 노동환경과 생활 실태, 이에 관련한 민족운동 등을 다양하게 포착한 연구 성과들이 있다.[12] 해방 이후사 연구로는 한반도 분단 상황에서 행해진 재일조선인 민족단체의 건국운동 연구[13], 재일조선인의 정치·경제적 지위에 결정적인 영향을 미친 점령군의 정책연구[14] 등이 연구 결과물로 나타났다.[15]

---

11) 梶村秀樹·佐藤勝巳,「在日朝鮮人の戦後史と日本国家」,『朝鮮研究』76号, 1968.8.

12) 김인덕,「在日朝鮮人 民族解放運動 硏究 : 1925~31년 時期 社會主義 運動을 중심으로」, 成均館大學校 大學院 박사학위논문, 1996 ; 김광열,「戦間期日本における定住朝鮮人の形成過程」, 一橋大学 博士論文, 1997 ; 정혜경, 일제하 在日한국인 민족운동의 연구 : 大阪 지방을 중심으로」, 韓國精神文化研究院 韓國學大學院 박사학위논문, 1999. 일본에서는 外村 大가 전기의 연구를 종합적으로 보강한「在日朝鮮人社会の歴史学的考察 : 形成·構造·変容」(早稲田大学 博士論文, 2002)을 발표했다.

13) 최영호,「戦後の在日朝鮮人コミュニティにおける民族主義運動研究 −終戦直後南朝鮮の建国運動との運動を中心に−」, 東京大学 博士論文, 1994.

14) 김태기,「戦後」在日朝鮮人問題の起源 : SCAPの対在日朝鮮人政策1945年-1952年」, 一橋大学 博士論文, 1996.

15) 재일학자 鄭栄桓의「解放」後在日朝鮮人史研究序説 : 1945-1950年」(一橋大学 博士論文, 2010), 鄭祐宗의『解放後在日朝鮮人の政治社会史』(大阪大学 博士論文, 2013)도 이 범주의 연구에 포함된다. 한편 본 논문의 대상 시기와는 다르지만 진희관의『조총련 연구 : 역사와 성격을 중심으로』(東國大學校 大學院, 박사학위논문, 1999)에는 해방 직후의 정치 활동과 총련으로 이어지는 일련의 과정이 언급되었다. 그 외 이 시기 정치활동과 밀접한 관계를 맺었던 민족교육에 대한 연구로 김대성의『在日韓國人의 民族教育에 관한 硏究』(檀國大學校 大學院 박사학위논문, 1996), 정희선의『재일조선인의 민족교육 운동(1945~1955) 연구』(강원대학교 대학원 박사학위논문, 2006)가 있다.

상기 연구들은 국내 학계에서 주목하지 않았던 일본 소재 자료의 활용과 분석으로 재일조선인의 식민지기와 해방 전후사 연구에 다양함을 증폭시켰다. 다만 해방 이후사의 연구는 정치운동사 측면에 집중되어 있다. 점령군 통치 하에 놓인 일본과 불완전한 독립으로 분단이 된 한반도 상황에서 정치의 향방은 재일조선인의 운명을 좌우하는 주요 주제였기 때문일 것이다. 대다수의 재일조선인은 귀국과 잔류에 대한 고민, 암시장에 의존해야 하는 경제적 현실에 놓여 있었는데 지도자급, 엘리트 인사들의 행적과 운동 방향, 정책 집행과 진행 과정에 논점의 무게를 둔 연구에서는 일반의 실태가 주변적 소재에 머무르고 마는 것이 아쉬운 점이다.

②에 해당하는 재일조선인의 경제 및 산업사 연구는 1970년대부터 본격적으로 시작되었다. 서용달(徐龍達)은 재일코리안의 직업 실태 연구에 대해 선구적인 연구를 시작으로 장기간 일련의 연구를 진행하였다.[16] 오규상(吳圭祥)은 한국 연구자들이 접근하기 어려웠던 총련계 기업의 형성과 활동에 대해 분석하였다.[17] 서용달과 오규상의 연구는 재일사회 내에 존재하는 분단의 현실을 반영한 셈인데, 양 연구는 상호 보완적으로 참고해 볼 필요가 있다. 그 외 경제 산업사 연구는 역사적 관점보다 경제·경영학의 기업사 연구, 사회사적 분석 중심의 연구가 있

16) 「在日韓国人の職業」, 『別冊経済評論』 1972.9 ; 「在日韓国人の職業と経営の実態: 「国際化時代」の盲点·差別の社会構造を考える」, 『桃山学院大学経済学論集』 14, 1972 ; 『在日韓国商工人の意識と実態について』 東京韓国青年商工会, 1982 ; 『在日韓国·朝鮮人の現状と将来』, 社会評論社, 1987 ; 『在日韓国商工人の意識と実態』, 青商連合会, 1989.

17) 『在日朝鮮人企業活動形成史』, 雄山閣, 1992. 재일본조선인총연합회는 일본 및 재일사회에서 약칭 재일총련, 조선총련 혹은 총련이라고 부르고 있다. 그러나 한국에서는 이를 '조총련'이라는 약칭으로 부르고 있다. 이에 대해서 김효순은 "조총련은 국적불명의 용어"이며 "남쪽의 정보기관이 가공해 국내의 대중매체들을 통해 무차별 확산시켰기 때문"이라고 그 연원을 파악했다.(『한겨레신문』 2000년 8월 3일자) 일본과 재일사회에서는 특정 의도를 지닌 경우 이외에는 조총련이라고 불리는 일은 좀처럼 없으므로 본 논문에서는 보편적으로 사용되는 총련으로 표기하고자 한다.

다. 이 연구들은 재일 사회 내에서 경제적 상층부에 도달한 집단의 창업 정신과 사업 전개 과정, 사업 모델 등을 중심으로 사례별로 분류하고 분석한 것이 주류를 이루고 있다.[18]

이들 연구에서 암시장에 대한 언급은 폭넓게 나타나지만 상세하게 기술하지 않았고, 실질적인 연구대상이 되지도 않았다. 많은 경우 자수성가한 이들의 출발점이 되었던 암시장의 역사성은 반영되지 않았고, 낙오한 이들의 경제활동은 그 연구대상조차 되지 못했다. 중심 주제가 되지 못한 것은 '연구의 목적'에서 전술한 원인과 더불어 결과에 의미를 부여한 학문 분과의 연구 방향성 때문이 아닌가 한다.

상기한 두 가지 유형 외에도 일본학계의 암시장 연구를 참고할 수 있다. 암시장은 패전 이후 주요 사회현상 중 하나였고, 도시 개발사에서 주요 연구 대상이었다. 전후 최초의 암시장 연구는 1950년에 발표된 논문 「戦後の露店市場」[19]으로 패전 이후 암시장에 새로운 상업 세력이 유입되는 과정과 그들의 활동 방식을 실증적 조사를 통해 충실하게 구성한 보고서였다. 이 보고서는 패전 이후 기성 권위가 몰락한 시기에 작성되었는데 전후 암시장의 주도 세력이 천황주의를 신봉하는 '봉건적' 사상의 소유자임을 역사적 연원을 통해 입증하고자 하였다. 노점상을 착취하고, 전후 각종 부정부패와 연루된 암시장 주도세력을 비판적인 시각에서 바라보는 당시 지식인들의 관점을 엿볼 수 있다.

그러나 이 연구에서 재일조선인의 암시장 참여 상황과 실태에 대해서

---

18) 河明生, 『韓人日本移民社會經濟史 戰前篇』, 明石書店, 1997 ; 『マイノリティの起業家精神 －在日韓人事例研究－』, ITA, 2003 ; 임영언, 『재일코리안 기업가 －창업방법과 민족네트워크』, 한국학술정보, 2006 ; 『재일코리안 기업의 경영활동』, 북코리아, 2006 ; 韓載香, 『「在日企業」の産業經濟史 : その社會的基盤とダイナミズム』, 名古屋大學出版會, 2010 ; 永野慎一郎, 『韓国の経済発展と在日韓国企業人の役割』, 岩波書店, 2010.

19) 大河内一男 編, 『戦後社会の実態分析』(日本評論社, 1950)의 한 부분으로 이 장은 大塚斌 · 高橋洸 · 濱誠이 공동 조사와 집필을 담당했다.

는 알 수 없다. 연구자들은 일본인 상업자에 대해서는 특정 지역과 시기를 정해 전수조사를 했지만, 재일조선인과 재일중국·대만인에 대한 조사는 없고, 간단한 기술에만 그쳤다. 그 기술조차도 세간의 소문을 전달하는 수준으로 각 민족 분류가 없이 '제3국인'[20]이란 모호한 범주 속에 뭉뚱그려 언급하였다. 일부 정치인이 암시장의 '지배적인 존재'이자 '경제 교란의 주역'으로 언급했던 외국인 암시 상인에 대한 조사와 분석이 없다는 것은 역설적으로 이들이 일본인 중심의 상권을 압도할 정도가 아니라는 반증이라고 할 수 있다.

하지만 이 연구 이후 암시장은 30여 년 넘도록 학문적 주제로서 다루어지지 않았다. 전후 30년이 되는 1975년에 암시에 관한 기록과 증언을 함께 엮어 편찬한『大阪·焼跡闇市―かって若かった父や母たちの青春』(夏の書房), 1978년에는 도쿄의 암시장을 다룬『東京闇市興亡史』(草風社, 1999년 双葉社에서 재간행)이 발간되었다. 당시 경험자들의 다양한 증언과 활동 상황을 집약했고, 통계 이면에 존재하는 생활사를 반영했다는 점에서 의의가 깊은 저작물이다. 다만「戦後の露店市場」을 토대로 각종 신문 기사와 기록, 증언 등을 추가했는데 일부 학술적 기고문을 제외하면 전체 구성은 암시 인상 비평기에 가깝고 학문적 연구 결과라고 보기는 어렵다.

또한 이 저작물들에도 재일조선인에 대한 편견이 반영되어 있다. 수록된 증언과 기고, 인터뷰는 일본인만 대상으로 하였고, 재일조선인, 중국계인들의 입을 통한 직접적 사례나 증언은 나오지 않는다.[21] 패전 의

---

20) GHQ의 자료에서는 드물게 'the third nationals', 'the member of the third nations' 등이 사용된 적이 있지만 이른바 '제3국인'이란 용어는 공식적으로 사용된 적이 없었다. 정황상 일본의 미디어들이 이를 '제3국인'으로 번역한 것으로 보인다. 부정적인 사회현상을 외국인에게 전가할 때 이 용어를 사용해 이는 차별적·배타적 의미로 간주되고 있다. 2000년, 당시 도쿄 도지사 이시하라 신타로가 이를 범죄와 관련지어 언급함으로써 다시 논란거리가 되었다.

식을 조선인에 대한 상대적 박탈감으로 치환했던 일본인들은 '제3국인'의 일탈과 특권적 위치만을 강조하는 사례만 부각해 부정적 재일조선인관을 연상시킨다. 사실 관계가 불분명한 소문이 일방적으로 나열되었지만 이에 대해 필진의 해설이나 분석, 확인 작업 등이 부가되지 않은 채 새로운 '암시장 전설'로 자리매김하게 된다. 이후에도 암시장 관련 기획저서나 회고록은 재일조선인에 관한 한 이 저작물들의 내용을 인용하면서 재일조선인에 대한 부정적 이미지가 더욱 증폭된 것을 볼 수 있다.[22]

암시장이 학문적 영역에서 새롭게 조명된 것은 1980년대 중반 마츠다이라 마코토(松平誠)의 도시생활 문화사에 관한 연구 이후부터였다.[23] 2000년대가 되면 건축사, 도시개발사에서 암시장에 대한 일련의 연구가 이어지고 있는데,[24] 이러한 연구들에서는 재일조선인에 대해 보다 진중한 관점에서 접근하고 있다.[25]

마츠다이라는 재일조선인의 내장요리와 막걸리가 암시장을 통해 일본 사회로 전파된 식문화라는 것에 연구의 일부를 할애하고, 암시장 한 귀퉁이에서 발생한 파친코업의 초기 모습도 다루고 있다. 야키니쿠와 파친코라는 재일산업의 양대 업종의 발상지로 암시장의 역할을 설명해

---

21) 『東京闇市興亡史』에 재일조선인과 중국계인들의 인터뷰와 인용이 짧게 나오지만 이는 인터뷰 대상자들이 암시장 권력 싸움의 주역들이기 때문이었다. 시장 속 '약자'로서의 일본인 입장은 강조되고 있지만 마찬가지 상황의 재일조선인 사례는 등장하지 않는다.

22) 塩満一 著, 『アメ横三十五年の激史』, 東京稿房出版 1982 ; 長田昭, 『アメ横の戦後史 : カーバイトの灯る闇市から60年』, ベストセラーズ, 2005. 한편 2012년부터 1년간 『新潮45』에 연재된 石井光太의 르포 「浮浪児1945」에서도 이런 관점은 동일하다.

23) 『ヤミ市―東京池袋』, ドメス出版, 1985 ; 『ヤミ市幻のガイドブック』, 筑摩書房, 1995.

24) 初田香成, 「戦後日本における都市再開発の形成と展開に関する史的研究」, 東京大学 博士論文, 2008 ; 橋本健二, 初田香成 編著, 『盛り場はヤミ市から生まれた』, 青弓社, 2013 ; 村上しほり, 「占領下日本の都市空間に関する史的研究 : 神戸におけるヤミ市の生成と展開に着目して」, 神戸大学 博士論文, 2014.

25) 하츠다 코세이(初田香成)는 기존 암시장 연구에서 '재일외국인'들의 역할이 부각되지 않았다는 점에서 향후 연구에서 이에 대한 새로운 시각이 필요하다고 언급하였다.

주고 있는 것이다.

무라카미 시호리(村上しほり)는 도시개발사 관점으로 타 암시장 연구에서 볼 수 없었던 재일조선인의 주도적이고 역동적인 역할을 고베 지역 암시장을 통해 부각했다. 다만 마츠다이라는 도쿄 중심, 무라카미는 고베 중심의 연구인 까닭에 재일조선인과 암시장의 전반적, 전국적 활동 영역을 파악하기에는 미흡한 감이 있다.

국내에서는 조경희의 「전후 일본 "대중"의 안과 밖 —암시장 담론과 재일조선인의 생활세계—」[26]와 「도쿄 우에노의 로컬리티 형성과 이동하는 하층민 : 우에노 공원 일대를 중심으로」[27]가 암시장과 재일조선인의 상관 관계를 최초로 언급한 작업이라고 할 수 있다. 전자는 망각된 '집단적 기억' 중 하나였던 일본 전후 암시장이 '쇼와 노스탤지어'를 통해 아름답게 포장되는 경향의 이면에서 대중의 체험은 다르다는 점을 대비하고 있다. 실체적 경험이 각기 다른 '기억' 속에 존재하고, 이런 과정 속에서 재일조선인에 대한 부정적 담론의 형성이 이후까지 이어졌다는 점을 지적하였다. 후자는 재일조선인의 참여 비중이 높았던 우에노 암시장을 전면으로 내세워, 시장 전개와 분리 과정에서 형성된 중층적인 로컬리티를 설명하였다. 다만 이 논문의 연구 대상은 우에노 지역에만 한정되었고, 암시장을 중심으로 형성된 담론과 '하층민'의 존재 양태가 중심주제인 관계로 재일조선인 경제생활 전반에 관한 설명은 충분하지 않다.

필자는 이런 선행연구들을 이어 받아 재일조선인과 암시장의 상관관계에 대해 일련의 연구를 진행하고 있다. 본 글은 졸고 「해방 직후 재일조선인의 경제활동 : 1945~1950년 암시장을 중심으로」(박미아, 서강대

26) 『현대문학의 연구』 50, 2013.

27) 『사회와 역사』 97호, 2013.

학교 대학원 박사학위논문, 2016)를 기본으로 새롭게 발굴한 자료의 추가, 관점의 교정, 표현과 문장 등을 다듬어 발간하는 것으로 향후에도 재일코리안에 관한 연구를 이어나갈 예정이다.

3. 연구 자료와 내용의 구성

재일조선인과 암시장에 관련된 자료들이 충분하다고 할 수는 없지만 부족한 1차 사료와 다양한 2차 사료의 활용으로 입체적인 관점의 접근을 시도하고자 하였다. 먼저 암시장 내 재일조선인의 역할을 파악하려면 일본 암시장의 전반적인 구조를 이해해야 할 것이다. 전후 암시장의 역사사회학적 위상은 전술한 바와 같은 다양한 연구와 저작들을 참고하였다.

다음으로 점령정책과 보고서, 관련 제도 중에서 암시장과 관련한 부분을 살펴보았다. GHQ가 작성한 일본점령 관리문서, 재일조선인 관리 중요문서 등에는 재일조선인 정책에 관한 큰 방향성이 나타난다. 내무성 자료, 국회의사록 등에는 암시장과 재일조선인의 상관관계에 대해 참고가 될 만한 부분을 발견할 수 있다. 일본 정부의 자료 중에서 흥미로운 것은 암시장, 밀조주 단속 관련 경찰, 세무서, 검찰 등의 보고서다. 일본 정부가 치안과 세금 문제를 명분으로 암시장의 재일조선인을 어떤 방식으로 관리했는지 이들 보고서에 잘 반영되어 있다. 다만 이런 부류의 보고서는 일본 당국의 시각이 일방적으로 반영되어 있으므로, 그 의도와 이면의 배경을 파악해야 할 것이다.

1차 자료가 제한적인 이 시기에 중요한 참고가 되는 것은 미디어 자료이다. 일본의 주요 전국 일간지 및 지역 일간지, 업계 전문지, 일반 잡지도 그 대상으로 삼았다. 암시장 관련 보도는 몇몇 대형 사건을 제외하면 재일조선인만을 집중적으로 보도하는 경향성이 심하다고 할 수는 없었지만, 밀조주 단속 사례는 전국지와 지방지 모두, 특히 48년을 전후로 하여 재일조선인에 대해 집중된 흐름을 볼 수 있다. 그 내용을 보면 재일조선인이 일본에 잔류하게 된 역사적 의미와 경제적 실상에 대한 분석 보도는 없이 단속을 당한 재일조선인의 격렬한 저항을 선정적으로 상세하게 묘사하고, 경찰과 세무서의 단속 성과를 강조하는 것도 공통적인 현상이었다.

이러한 일방적 기록에 함몰되지 않기 위해서 재일조선인 사회 내에서 생산된 자료와 교차 검증해 볼 필요가 있다. 재일 사회에서 생산된 자료들로 참고한 것은 다음과 같다. 첫째, 재일조선인 최대의 민족단체였던 재일본조선인연맹(조련)[28]의 자료이다. 조련은 4년 미만의 존속 기간 중 5회의 대회와 수많은 분과 위원회를 열어 의사 기록을 남겼다. 박경식은 일생을 바쳐 조선인 관련 사료를 수집하였고, 이 자료들을『在日朝鮮人関係資料集成』,『朝鮮問題資料叢書』,『在日朝鮮人関係資料集成 戦後編』등으로 집대성했다.[29] 본 글에서는 이 중 해방 이후 관련 자료들을 참조하였다.

둘째, 재일조선인 언론 자료이다. 한글 인쇄 문제와 제작자와 독자 양

---

28) 在日本朝鮮人聯盟. 1945년 창설되어 1949년 9월 GHQ에 의해 강제해산 당하기까지 재일조선인의 대표적인 민족단체로 인식되었다. 초기에는 민족의 권익과 귀국 문제 등에 주력했으나 한반도의 정치적 상황에 연동하면서 이북 정부 지지의 경향이 농후해졌다. 정치뿐 아니라 민생 문제에도 많은 노력을 경주했지만 GHQ에 반하는 각종 정치적 사건에 연루되자 강제해산되었다.

29) 박경식은 연구 과정에서 수집된 자료를 집대성하여 1970년대에『在日朝鮮人關係資料集成』5권과 부표, 1980~90년대에『朝鮮問題資料叢書』15권과 보권을 발간하였다. 그의 사후에는『在日朝鮮人関係資料集成 戦後編』10권이 자료집으로 간행되었다. 이들 자료집에는 해방 전후, 일본 관헌에 의해 작성된 재일조선인 활동 관련 주요 보고서 및 해방 이후 민족단체의 회의록, 언론의 일부, 해제가 수록되어 있다.

쪽 모두 모국어 사용이 원활하지 못했던 관계로 대다수 언론은 일본어로 작성되었지만, 몇몇 매체들은 한글로 제작되었다.[30] 조련 기관지 『朝聯中央時報』를 비롯하여 조련 측 성향을 반영하는 『解放新聞』 『民衆新聞』 등은 발행부수 및 발행기간, 영향력에 있어서 이 시기를 대표할 만하다. 우파의 기관지인 『民團新聞』도 있으나 이 시기에는 조직이 아직 미약하였고, 초기에는 내용 구성이 재일조선인의 민생보다는 이상적인 주의, 주장에 비중을 많이 두고 있어 암시장 전반에 관한 사료로는 그 내용이 충분하지 못하다. 그 외 지역별, 직능별로 존재했던 동포 언론들을 통해 재일조선인 사회의 암시장과 밀조주에 대한 실태를 다양한 각도에서 추정해 볼 수 있다.

동 시기 한국 언론에서는 재일사회 관련 보도가 빈약하다. 재일조선인 관련 보도는 귀국 관련 기사이거나 반공주의를 강조할 필요가 있을 때 이와 관련된 민단계 인사들의 견해만을 전달하고, 분량 면에서도 매우 적다. 재일조선인 재산처리, 기업 실태 등 경제 관련 기사도 몇 가지 등장하지만, 경제적 하층부의 대다수 재일조선인에게 지속적인 관심을 가지고 보도한 적은 없다. 이는 양국 외교 단절 상태에서 교류가 자유롭지 않았고, 한국 사회의 극심한 혼란상으로 인해 재일조선인 사회에 그 관심이 충분히 미치지 못했던 것도 하나의 이유가 될 것이다.

공식 차원에서 작성된 의사록 및 언론이 다루지 못한 부분은 다음과 같은 자료를 통해 보충하였다. 첫째, 주로 재일 1세들의 인터뷰와 전기이다. 이남호의 『在日僑胞 立志傳 −눈물의 關釜聯絡船』, 공봉식 · 이영동의 『재일동포』, 조맹수의 『한국은 조국 일본은 모국 : 戰後 재일동포들이 말하는 在日』, 이민호의 『(신한은행을 설립한) 자이니치 리더 : 벼

30) 『朝聯中央時報』 『民衆新聞』 『解放新聞』 『新世界新聞』 『女盟時報』 등이 한글로 발간되었다.

랑 끝에서 일어선 재일교포 성공담』 등이 이에 해당한다. 그런데 이들 저작물은 주로 언론 종사자들에 의해 작성된 것으로, 취재 대상자의 상찬에 치중하거나 언급된 일화에 대해 교차 확인 등의 작업이 충분해 보이지 않는다는 문제가 있다. 이에 비해 정순태의 『신격호의 비밀』, 노무라 스스무의 『일본, 일본인이 두려워한 독한 조센징 이야기』, 사노 신이치의 『손정의 –끊임없이 시대를 휘젓는 손정의의 숨겨진 이야기』는 주변 취재와 시대 배경 전반을 살펴보고, 이런 상황 속에서 대상 인물의 활동상을 기술하였다.

둘째, 회고록과 자서전이 있다. 암시장에서 자본을 축적해 금융업으로 진출한 정환기는 『일본에서 보이는 세상』에서, 이성우는 『일본에서 지내온 세월들 –재일교포 할아버지 이야기』에서 암시장 경험을 적극적으로 밝혔다. 엘리트 계층이라고 할 수 있는 강덕상은 「姜徳相氏からの聞き取り 第1回 –ある在日朝鮮人の戦中体験と戦後体験」, 이진희는 『해협 –한 재일사학자의 반평생』, 한석희는 『人生は七転八起』, 강철은 『足立から見た在日コリアン形成史 : 済州島・東京足立に生きた私の半世紀』에서 각각 암시장 관련 경험을 회고하였다.

셋째, 최근 들어 채록이 증가한 구술 자료이다. 경제적 상층부에 도달한 이들은 아무래도 암시장 경험에 대해 언급을 피하려는 경향이 있다. 이에 비해 현재의 위치가 과거에 많이 구애되지 않는 이들은 암시장 경험을 보다 자유롭게, 실체적으로 발화한다. 청암대학교 재일코리안 연구소의 『재일코리안의 삶과 문화』 시리즈, 오사카 산업대학의 『解放直後・在日済州島出身者の生活史調査』 시리즈, 이붕언의 『재일동포 1세, 기억의 저편』, 小熊英二・姜尚中 편저의 『在日一世の記憶』, 가와사키 후레아이관에서 채록한 『在日コリアン女性20人の軌跡』, 川田文子의 『ハルモニの唄 : 在日女性の戦中・戦後』 등에 실린 구술과 인터뷰에서는 암

시장 경험이 생생하게 나타나고 있다. 다만, 이러한 구술에서는 시기와 내용이 엇갈리기도 하고, '기억의 왜곡'이 수반될 수 있으므로 꼼꼼한 자료 읽기가 요구된다. 이런 자료들은 정치(精緻)함에 의미를 두기보다 현재의 처지와 상관없이 남녀노소, 계층과 교육의 차이를 초월해 동시대의 재일조선인에게 암시장이 폭넓은 공통의 경험이었다는 것을 유념해야 하는 것이다.

그 외, 암시장 시기가 직접 대상은 아니지만 각 분야의 재일조선인을 인터뷰하고 분석한 저작물, 2~3세들에 의해 발간된 잡지와 부정기 간행물, 재일산업으로 형성된 야키니쿠[31]와 파친코 산업을 다룬 저작물들도 참고하였다.

본 글의 구성은 다음과 같다. 제2장은 재일조선인이 암시장에 참여하는 사전 조건으로서의 경제적 배경에 관한 것이다. 패전 이후 일본을 점령한 GHQ의 정책 중에서 재일조선인의 생활에 직접적인 영향을 미쳤던 정책의 수립과 집행, 전면적 실업 상태에서 경제적 하층 상태를 전전하는 재일조선인의 생활 실태 전반을 몇 가지 사례와 함께 기술하였다.

제3장은 전시 경제가 낳은 왜곡된 형태의 암시장이 전후에도 연속되고, 민간 경제를 지탱해 나가는 와중에 참여하게 된 재일조선인의 양태를 종사 직업과 취급물자로 나누어 각기 살펴보았다. 이는 오늘날 재일산업의 원점으로 연결되는 기반이라는 측면에서도 중요한 의의를 지니고 있다.

암시장과 관련해 재일조선인의 직업을 크게 단신 운반업, 노점상, 제

31) 佐々木道雄,『焼肉の文化史：焼肉・ホルモン・内臓食の俗説と真実』, 明石書店, 2012,『焼肉の誕生』, 雄山閣, 2011. 23~24쪽. 야키니쿠의 어원에는 여러 설이 있다. '불고기'라는 한국어를 일본어로 그대로 직역했다는 설부터, 조리 방식은 다르지만 일본에 이미 존재하던 명칭 변용 등의 설이 있다. 다만 현재처럼 산업으로 정착하게 된 것은 해방 후 암시장을 배경으로 한 재일조선인의 호루몬요리 판매에서 그 기원을 찾을 수 있다.

조업체 등으로 분류하였다. 단신 운반업은 암시장의 기층을 이루었고, 일본인과 조선인 모두 가장 많은 인원이 경험했다고 추정되지만 유동적, 임시적인 성격이었다. 해방 이전에는 경제활동에서 주요 역할을 하지 못했던 여성과 미성년자도 암시장의 운반업에 종사하면서 가계경제의 보조자가 될 수 있었다. 운반업으로 훗날 경제적 상층부에 도달한 이들도 있지만 대다수는 재일조선인의 열악한 경제생활을 말해주는 하층부 직업을 전전하는 시작점이기도 했다. 이들이 공통으로 경험했던 운반업의 실태와 암시장 내에서의 역할에 주목해 기술할 것이다.

취급물자는 대다수가 주소비자인 일본인을 대상으로 하였지만 재일조선인의 특성이 드러나는 물자로 술과 육류를 주목해 봐야 할 것이다. 이 물자들은 재일산업의 성립과 밀접한 관련이 있다. 증대하는 생활필수품의 수요에 따라 재일조선인 기업체가 특정 제조업에 강세를 보이게 된 과정도 살펴보았다. 이 시기 종사했던 직업군과 주요 취급물자는 훗날 재일산업의 기초 형성 과정을 설명해 준다.

제4장은 재일조선인의 주요 활동공간을 도쿄, 오사카, 고베의 세 도시의 암시장을 중심으로 고찰하였다. 이들 지역 상권의 형성과 소멸, 분리와 공존 등이 이후 전개된 재일산업과 어떤 역사적 연계성을 지니고 있는지 살펴볼 것이다. 한편 상권 전개 과정에서 외부적으로는 일본 공권력 및 일본 상업 조직과, 내부적으로는 조선인 민족단체 사이에서도 갈등이 발생했다. 해방 이전에는 제한적이었던 조선인과 일본인의 접점은 암시장에서 그 범위가 확대되었다. 재일조선인의 상권 형성 과정은 국수적 봉건주의를 신봉하는 일본 노점상 조직 및 이들과 유착관계를 맺은 권력과의 충돌이기도 했다.

암시장은 해방 공간 민족 단체들의 좌우 분열상을 반영하는 또 다른 장이기도 하였다. 이데올로기 대립뿐만 아니라 재정적 기반이 되는 암시장을 둘러싼 갈등도 좌우 충돌의 요인이었다. 암시장을 둘러싼 복합적 갈등과 이것이 재일조선인의 부정적 이미지를 고착시키는데 이용되고 말았던 과정을 이 장에서 고찰할 것이다.

인용된 자료 중 한글로 작성된 것은 가능하면 원문을 살리고자 하였지만, 오늘날의 문법 및 어휘와 심한 차이가 나는 경우는 문맥이 통하는 선에서 교정하였다.

제2장

해방 후 재일조선인의 경제적 상황

제 2 장

1945년 8월 일본은 포츠담 선언을 수락하고, 항복에 따른 절차를 밟기 시작했다. 전시 중 실시되었던 통제 방침을 지속한 점령 당국은 조선인의 존재를 일본의 침략전쟁에 동조한 구 식민지인 정도로 간주하였고, 귀국 혹은 정주에 대한 대책 수립은 점령 정책에서 큰 비중을 차지하지 않았다. 점령군은 미국식 민주주의를 이식해 평등주의에 입각한 경제정책을 수립하였지만 이 정책들은 패전 이후 일본의 경제 상황에서는 조선인의 현실적 난관 타결에 도움이 되지 못했다. 해방 당시 재일조선인 노동자 대다수는 토목, 탄광, 군수물자 생산 공장 등 전시 관련 산업에 종사하였으므로 군수산업의 해체는 전면적인 실업상태를 의미하였다. 탄광 및 광산 노동자들에게는 우선 귀국 조치가 취해졌으나 원활한 수송이 행해지지 못했다. 노동자들은 급여가 정산되지 않은 상황에서 귀국 여비와 생활비 마련을 위해 전후 급속하게 확산된 암시장으로 유입되었다. 해방 이전부터 일본에서 장기간 거주했던 정주자들도 실업과 식량부족에 시달리면서 암시장에서 생계의 방도를 찾고자 하였다. 이 장에서는 점령군의 정책 중 재일조선인의 생활에 직접적인 영향을 끼친 경제정책과 해방을 전후한 재일조선인의 경제적 상황을 간략하게 살펴보겠다.

1. GHQ/SCAP의 재일조선인 경제정책

1945년 7월 26일 개최된 포츠담 회담에서는 일본의 항복을 권고하고 향후 처리방침을 언명한 포츠담 선언이 발표되었다. 이 선언 중 항복 이후 일본 경제의 처리 방안은 다음처럼 제시하고 있다.

> 일본은 경제를 부흥하고 부과된 배상의 의무를 이행하기 위한 생산수단, 전쟁과 재군비에 관련되지 않는 것을 보유할 수 있다. 이를 달성하기 위해 통제에서 구분되는 원료는 허가될 것이다. 또한 장래에 국제무역에 복귀하는 것이 허가된다.

연합국군최고사령관총사령부(General Headquarters, the Supreme Commander for the Allied Powers)[1]에 의한 일본 전후 경제정책의 핵심은 상기의 조항에서 언급한 무장해제로 이루어지는 '비군사화'와 농지개혁·노동 개혁·재벌 해체 등을 포함한 '경제민주화' 두 가지로 집약할 수 있다.[2] 이에 따라 재일조선인의 경제적 환경도 큰 변화를 맞이하게

---

1) 약어로 GHQ/SCAP이라고 한다. 본고에서는 GHQ로 사용하고자 한다.

2) 김태기, 「미국의 대일점령정책과 재일한인의 경제적 권리」, 『한일민족문제연구』 23권, 2012, 259~304쪽 ; 이혜숙, 「전후 미국의 대일 점령 정책 : 경제 정책을 중심으로」, 『사회와역사』 52권, 1997, 257~290쪽 참조. 초기 점령기를 지나면 이는 일본 경제의 자립을 유도하는 정책으로 변모하게 된다. 1949년 닷지 라인의 실시는 초기 정책이 변모하는 것

되었다. 가장 현저한 변화라면 식민지 시기에는 비중이 낮았던 주류 상공업계로의 진출이 확대된 것이다. 포츠담 선언의 수락으로 조업 중단이 된 군수공장을 재일조선인이 인수할 기회가 발생해 제조업의 진출이 증가했고, 제조업의 성장은 암시장의 번성과 밀접한 관계를 맺고 있는 것이었다. 이에 관해서는 다음 장에서 상술할 것이다.

GHQ의 통치방식은 일본 정부에 명령을 내리고 정부는 그 시행을 대행하는 간접통치였다.[3] GHQ 조직은 크게 참모부와 막료부로 나뉘었다.[4] 각종 경제정책은 경제과학국(ESS: Economic & Scientific Section)이 주무부국이었다. 각 부국은 일본의 전후 처리에 대한 전반적 업무를 담당했지만 별도로 재일외국인 문제를 전담하는 부국은 없었다. 재일조선인은 외국인의 90% 이상을 차지[5]하고 있어 외국인 대책은 실질적으로 재일조선인에 대한 대책이나 마찬가지였다. 그러나 점령군은 이에 대한 비중을 크게 두지 않았다. 이들은 양국의 역사적 관계와 그 복합성에 대

을 보여주는 한 예라고 할 수 있다.

3) 타케마에 에이지, 송병권 옮김, 『GHQ : 연합국 최고사령관 총사령부』, 평사리, 2011, 80~81쪽.

4) 막료부에 속하는 민정국(GS: Government Section 정치행정), 민간정보교육국(CIE: Civil Information & Educational Section), 민간첩보국(CIS) 등이 정치적 사안을 담당했다. 재일조선인의 사상동향을 조사하고, 대형 정치투쟁으로 전개된 한신교육투쟁, 재일조선인연맹(조련) 해체 등 정치적 사안에 영향력을 발휘했던 곳이 이들 부국이었다.

5) 『GHQ日本占領史』 第16巻, 日本図書センター, 1996, 195~198쪽. (일본 거주 외국인: 괄호 안은 %)

국적 \ 연도	1947	1948	1949	1950
조선(한국)	529,907(93.5)	621,100(93.0)	595,866(92.5)	538,196(91.6)
대만	10,994(1.9)	16,317(2.4)	16,493(2.6)	16,922(2.9)
중국	18,938(3.3)	21,394(3.2)	21,675(3.4)	21,482(3.7)
미국	2,680(0.5)	3,719(0.6)	4,344(0.7)	5,058(0.9)
유럽	2,861(0.5)	3,691(0.6)	3,835(0.6)	4,074(0.7)
기타	745	1,060	1,078	1,143
합계	566,643	667,903	643,945	587,554

해 이해하기보다 조선인을 '전쟁협력자'로 인식하는 측면이 강했다. 전후 통치에 있어 양 민족의 갈등 요인은 방해가 되고, 조선인에 대한 재정부담도 증가하기 때문에 조선인은 조속한 시일 내에 돌려보내야 하는 '임시 재류자'로 간주했다.

재일조선인과 관련한 문제가 발생하면 각 부국은 담당사항에 대해 독자적인 판단을 내리거나 부국 간 상호 논의해 정책을 결정했다. 이러한 통치 체계와 의사 결정 구조에서 재일조선인에 대한 정책은 별도의 고려대상이 되지 못했다. 사안에 따라서는 임기응변으로 결정되기도 하고, 각 부국 간 의견대립이 발생하면 총사령관의 판단에 의해 최종결정이 내려졌다.[6)]

경제정책 면을 보자면 GHQ는 일본의 전쟁 재발 방지를 위해서 건강한 경제구조를 구축하는데 최우선 목적을 두었다. 조선인의 일본 재류는 일본 경제 회복에 부담이 되는 존재였으므로 가능하면 이들을 조기 귀국시키는 쪽으로 유도하고자 하였다.[7)] GHQ 각 부국 간에도 재일조선인 처리에 대해서는 이견이 있었고, 국제정치의 현실에서도 재일조선인은 어떤 우선순위도 없었다. 또한 정책 실행 과정에서 지령 하달과 실시, 사후 관리 등 여러 단계가 필요했고, 점령 후기로 갈수록 일본인 지방행정관과 실무 담당자가 개입되면서 재일조선인에 대한 정책은 결국 일본 당국의 의도에 따라 좌우되었다.[8)] GHQ의 경제정책 중 재일조선인의 생존권에 크게 영향을 미친 정책은 다음처럼 분류될 수 있다. ① 해방 이후 귀국자들을 대상으로 한 귀국시 소지금액과 화물 제한 규정, ②

---

6) 김태기, 「미국의 대일점령정책과 재일한인의 경제적 권리」, 『한일민족문제연구』, 259~304쪽 참조.

7) 김태기, 「미국의 대일점령정책과 재일한인의 경제적 권리」, 293쪽.

8) エドワ-ド・W.ワグナ-, 『日本における朝鮮少數民族 : 1904年-1950年』, 湖北社, 1975, 119쪽 ; 타케마에 에이지, 『GHQ : 연합국 최고사령관 총사령부』, 124~125쪽.

외국인 대상의 특별 배급, ③ 고용정책, ④ 생활보호법의 적용 등이다.

①은 해방과 동시에 귀국하고자 했던 이들의 운명을 좌우한 주요한 정책이었다. ESS는 1945년 9월 22일자로 「금·은·증권 및 금융상 제증서의 수출입 통제」의 지령을 내렸다.[9] 당초 일본 정부는 귀환자들의 반출 규정에 대해 방침이 없었지만 이 지령이 나온 이후, 조선인 귀국자들의 귀국지참금을 2,000엔까지 허가할 예정이었다. 그러나 일본 측의 제안은 ESS 재정과 담당자에 의해 무시되었고, 오히려 제안한 액수보다 절반이나 축소된 1,000엔이 상한선으로 정해졌다.[10] 초과분은 채권증서, 재산소유권 증서로 교환해 주도록 하였다. 반출하물은 직접 지닐 수 있는 휴대품만 허락하였다가 1946년 4월부터는 1인당 직접 휴대 가능한 한도 내에서 250파운드까지 허락하는 것으로 방침을 바꾸었다.[11]

당시의 극심한 인플레이션을 감안하면 이는 비현실적인 액수였다. 이러한 결정을 내린 점령당국의 설명은 "조선인을 통해 몰래 조선, 그리고 기타 국가가 배상이나 변제를 요구해 왔을 때 충당해야 할 일본의 외화가 일본으로부터 유출되는 것을 막기 위해"[12]라는 것이었지만 이는 일본 경제의 재건을 위해 재일조선인 개개인의 재산권이 무시된 것이었다. 축적한 자산은 즉각적으로 처분하기 어려웠고, 패전 이후 경제상황에서 시세보다 헐값에 처분하기를 망설이는 이들에게 이러한 상황은 미귀환의 주요 걸림돌로 작용했다.[13]

---

9) SCAPIN-44 (Sep. 22, 1945), ESS, Subj.: Control over Expert and Imports of Gold, Silver, Security and Financial Instruments ; SCAPIN-127 (12, Oct. 1945) ESS, Sub. : Supplemental Instructions Relating to Import and Export Control.

10) 荒敬 編集·解題,『日本占領·外交関係資料集 : 終戦連絡中央事務局·連絡調整中央事務局資料. 第1巻』, 1945년 10월 10일, 10월 23일.

11) SCAPIN-822/1 (Mar, 27, 1946), AG 370.05. GC, Subj.: Repatriation.

12) Check Sheet from ESS/FI to GS, (Mar. 5, 1946), Subj. : Korean Repariation.

13) 小熊英二, 姜尚中 編,『在日一世の記憶』, 集英社, 2008, 127~129쪽. 홋카이도 징용공이었던 전보순은 귀국자금을 마련하기 위해 암시장에서 100만 엔에 달하는 자금을 모았다.

이 제한규정에 의해 자산을 포기하기 어려웠던 이들은 정책 변화를 기대하면서 귀국 연기를 하거나 일본 정주를 결심하였다. 이 정책은 단지 귀국자뿐만 아니라 자발적으로 일본정주를 결정하지 않은 잔류자들의 운명까지 결정했던 것이었다.[14)]

②는 재일조선인의 암시장 유입 요인 중 하나가 된 것이었다. 통제경제는 전시 중에 시작되었고, 점령당국에 의해 전후에도 이어졌다. 전쟁 말기 하루 배급량은 2홉1작까지 감소되었고, 패전 직후에도 이보다 조금 상향된 정도였기 때문에 식량 문제는 내외국인을 막론하고 가장 시급한 민생 문제였다.

일본 정부는 패전 직후인 8월 21일, 각 현 장관 앞으로 「외국인에 대한 생활필수품 특배의 건」 통첩에서 전쟁 중 억류 구미인과 중립국 및 피억류 적국인에 대한 식량 특배를 지시했다. 그러나 여기에 명시된 외국인은 모두 서양인으로 재일조선인을 비롯한 중국인과 대만인에 대한 특별배급에 대한 언급은 없다. GHQ는 기존에 행해지던 배급 외에 일본에 체재하고 있는 외국인에게도 식량배급을 행하면서 차등을 두기로 했다. 추축국인 독일인에 대한 특혜를 폐지하고 연합국인에게 충분한 식량을 배급할 의향을 밝혔다. 그러나 일본 정부는 이에 대해 재일조선인을 비롯한 동양인은 일본인과 동일한 생활습관과 신체적 조건을 가지고 있으므로 일본인과 같은 대우를 할 것을 주장했다. 패전국민인 독일인이 오로지 신체적인 조건에 의해 연합국인인 중국인보다 더 많은 양을 배급받는다는 것은 이상한 논리지만 이는 결국 일본의 주장대로 관철되

그러나 소지금액 제한규정에 걸려 귀국을 포기하고 암시장에서 계속 일하게 되었다.

14) 森田芳夫 著,『数字が語る在日韓国・朝鮮人の歴史』, 明石書店, 1996, 20쪽. 1946년 3월 연합국최고사령부는 계획수송을 마무리짓기 위해 잔류자들을 대상으로 귀국희망 등록을 실시했다. 당시 잔류 재일조선인 수는 64만7,006 명이었고 이 중 80% 정도에 해당하는 51만 4,060명이 귀국을 희망한다고 의사를 밝혔다.

었다. 식량배급 문제는 여러 번의 의견조율을 거쳐 서양인과 동양인의 체격적 특성을 감안해 서양인에게는 하루 2,400칼로리, 동양인에게는 1,800칼로리의 열량에 해당하는 분량을 배급하는 것으로 방향이 정해졌다.[15)]

이 논리에 따라 재일조선인은 식량배급에서 특혜를 누리지 못했다. 1945년 가을에 결성된 재일본조선인연맹(조련)의 제1회 중앙위원회 결정사항 중에는 외국인으로서 쌀, 담배, 술 등의 특별 배급 요구가 등장한다. 가나가와현에서는 조선인 대표가 일본인 배급량의 2배에 가까운 하루 4홉5작을 요구하기도 했다.[16)] 가장 기본적인 생존권인 식량 배급에서 이런 혼선이 빚어지는 것은 재일조선인의 지위에 대한 규정과도 무관하지 않다. GHQ는 11월 1일 「일본 점령 및 관리를 위한 연합국 최고 사령관에 대한 항복 후 초기 기본 지령」(초기지령)을 발표했다. 이 초기지령은 재일조선인의 지위규정에 대한 GHQ의 불분명한 방침을 보여주는 한 예로서 이후 재일조선인 처우에 대해 논란을 빚은 시초가 되었다.

> 귀관은 **대만계 중국인 및 조선인**을 군사상 안전이 허락하는 한 **해방민족**으로서 취급한다. 그들은 본 지령에 사용되고 있는 '일본인'이라는 말에는 포함되지 않지만, 그들은 일본신민이었기 때문에 **필요한 경우에는 귀관은 적국민으로서 처우해도 좋다.** 그들은 만일 희망한다면 귀관이 정한 규칙에 의해 송환될 수 있다. 그러나 연합국민의 송환에 우선권이 주어진다.[17)]

---

15) 金太基, 『戰後日本政治と在日朝鮮人問題 : SCAPの對在日朝鮮人政策 1945~1952』, 勁草書房, 1997, 189~194쪽. 지역에 따라 혼선을 빚기도 했지만 큰 틀로 보자면 승전국과 패전국이 아닌, 서양인과 동양인의 차이에 따른 배급이 실시되었다.

16) 『神奈川新聞』, 1945년 12월 12일자.

17) JCS-1380/15(Nov. 1, 1945), Subj.: Basic Initial Post-Surrender Directive to Supreme Commander for the Allied Powers for the Occupation and Control of Japan.

이 지령에서 조선인은 군사상 안전이 허락하는 한 '해방민족'[18]으로서 취급하지만 '필요한 경우'에는 '적국민'으로 처우해도 좋다는 자의적이고 애매한 표현으로 규정되어 있다. 49개국에 해당하는 연합국의 범위에 조선은 원래부터 들어있지 않았지만 1947년부터는 특수지위국의 범주로 재규정되었다.[19] 식민지국민인 조선인은 GHQ의 편의에 의해 그때그때 지위가 달라졌지만 초기에는 조선인 본인을 비롯해 일본인은 승전국과 동일하게 인지하고 있었다.[20]

③은 고용정책으로 일본 제국주의 시기의 근로정책과는 완전히 다른 노동환경을 제시하고 있다. ESS 노동과는 다음과 같은 고용정책 지시를 일본 정부에 하달했다.

1. 일본 제국정부는 사적 또는 공적 사업의 어떤 노동자에 대해서도 국적, 주의 그리고 사회적인 지위를 이유로 임금, 노동시간 또는 조건에 대해 차별이 행해지는 것은 물론 유리 혹은 불리한 일이 허용되는 것도 인정해서는 안 된다.
2. 귀환을 받아들이기보다 일본 잔류를 선택한 조선인, 대만인 그리고 중국인에게는 비슷한 상황의 일본인에게 확대 적용되는 것과 동등한 권리와 특권 그리고 기회가 보장되어야 한다.

---

18) 영어로 'liberated people'은 일본어로 번역될 때 '해방민족' '해방국민' '해방인민' 등 여러 가지로 번역될 수 있는데 본고에서는 해방민족을 사용하기로 한다.

19) 外務省特別資料部編, 『日本占領及び管理の重要文書集 第一巻 基本編』, 東洋經濟新報社, 1949. 1945년 10월 31일, 1947년 8월 4일, 1948년 6월 21일에 각각 「연합국 중립국 및 적국의 정의에 관한 총사령부 각서」(Definition of "United Nations" "Neutral Nations", and "Enemy Nations")가 발표되었는데 조선인은 1947년부터 특수지위국으로 분류되었다. 일본에 재류하는 외국인의 절대 다수가 재일조선임에도 불구하고 여러 번에 걸친 분류방식에서 조선인의 지위는 자의적이고, 그들의 편의대로 분류되고 있다.

20) 암시장을 통해 재산을 축적했던 재일조선인 중 지위규정이 정해지지 않은 초기 상황에서 은닉물자의 적발과 불하 등으로 기회를 포착한 이들이 있다. 연합국민이 일본에 재류하는 비율은 매우 낮았으므로 이러한 특혜는 재일조선인과 중국계인들에게 해당하는 것이었다. 이런 상황은 재일조선인을 암묵적으로 승전국 국민으로 허용한다는 것으로 인식되었다.

3. 귀환을 기다리고 있는 조선인, 대만인 및 중국인은 차별 없이 점령군을 위해 일할 기회가 주어진다. 이들 모든 노동자들에게는 일본인 노동자와 동률로 일본 제국 정부에 의해 지불되고 또 점령군을 위해 일하는 일본인에게 부여되는 모든 혜택을 입는다.[21)]

상기의 지시는 노동조건에 있어 재일외국인들에게 일본인과 완전히 동등한 조건을 제공할 것을 지시하고 있지만 현실은 이를 반영하지 못했다. 일본인과 재일외국인이 모두 극심한 실업 상태에 시달리고 있다는 것이 역설적이나마 동등한 처지였다고 할 것이다. 이 지령에서 거듭 강조하고 있는 '차별 금지' 혹은 '동등한 혜택'의 부여가 실제로 행해졌는지 조선인들은 크게 체감하지 못하였다. 민주주의를 대표하는 미국으로서 원론적인 제안은 하였으나 이의 실행에 대한 관리 감독이 제대로 행해졌는지는 판단하기 어렵다.

마지막으로 ④는 생활보호법에 대한 정책이다. 1945년 12월 8일 경제위생복지국(PHW)은 '구제 및 복지계획'[22)]에 대한 지령을, 이듬해 2월에는 '공적부조'[23)]에 관한 지령을 내렸다. 이에 의거해 1946년 9월 생활보호법이 공포되었다. 생활보호법은 실업자와 빈곤자에 대한 식량·의료·주택·금융지원·후생조치 등 포괄적 사회복지를 목적으로 한 것이다. 그 내용은 "차별과 우선적 취급 없이 모든 빈곤자에 대해 적당한 식량과 의료 및 의료 조치를 취해야 한다는 무차별 평등주의"와 "생계곤란을 방지하는 필요할 만큼의 원호자금을 투여할 것" 등의 보편적인 평등 원칙을 내세우고 있고 이에 의거해 재일조선인도 그 대상이 되었다. 당시 재

21) SCAPIN- 360, (Nov. 28, 1945) ESS/LA, Subj. : Employment Policies.
22) SCAPIN- 404 (Dec. 8, 1945) PHW, Subj.: Relief and Welfare Plans.
23) 허광무, 「戰後 日本公的扶助體制의 再編과 在日朝鮮人 : 「'생활보호법' －민생위원」 체제의 성립을 중심으로」, 『日本學報』 제58집, 2004, 521~523쪽.

일조선인 인구 약 60만 명 중 생활보호법 해당 대상자는 거의 10%에 해당했다.[24]

다만 이러한 구제 정책에 대해 GHQ는 여타의 정책 집행과 마찬가지로 어떠한 의무나 책임도 지지 않고 복지의 책임은 일본 정부에 전가했다. 뿐만 아니라 이 정책은 재일조선인을 염두에 둔 별도의 정책이 아니라 일본의 복지정책에 보편적인 평등주의를 적용한 것이었다. 경제적 빈곤자가 많은 재일조선인의 상황은 일본 정부에 복지 부담으로 작용한다는 빌미가 되기도 했다. 이는 전후 일본 경제의 재건이라는 GHQ의 경제방침과도 맞지 않는 것이었다. 재일조선인과 일본인 사이에서 벌어지는 각종 갈등 관계에 대해서도 자신들의 점령 정책에 방해가 되는 사안으로 인식해, 점령 1년이 지나기도 전에 특히 조련과는 적대적인 관계로 나아가게 되었다.[25]

---

24) 허광무, 「戰後 日本公的扶助體制의 再編과 在日朝鮮人」:「'생활보호법' – 민생위원」 체제의 성립을 중심으로」, 530쪽. 허광무는 실제로는 6~8할이 이에 해당하지만 이를 담당한 민생위원들은 재일조선인의 상황을 잘 모르거나 배타적 관점을 가진 일본인이고, 그들의 평가에 의해 실제보다 현저하게 낮은 비율만 수급한 것이라고 보았다.

25) 「在日本朝鮮人連盟第三回全国大会議事録」, 1946년 10월, 朴慶植 編, 『朝鮮問題資料叢書』(이하 『叢書』), アジア問題研究所, 1983, 26~29쪽. 재일조선인에 대한 각종 정책이 통제를 강화하는 방향으로 진행되고, 정치인들의 근거없는 비방이 시작되던 시기에 개최된 제3회 대회에서는 다음처럼 점령군의 태도를 분석하고 있다. "1. 미 점령군을 우리는 너무 과도히 믿었던 것이다. 우리들은 그들이 조선인의 사정이라든지 일본과의 관계를 미리부터 충분히 알고 있다고 생각했다. 그러나 사실은 조선에 대한 특별한 관계자 이외에는 하등의 조선에 대하여 지식이 없다. 그럼에도 불구하고 우리는 하등 그들에게 우리를 이해할 지식을 주지 않고 거저 미군은 우리에게 호의를 가졌으리라 하여서 마음 놓고 한 일이 사실에 있어 풍속습관이 다른 그들에게 호감을 주지 못한 적이 많았다. 그 반면 일본 관헌은 별별 수단과 음모로 우리를 중상하고 비방했다. 이것이 미군 정당국과 조선인의 사이를 갈라놓은 제일보였다. 2. (가) 미군이 우리를 보는 정도는 조선인은 본의는 아니었을지언정 전쟁 중 일본의 협력자라는 것이다 (나) 일본에 온 후 조선인을 관찰한 그들은 조인선은 폭력을 좋아하는 민족이요, 법률을 존중치 않는 비법치 국민이라고 결론지었다. (다) 조선인은 노동은 아니하고 강도나 절도나 암상업만 하고 싸움만 한다는 등 물론 이러한 관찰은 표면에 나타난 것, 더욱이 일부의 불량배가 범하고 있는 큰 잘못인 것은 사실이나 더욱이 그것에 박차를 가하는 것은 일 관헌의 고의적 무고이다. 그들은 일본 관헌을 통하여서 조인의 과거를 듣고 현재를 본다. 이것도 그들에게 우리로서 자세한 내용과 사정을 과학적으로 분석하여 충분히 이해시키지 못한 것은 유감이다"

2. 재일조선인의 생활 실태

해방 이전 전 시기를 통해 재일조선인의 직업 중 가장 높은 비중을 차지한 것은 공업일반이었고, 토건업과 광업이 그 다음을 잇고 있다. 공업일반, 토건업, 광업은 해방 이전 재일조선인 직업군 중 과반수 이상을 차지했다. 재일조선인 사회가 본격적으로 형성될 무렵인 1920년에는 세 직업군의 합산이 71.1%, 1930년에는 59.5%, 1940년에는 66.5%였다.[26] 1920년부터 1940년 사이 직업 분포는 다음과 같은 구성비와 추이를 보이고 있다.

〈표 1〉 해방 이전 재일조선인의 직업 분포도[27]

직업	1920년		1930년		1940년	
	종사자	비율(%)	종사자	비율(%)	종사자	비율(%)
농림업	1, 287	3.7	20,058	7.7	27,511	5.2
수산업	594	1.7	1,444	0.5	4,094	0.8
광업	5,534	15.8	16,304	6.3	68,636	13.1
공업일반	12,138	34.5	74,396	28.6	179,976	34.3
토건업	7,290	20.8	63,770	24.6	100,258	19.1
상업일반	1,215	3.4	17,892	6.9	32,563	6.3
고물상					38,104	7.3
요식업	558	1.6	8.956	3.4	6,914	1.3
운수업	4,113	11.7	20,985	8.1	36,238	7.0
공무자유업	372	1.0	1,465	0.5	10,848	2.1
가사사용인	4.0		3,368	1.3	4,224	0.8
일용노동자	2,109	5.8	19,125	7.4	13,927	2.7
기타직업			12,247	4.7		
소계	35,214	100.0	260,010	100.0	523,293	100.0

26) 朴在一, 『在日朝鮮人に関する総合調査研究』, 53~54쪽 ; 森田芳夫 著, 『数字が語る在日韓国・朝鮮人の歴史』, 46쪽.

1930년과 1940년에는 이입 인구가 늘면서 이에 비례해 직업별 종사 인구는 크게 늘어났다. 하지만 재일조선인 대다수가 종사했던 세 직업군은 저임금, 장시간 노동, 비위생적이고 위험한 작업환경이라는 공통점이 있었고, 그 외의 직업도 속성은 유사했다. 1930년대에는 상업의 비중이 높아지기 시작했다. 그러나 점포를 갖춘 형태보다 고물상, 행상, 노점상, 엿장수 등의 비중이 훨씬 높았다.[28] 한편 조선인의 거주 지역은 지역별로 특화된 산업구조와도 밀접한 관련이 있었다. 예를 들어 탄광이 많은 홋카이도와 후쿠오카현에는 광업 노동자의 비중이 높았다. 학업을 목적으로 도일한 이들은 도쿄 거주 비율이 높았고, 상대적으로 도쿄에는 고학력자가 많았다. 조선인들이 가장 집중되었던 관서 지역의 경우, 오사카부에는 섬유·화학·금속·유리·고무·플라스틱의 비중이 높고 교토부에는 섬유공업 종사자가 많았다.[29] 따라서 해방 이전 이 지역 거주자들의 직업은 해방 이후에도 연속성을 보이는 경향이 있었다. 토공, 인부 등의 일용노동자는 특별히 지역성이 나타나지 않으므로 전국적으로 고루 분포되었다. 제조업과 도소매업, 서비스업 등은 해방 이전에는 재일조선인의 비중이 주목되지 않았던 부문이었다.[30]

재일조선인이 주로 종사했던 직업군은 해방 이전부터 일본인들이 기피하는 말단의 직업이었고, 불경기가 오면 가장 먼저 해고되는 불안정한 위치였다. 전쟁 말기에 재일조선인 노동자가 대거 투입되었던 군수

27) 朴在一, 『在日朝鮮人に関する総合調査研究』, 53~54쪽. 국세조사에 의거해 작성한 자료 참조.

28) 도노무라 마사루, 신유원·김인덕 옮김, 『재일조선인 사회의 역사학적 연구』, 논형, 2010, 99~101쪽.

29) 도노무라 마사루, 『재일 조선인 사회의 역사학적 연구』, 102~103쪽.

30) 도노무라 마사루, 『재일 조선인 사회의 역사학적 연구』, 99~105쪽 참조. 서비스업과 공업은 1920년을 제외하고 세부적인 항목이 작성되지 않았다. 노동자 합숙소(함바)와 공장 운영자가 상업 부문에 포함되었을 가능성이 있으나 별도의 항목이 만들어지지 않았다는 것은 종사자가 그만큼 적었던 상황이 반영된 것이라고 보인다.

산업 부문은 일본의 패전으로 인해 격심한 변화의 중심이 되었다. 탄광 및 군수공장 등 전시기업은 포츠담 선언에 의한 GHQ의 비군사화 정책으로 일부만 잔존시킨 채 폐쇄 절차를 밟았다.

일본의 군수산업에 집중적으로 배치되었던 재일징용자들은 대거 실업상태가 되었다. 이들 중에는 귀국을 염두에 두고 자발적 실업을 택한 이들도 있었지만, 귀국이 지연되면서 당장 먹고 살아야 하는 생계문제에 직면했다. 구직자 및 유학생, 장기 거주자들은 귀국을 서두르기보다는 정주를 염두에 두기도 했다. 그러나 잔류의 이유가 어찌 되었든 대다수는 경제적으로 궁핍한 상황에 직면하게 되었다. 패전 이후 재일조선인의 경제적 상황에 대해 에드워드 W. 와그너는 다음처럼 기술하고 있다.

> 대부분의 재일조선인이 속한 일본의 도시 주민층도 경제적으로 극도로 피폐해 있었다. 몇만 명이라는 일본인이 실업, 혹은 열악한 조건으로 고용되어 있는 한 조선인이 직업을 얻는 것은 불가능했다. 일본정부의 조선인에 대한 실업구제, 보건 그 외의 후생사업용 자금은 매우 부족했다. 그리고 조선인은 같은 곤궁을 겪는 일본인과 달리 부탁할 만한 농촌의 근친자들이 없었기 때문에 조선인의 궁상은 절망적이었다. 대부분의 조선인에게 여전히 귀국만이 최후의 수단이었지만 사업자들에게는 통화와 재산의 이동제한은 해결할 수 없는 장애가 되었다. 빈털터리로 빈곤과 인구과잉으로 이분된 고향에 돌아가는 것은 단념할 수밖에 없었다. 이것이 일본에 남은 60만의 조선인의 대략적 모습이다.[31]

GHQ는 고용정책에서 '동등한 노동의 기회'를 강조했지만 산업 전반이 궤멸된 상황에서 이는 현실적으로 실현되기 어려운 명령이었다. 이 시

---

31) エドワ-ド・W.ワグナ-,『日本における朝鮮少數民族：1904年-1950年』, 湖北社, 1975, 88~91쪽 요약.

기에는 유직자 그 자체가 현저하게 감소했다. 대량 방출된 일본인 실업자 및 해외에서 돌아온 군인과 귀환자가 급격하게 증가한 가운데 이들과의 구직 경쟁은 새로운 변수가 되었다. 이들은 조선인의 주된 직업이었던 일용인부, 자유노동자, 분뇨취급, 청소부, 항만노동자, 토목인부 등의 말단 직업까지지도 차지하는 상황이었다.[32]

한편 조선인 미귀환자들에게는 여러 가지 복합적 요인이 있었다. 1946년 조련 제3회 전체대회에서는 그 이유로 ① 조선의 사회불안이 심각해 물가는 폭등하고 수입을 얻을 직업처가 전무한 것, 거주와 식량난이 심각한 것, ② 종전 직후 관동대진재와 같은 학살사건이 일어날까 하는 공포심이 조련의 조직적 활동으로 방지되어 일본의 사회질서가 유지됨으로써 생명과 재산에 대한 위험이 없어졌다는 것, ③ 초기 귀국자들은 홀몸이 많았는데 남아있는 동포들은 다소의 재산과 가구가 있어 이를 제한 당하였기 때문, ④ 그 외 사업의 미처리, 가족관계 등으로 못 들어가는 것 등으로 분석하였다.[33]

해방 이전 각종 단체 등을 통해서 친일활동을 하고, 일본에 협조적이었던 이들은 처음부터 귀국을 염두에 두지 않았다. 일본인과 결혼하거나 일본에서 생활기반을 다진 경우도 귀국을 쉽사리 결정할 수 없었다. 강제노동 중에 당한 부상 혹은 질병으로 인한 미귀환, 특정 이데올로기나 정치적 신념에 따른 잔류, 학업・특정직업 등 자아실현을 위해 잔류한 이들도 있었다. 가장 현실적인 이유는 경제적 전망을 가늠할 수 없어 시류를 보면서 잔류하게 된 경우라 할 것이다. 그런 경우조차 언젠가 귀국을 염두에 두고 귀국을 보류한 것에 가까웠다.

1950년 연말에 도쿄 에다가와 재일조선인 마을에서 538명을 대상으로

---

32) 朴在一 著, 『在日朝鮮人に關する總合調査研究』, 65쪽.

33) 「在日本朝鮮人聯盟第三回全國大會議事錄」, 1946년 10월, 『叢書』 9卷, 20~21쪽.

한 조사를 보면 '돌아갈 의지 있음'이 357명으로 66.4%, '없음'이 130명으로 22.4%, 不明이 51명으로 9.4%를 차지한다.[34] 이 조사 시기가 6.25전쟁 발발 6개월 후라는 점을 감안하면 여전히 귀국 의지가 매우 높은 비율인 것이다.

귀국은 '당연히 돌아와야 하는' 당위가 아니라 각기 다른 상황에 처한 당사자 개개인이 자신의 운명을 결정지어야 하는 문제[35]였고, 상기한 여러 정황이 변수로 작용했던 것이다. 해방 직후에는 귀국을 하고 싶지만 여의치 않은 상황으로 인해 정주가 아닌 '잔류' 상태로 일본에서의 생활을 이어나갔던 이들의 비중이 훨씬 높았다.[36]

귀국에 대한 전망이 보이지 않는 상황이지만 생계를 꾸려나가기 위한 최소한의 수입은 필요했다. 그러나 패전 이후 일본 사회는 실업문제가 심각했다. 1945년 12월, 후생성은 전국적으로 실업자의 수가 약 1,324만 명이라고 발표했다.[37] 실업자 중 약 4분의 1은 소집에서 해제된 복원병이었다.[38] 지식인 실업자도 140여만 명에 달했다.[39] 이렇게 발생한 유휴 노동력은 당시 주요 도시를 중심으로 발생한 암시장의 주변부 인력으로 흡수되었다. 도쿄도의 경우, 군수품 제조 공장의 수는 전시기에 비해

---

34) 「在日朝鮮人の生活実態」, 『在日朝鮮人関係資料集成 戦後編』 4巻(이하 『集成 戦後編』), 不二出版, 2000.

35) 이연식, 「왜 식민지하 국외 이주 조선인들은 해방 후 모두 귀환하지 못했을까」, 『내일을 여는 역사』 제24호, 2006, 7쪽 ; 황선익, 「연합군총사령부의 해외한인 귀환정책 연구」, 국민대학교 대학원 박사학위논문, 2013 참조.

36) 최영호, 「재일교포사회의 형성과 민족 정체성 변화의 역사」, 『한국사연구』 제140호, 한국사연구회, 2008, 87~88쪽. 1988년에 행해진 조사에서는 해방 직후 '귀국 의사가 있었다'고 답한 이들은 조사 대상자의 67.5%, '없었다'는 답변은 31.1%였다. 귀국 의사는 그렇지 않다는 의사보다 훨씬 우세했지만 이를 실천으로 옮기기 힘든 당시의 상황을 반영하고 있다.

37) 『朝日新聞』, 1945년 11월 22일자. 이 해 11월에 실시된 일본 인구 통계를 보면 일본 본토의 인구는 7,199만 6천477명이었다.

38) 『昭和史全記録 1926~1989』, 毎日新聞社, 1989, 357쪽.

39) 『昭和 二万日の全記録 -廃墟からの出発 : 昭和20年~21年』 第7巻, 講談社, 1989, 176쪽.

40% 수준으로 감소했고, 근무하는 직원 수도 50% 미만으로 떨어졌다.[40) 현역 교사나 공무원 등이 배급경제 하에서 부족한 일용품 구매 및 생계를 위해 암시장에 직접 뛰어들거나 부업을 하게 되면서 암시장은 각계각층의 인력이 함께 공존하는 직업시장이 되었다.

재일조선인은 해방으로 인해 표면적으로는 '동등한 입장'에서 전후 암시장을 일본인과 공유했다. 낮은 소득계층이 주류를 이루고 있는 재일조선인들에게 암시장은 선택적 경제활동이 아니라 필수적인 생존의 장이었다. 돌연한 실업 상태가 되어 암시장에 참여하게 된 조선인의 상황을 이하의 몇몇 사례를 통해 살펴보자.

> 함바(飯場)[41)의 해산 : 해산이라는 것은 일이 없어졌다는 것이다. 패전으로 탄갱도 토목도 일시에 모두 정지되어 버렸다. 해산 수당이나 그런 것은 전혀 없었다. 그 때 모든 이는 하루라도 빨리 고향에 돌아가고 싶어 했다. 그러나 빈털터리로 쫓겨나서 어쩔 수 없었다. 당시는 물자가 모두 배급이었고 사기 위해서는 배급표가 있어야 했다. 하지만 할당된 표는 적었고, 그것만으로는 전혀 생활할 수 없었다. 그런데 함바는 사람들의 이동이 많았기 때문에 항상 실제 인원보다도 더 많은 할당표가 왔다. 그래서 남아도는 표로 물자를 사고, 이것을 다시 팔아서 필요한 다른 것을 사기도 했다. 현재는 존재하지 않는 '유령인구'의 물자를 횡류하고 은닉물자를 반출하거나 가쓰기야(担ぎ屋)[42) 를 하면서 암시장 매매로 식량을 얻었다. 이는 통제 경제에서

---

40) 『朝日新聞』, 1945년 10월 21일자.

41) 토목 공사나 광산 등의 현장에 설치해 놓은 노무자 합숙소.

42) 소규모 물품운반인. 암거래 물자를 구입해 운반하거나 행상으로 판매하는 이들을 가리킨다. 주로 큰 배낭에 물건을 넣어 짊어지고 다녔기 때문에 '메다, 짊어지다(担ぐ)'라는 단어에서 파생되어 나온 말이다. 운반한다는 의미의 하코비야(運び屋)라고도 불렀다. 보자기나 옷에 따로 주머니를 만들어 양곡 등을 숨겨 다니기도 했다. 한국어로는 적합한 번역어가 없어 '단신운반업자'라고 명명하였다. 島村恭則은 1960~70년대 이후, 페리를 타고 한일을 오가며 교역하는 상인을 '보따리 장수'라는 우리말로 불렀고, 암시장 시기부터 이어진 직업군으로 파악했다. 하지만 이 시기의 '보따리 장수'는 재일조선인이 주류를 이루고 있는 독특한 직업군이었고, 국제무역의 성격이 있으므로 일본인이 주도했던

는 '야미(闇)'행위라고 해서 단속 대상이 되어 걸리면 물품은 몰수당해 버린다.[43]

상기의 사례는 징용으로 군수산업에 종사했다 해고된 노동자의 경우다. 탄광 등에서 일했던 이들은 부재인구 앞으로 할당받은 몫을 이용하거나 군수창고에 은닉된 물자를 찾아내 암시장에서 판매했다. 공장에서 일하던 이들은 생산품을 암시장에 내놓으면서 식량을 구했다. 이는 전후 도덕 붕괴와 국가 관리 시스템의 부재 속에서 일본인들이 찾아낸 생계방식이었고, 재일조선인도 이에 편승하게 된 것이었다. 일본인들은 전후 일정 시기가 지나면 직업과 주거도 안정되어 갔지만 귀국과 정주 사이에서 고민하던 조선인들 중 특별한 기술이나 자본, 교육이 없는 이들은 암상인을 비롯한 불안정한 직업을 전전하는 악순환을 되풀이하였다. 이하의 회고는 해방 이후 재일조선인이 경험하게 되는 직업군의 전형을 보여주고 있다.

종전이 되어 아버지와 나는 막노동 일을 했지만 한 곳에서 일을 마치면 바로 다른 일을 얻을 수 없었다. 그래서 그 무렵 전국적인 현상이던 가이다시(買出し)[44]를 하고, 암거래 담배, 막걸리, 소주 등도 팔았다. 그래서 벌금도 많이 냈다. 이곳에 처음 왔을 때는 막걸리와 소주를 만들었지만 지금은

암시장 시기의 가쓰기야와는 그 속성이 다르다. 또한 '보따리 장수'는 현재도 재일사회에서 존속하는 개념이지만, 가쓰기야는 오늘날 일본 사회에서 사용되지 않고 용어 및 속성이 시대성을 반영하는 의미가 있어 본고에서는 그대로 사용하기로 한다.

43) 平林久枝, 「八・一五解放後の在日朝鮮人の生活」, 『在日朝鮮人史研究』 第2号, 1978.6, 9쪽. 해방 당시 후쿠시마 거주 김씨의 증언 정리.

44) 원래의 의미는 소비자가 시장, 산지 등에 가서 직접 물자를 매입하는 것을 의미한다. 그러나 이 용어는 전시기와 암시장 시기 통제경제 이외의 방식으로 물품조달을 한다는 의미를 지닌 채 사용되었다. 일반적 의미인 '물자 직매입'이라고 번역하면 통제경제하의 조달이라는 의미가 명확하게 전달되지 않으므로 본문에서는 가이다시라는 일본식 용어를 그대로 사용하고자 한다. 식량을 주로 취급하던 가쓰기야는 가이다시가 필수였다.

오로지 공사판의 막일꾼으로 일하고 있다. '……' 여기 사는 조선인들은 공장에서 버리는 코울타르를 가공해 파는 집 한 곳, 뱃수리를 하는 집 한 곳, 페인트칠을 하는 집 한 곳, 토목 청부를 하는 집 한 곳, 파친코에서 일하는 아가씨 2~3명을 제외하면 거의 막노동을 하고 있다. '……' 아버지는 젊어서부터 육체노동을 해서 신경통 때문에 막노동도 못하게 되고, 지금은 남의 집에서 새끼 암퇘지를 받아와 키우고 있다. 새끼를 낳으면 (수익의) 60%를 받기로 했다. 어머니는 항상 뭔가를 재봉하거나 깁거나 하는 일을 했지만 수입이 불안정해 늘 사는 게 힘들었다. 한때 시의 복지사무소에서 얼마간의 생활보조금을 받았지만 아직 일할 사람이 있다는 이유 등으로 바로 끊어지고 말았다.[45]

위의 사례는 암시장·막노동·밀조주 제조·양돈·내직(內職)[46]·생활보조금 등 당시 일반 재일조선인들이 생계를 위해 전전했던 대부분의 생계방편이 망라되어 있다. 사례에서 나타난 것처럼 해방 이후에는 여성들이 경제 활동에서 중요한 역할을 담당했다. 여성들은 가쓰기야, 밀조주, 포장마차 등의 간이식당 운영, 양돈과 내직, 일용노무직 등에 종사하면서 가계를 지탱했다. 조선인 여성들의 생활 실태에 대해 히구치 유이치(樋口雄一)는 다음과 같은 견해를 밝히고 있다.

해방 후 일본사회의 차별과 싸우기 위해서 남성 가운데는 적극적으로 민족단체의 활동을 하는 사람이 많았다. 민족단체와는 거리를 둔 사람은 동향회 등과 관계를 맺기도 했지만 어떤 경우든 집을 돌보지 않고 활동에 바빴던 사람이 적지 않았다. 그들의 활동은 생활 타개의 길을 어떻게든 열어 보려고 한 것이지만 희망을 찾아내지 못하고 또 일의 전망을 가질 수도 없어 술에 빠지는 사람도 있었다. 이런 경우, 여성은 생활과 아이들의 교육 등을 다 떠맡아야 한다. 여기에는 남자를 중시하는 유교적인 관행의 영향으로 남

45) 具源健, 「日本での生活」, 『部落』, 1960년 6월호, 46~53쪽.
46) 여성들이 집안에서 하는 부업. 봉제나 조립 등 단순 반복 작업이 많다.

> 성은 가정의 일을 돌보지 않는다는 것이 미덕, 좋은 일이라는 생각도 있었다. '……' 한국 전쟁 후, 일본 경제가 안정되는 반면, 조선인 남성의 실업은 더욱 심각해졌다. 이에 의해 재일조선인 여성은 한층 더 생활비의 확보와 자녀 교육을 한 몸에 떠안게 되었다.[47]

1세대 여성들은 유교적 관습과 빈곤으로 인해 교육 정도가 매우 낮고, 조선어와 일본어 모두 능통하지 못했다. 이에 속하는 여성들의 경제활동 및 일상생활은 그 실태가 구체적으로 기록되지 않았지만 구술사가 활성화되면서 이 시기의 생활상이 그들의 목소리를 통해 전달되고 있다. 그들에게 암시장은 생계의 장이었지만 이에 대한 세간의 부정적인 인식을 알고 있으므로 의도적으로 은폐하거나 굳이 내놓고 말하지 않는 경우가 많은 것으로 추정된다. 후술하겠지만 학생과 엘리트 계층도 암시장에서 일하는 경우가 적지 않았고, 훗날 자산가로 자리매김하게 된 이들의 재부의 근원도 암시장과 밀접한 관련이 있었다. 암시장 폐쇄 이후에도 경제적 하층부 직업을 전전했던 다수의 재일조선인에게 암시장이 지속적인 경험으로 이어지는 것에 비해 엘리트와 자산가 계층에게 암시장은 과도기적 단계였던 것이 차이라고 하겠다.

특히 해방 이후 조선인 상공업자의 본격적인 출현과 성장은 암시장 경기와 불가분의 관계였다. 포츠담 선언에 의해 군수산업이 철폐되자 일본인이 운영하던 관련 공장들은 조업중단 상태가 되었다. 해방 이전부터 관련 업종에서 기초 기술자 및 공원 경험이 있거나 다소의 재산을 축적했던 이들이 이런 시설을 양도받거나 매입해서 사업을 하게 되면서 주류 경제 진출이 가능해졌다. 해방 이전에는 그 비중이 매우 낮았던 재일조선인 자영업자·공장 경영주 등이 증가하는 계기가 마련된 것이다.

---

47) かわさきのハルモニ・ハラボジと結ぶ2000人ネットワーク生活史聞き書き 編集委員会 著, 『在日コリアン女性20人の軌跡』, 明石書店, 2009, 189~190쪽.

당시 재일조선인의 제조업체들은 고무·플라스틱·섬유·화학·유리·주물 등이 주요 업종으로 해방 이전부터 재일조선인 노동자들의 취업 비중이 높았던 부문이었다. 또한 이 부문들은 암시장에서 가장 수요가 많은 상품을 생산했다. 다만 주류 경제로의 편입이라고 하더라도 해방 전에 비해 그 비중이 높아진 것이라는 의미이다. 1947년 조련의 조사에 의하면 당시 재일조선인의 직업 보유 상황은 다음처럼 나타나고 있다.

〈표 2〉 1947년 재일조선인의 직업 보유 현황[48]

직업군 및 경제력	비율	세부사항
① 수십 년간 일본에 재류하고 독립기업을 경영하는데 충분한 자금의 소유자 및 그 가족, 종업원	약 5%	고무공업 1061명 기계공업 54명 피혁공업 79명 섬유공업 294명 음식업 241명 유리공업 9명 토목업 45명 소비조합 관계 3명 전기공업 18명 메리야스 공업 90명 그 외 87명 합계 1,897명
② 학생으로서 일본에 유학하고 현재 사회운동, 혹은 모든 종류의 계몽 문화 사업에 종사하는 자	약 5%	-
③ 근소한 자본이나 급료로 간신히 일가의 생계를 유지하는 자	약 70%	-
④ 완전히 실업상태로 있고 겨우 개인의 생계를 유지하는 자	약 20%	-

실질적인 통계를 집계하기 어려웠던 당시 상황에서 정밀하지는 않지만 이 자료는 당시 직업 현황의 일단을 반영하고 있다고 여겨진다. ①의

48) 『朝鮮人生活權擁護委員会 ニュース』 제17호, 1947년 4월 5일자.

경우는 기업의 사업내용과 종사인원이 나타나 있지만 각 업체의 규모와 안정성 등에 대한 내용은 없다. 영세 사업체가 많았던 재일조선인 제조업체의 현실을 감안하면 그 가족 및 종사자들을 포함해 5%라는 수치는 매우 낮은 것이다. 실제로 제조업자들 중 1949년 닷지라인[49] 실시 이후 1951년 무렵까지 재일조선인 업체 중 높은 비중을 차지하고 있던 섬유공업은 50%, 금속공업은 48% 정도가 도산하였다. 제조업체들의 허약한 구조를 이 불완전한 집계를 통해서 예측할 수 있는 것이다.

이 ①과 학생을 포함한 계몽 운동가 그룹 ②를 제외하면 ③과 ④ 모두 경제적으로는 최하층부에 속한다. ④는 완전한 실업상태이고, ③은 불안정한 수입과 전망으로 약간의 변화만 있어도 ④의 상태로 될 가능성이 높은 부류이다. 이 조사만 보자면 90% 정도가 빈곤에 시달리고 있는 상태이다. 이들이 적은 수입이나마 기대할 수 있는 곳은 대도시의 경우, 대부분 암시장 관련 일이나 막노동이었다. 해방 이전에는 공업과 노무직이 조선인이 많이 종사하는 직업이었지만 해방 이후에는 공업 부분에 더욱 편중하게 되었다.[50]

패전과 이에 따른 실업, 생계를 위한 뚜렷한 방책이 없이 암시장으로 집중된 상황에서 1946년 이후, 일본인과 동일한 형사재판권 적용을 받게 되자 재일조선인과 일본 공권력의 충돌은 더욱 심해졌다. 모리타 요시오(森田芳夫)는 해방 이후부터 샌프란시스코 조약이 발효되는 1952년 사이, 조선인 치안과 조직의 추이를 크게 4기로 분류하였는데 암시 활동이 가장 번성했던 시기에 해당하는 1기와 2기를 다음처럼 분석하고 있다.

---

49) 1948년 12월 미국 정부는 일본 경제부흥을 위한 경제안정 9원칙을 공포했다. 1949년 2월 조셉 닷지가 일본에 공사로 부임하면서 일본의 자력갱생을 주장했다. 그는 재정의 균형화, 부흥금융금고의 신규대출 정지, 보급금의 삭감과 폐지 등 인플레이션 억제를 위한 초긴축 정책을 제시했다. 영세업체가 많고, 자생력이 미비했던 재일조선인 제조업체는 이 정책 이후 줄도산 상태를 맞이했다.

50) エドワ-ド・W.ワグナ-, 『日本における朝鮮少數民族 : 1904年-1950年』, 湖北社, 1975, 136쪽.

제1기 종전 후의 혼란: 종전 직후 ~ 1946년 1월

패전에 의한 불안 동요기에 전시 하 긴장의 반동과 '해방민족'의 긍지로 징용동원노무자의 집단적 요구, 암시장을 배경으로 한 주식(主食: 주요식량), 그 외 경제적 범죄 등 일본인에 대한 각종 범죄가 빈발했다. 총사령부도 최초에는 조선인에 대해 매우 동정적이었으나[51], 정부당국도 이전처럼 일본인과 함께 단속할 것인가 말 것인가에 대해 불명확했기 때문에 그 대책을 세울 수 없었다. 경관에 대한 폭행, 경찰서 습격사건 등도 각지에서 보인다.

제2기 치안력의 회복과 조련의 전성기 : 1946년 2월 ~ 1949년 9월

1946년 2월 19일 총사령부는 일본재판에서 연합국 국민에게 형사재판권의 행사를 금지했지만 조선인에게는 이전에 언급한 것처럼 귀국 의사표시를 한 자에게만 특별한 조치를 취했다. 4월에는 조선인 철도열차 이용이라는 불법행위 단속에 대해 일본정부의 책임이라는 것, 조선인 폭행은 일본정부가 이를 단속할 완전한 권한을 가진다고 명시하고, 테러 행동이 많은 조련 자치대의 해산 지시, 조련의 귀국관여 금지, 9월에는 조련 발행의 철도 무임승차증 효력을 부인, 기발행분은 발견 즉시 파기를 명령, 11월 20일 총사령부 발표에서는 조선인에게 치외법권이 없다는 것을 밝혔다. 46년 7월 오무라 내무대신은 국회에서 치안유지에 엄정한 단속을 더할 방침을 밝혔다.[52]

해방 직후 재일조선인의 경제적 문제는 치안·조직과 분리된 것이 아니라 일체가 된 사안이었다. 다만 이 분석에서 나오는 '암시장을 배경으로 한 주식, 그 외 경제적 범죄'는 조선인만의 범죄가 아니라 일본 전체가 안고 있는 문제점이었다. 일본인들 사이에서도 암거래는 "범죄이기는 하지만 무산민중은 아무도 손해를 입지 않았다"[53]고 할 정도로 전후 일상적 생활방식으로 인지되고 있었다. 암시장 관련 경제사범은 대부분

---

51) 이는 와그너의 설명을 모리타가 인용한 것이다.

52) 森田芳夫, 『在日朝鮮人処遇の推移と現状』, 法務研究報告書, 1955, 100~101쪽.

53) 原山浩介 著, 『消費者の戦後史—闇市から主婦の時代へ』, 日本経済評論社, 2011, 11쪽.

생계형 범죄에 속하는 것이었다. 하지만 실정이 그렇다고 해도 재일조선인 사회 내부에서 이를 당연한 것으로 받아들인 것은 아니었다.[54)]

1950년 동포언론 『民主朝鮮』의 기고문을 보면 "일부 조선인 기업가가 전시 통제경제 상황에서도 결코 미숙하지 않은 실력으로 (성공해서) 관서에만도 수억의 재산을 가진 자산가가 몇 명 정도" 있지만 "조선인의 부동적(浮動的)인 영세 암거래상, 가이다시, 냄비·솥, 고무, 섬유류의 생산, 판매 등은 (일본의) 독점자본 중심의 정책에 의해 반비례적으로 몰락의 길에 당도할 수밖에 없었다"[55)]고 기술하고 있다.

1949년을 전후해서 통제물자 해제가 확대되면서 1950년에는 지역에 따라 시기의 차이는 있지만 노점상은 공식적으로 금지되었다. 재일조선인에게 암시장의 소멸은 또 다른 불법적 직업으로의 전환을 의미했다. 이러한 상황은 충분히 예견된 것이었다. 일본 경제가 회복되는 것과 반대로 재일조선인들은 암시장이라는 기반조차 사라지자 막걸리·소주 밀조, 마약 밀조, 일당 노무자와 영세 식당 경영 등을 전전하며 주류 경제와는 거리가 멀어지게 되었다. 밀조주 제조는 암시장과 마찬가지로 불법인 줄 알면서 의존해야 하는 생계방편이었다. 당시 조련 지도자였던 이종필은 이를 다음처럼 설명했다.

> 조선인은 거의 일이 없어서 어쩔 수 없이 범죄에 손대는 자가 많았다. 비교적 쉽게 할 수 있고 남에게 그리 피해를 주지 않는 것이 막걸리 밀조였다.

---

54) 「在日本朝鮮人連盟第三回全国大会議事録」, 1946년 10월, 『叢書』 9巻, 21~22쪽. 악질 암상인과 집단 강도단을 동일한 선상에 두고 이들을 재일조선인 중에서 "가장 불량한 일부" "동포의 체면과 생활에 큰 영향을 주고 있는" 문제집단이라고 규정하였다.

55) 金哲雄, 「危機に立った在日朝鮮人の生活」, 『民主朝鮮』, 1950년 7월호 ; 吳圭祥 著, 『ドキュメント在日本朝鮮人連盟 1945-1949』, 岩波書店, 2009, 206쪽에서 재인용. 이 시기 조선인 실업자는 오사카, 효고, 교토, 시가현 등 관서지역만 합산해도 10만 명을 상회했다. 영세제조업체들은 닷지라인의 실행으로 전폐업과 도산이 증가했다. 이들의 주요 판매처는 암시장이었으므로 암시장이 축소되면 이중의 타격을 입었다.

막걸리는 날개 돋친 듯 팔려 생업이 없는 동포들은 가족, 부락 단위로 만들어서 검거를 당해도 밀조를 계속했다. '……' 대장성과 경찰당국은 전국의 농산어촌을 중심으로 밀조제조 단속을 강화했다.[56] 밀조 왕국이던 도호쿠, 큐슈, 시코쿠 지역은 밀주가 성행했다. 밀주 제조는 벌금형이지만 벌금을 개정해서 높여도 이를 무시했다. 2~3되만 만들어도 5만 엔 정도의 무거운 벌금형이었다. 그런데도 계속해서 만들었다. 심지어 부락민들이 모여서 가장 열심히 하던 것이 밀주 제조 광경이었다.[57]

해방 이전부터 조선인 마을의 막걸리와 소주 제조는 마을 행사와 내부 유통을 위해 일상적으로 행해지는 것이었다. 해방 이후에는 이것이 영리를 위한 상품으로 전환되어 암시장의 인기 품목이 되었다. 암시장이 소멸된 이후에는 동포 운영의 간이식당, 혹은 일본인 업자에게 공급하기 위한 밀조주 제조에 더욱 집중하는 경향이 나타났다. 밀조주는 재일산업 중 대표적 부문인 호루몬[58] · 야키니쿠 전문점의 발달에도 주요한 요소로 작용하였다.

일본 경제가 6.25전쟁의 영향으로 고도 성장기에 접어드는 1950년대 중반이 되어도 실업 혹은 불안정한 직업 상황은 재일조선인 사회에서 만성적인 문제였다. 1953년 재일조선통일민주전선(민전)[59] 중앙상임위

---

56) 밀주 단속은 꾸준하게 행해졌다. 하지만 사회적인 이슈가 될 정도로 대규모의 단속, 특히 재일조선인을 중심 단속대상으로 삼게 된 것은 1948년 가을 이후부터였다.

57) 李鐘泌, 『私の見て来た大分県朝鮮民族五十年史』, 東九企画, 1992, 315쪽.

58) 내장은 일본에서 호루몬이라는 용어로 불리게 되었다. 호루몬이라는 이름은 1. 호르몬(hormone), 2. 버리는 것(호루모노[放る物])의 두 가지에서 유래했다고 알려져 있다. 해방 이전의 자료를 보면 재일조선인들은 일반적으로 내장을 똥창이라고 했고, 암시장 시기 역시 마찬가지였다. 다만 암시장 시기를 통해 일본인에게 내장 요리가 보급되면서 일본 사회에서 호루몬이라고 불리게 되고, 이것이 재일 사회에도 역전파된 것으로 보인다. 후쿠오카 등 규슈에서는 내장요리를 모츠라고 한다.

59) 1949년 조련의 강제 해산 이후, 해산당하지 않았던 재일본조선해방구원회와 민주여성동맹, 재일본조선학생동맹 등이 중심이 되어 새롭게 민족단체를 결성하기 위한 움직임이 나타났다. 1950년 6.25 전쟁 발발 직전 준비위원회가 결성되고 이듬해에 조국의 완전독립과 외국군대의 즉시철수 등을 주장하며 재일조선인의 제 권리를 위해 투쟁하는 단체

원회 사회경제부의 보고에 의하면 재일조선인의 70% 이상인 42만 명이 직업안정, 생활보호, 자유노동, 부동적 직업에 의지해 생활을 이어나가고 있다.[60] 고용 불안정성이 상존하는 자유노동자의 높은 비율은 식민지기와 별다르지 않을 정도였다. 해방 이후에는 GHQ의 정책에 의해 일본 정부가 실시한 복지 제도로 직업안정, 생활보호 대책 등 최저 생계는 가능했지만 이 수혜를 받는 이들은 곧 가족 구성원이 실질적인 실업상태라는 의미[61]였다. 그만큼 경제적으로 열악했다. 다음의 증언은 암시장 시기와 소멸 시기 이후의 상황을 간략하게 전해준다.

> 암시장에서 큰돈을 벌어 고향으로 보내려고 밀항선을 타고 몇 번이나 조선과 후쿠오카를 왕복한 이도 있었다. 하지만 암시장 경기는 해방 후 겨우 4~5년이 고작이었다. 50년대가 되면 암거래를 할 수 없게 됐다. 보통 술이 나오면서 밀조주는 안 팔렸다. 그리고 실업이었다. 이렇게 살 수 없게 된 사람들이 몇 년 후엔가 '공화국'에 귀국하게 된 것이다.[62]
>
> —후쿠오카 거주 조선인 남성(80대)—[63]

로 발족했다. 일본 공산당 지도 아래 과격한 일본혁명 투쟁을 전개함으로써 공산당 내부에서도 많은 논란을 자아냈다. 민전은 1955년 해산되고, 이는 총련으로 이어진다.

60) 「在日朝鮮人の生活実態」 1953년 7월 1일, 『集成 戦後編』, 72쪽.

61) 金耿昊 編纂, 『在日朝鮮人生活保護資料 2』, 緑蔭書房, 2013, 205쪽. 1956년 4월 全国社会福祉協議会의 잡지 『生活と福祉』 창간호를 보면 1955년 시점에서 일본인 대 조선인의 생활보호율은 1,000 대 240명으로 일반 보호율의 약 11배에 해당한다. 1952년 일본인의 수치는 감소하고 있지만 조선인은 3년간 약 2배 가까이 급증했다. 조선인 보호율이 높은 이유는 ① 빈곤자가 많은 것 외에 일본인에 비해 취로 기회가 주어지지 않고, 취로 노력을 하지 않는 것, ② 밀조의 일제 단속 후에 반드시 보호신청이 격증하는 것으로 보았다. 암시장이 종결되면 히로뽕 등의 마약 제조와 범죄가 증가해 재일조선인의 경제생활에서 암시장 폐쇄와 밀조주 단속이 미치는 영향이 매우 크다는 것을 알 수 있다.

62) 1950년에 암시장이 폐쇄되고, 50년대 중반경 주류(酒類)산업이 정상궤도에 오르면서 밀조주로부터 얻는 수입도 줄어들고, 위험부담은 그만큼 증대했다. 1959년 이른바 '북송사업'으로 재일조선인이 '공화국' 즉, 북한으로 향했던 이유 중에 재일사회의 높은 실업률과 빈곤함이 있었다.

63) 島村恭則, 『〈生きる方法〉の民俗誌 : 朝鮮系住民集住地域の民俗學的研究』, 關西學院大學出版會, 2010, 97쪽.

암시장의 소멸은 패전으로 인한 실업과는 또 다른 형태의 경제적 난국을 의미하는 것이었다. 해방 이전부터 종사 비율이 높았던 일용노동직, 넝마주이 등의 폐품 회수업, 암시장 경험이 바탕이 된 행상, 밀주 제조 등은 암시장 소멸 이후에도 지속되었다. 경제적 하층부를 전전하는 이들이 여전히 많았지만 그런 한편으로 암시장 시기에 자본과 기술을 축적하게 된 이들도 있었다. 이들은 재일의 비중이 높은 제조업, 야키니쿠 전문점, 파친코업 등에 종사하면서 이른바 '재일산업'의 기반을 다져 나가게 되었다.

제3장

재일조선인의 암시장 활동

제3장

'재일산업'은 사업의 내용과 종사자 구성비에서 압도적으로 재일조선인의 비중이 높고, 일본 사회에서 그렇게 인식된 직업군이라고 규정할 수 있다. 암시장이 직접 활동무대가 되었거나 여기에서 경험과 자본을 축적해 향후 경향성을 형성해 나간 대표적인 직업으로 야키니쿠 전문점과 파친코업을 들 수 있다. 이 부문은 암시장 시기에 사업 모델이 형성되고, 암시장 소멸 이후, 재일조선인이 주도적으로 참여하여 일본 산업계에 자리 잡은 일종의 '틈새산업'이라 할 수 있을 것이다. 그 외 재일의 비중이 높은 토건업과 제조업은 식민지기부터 시작한 연속성을 보여준다. 주로 막노동을 하는 자유노동자들은 해방 이후에 토건업에서 그 기회를 찾았고, 공장 노동자들은 암시장 반짝 경기를 타고 제조업에 참여할 수 있었다. 이번 장에서는 이러한 재일산업을 형성하는데 큰 비중을 차지한 암시장의 전반적인 전개 양상과 여기에서 활동한 재일조선인의 양태를 고찰해 볼 것이다.

1. 일본의 패전과 암시장

1) 전시기의 암거래

암거래(闇取引)는 전시 중 통제경제가 실시되면서 성행하기 시작했다. 중일전쟁 발발 이듬해인 1938년 4월에 국가총동원법[1]이 제정되고 생필품의 배급제가 시작되었다. 1941년 태평양 전쟁 발발 이후에는 통제경제를 위한 정책이 더욱 강화되었다. 일상적인 소비생활을 말단까지 지배하는 물자통제령 · 농업생산 통제령, 식량관리법과 의류배급제 등이 이 시기에 실시되었고, 모든 물자는 전쟁 수행에 집중되어 국민들의 소비생활은 극도로 억제되었다.

일본은 조선과 대만 등 식민지를 비롯해 외국으로부터 식량을 수입해 수요를 충당하고 있었으나 전쟁이라는 변수는 식량 공급에도 큰 영향을 미쳤다. 이 시기 식량 사정은 다음과 같았다. 국가총동원법 제정 이후인 1939년 5월, 미곡배급 통제법이 실시되고 이듬해에는 생활필수품의 배급제, 대규모 절미운동을 벌이면서 식당에서는 정식 메뉴가 폐지되었다. 1940년 12월에는 가정용 미곡 등록제 배급이 시작되고 구장이 증명하는

[1] 총력전 수행을 위해 국가의 모든 인적, 물적 자원을 정부가 통제하고 운용할 수 있도록 지시한 법률. 패전으로 인해 그 명분을 잃고, 1946년 4월 1일에 폐지되었다.

특별배급표를 발급받아 배급소에서 식량을 배급받게 되었다. 태평양 전쟁 이전인 1940년 수입미는 225만t 정도였으나 전쟁 발발 이후 절반 이하의 분량으로 줄어들었고 전황의 악화로 인해 식량 공급 사정은 더욱 열악해졌다. 이듬해에는 도쿄, 오사카를 비롯한 대도시를 선두로 쌀 배급이 시작되었다.

농림성은 현미식 장려를 추진하면서 보리, 고구마, 옥수수 등도 대용식으로 배급하고, 지속적인 식량 증산 대책과 공출, 절미 운동, 주조미(酒造米)의 삭감 등을 강화했다. 전쟁이 격화되던 1944년, 만주 지역에서 보급 예정이었던 잡곡의 양도 117만t으로 줄어들고 이를 운반할 선박의 부족으로 인해 수입량은 더욱 감소하게 되었다. 전쟁 말기에는 배급량이 1인당 하루 2홉1작으로 감소했는데 이조차도 보리, 고구마, 잡곡 등이 20% 정도 혼합된 것이었다. 주요식량 중심의 농업정책 때문에 미곡 이외 작물의 경작면지도 축소되었다. 어패류도 노동력 · 선박의 부족과 수송 문제 등이 있었다. 식료품은 주식과 부식 모두 절대적 결핍상태에 달했다.[2)]

의류품의 공급 상황도 심각했다. 중일전쟁 이후 생산업체들이 군수산업으로 집중되어 의류제품의 생산이 대폭 감소되었다. 목면과 모직물 등 원료 수입이 제한되고 옷감은 폭과 길이가 지정되었다. 1940년 7월에는 사치품 등의 제조가 제한을 받게 되어 의복 외에도 가구, 집기류, 잡화, 장신구 등 고급 제품의 생산과 판매가 금지되었다. 태평양 전쟁 후에는 의류품 배급 제도로 지역 단위에서 구입하도록 하였다.

그러나 실질적으로 구입 가능 수량이 매우 적었기 때문에 의류품 구입도 점점 심각한 양상이 되었다. 국민복령 시행으로 남성은 조끼, 넥타

---

2) 『日本労働年鑑特集版　太平洋戦争下の労働者状態』, 法政大学大原社会問題研究所, 1964.

이, 옷깃 등 필요 없는 부분을 없애고 군복 형태를 강요받았다. 여성에게는 기존의 기모노를 고쳐 입는 정도로 절충하게 했다. 전쟁 말기에 가면 남성의 복식은 더욱 간소한 형태가 되었고, 여성은 이른바 '몸뻬(もんぺ)'라고 하는 노동복을 착용해야만 했다.

일상적인 물자의 부족현상이 심화되어감에 따라 인플레이션을 방지하기 위해 물품 판매가격 단속규칙이 제정되었다. 이때 설정된 것이 바로 공정가격이다.[3] 공정가격이란, 물가의 통제를 위해서 정해진 물품의 최고 판매 가격을 설정한 것으로 1만 2천 종류가 넘는 상품이 이에 해당하게 되었다. 정상적인 유통 구조가 붕괴되고, 식량과 의복 등 기초적인 일상물품의 절대적 부족현상이 벌어지자 사람들은 부족분을 융통하기 위해 백방으로 나섰고, 이 과정 속에서 암거래가 횡행하게 되었다.

전시기에 통용되던 '야미(闇)'라는 용어는 크게 다음과 같은 두 가지 의미로 나뉠 수 있다. 첫째는 공정가격 이외의 가격, 둘째는 암거래 전반을 의미한다. 일반적으로 '야미'라고 할 때는 후자의 의미인 경우가 많다. 암거래는 식료품, 의류, 잡화 등 통제 대상인 일상 물자가 중심이 되었고, 이런 속성은 패전 이후에도 동일하게 이어졌다. 패전 이후에는 암시장이 '야미'의 의미에 추가되었다. 전시기의 암거래는 공공연한 거래 공간이 존재하지 않았던데 비해 전후의 암거래는 집결도가 높은 물리적 공간을 중심으로 행해졌다는 점이 뚜렷한 차이점이다. 즉 암거래가 대중적 공간인 '시장'을 통해 이루어지게 된 것이다. 전시기의 '야미'는 다음처럼 설명되고 있다.

'야미'라든가 '야미야(闇屋)'[4]라는 말은 전쟁 전까지 우리 생활 중에는 없

---

3) 『日本歴史大事典 2』, 小学館, 2000. 원 안에 공정가격의 公자를 넣어서 '마루코우(㊣)'라고 불렀다.

> 었던 말이었다. 이는 통제나 공정가격 등과 동시에 발생한 것이라고 여겨진다. 공정가격에 대하여 야미가격이라는 말이 생기고 암거래가 나타났지만 아직 야미야라는 전문적 상행위는 나타나지 않았다. 암거래는 당당한 대회사, 군수회사에 의해 행해졌지만 야미야를 간판으로 내건 상행위는 없었던 것이다. 전쟁 후반에는 암거래는 공연한 사실이 되어 공정가격은 대부분 유명무실해졌다. 군수생산을 이어가기 위해 군수회사가 모두 암거래를 할 수밖에 없는 상태가 되었다. 육군과 해군이 암거래 경쟁을 하고 물자를 서로 빼앗는 상태가 되기도 했다. 일반인은 공정가격의 생활로 내몰려서 어쩔 도리가 없었지만 어쨌든 먹고 살아야 했기 때문에 배낭을 등에 지고 가이다시를 하게 되었다. 이 가이다시는 전국적인 것이 되어 누구나 여행을 갈 때 큰 배낭을 매고 갔다. 전쟁 중에는 영리를 목적으로 하는 가이다시는 적었고, 따라서 '야미야'라는 이름은 없었다. 종전 직전에는 식량 사정 악화와 원료, 동력 부족, 공습에 의한 소개 등으로 공장이 쉬게 되어 영리 목적의 가이다시가 점점 나타나기 시작했다. 그러나 전쟁 중에는 모두 징용으로 묶여 있는 상황이어서 가이다시와 야미 상행위를 전업으로는 할 수 없었다.[5]

이 기사에서 나타난 것처럼 암거래는 전시 중에 이미 일상적으로 행해지고 있었다. 전시기 및 전후의 암거래는 일상생활에서 절대적으로 부족한 물자를 공급하기 위한 고육지책으로, 처음부터 영리추구를 목적으로 발생한 것은 아니었다. 전쟁 말기에 이르러 영리 목적의 암거래도 늘어났지만 상기 기사의 내용처럼 많은 이들이 전업으로 행할 수 있는 상황은 아니었다. 도시 거주자는 배낭을 메고 농가에 가서 식량을 구입했고, 농촌에서는 도시로 행상을 나오는 방식으로 암거래가 행해졌다. 또한 상점에서는 매점매석의 형태로 암거래가 이루어지기도 했다.

---

4) 암거래를 하는 암거래상을 의미한다. 대소규모에 상관없이 암거래 행위자는 모두 야미야라고 했다.

5) 關根悅郎, 「ヤミヤ考」, 『民主評論』, 1948년 1월.

가족의 전거 등으로 인원 변동이 생기면 신고를 하지 않고 그 배급을 그대로 받는 '유령인구'의 이용도 암거래의 방식이었다.[6] 상품을 진열하지 않은 채 일반 고객에게는 판매하지 않고, 안면이 있는 고객을 대상으로 높은 가격을 부르거나 끼워 팔기 등을 하는 형태의 암거래도 있었다.[7] 정부에서는 암거래를 "나라를 파는 행위"라거나 "십수만 영령이 이룩한 대동아건설의 기초를 뒤에서 切崩하는 행위"[8]라고 해서 애국정신에 호소하기도 했다. 내무성 경제보안과는 암거래 전부를 파악하는 것이 힘들다고 토로할 정도로 일상생활에 만연해 있었다.

1943년에 적발된 내용을 보면 사리사욕·준법정신의 결여에 기초한 악질적인 암거래 행위가 전체의 80%를 차지하고 법규의 인식 결여·생활난에 기여한 암거래 행위는 10% 미만[9]이었다고 알려져 있다. 그러나 이 수치는 실제를 그대로 반영했다고 보기는 어려울 듯하다. 생존 차원의 암거래는 영리 목적에 비해 관용적으로 봐 주는 경우가 있었고, 단순히 식량 공급을 위한 가이다시는 성인뿐 아니라 미성년자들도 하던 일이었기 때문에 단속에 걸린 경우가 적었다. 일벌백계의 효과를 노리고 영리 목적의 암거래만 집중적으로 단속했을 가능성이 커 보인다. 이러한 사례에서 암시장이 전후에 별안간 등장한 것이 아니라 전시기부터 일정한 환경 구축이 되어 있었고 이것이 전후에도 이어졌다는 것을 알 수 있다.

전시 경제하에서 재일조선인도 암거래에 의존할 수밖에 없었다. 종전

---

6) 함바 등 노동자의 집단 합숙소는 물론, 일반인 거주지에서도 유령인구 앞으로 나온 몫은 부족한 식량 보충 및 암거래의 수익원이었다.

7) 安田常雄 編集, 『社会を消費する人びと －大衆消費社会の編成と変容』, 岩波書店, 2013, 16쪽.

8) 安田常雄 編集, 『社会を消費する人びと －大衆消費社会の編成と変容』, 17쪽.

9) 加藤秀俊, 『昭和日常生活史 1 －モボ・モガから闇市まで』, 角川書店, 1985, 274쪽.

직전 학도 동원이 되었던 이실근은 함께 일하던 조선인 청년들로부터 고베 산노미야로 가이다시를 하러 가자는 제안을 받았다. 물품을 받아 돌아오는 도중에 원자폭탄이 투하된 히로시마를 거쳐오다 참상을 목격하고 피폭까지 당했다.[10] 시마네현의 마츠에로 피난을 갔던 김영동은 이곳에서 암거래를 시작했다. 통제경제 상황이라도 농촌에서는 돈만 주면 식량은 구할 수 있었다. 그가 살던 규슈에서는 10엔으로도 살 수 없었던 쌀 한가마가 마츠에에서는 55전이었다.[11] 이런 가격 차이는 사람들을 자연스럽게 암거래로 유인하는 것이었다. 도농 간 상호 부족한 물자는 물물교환으로 암거래가 행해졌다. 권경애는 배급받은 설탕을 농가에서 채소와 교환하거나 '유령인구' 몫의 물자도 물물교환했다.[12]

이 시기의 물물교환 방식은 전후에도 이어져 자본이 없는 가쓰기야가 택하는 거래 방식이 되었다. 식량과 일상용품 외에 술이나 기호식품에 대한 수요도 높았다. 최일권의 경우, 공습을 피해 갔던 지역에서 부모가 밀조주를 만들고 판매했다. 암거래로 구입한 쌀을 막걸리로 만들면 소문을 듣고 사람들이 직접 사러 왔다.[13] 1945년 8월 15일, 천황의 항복선언인 이른바 '옥음방송'을 듣게 된 재일조선인들의 축하연에 막걸리가 나왔다는 회고가 많은 것을 보면 밀조주는 전시 중 이미 인기 많은 암물자 품목이었던 것이다.

그러나 전시기에는 말단 행정조직 및 린조(隣組)[14]까지 동원되어 철저한 경제 통제를 실시했으므로 해방 후처럼 공공연하게 암거래가 성행하지는 않았다. 끼니를 잇기 위한 식량과 관련된 암거래 일화는 많은 편

---

10) 小熊英二, 姜尚中 編, 『在日一世の記憶』, 集英社, 2008, 524~525쪽.
11) 이붕언, 윤상인 옮김, 『재일동포 1세, 기억의 저편』, 동아시아, 2009, 105쪽.
12) 이붕언, 『재일동포 1세, 기억의 저편』, 124~125쪽.
13) 小熊英二, 姜尚中 編, 『在日一世の記憶』, 493쪽.
14) 전쟁 당시, 국민을 통제하기 위해서 만들어진 최말단의 지역 조직.

이지만 재일조선인이 영리 목적으로 암시장에 본격적으로 참여한 것은 패전 이후 대규모 해고 이후부터이다.

2) 전후 암시장의 발생과 양상

패전 직후는 바로 가을 수확기로 이 해의 쌀 생산은 전시 상황에서 여러 해에 걸친 비료부족과 악천후까지 겹쳐 3,920만 석이라는 대흉작이었다. 일본의 수확량은 6,000만 석 전후였는데 이미 40% 정도 감소한 실정이었다.[15] 여기에 농촌의 공출 불응[16], 폭격으로 인한 철도와 열차의 손실 및 기반시설 복구 지연, 식량과 배급소의 소실, 식민지로부터의 식량 반입 단절 문제 등 보급과 수송 문제가 복합적으로 발생했다. 패전에 따라 복원병과 해외거주 일본인들의 귀국[17]이 진행되면서 인구까지 팽창해 식량부족 문제는 더욱 심각한 양상으로 전개되었다.[18]

암시장의 발생은 이런 환경 속에서 이루어졌다. 전시 경제가 초래한 민수품의 절대부족 상태는 패전 직후 암시장을 전근대적인 물물교환의 장소로 탄생시키는 주된 원인이 되었다. 최근 일본에서 연구 진행 중인 암시장의 전국적 분포를 보면 약 68개 도시에 암시가 개설되었다. 그러나 지역 단위에서 소규모 시장까지 모두 기록하지 않았기 때문에 누락분도 많을 것으로 보인다.[19]

---

15) 『昭和: 二万日の全記録 －廃墟からの出発』, 158쪽.

16) 전시기에도 공출은 계속 실시 중이었지만 전후의 공출이 낮은 비율을 보인 것은 약화된 공권력이 이를 통제하지 못했고, 공출가보다 암거래상이나 도시 생활자들과의 직거래가 가 훨씬 높은 이익을 보장했기 때문에 농민들이 공출미를 은닉하고 암거래를 했기 때문이다.

17) 木下航二, 『戦後昭和史』, 六興出版部, 1959, 34쪽 ; 『昭和史全記録』, 毎日新聞社, 1989, 344쪽.

18) 『昭和: 二万日の全記録 －廃墟からの出発』, 148쪽.

19) 初田香成, 村上しほり, 石榑督和, 「第二次世界大戦後の闇市の全国的な成立・展開と行政の関与 : 自治体史の闇市に関する記述の全国調査」, 『日本建築学会計画系論文集』, 2017.3,

전국의 암시장은 '주요역 근처'의 '공터'라는 유사한 입지 조건과 발생 배경을 가지고 있다.[20] 이런 장소에 암시장이 성립된 것은 다음 두 가지의 주요한 이유가 있다. 첫째, 역 근처의 공터는 소유자가 불분명했기 때문에 허가 없이 상업 활동이 가능했다. 공터의 형성은 전쟁 말기, 일본 본토에 공습이 잇따르자 정부가 주요 역 근처를 중심으로 단행한 강제소개로 인한 것이었다. 주민들은 보상금을 받고 떠났고, 이런 지역은 방치된 공터가 되었다.[21] 패전 직후는 국가가 공유지 관리를 제대로 할 수가 없었기 때문에 공습으로 폐허가 된 빈자리에 암시장이 들어섰다. 사유지도 전쟁 중 소유주의 사망이나 소재불명, 혹은 소개지로부터의 미귀환 등 한동안 방치된 상태였으므로 같은 이유로 노점영업이 시작되었다. 일본의 전후 사진 기록을 보면 공터에 암시장이 본격적으로 들어서기 전까지 텃밭이 조성된 경우도 눈에 띈다. 전시기부터 전후까지 역 주변에 조성된 공터는 어떤 형태로든지 식량 조달처의 기능을 수행했던 곳이라 할 수 있다.

둘째, 철도역은 암거래 물자를 조달하는데 가장 필수적인 교통수단이었다. 기반 산업이 파괴된 상황에서 운행편수는 줄어들었어도 철도는 여전히 핵심적인 수송수단이었다. 주요 역들은 전쟁 피해가 상대적으로 덜한 배후 지역에서 공급되는 식량과 물자의 집결지가 되었다. 암시장에 물자를 운반하는 가쓰기야는 식량 산지에서 직결되고, 하차와 동시에 거래가 가능한 철도역을 선호했다. 노점상들 역시 물자 확보와 동시에 판매가 가능했으므로 '철도역 주변의 공터'는 암시장이 되기에 최적

805~815쪽.

20) 암시장이 모두 동일한 입지조건인 것은 아니지만 최소한 두 가지 조건 중의 하나는 충족하는 곳이었다. 이를 갖추지 못한 경우는 전통적으로 대중들이 운집하는 장소나 공설시장터를 기반으로 한 곳이었다.

21) 藤田綾子, 『大阪「鶴橋」物語 : ごった煮商店街の戦後史』, 現代書館, 2005, 21쪽.

지였던 것이다. 재일조선인의 참여도가 높았던 도쿄의 우에노, 오사카의 츠루하시, 고베의 산노미야는 모두 이런 조건을 충족하고 있다.

이 중에서 츠루하시는 전쟁 이전에는 주목할 만한 상권이 아니었지만 패전 이후 암시장의 발생과 더불어 현재와 같은 규모로 성장했고, 재일조선인 최대 집주 지역과 연결되어 전쟁을 전후한 변화가 뚜렷했다. 우에노 시장도 이와 비슷한 사례였다. 해방 이전에는 재일조선인의 집주지가 아니었던 이곳은 암시장 발생과 동시에 도쿄 재일조선인 상권의 중심이 되었다.[22] 1947년 이후에는 독립된 상점가로 분리되어 나가면서 대표적인 조선인 거리로 알려지게 되었다. 새롭게 형성된 암시장은 해방 후 재일조선인의 생활권역에 큰 변화를 일으키는 계기가 되었다. 재일조선인이 활동한 주요 상권에 대해서는 4장에서 상술할 것이다.

귀국하는 재일조선인이 거쳐 가는 항만 근처에 나타난 암시장도 있었다. 해방과 동시에 주요 귀국항으로 집결한 조선인을 대상으로 한 암시장이 탄생한 것이다. 귀국항의 암시장은 대도시와 마찬가지로 자연발생적인 것이었다. 다만, 대도시 암시장의 주요 소비자가 일본인인 것에 비해 이들 지역의 암시장은 조선인 이용자가 많았다는 것이 차이점이라 하겠다. 시모노세키에는 계획수송이 실시되기 이전인 9월경에, 이미 전국 각지에서 몰려든 조선인 귀환 희망자로 붐비는 암시장 영업이 활발하게 진행되고 있었다.

> 전국에서 몰려온 이들은 渡鮮 기지 시모노세키를 비롯해 이미 3만 명이 넘었다. '……' 이 조선인의 수는 매일 팽창하기만 할 뿐이다. 숙소와 식사에 곤혹을 겪으면서 얼마나 걸릴지 모르는 승선일을 기다리는 이들 조선인의

---

22) ほるもん文化編集委員会 編, 『「在日」が差別する時される時』, 新幹社, 2000, 205~219쪽. 야키니쿠 도라지의 창업자 홍성화는 1948년 우에노에 처음 왔을 때, 조선인이 그리 많지 않았다고 회고했다.

> 모습은 전쟁 종결이 빚은 일시적 혼란일지도 모른다. 그러나 소이탄으로 시가지의 6할이 소실된 시모노세키시는 이재시민의 수용조차 만족시키지 못한다. '……' 역전에서는 배 3개에 3엔, 사탕수수 1개 1엔50전부터 3엔, 당고 1개 50전, 빙수 한 그릇 20전이다. 그러나 아이는 1전, 일본인 50전. "고구마가이다시에 성공하면 밥을 해 줍니다"라고 붙인 종이는 세계에서도 별로 유례가 없는 진기한 상행위다.[23]

시모노세키의 암시장도 여타의 암시장과 마찬가지로 역 앞에 펼쳐진 난전이었다. 주요 항구는 조선인이 떠나는 항구이기도 하지만 해외의 일본인이 귀환하는 곳이기도 했다. 민간인보다 일본군대의 귀환이 먼저 진행되었다. 점령군 주도의 계획수송이 원활하지 않은 상황에서 재일조선인 중에는 사비를 들여 배를 매입하고 귀국하는 이들도 있었다. 귀국선편이 쉽게 마련되지 않고, 대기 기간이 길어지면서 조선인은 구매자이자 생계를 위한 판매자로 암시장에서 활동하게 되었다. 다른 귀환항인 하카타 부두 근처의 암시장도 유사한 상황을 보여주고 있다.

> 누가 붙인 이름인지는 모르지만 '조선시장'이라는 이 자유시장은, 귀국을 서두르는 조선인들이 하카타항에 운집하기는 했지만, 계획수송으로 승선하지 못하고 체류하게 되자 (나타난 것이다). 먹기 위해서 거래가 필요하기 때문에 자연발생적으로 생긴 것이다.[24]

이들은 부두 근처의 불타버린 창고를 이용하고 가건물을 지어서 임시로 거주하며 암시장을 드나들게 되었다. 귀환항에서 순번을 기다리는 동안 본국의 소식도 신속하게 입수할 수 있었다. 한국의 혼란한 정정과

---

23) 『読売新聞』, 1945년 9월 14일자.
24) 『西日本新聞』, 1945년 10월 10일자.

전염병, 어려운 경제 사정 등의 소식을 먼저 접한 이들은 귀국을 포기하거나 연기하고, 일본 정주의 전망을 타진하기도 하였다. 승선을 기다리다가 후쿠오카에 정주를 하게 된 한 재일조선인은 이를 다음처럼 언급하고 있다.

> 배를 기다리는 동안 일 같은 건 전혀 없었다. 모두 화투 같은 도박을 했다. 아버지도 그랬기 때문에 가재도구를 전부 빼앗기고 조선에 돌아갈 수 없게 돼 버려 그대로 머물게 된 것이다. 처음에는 암시장에서 돈을 벌어 패자부활을 바랐는지도 모르지만 이럭저럭 60년이 지났다. 어머니는 이게 팔자라고 말씀하신다.[25)]

주요 도시의 암시장에 실업자들이 참여한 것과 달리 귀환항 주변의 암시장은 상기와 같은 이유로 형성되고 이후의 전망까지 결정해 버리는 경우가 있다. 귀환항 이외의 지역에서도 귀국 여비 마련을 위해 암시장에서 일하기도 했지만 일정 시기까지 이들에게 암시장은 임시적인 자구책으로 간주되었다.

전후에 나타난 암시장은 노점시장, 노천시장, 청공시장, 자유시장, 가두시장, 마켓 등 다양한 이름으로 불렸다. 그러나 명칭만 다를 뿐, 이 장소들은 기본적으로 암시장의 속성을 가진 곳이었다. 도시개발 측면에서 암시장을 연구한 하츠다 고세이는 명칭에 따른 각 시장의 성격을 다음처럼 분류했다.

---

25) 島村恭則, 『〈生きる方法〉の民俗誌 : 朝鮮系住民集住地域の民俗學的研究』, 關西學院大學出版會, 2010, 85쪽. 2세대 남성의 증언.

〈표 3〉 하츠다 코세이의 암시장 분류[26]

명칭	내용
암시장	① 물자의 통제하에 금지된 유통경로를 통한 암물자 거래 시장 ② 상품의 성격에 규정된 용어
노점	① 간단히 철거 가능한 가설 점포 ② 전통적 상업 형태로 종전 직후부터 수년간 암시장으로서 각지에 자연 발생 ③ 토지는 소유하지 않으나 경찰로부터 영업허가를 받음 ④ 도쿄의 경우, 1950년 노점 정리령[27]으로 공도상 노점 금지(일부 제외) ⑤ 이후는 寺社 경내 등에서 임시로 영업
마켓	① 나가야(長屋),[28] 또는 통로를 중심으로 실내에 점포가 나란히 늘어선 저층 상업시설 ② 대부분 목조의 간단한 형태로 1946년부터 출현 ③ 노점영업자를 일부 수용하며 발달 ④ 1947년경부터 일반 상권의 부활로 조악한 인상이 강해져 쇠퇴
소매시장	① 소비자에게 판매를 하는 소매점의 집합체 ② 1918년 오사카시의 공설소매시장이 근대적 소매시장의 기원 ③ 도시화 진행으로 안정적인 식료품 공급과 물가 앙등 대책으로서 지방자치체에 의해 도입

하츠다의 분류는 유통방식과 상품의 성격, 판매장소의 외형과 건설형태 등이 혼재된 것이다. 초기의 노점이 지붕을 얹은 나가야, 바라크라는 가건물 등으로 변모하면서 마켓으로 불리기도 하지만 일본 경제가 회복되기 전까지 이러한 영업점들은 기본적으로 암시장의 속성을 지닌 채

26) 初田香成, 「戦後東京におけるバラック飲み屋街の形成と変容 : 戦災復興期,高度成長期における駅前再開発に関する考察」, 『日本建築学会計画系論文集』, 2004.5, 1730쪽 정리.

27) 『道路』, 1950년 5월호 ; 『新都市』, 1952년 4월호 참조. 도쿄도에서는 1949년 8월부터 노점 철거 대책을 시작했다. 도지사, 경시국장, 소방국장의 이름으로 1950년 3월 31일까지 공도상의 전 노점을 공도 앞으로 이설시킨다는 방침을 취했다. 교통장애, 방화활동, 위생, 보안, 도시미관 등이 그 이유로 내세워졌다. 노점들은 동업자 격증, 수입균분 저하, 구매력 감퇴, 물자 방출호조로 인해 노포들이 부흥하면서 경쟁력을 상실했다. 그런 반면 사회악의 온상, 공공질서 저해 존재라는 인식은 증가했다. 노점상은 일부 폭력단에 의해 부당한 착취 대상이 되었고, 비민주적인 노점상 기구에 대한 비난이 증가했다.

28) 칸을 막아서 여러 가구가 살 수 있도록 길게 만든 집. 여기서는 그런 형태의 점포를 의미한다.

운영되었다. 경찰의 관리를 받는 조합에서 허가를 받은 업자라고 해도 그 본질은 암거래였다. 이는 전후 암시장이 지닌 복합적인 성격을 말해 주는 것이기도 하다. 한편 도시생활문화사 측면에서 암시를 연구한 마츠다이라 마코토는 암시장의 성격을 다음처럼 설명하고 있다.

> '야미'라는 것은 公定(공정가격)에 대비되는 말이다. 통제경제 시대에는 정부에 의해 주된 소비 물자에 각기 가격이 매겨지고, 위반하면 처벌받았다. 따라서 공정 이외의 상품은 공공연히 거래될 수 없었고, 매매는 야미가 되었다. 야미 상품을 매매하는 시장이 즉 闇市다. 여기에서는 식료품, 의류, 잡화, 그 외 판매가 금지된 것이라면 무엇이든 팔았다. 1947년 여름에 음식점이 모두 금지되면 술집과 대중식당이 그 중심이 되기도 했다. 처음에는 역전에 생긴, 공습 후 폐허와 疏開 후의 공터에서 지붕도 없는 노점시장이었지만 다음해가 되면 단층으로 길게 연결된 점포(나가야)를 만들어서 마켓이라고 불렀다. 이는 패전 후 한 때 노점과 함께 도쿄의 번화가를 형성했다.[29]

이 설명들을 종합해 보면 '야미'는 공정가격에 대비되는 가격과 암거래라는 유통의 방식이고, 이에서 파생된 물리적 공간은 암시장이 된다. 그러나 전후에는 가격, 암거래, 암시장은 모두 '야미'라는 용어로 통용되었다. 즉, '야미'는 거래의 성격과 공간을 통칭하는 범용적 의미로 사용된 것이다.

초기의 암시장은 물물교환을 포함한 노점이었다. 기록에 남아있는 최초의 암시장은 신주쿠에서 개점한 신주쿠 마켓이다.[30] 이 시장은 8월 30일 진주군이 일본에 도착하기도 전인 8월 20일에 개점된 것으로 알려져 있다. 암시장이 개장되기 이틀 전인 8월 18일 도쿄의 신문에는 다음

29) 松平誠, 『ヤミ市幻のガイドブック』, 筑摩書房, 1995, 10쪽.
30) 猪野健治 外, 『東京闇市興亡史』, ふたばらいふ新書, 1999, 20쪽.

과 같은 광고가 게재되었다.

-빛은 신주쿠로부터-

전환공장 및 기업가에게 급고!! 평화산업의 전환은 물론 그 완성제품은 우리 쪽에서 자발로 '적정가격'으로 대량인수를 응하니 희망자는 견본 및 공장 원가 견적서를 지참하고 속히 방문해 주십시오. -요도바시구 츠노하즈 1의 854(우류 저택지) 신주쿠 마켓 관동 오즈구미(関東尾津組)[31]

이 광고의 입안자는 일본의 전통적인 노점상인 데키야(的屋)[32] 출신으로 이전부터 신주쿠를 무대로 활동해 왔던 오즈 기노스케였다. 이 광고는 포츠담 선언으로 인해 해체해야 하는 군수산업 경영자를 대상으로 했던 것 같다. '평화산업'으로 전환하면 군수물자였던 기존 생산품은 판매처가 없으므로 헐값으로 처분할 것을 권유한 것이다. 오즈는 이 최초의 암시장 형성을 다음처럼 회고하고 있다.

불탄 자리를 정리하는 것은 매우 힘들었다. 무너진 건물의 콘크리트를 깨부수는데 제관공 5명을 데려가서 대형 망치로 작업해야 했고, 두 시간 만에 갈대발[33]까지 치고 하루 안에 각 점포의 매대에서 선반까지 만들어 32칸의 점포를 만들어냈다.[34]

---

31) 『朝日新聞』, 1945년 8월 18일자.

32) 大河内一男 編, 「戦後における露店市場」, 『戦後社会の実態分析』, 日本評論社, 1950 참조. 일본에는 에도 시대부터 노점상 조직이 존재했다. 이들 노점상은 데키야 혹은 야시(香具師)라고 불리는 특이한 상업 집단이었다. 이들은 조직원의 관계를 부모와 자식의 관계로 설정하고 집단의 리더는 오야붕(親分), 휘하의 구성원을 고붕(子分)으로 불렀다. 또한 조직은 구미(組), 一家 등으로 불렀다. 전후 암시장은 이들의 전근대적 영업방식에 의존하면서 그 세력이 급속도로 확대되었다. 일본 경제가 정상적으로 회복되고 암시장의 기능이 소멸함에 따라 이들의 역할은 사라졌고, 일부는 폭력집단으로 변하기도 했다. 폐쇄적인 집단으로 천황제 신봉과 국수적인 사상을 견지하고 있어 암시장을 둘러싸고 재일조선인과 상권경쟁을 벌이면서 민족 갈등을 크게 부각시켰다.

33) 요시즈(葦簾, 葭簀)라는 임시 가림막.

34) 猪野健治 外, 『東京闇市興亡史』, 20쪽.

판매용 물품은 주로 부엌용품을 비롯한 잡화였다. 암시장에서는 식량이 가장 높은 비중을 차지하게 되지만 오즈가 암시장을 만들 때 염두에 둔 매입처는 공장이었으므로 초기에는 공산품 위주의 물품이 진열되었다. 당시 물품들의 가격은 밥그릇·찻잔이 1엔 20전, 풍로 4엔 30전, 나막신 2엔 80전, 프라이팬 15엔, 간장통 9엔, 물통 9엔 50전, 베크라이트제 식기 세트가 8엔[35] 등이었다. 일용잡화가 귀하던 시기였기 때문에 생활용품들은 진열하자마자 판매되었다. 도쿄에서는 신주쿠를 시작으로 신바시, 이케부쿠로, 우에노, 시부야, 아사쿠사 등 주요 전철역이자 사람들의 통행이 잦은 번화가 중심으로 암시장이 속속 개설되었다. 오사카, 고베 등지에서도 이르면 8월 말, 적어도 9~10월경에 본격적인 암시장 영업이 전개되었고, 다른 거점 도시에서도 유사한 형태의 암시장이 나타났다.

전후 암시장의 창시자 오즈는 데키야 출신이다. 데키야는 에도시대부터 존재하던 노점상으로 독자적인 조직도 있었다. 이들은 주요 축제나 행사를 전후해 절과 신사(寺社)주변에서 좌판을 펼치고 영업을 했다. 그러나 영업구역이 제한되어 있었으므로 전후의 암시장처럼 교통의 요충지나 도심부 중앙에서 영업활동을 할 수는 없었다. 예외의 경우로 1930년에 세계적 공황 상황에서 실업자 구제의 일환으로 일반인들에게 노점이 허락된 적이 있었다. 도쿄에는 154곳의 임시노점이 허가되고, 16,493명이 상업활동을 했지만 1년도 채 지나지 않아 10분의 1 정도로 규모가 축소되었다. 패전 시점에 도쿄에는 데키야 3,500명, 일반 노점상 500명 정도가 존재했다고 한다.[36]

이런 내용에서 나타나듯이 노점상은 주요 유통기구가 아닌, 특정 지

---

35) 猪野健治 外, 『東京闇市興亡史』, 19쪽.
36) 大河内一男 編, 「戦後における露店市場」, 223쪽.

역에서 특정 목적으로 허가된 일시적이고 보조적인 상업자들이었다. 그러나 전후의 암시장은 이들을 상업의 주역으로 견인했다. 노점상의 권역구분과 공간 배치에 오랜 경력을 쌓은 데키야들이 주도적 역할을 하면서 단기간이었지만 이들에게 유통의 무게중심이 옮겨간 것이다. 암시장에 노점을 차린 이들은 상업 경험이 없는 복원병이나 실업자들이 대다수였다. 초심자들은 데키야 조직의 특징인 오야붕과 고붕의 관계를 맺지 않았다. 그 대신 데키야는 장소 선정, 시장 청소, 치안 유지 등에 대한 사용료를 받고, 초심자는 이들이 만든 질서 속에서 상업 활동을 하고 이에 상응하는 금전을 지불했다.

패전 직후인 8~9월경, 도쿄의 신주쿠, 신바시, 아사쿠사, 우에노, 시부야 등 주요 역 근처의 공터에는 갈대발로 영업공간을 나누고 귤 상자 위에 판매할 물건을 올려놓은 좌판 노점이 나타났다. 다음 단계에서는 갈대발을 떠받치는 기둥을 세우고, 일산이나 그늘막을 치는 것으로 점포를 분리했다. 이동에 편리한 리어카를 점포로 삼는 곳도 생겼다. 베니어판이나 지붕 등이 추가되면서 일정 형태를 갖춘 시장으로 변화했다.[37] 오사카의 츠루하시도 초기에는 청공시장의 형태였지만 1945년 말경에는 함석판이나 텐트 등을 갖춘 오두막 형태의 점포가 만들어지기 시작했다.

패전 이듬해인 1946년 초부터는 정식 형태의 시장 건설에 대한 논의들이 등장하고, 지역별로 가건물 형태인 바라크나 목조 건물이 건설되어 마켓이라는 명칭으로 불리게 되었다.[38] 1946년 8월 1일 행해진 암시

---

37) 松平誠, 『ヤミ市幻のガイドブック』, 42~43쪽.

38) 『朝日新聞』, 1946년 1월 19일자, 2월 13일자. 귀족원 의원 마츠모토가 노점상을 재정비해 일본 상업의 주류로 하자는 제안을 하면서 미국 소매업자를 모방한 일본 볼룬터리 체인을 설립하자는 제안을 했다. 이에 따라 이케부쿠로에 연쇄마켓 형태의 가건물이 설립되었다.

대숙정을 전후해서 야외 노점만 즐비하던 청공시장, 노천시장이 새롭게 형성된 건물 안으로 편입되기 시작했다. 청공시장이 마켓이 되는 과정은 순차적인 것이 아니라 지역과 장소의 성격에 따라 각기 달랐다. 주요 암시장에서 갈등의 소지가 많았던 재일조선인의 상권이 분리되는 경우도 있었다. 고베 산노미야는 1946년, 도쿄의 우에노는 1947년에 기존 시장과 분리된 공간에 마켓을 형성하면서 독자적인 상권을 형성하게 되었다.

암시장은 데키야들에 의한 불법적 토지점유와 통제품 유통이라는 근본적인 문제를 안고 있었지만 패전 이후 권위를 상실한 공권력은 우후죽순처럼 발생한 암시를 통제할 수 없었다. 암시장이 개설되고 물가통제와 관련한 불법행위가 현저하게 증가하자 1945년 말경 암시장은 지역에 따라 간헐적인 단속의 대상이 되기도 했다. 그러나 이 시기에는 일선 경찰이 적극적인 검거 활동을 펼칠 수 없었다. 이런 상황에서 1945년 10월 16일 도쿄에서는 도쿄도 노점동업조합본부(노점조합)가 설립되었다.[39] 이는 노점상 최고협의기관으로 각 경찰서 관내를 단위로 하고 산하 지부를 두는[40] 형태인데 경찰과 '불법적인' 암시 조직이 업무상 협력한다는 모순적인 관계를 맺게 된 것이다. 그러나 1946년 신경제 정책의 실시와 더불어 행정 권력과 암시장의 호의적 유착관계는 통제를 기반으로 한 갈등관계로 일변했다. 경찰력이 강화되면서 이듬해인 1947년에는 대규모 폭력단 소탕 작전이 행해지고, 데키야의 세력이 약해지면서 암시장의 권력 구도도 재편성되었다.

대외적으로는 관리 주체와 피관리자의 관계였지만 1949년 7월 노점조합의 해산을 지시[41]하기 전까지는 경찰은 이들 조직과 암묵적인 협조

39) 大河内一男 編, 「戦後における露店市場」, 243쪽.

40) 松平誠, 『ヤミ市幻のガイドブック』, 169쪽 ; 猪野健治 外, 『東京闇市興亡史』, 27쪽.

관계였고, 지역 단위에서는 관과 조합의 유착 정도가 심했다. 경찰과 노점조합 사이에 금전 거래를 비롯한 부정부패는 물론이고, 경찰의 통제가 미치지 않는 재일조선인 단속에 이들을 이용하기도 했다.

같은 암시장에서 활동했지만 일본 조직이 영리를 목적으로 한 상인 연합체인데 비해 재일조선인 및 외국 상인 조직은 '민족'이 중심이 된 민족공동체의 성격이 강했다. 제국주의 질서가 전도된 상황에서 패전국민 일본인과 피식민지 경험을 가진 조선인 사이 갈등은 상권 경쟁과 민족감정이 결부된 것으로 양측의 대립은 폭력적이고 격렬했다. 따라서 암시장에서의 갈등은 정치 이슈로 환원되기도 했다. 재일조선인의 암시장 패권다툼은 일본인과의 문제였을 뿐만 아니라 암물자 취급을 두고 민족단체의 이름을 내건 좌우 진영의 이데올로기 전쟁 대리전이기도 했다. 적어도 재일조선인에게 암시장은 해방 이후로 급변한 정치와 경제 환경, 좌우사상의 대립 등이 총체적으로 반영된 공간이었다.

3) 암시장의 규모와 종사인원

암시장 존속 시기 중, 도쿄나 오사카 등의 대도시를 중심으로 암시장 실태에 관해 몇 번의 조사가 행해졌지만 전국적 규모의 실태 파악은 아니었다. 암시장은 패전 직후부터 1950년을 기점으로 점차 소멸되었지만 최전성기는 패전 직후 1~2년 정도의 단기간이었으므로 혼란 상황에서 조사의 정밀성을 기대하기도 어려웠다.

경제 대책의 혼전과 치안의 불안정 속에서 암시장이 사회 문제의 온상으로 지적되자 정부 차원에서도 대책이 논의되기 시작했다. 1946년 1월 내무성의 암시장 관련 대책 회의에 의하면 도쿄에는 234개의 지정출점

---

41) 『朝日新聞』, 1949년 7월 12일자.

지역에서 매일 평균 17,000곳의 점포가 영업을 하며, 종사인원은 76,000여 명으로 파악되었다.[42] 당시 도쿄의 인구는 약 3~4백만 명[43]으로 단순수치로만 계산하면 도쿄 인구 50명 중 1명은 암시장 상인이라는 의미가 된다. 그러나 경찰은 이보다 훨씬 더 많은 인원이라고 추정하고 있다. 경시청 직원 기관지인 『自敬』에서는 좌담회를 통해서 도쿄 3백만 인구 중 5분의 1이 암거래상이라고 언급하고 있다.[44] 이 수치는 다소 과장이라고 보이지만 암시상인의 범위에 가쓰기야와 행상을 포함한다면 전혀 근거 없는 수치는 아닐 수 있다. 일선에서 직접 마주치는 경찰로서는 암시장 종사자가 체감적으로 많았다고 느꼈을 수도 있다.

도쿄 노점조합 소속인원은 이보다 적게 나타난다. 도쿄도에서 노점조합이 발족하던 1945년 10월 조합원은 126명, 11월에는 20,041명, 12월에는 34,633명이 각각 가입하면서 삼 개월 사이에 급격한 증가 추세를 보였다.[45] 내무성 회의가 있던 1946년 1월 도쿄 노점조합원의 수는 59,655명으로 보고되었다.[46] 1946년 2월 15일 기준으로 조합원이 있는 도쿄도내의 출점지역은 상승세를 보이던 때에 비하면 197개소에서 160개소, 점포수는 25,639곳에서 7,828곳으로 축소되었다.[47] 내무성의 조사와 차이를 보이는 이유는 노점조합은 조합 가입자만 계산했기 때문이다. 조합에는 재일조선인과 그 외 외국인은 가입하지 않았고, 조합비, 회비, 관리비 납부 의무를 행하지 않는 일본인도 조합의 조사에는 포함되지 않았다.

---

42) 大阪・焼跡闇市を記録する会, 『大阪・焼跡闇市―かって若かった父や母たちの青春』, 夏の書房, 1975, 51쪽.

43) 都總務局 統計部 人口統計課, 「人口の動き －東京都の人口(推計)」. 1945년 도쿄도의 인구는 전쟁 피해로 절반 이상이 줄어든 340여만 명이고, 1946년에는 420만 명이 채 되지 않았다.

44) 『自敬』, 1946년 4월호.

45) 大河内一男 編, 「戦後における露店市場」, 242쪽.

46) 大河内一男 編, 「戦後における露店市場」, 244쪽.

47) 『商店界』, 1946년 7월, 29쪽.

이 격차를 보이는 16,000여 명의 수치 안에는 재일조선인이 포함된 것으로 보인다. 그러나 이 수치에서 재일외국인과 비조합원 일본인의 비율이 어느 정도인지는 확인된 바 없다. 1947년, 일본에 거주하는 외국인 중 재일조선인, 중국인, 대만인은 각기 93%, 3%, 2% 정도의 비율을 차지하고 있다. 16,000여 명 중 일본인 비조합원이 있다는 점을 감안하고, 이 비율을 기계적으로 적용시킨다면 조선인은 10,000명을 상회하는 정도로 추정할 수 있다.

1945년 도쿄와 인근의 가나가와, 지바, 사이타마의 재일조선인 인구는 합계 190,584명이었지만 대거 귀국 이후인 1947년은 44,515명으로 감소했다. 이 중 노동 가능 인구를 절반 혹은 그 이상으로 보고, 이들 모두가 암시장 및 가쓰기야로 일한다고 해도 도쿄와 인접한 지역의 암시장에서 활동하는 조선인은 20,000~30,000명 정도가 최대치일 것이다. 오사카를 비롯한 효고, 교토 등 관서 지방의 재일조선인 인구는 1945년 547,572명에서 귀국이 일단락된 1947년 205,171명[48]으로 대거 변화가 있었다. 이 지역의 인구 비율을 감안하면 도쿄 지역보다 암시장 활동 비율도 그만큼 높았을 것이다.

하지만 전후 대규모 인구 이동 시기에 인구 대비 암시장 종사자를 추정하기에는 변수가 많다. 전통적 비노동인구도 전후 특수 상황에서 암시장으로 투입되는 경우는 흔했다.[49] 회고나 구술 등에 미성년자 시기의 가이다시 및 노점상의 경험이 자주 언급되는 것만 보아도 알 수 있다. 통계에 나타나는 수치는 노점참여자가 주요 대상이므로 가이다시 인원은 제외된다. 도쿄 거주자가 아니면서 보다 나은 수익을 위해 상경

---

48) 도노무라 마사루, 『재일조선인 사회의 역사학적 연구』, 398쪽, 1945~1964년의 인구 추이를 참조.

49) 『毎日新聞』, 1945년 11월 16일자. 오사카에서 행한 조사에 의하면 암시장 참여자 중 미성년자가 10%에 달했다.

하거나 그 반대로 지방을 오간 이들의 활동도 포착되지 않는다.[50)]

도쿄 노점조합의 이사장을 맡았던 오즈도 외국인 암시상인을 언급한 바 있다. 그의 분류에 따르면 노점상인은 ① 원래부터의 직업이었던 순수 노점상인, ② 상업에 경험이 없는 복원자, ③ 전재 때문에 실업자가 된 사업 경험자, ④ 해외귀국자 및 그 유족이었다. 그 비율은 순수 노점상인 30%, 사업경험자 30%, 해외귀국자 20% 정도로 보았고, 그중에서 조선인과 중국계인을 10% 정도로 추정했다.[51)] 그런데 1947년 시점에서 오즈의 주요 활동 지역인 신주쿠 경찰서 관내의 노점은 1,475개소이고, 그중 '제3국인 관계' 점포는 60~70개소로 나타났다.[52)] 이 점포 숫자는 신주쿠 관내 노점의 5%에도 미치지 못하는 숫자고, '제3국인'이란 조선인과 대만·중국계를 모두 포함하므로 실질적으로 신주쿠 노점에서 재일조선인의 비중은 5%보다도 더 적은 셈이 된다.

1946년 8월, 재일조선인이 암시장을 장악하고 있다는 소문에 대해 반박을 한 동포언론에 따르면 매일 출점하는 재일조선인 상인의 수는 "우에노 130명, 신바시 60명, 시부야는 18명"이라고 하였다.[53)] 다만 이는 8월 1일 암시 숙정 이후에 제시된 수치로 숙정 이전에는 이보다 많은 인원이었을 것이다.

집계에 포착되는 일본인들을 제외하면 암시장 관련 외국인 인구는 패

---

50) 猪野健治 外, 『東京闇市興亡史』, 106쪽. 우에노 조선인 노점조합 대표를 맡았던 이오달은 1946년 봄 도쿄의 경기가 좋다는 소문을 듣고 상경한 경우였다. 1946년 5월 말 우에노 일제단속 시 체포된 소년들도 오사카에서 상경한 경우가 많았다.

51) 『商店界』, 1946년 7월. 「戦後における露店市場」은 도쿄 노점조합원을 대상으로 한 것으로 재일외국인에 대한 조사는 실시되지 않았다. 오즈는 암시장을 처음 창안한 사람이고, 노점조합 이사장을 맡고 있어서 외국인의 비율에 대해 대략적으로 파악했으리라 보여진다. 다만 노점조합은 비조합원 및 외국인 상인에 대해 배타적인 태도를 가지고 있으므로 조합의 이해관계에 따라 수치가 달라진다. 외국인이 상권이나 치안에 위협이 된다는 것을 강조할 때는 수치를 부풀리기도 한다.

52) 『自敬』, 1947년 10월호. 신주쿠는 조선인의 비율이 우에노에 비해 적은 곳이었다.

53) 『新朝鮮新聞』, 1946년 8월 30일자.

전 직후부터 법령이나 정책이 정비되는 1946년 중반까지는 신뢰할 만한 자료가 없다. 오사카의 조사에 의하면 1946년 중반 무렵, 암시장의 민족별 분포는 일본인 75%, 조선인 20%, 대만성민 및 중국인은 4%로 나타났다.[54] 그러나 고베시의 암시장 조사에서는 조선인의 비중이 10% 미만이었다.[55]

이는 재일조선인의 집중도가 높은 대도시의 수치이고, 전국 단위로 본다면 그 비율은 더욱 낮아질 것이다. 활동 내용에서도 조선인은 대부분 가쓰기야나 영세상인으로 종사하고 있어, 암시장을 움직이는 거물급에 들지도 못한다. 이러한 상황에서 1946년 8월 '제3국인'이 암시장을 장악하고 있다는 시이쿠마의 국회발언은 기본적인 분석도 없이 조선인에 대한 편견을 고스란히 반영한 선전선동에 지나지 않는 것이다. 시이쿠마의 발언은 뒷장에서 후술할 것이다.

암시장에 유입된 이들은 이전에는 상업의 경험이 전혀 없거나, 있더라도 노점상이 아닌, 상공업자 혹은 실업자들이 절대적인 우위를 점하고 있다. 1946년 7월 도쿄 노점조합원 중 10분의 1 정도에 해당하는 5,102명을 대상으로 전수조사를 실시한 바에 의하면 대상자 중 79.8%인 4,069명이 장사 초심자들이었다. 남녀 성비도 주목해 볼 만하다. 남성은 67.1%, 여성은 32.99%로 적지 않은 여성 인구가 암시에 종사하고 있다.[56] 오사카의 조사에서는 남성 60%, 여성 30%의 비율이다.[57]

암시 초심자들 중에는 전재자(戰災者)가 1,334명의 26.1%를 차지해 가

54) 鈴木栄二, 『総監落第記』, 鱒書房, 1952, 16쪽.

55) 神戸市編, 『神戸市史 〈社会文化編〉』 第三集, 54~57쪽. 1946년 1월 암시장 조사에서 조선인은 9.6%의 비중을 차지하고 있다.

56) 大河内一男 編, 「戦後における露店市場」, 223쪽.

57) 『毎日新聞』, 1945년 11월 16일자. 전통적으로 여성의 경제 활동 비중이 낮았던 점을 감안하면 여성 종사자 30%는 매우 높은 수치로 전후의 여초 현상을 반영한다.

장 비중이 높았다. 그 뒤를 이어 실업자 1,015명, 군인 전재유가족 511명, 상업자 451명, 복원 군인 423명, 공업자 192명, 그 외 133명의 분포를 보이고 있다. 암시 초심자 중 전재자와 복원 군인, 군인 전재 유가족을 합산하면 44.4%로 거의 절반을 차지하고 있다. 그중에서 실업자는 군수산업의 몰락과 함께 실업 상태가 된 경우, 공업자는 군수 관련 소규모 공장 운영자나 기술자 출신이 많았다. 즉 전후 암시 종사자의 주류는 군인 출신 및 장사 경험이 없거나 미미하고, 전쟁 관련 산업에서 실업자가 된 이들이었다.

일본인을 대상으로 한 이 자료를 재일조선인의 경우에 대입하기에는 어려움이 있다. 재일조선인의 경우, 유사한 자료가 작성되지 않았기 때문이다. 조선인은 일본인에 비해 전재자 및 복원병, 전재 유가족의 비중이 적을 것이라고 추정된다. 따라서 실업자가 주류를 이루고 있다고 보아야 할 것이다. 여기에 해방 이전에는 경제활동의 보조 세력이었던 여성들이 암시장과 그 주변부에서 일하게 된 것이다.

내무성 회의 이후인 1946년 2~3월경에는 신경제정책과 「물가통제령」[58] 「노점규칙」[59] 등이 잇따라 발표되면서 암시장에 대한 단속이 강화되었다.[60] 이어서 8월 1일에는 전국적인 규모의 암시 숙정이 행해졌다. 내무성은 숙정 이전인 7월과 직후인 9월에 노점상의 출점 상황에 대한 조사를 실시했다. 이 조사에서 밝혀진 노점의 숫자는 다음 〈표 4〉와 같았다.

---

58) 1946년 3월 3일 勅令 제118호.

59) 1946년 2월 6일 경시청령으로 「임시 노점 단속 규칙」에 의해 이전 신고제였던 노점영업이 허가제로 바뀌었다. 숙정 이후인 9월 28일에는 「노점 영업 단속 규칙」의 발령으로 단속을 더욱 강화했다.

60) 大河内一男 編, 「戦後における露店市場」, 253쪽.

〈표 4〉 전국 노점 출점 상황 (1946년 7 · 9월 내무성 조사)[61]

현별	7월말 점포수	9월말 점포수	현별	7월말 점포수	9월말 점포수
경시청[62]	**15,745**	**9,510**	이와테	776	329
홋카이도	1,018	627	아오모리	896	632
교토	1,404	0	야마가타	630	432
오사카	**32,335**	**1,380**	아키타	707	30
가나가와	1,209	705	후쿠이	381	310
효고	**7,007**	**6,524**	이시카와	929	791
나가사키	1,318	875	도야마	614	689
니가타	1,757	1,664	돗토리	543	206
사이타마	713	668	시마네	225	151
군마	458	460	오카야마	1,143	764
지바	837	360	히로시마	2,580	2,244
이바라키	739	443	야마구치	606	74
도치기	468	474	와카야마	1,954	1,410
나라	586	281	도쿠시마	991	251
미에	464	396	가가와	555	410
아이치	**9,968**	**4,705**	에히메	611	569
시즈오카	1,380	615	고치	620	560
야마나시	1,116	721	후쿠오카	**2,636**	**1,825**
시가	248	139	오이타	556	727
기후	308	389	사가	398	277
나가노	575	405	구마모토	355	513
미야기	1,068	359	미야자키	162	102
후쿠시마	371	122	가고시마	1,865	1,216
합계				101,825	46,325

61) 大河内一男 編, 「戦後における露店市場」, 248쪽 ; 『朝日新聞』, 1946년 10월 19일자 기사에서는 노점규칙 개정과 단속 강화로 한때 전국 십수만 명이었던 노점상의 수가 대폭 줄었다고 전한다. 일부 암시장은 폐쇄되었고, 전국적으로 감소 추세였지만 정부의 희망처럼 일거에 사라지지는 않았다. 단속이 느슨해지면 다시 창궐하는 것은 통제경제의 한계를 반영한다.

62) 경시청은 도쿄도의 조사를 반영한다.

상기의 표에서 굵은 숫자로 표시한 것은 일본 주요 5대 도시가 속한 지역의 노점 수치이다. 도시 규모에 비례해 노점이 등록되어 있는 것을 알 수 있다.[63] 이 조사는 노점의 숫자를 조사한 것으로 1인 노점 및 다수의 종업원을 고용한 노점이 혼재되어 있다. 전국적 규모로 보면 숙정 직전에 101,825개소였던 점포가 숙정 직후에는 그 절반 이하인 46,325개소로 축소되었다. 물가통제령 및 노점 규칙 등에 의해서 신규 출점이 이전처럼 획기적으로 증가하지 않았고, 숙정이 예고되어 있었던 상황이므로 7월 이전에는 노점의 수가 훨씬 많았을 것이다. 1946년 5~7월에는 재일조선인이 많았던 우에노의 대규모 단속과 대만·중국인이 많았던 시부야에서 경찰사망까지 초래한 총격전 사건이 있었다. 따라서 이 시기 외국인 상인들의 영업활동이 움츠러들었다면 대상에서 누락되었을 가능성이 크다.

숙정 이후인 9월에는 당연한 결과이지만 현저한 감소세를 보이고 있다. 그중에서도 전국 최대의 점포수를 가지고 있던 오사카는 20분의 1 이하 수준으로 감소해 있다. 오사카와 교토에 인접한 효고현의 경우는 숙정 전후를 비교하면 감소폭이 그리 크지 않았다. 효고현의 중심 도시인 고베는 일본 개항장 중의 하나였고, 재일조선인을 비롯해서 화교 및 다양한 국적의 외국인이 혼재해 있는 곳이었다. 역사적으로 재일외국인 대응에 경험이 많고, 지역적 특성을 고려해 강경한 대책보다 존속 가능한 유화책을 시도했던 것이 그 이유로 보인다.[64] 이러한 방침으로 인해 단속 이후 폐쇄된 오사카와 교토의 암시장 인구가 고베로 유입되

---

63) 2020년 일본의 도시규모를 인구 순위로 보면 도쿄, 요코하마, 오사카, 나고야, 삿포로, 후쿠오카, 고베의 순이 된다. 상기의 조사는 현재의 도시규모와 일치하지 않지만 요코하마는 인근 도쿄에서 활동하는 경우가 많아서 이 순위에서는 낮은 분포도를 보이고 있다. 재일조선인의 거주 분포도가 순위와 일치하지는 않지만 암시장이 주요 생계 수단이었으므로 대략 이 순위와 큰 차이가 없었을 것이다.

64) 4장에서 오사카와 고베의 암시 대책에 대해 상술할 것이다.

기도 했다. 오사카와 고베는 관서지역 일대에서 가장 많은 재일조선인이 집주하는 곳이기도 했다.

한편 노점조합에 등록된 암시 인원은 자릿세와 관리비를 낼 수 있을 만큼 정규적인 상업 활동이 가능했던 이들이므로 이 정도 여유조차 없던 이들은 가쓰기야나 행상으로 나섰다. 암시장 상인의 대략적인 수치도 유동적인데 부정업자(不定業者)들의 규모를 파악하기는 더욱 어렵다. 귀국자와 밀항자, 타 지역 이주자 등이 혼재되어 인구이동이 격심했고, 일본 정부는 식민지 시기와 달리 재일조선인에 대한 세밀한 조사를 실시할 수 없었다.

민족단체, 특히 조련은 창설 초기부터 귀국사업에 중점을 두는 한편, '신조국 건설'을 위한 정치적 사안에 더 몰두하는 경향이 있었다.[65] 조련이 재일조선인의 생활안정과 제반 경제적 상황에 대해 본격적으로 역량을 집중하기 시작한 것은 1946년 10월 제3회 대회 이후였다. 이 시기는 숙정 이후 암시장의 대규모 조정이 이루어졌고, 일본 정치인들이 암시장과 관련해 조선인에 대한 선전선동을 본격적으로 시작하던 때였다. 조련은 재일조선인 일반에게 가장 시급한 것은 민생 문제라고 판단하여 사업 방향도 경제 문제를 전면으로 내세우는 쪽으로 변환되었다.

---

65) 조련의 각종 보고서를 보면 암시장에 대해 이율배반적인 자세를 보이고 있다. 표면적으로는 '일부 조선인'이 암시장을 통해 악질적 암거래, 강도단이라는 이미지로 알려지는 것에 대해 우려를 나타내고, 일확천금을 노리는 부동적 생활을 타파하자는 계몽적 자세를 견지하고 있다. 하지만 실질적으로 암시장이 아니면 생계가 곤란한 이들이 대다수였다는 점은 충분히 인지하고 있었다. 청년층을 중심으로 결성된 보안대는 암시장이나 철도역 등에서 조선인에게 문제가 생기면 해결사 역할을 했으나 이들이 권력을 남용하는 문제도 발생했다. 조련이 역점을 둔 재일조선인 제조업 성장 독려도 암시장이라는 배후시장 덕에 성장할 수 있었다. 조련의 이러한 태도는 '해방민족'의 자부심 및 '신조국 건설'이라는 대의명분과, 암시장이라는 불법적인 경제현실을 동일한 위치에 둘 수 없었던 딜레마가 반영된 것으로 보인다.

2. 암시 관련 재일조선인의 양태

1) 가쓰기야(担ぎ屋 : 단신 운반업)

가. 기층 노동력으로서의 의의

암시장의 노동력 구조를 크게 나누자면 가쓰기야, 노점상, 조직 관리자로 나눌 수 있다.[66] 그중에서도 자본과 기술, 인맥 등이 충분하지 못했던 재일조선인이 가장 쉽게 참여할 수 있었던 부문은 기층에 해당하는 가쓰기야였다. 재일1세 중에서 교육 정도와 경제적 지위가 낮은 이들, 특히 여성들의 구술이나 회고에는 가쓰기야의 경험이 자주 등장한다.[67] 불안정한 직업을 전전하면서 생계를 이어가는 것은 해방 이후 상당 기간 이어진 재일조선인의 일상이었고, 암시장의 가쓰기야는 이를 상징적으로 보여줄 수 있는 출발점이었다.

재일조선인은 초기지령에 의한 지위 규정과 형사재판권 관할 등 일본 사회에서 제약 조건이 공식적으로 생기기 이전까지 비교적 활동의 자유가 있었고, 일부 수완가들은 이 시기에 집중적으로 활동하면서 경제적 상승의 기회를 포착하였다.[68] 학력, 기술, 자본이 빈약했던 여성들과 미성년자도 가정 경제의 분담을 위해 참여하였는데 막노동에 비하면 육체적 고통이 덜하고, 십장 등의 관리도 없어서 그만큼 진입장벽이 낮았다.

---

66) 암시장은 노점상으로 대표되고 이들이 가장 가시적인 존재였지만 당시 언론보도나 구술 등을 참고하면 부정업(不定業)이었던 가쓰기야가 이들보다 훨씬 많았을 것으로 추정된다. 조직 관리자는 대부분 데키야 출신들이었다.

67) 교육 정도가 있고, 이후 경제적 상층부로 이동한 이들 역시 가쓰기야의 경험은 적지 않다. 그러나 이들에게 가쓰기야는 일시적인 경험이었던 반면, 자본축적과 사업전개의 기회를 이루지 못한 이들은 가쓰기야와 유사한 속성을 지닌 임시, 저임금 직업을 전전하게 되었다.

68) 재일 사회에서 경제적 상층부에 도달하고, 암시장에 대해 회고하는 이들의 경험은 대다수가 해방 직후부터 1년 사이의 기간에 집중되어 있다.

하지만 재일조선인 산업사에서 암시장에 대한 관심은 낮고, 그중에서도 가쓰기야에 대해서는 더욱 그러하다. 암시장 직업 중 가쓰기야는 당시를 경험한 거의 대부분 재일조선인의 회고에 등장하지만 그렇게 편재했던 참여자 수에 비해 전혀 주목을 받지 못하는 실정이다. 그 이유로는 다음과 같은 사정을 들 수 있을 것 같다. 첫째, 임시적, 단기적 직업이었기 때문이다. 전통적 노동인구가 아닌 학생, 미성년자, 부녀자 등에게는 가쓰기야가 부업이었고, 성인 남성들은 가쓰기야를 전업(專業)으로 1, 2년 정도 한 다음 민첩하게 시류를 파악해서 다른 직종으로 전환했는데 수완이 뛰어난 이들은 폐품 회수업, 파친코 등 수익이 좋은 직종 등에서 경제적 상승의 계기를 마련할 수 있었다. 가쓰기야는 일시적으로 많은 이들이 몰려들었지만 지속적이지 않았고, 통계적으로 유의미한 결과를 얻을 수 없는 직업이라고 하겠다.

다음으로는 사회 하층부의 직업군이었다는 점이다. 이는 해방 이전부터의 직업 유형과 관련이 있다. 당시에는 막노동, 단순직공 등의 비중이 가장 높았지만 패전으로 인해 이런 직업군조차 사라지고 여기에서 방출된 조선인 인력은 일시에 가쓰기야 혹은 암시장으로 유입되었다. 가쓰기야는 일시적으로 존재했던 하층부 직업군에 속하게 된다. 경제적 상승의 기회를 누리지 못한 이들은 이후에도 유사한 저변의 직업군만을 전전하는데 밀조주 제조, 양돈과 고철수집 등이 그에 속한다. 막노동 → 가쓰기야 → 그 외 하층직업군이라는 흐름으로 이어지는 것이다.

그런데 암시장을 해방 후 재일산업의 발상지로 파악한다면 가쓰기야에 대한 관점은 달라지게 된다. 가쓰기야는 존속된 직업이 아니므로 노동자, 직공과는 달리 재일산업의 경향성을 말해주는 것은 아니다. 그보다 가쓰기야 경험자들 중 다수가 훗날 야키니쿠업, 파친코업, 서비스업, 부동산업, 금융업 등 재일조선인의 집중도가 높은 산업에 종사하게 된 것이 이 직업을 주목해야 하는 요인인 것이다. 굳이 경험을 밝히지 않는 이들까지 포함하면 그 수치는 높아질 것이다. 이른바 '자수성가'의 경험담에서 가쓰기야를 내세우는가, 그리고 그 경험을 현재의 성공과 연결되는지 의미를 두는가에 따라 이 직업에 대한 무게감도 달라진다고 하겠다.

해방 이전에는 경제활동에서 주체적 위치가 아니었던 미성년자, 부녀자 등도 가쓰기야 종사 비중이 높았다. 미성년자는 학업, 취업 등을 계기로 가쓰기야를 중단하지만 가계를 책임지거나 직업 전환의 기회가 적은 여성은 가쓰기야 종사 기간이 훨씬 길었고, 암시장 소멸 이후도 기존 거래처를 중심으로 암거래를 계속하거나 유사한 업종을 병행하게 된다.[69] 전쟁 이후 여성 노동 인구가 현저하게 늘어난 것은 세계적으로 공통적인 현상이었지만 여성 가쓰기야는 전시기의 식량조달을 계기로 시작한 사례가 많았다. 한 일본인은 지바의 어촌에서 어린 아이를 안고 와서 쌀을 팔던 한 조선인 여성을 "경제위반을 하는데도 충실한 이미지"였다고 회고한다.[70] 조련이 암시장 관련 통계를 별도로 작성하지 않고, 높은 실업률을 추정한 것은 이 직업의 유동성과 임시적인 성격에서 기인한 바가 크다.[71]

가쓰기야는 전술한 바처럼 전시기 식량 보충을 위해 직접 농가로 식량을 구하러 가는 가이다시 과정에서 발생한 것이었다. 패전 이후에도 통제경제 상황이 지속되고 실업 문제가 심각해진 상황에서 영리를 위해

---

69) 島村恭則, 「在日朝鮮半島系住民の生業と環境 －ポッタリチャンサ(担ぎ屋)の事例をめぐって」, 『民具マンスリー』 35(1) (通号 409), 神奈川大学日本常民文化研究所, 2002, 8009~8025쪽. 이 연구에서는 암시장의 재일조선인 여성 가쓰기야가 1970년대 이후 한일페리를 타고 다니는 '보따리 장사'로 이어졌다고 보았다.

70) 安田常雄 編集, 『社会を消費する人びと―大衆消費社会の編成と変容』, 32쪽.

71) 돈벌이로서의 직업이라고 할 수는 있으나 막노동과 마찬가지로 안정성이 없었던 것이다.

새롭게 편입된 가쓰기야가 증가했다.

종전으로 징용 해제, 공장 폐쇄, 군대 복원, 유휴 노동자가 한꺼번에 방출되었지만 기업정비에 의해 이 노동력은 복귀할 직장을 잃었다. 생계가 막막해진 유휴 노동자들은 전시기의 가이다시 코스로 과일, 생선, 야채를 사서 파는 수단을 택했다. 폐허에서 배낭을 지고 귤, 가지를 늘어놓고 파는 모습이 점점 많아졌다.[72]

전시기의 가이다시가 패전 이후에는 생계를 위한 수단이 된 것이다. 이미 가이다시 경험이 있던 이들은 물론 실업자, 복원병 등이 이에 추가되었다. 실업자들이 암시장으로 몰려든 상황은 다음과 같은 기사에서 확인할 수 있다.

식량문제 해결은 물론이지만 실업대책 요망의 외침이 압도적이다. 혼란한 가운데서 어찌 할 바를 모르고 막일이라도 하려는 이들은 서른 넘은 이들이 많고, 퇴직한 이들이 결국 찾는 일이 바로 '암거래상'이다.[73]

전쟁 말기, 도쿄의 징용공장 중 10인 이상의 종업원이 근무하는 곳은 5,457곳이었다. 이 중에서 패전 2개월 후 조업공장은 2,046곳으로 40% 미만까지 축소되었다. 공장근무자 약 56만 명 중에서 전후 자발퇴직자, 해고자 등은 약 23만 명이었다. 암시장은 배급부족에 시달리는 이들을 위한 물자 구입처이자 실업자들의 새로운 일자리가 되었다.

복원병도 실업자와 마찬가지 상황에서 암시장의 주요 구성 인원이 되었다. 1945년 11월, 오사카 우메다 지역 부랑자 조사를 보면 대상자 50명

72) 關根悅郎, 「ヤミヤ考」, 『民主評論』 1948년 1월호.
73) 『朝日新聞』, 1945년 10월 21일자.

중 절반 이상인 28명이 육해군 복원자였다. 이 중 19명은 집이 불타고 가족은 행방불명이 되어 머물 곳이 없었고, 9명은 집은 있으나 직업이 없어 부랑자가 된 이들이었다. 조사 대상자 중에는 조선인 4명도 포함되어 있는데 이들은 단순히 부랑자라고만 소개되었다. 부랑자가 된 복원병들은 암시장에서 생계를 이어가고 있는 상황에 대해 다음처럼 말하고 있다.

> 당초 건장한 몸으로 노동을 할 희망과 의사를 품고 있었다. 하지만 공장에서 일하면 일급 2~3엔밖에 되지 않아서 살아갈 수가 없다. 귀환 당시에 역전에서 파는 작은 주먹밥은 2개에 10엔, 열심히 회사에서 일을 해도 도저히 이를 사먹을 수가 없다. 그래서 암시장에서 가이다시를 하게 됐다. 가이다시를 하면 대략 하루에 30엔 정도를 벌 수 있다. 하지만 이것으로도 하루 밥벌이는 안 된다. 개당 15엔인 빵 두 개밖에 먹을 수 없다.[74]

일자리가 있다 하더라도 생계가 불가능할 정도의 저임금 상태에서 가이다시를 하게 되었다는 설명이다. 충분하지는 않지만 이조차도 없다면 생활이 되지 않는 상황임을 알 수 있다. 직종에 따라서는 구직난보다 구인난이 더 심하기도 했다.[75] 어느 공장 직공은 다음처럼 가쓰기야를 하는 이유를 설명했다.

> 공장에 다니면 1일 5엔의 급료를 받는다. 고구마는 1관에 15엔이다. 그러나 실업자가 되어 인근 농가에 가이다시를 하러 가면 1관 8엔에 살 수 있다. 이것을 한 달에 다섯 번만 해도 기차운임도 뽑고 200엔은 남는다.[76]

---

74) 『朝日新聞』, 1945년 11월 18일자. 우메다의 부랑자들은 절식, 식량부족, 질 낮은 식사, 불규칙한 식사, 비위생적인 섭식으로 인한 심각한 영양실조 상태에 도달해 있었다.

75) 『西日本新聞』, 1947년 2월 20일자.

76) 『朝日新聞』, 1945년 11월 29일자.

재일조선인을 대상으로 한 집계는 아니지만 암시장의 규모가 가장 컸던 오사카와 도쿄의 철도 이용 인구를 보면 당시 가쓰기야 종사인구를 어느 정도 유추할 수 있다.[77] 암시장 발생 직후인 1945년 10월, 오사카부 식량제2과가 조사한 바에 의하면 오사카부의 가이다시 인원은 긴테츠 미나미오사카선만을 따로 보아도 하루 3,000명이 넘는 인원이었다. 이를 오사카 전체 교외선 이용자 수로 추정해 보면 하루 15,000명 이상이 가이다시에 나선 것이다.[78]

1946년 7월 아키타발 우에노행 열차에는 73명의 경관이 피스톨로 무장하고 요소요소에 배치되었다. 이날 몰수된 백미는 72가마로 승객 10명 중 9명이 위반한 셈이 되었다. 동시에 행해진 이날 검거로 야마가타 각 역에서 평균 60여 가마, 총 1,878가마를 압수했는데 이는 야마가타 전 현민의 1주일 식량분에 해당했다.[79] 영리목적이 아닌 일반 승객의 보유 허용 한도치를 제외하고도 승객 10명 중 9명이 위반자에 해당한다면 그만큼 많은 가쓰기야가 활동하고 있다는 의미인 것이다.

이듬해인 1947년 3월 도쿄 경시청의 조사에서도 가이다시 인원은 여전히 많았다. 도쿄 도내의 16개 성선(省線)과 사철의 주요 역을 대상으로 한 이 조사에서 집계된 가이다시 인원은 41,750명이었다. 이 조사에서는 가이다시 인원 중 60%에 가까운 24,910명이 행상도 겸한다고 답했다.[80] 가쓰기야는 암시장 외곽의 암시상인이라고 할 수 있다. 이들은 조합이나 지역 경찰의 집계에 포함되지 않는 인원이었다. 단속 때의 수치만 반영된다는 점을 감안하면 실질적으로는 이를 상회하였을 것이다.

---

77) 가이다시 중에는 자가소비를 위해 연고지로 가는 경우도 있었기 때문에 모두 상업적인 목적을 가진 것은 아니었다.

78) 『朝日新聞』, 1945년 10월 25일자.

79) 『朝日新聞』, 1946년 8월 1일자.

80) 『朝日新聞』, 1947년 3월 5일자.

1946년 도쿄 노점조합원의 업종을 보면 조사대상자 5,000여 명 중 식료관계가 40.7%, 일용잡화관계가 38.7%를 차지하고 있다.[81] 암시가 없었다면 식료품과 일용잡화품은 유통과 구매가 절대적으로 어려울 정도였다. 노점의 취급물자는 암시를 관장하던 조직으로부터 공급받기도 했지만 조직을 거친다고 해도 식료품의 경우는 단신으로 운반해 오는 가쓰기야의 역할이 매우 중요했다. 1945년 11월 전국 검사장 회의에서는 식량 통제의 방법으로 농촌에 기생하는 복원군인과 공장 노동자 등을 집중 단속하라는 검찰총장의 지시도 있었다.[82]

가쓰기야는 위험이 높은 반면, 대다수의 경우 수익은 낮은 비효율적인 직업이었다. 1946년 122만 명, 1947년 136만 명, 1948년 150만 명이 경제사범으로 검거되었다.[83] 이 중에서 80% 정도가 식량 관계 사범이었다. 이들의 직업 분포를 보면 원래 샐러리맨, 하급 공무원, 공장노동자 및 그 배우자로 초심자의 비중이 높았다. 일본인들은 부업 형태로 가쓰기야를 하는 이들의 비중이 적지 않았던 반면, 재일조선인은 절체절명의 상황이었으므로 원래 직업군 자체가 명기되지도 못했다. 암시장과 가쓰기야를 대상으로 한 경찰의 일제 단속에서 검거되는 이들은 연소한 판매원이나 부녀자, 암시에서 겨우 식량이나 마련할 정도의 수입을 올리는 영세 암상인이 주류를 이루었다.[84]

단속에 걸리지 않기 위해서는 많은 아이디어를 짜내야 했다. 천을 몇 개의 공간으로 나누어 쌀을 넣고 꿰맨 다음 옷처럼 입거나 허리에 두르

---

81) 大河内一男 編, 「戦後の露店市場」, 223쪽. 이는 특정한 날 장소를 지정해서 한 것으로 도쿄의 전수 조사는 아니었다.

82) 『朝日新聞』, 1945년 11월 22일자.

83) 大阪・焼跡闇市を記録する会, 『大阪・焼跡闇市―かって若かった父や母たちの青春』, 206・209쪽.

84) 大阪・焼跡闇市を記録する会, 『大阪・焼跡闇市―かって若かった父や母たちの青春』, 45쪽 ; 『経営と宣伝』, 1948년 8월호.

기도 하고, 밀조주 배달을 할 때는 물베개를 활용하기도 했다. 열차에서 단속이 있을 때는 차창 밖으로 물품을 던져 증거를 인멸하고 나중에 이를 다시 찾아갔다. 그렇게 던진 물품들이 보존될 확률이 낮았기 때문에 이런 경우를 대비해 열차가 지나갈 때 적당한 장소에서 물자를 던지면 이를 회수해 가는 팀도 생겼다. 함석캔이나 작은 포장을 이용해서 선물처럼 위장하는 경우도 있었다.[85)]

당시 가쓰기야를 단속하는 열차 내 보도사진을 보면 열차 의자 밑, 세면대, 천정 등 모든 공간을 다 활용해 이를 은폐한 것을 볼 수 있다. 니가타, 도야마, 나가노 등의 곡창지대와 도쿄, 요코하마, 오사카, 나고야 등의 대소비지를 연결하는 노선은 '야미열차'라는 이름으로 불렸고, 언론에는 '야미열차'의 탐방기가 자주 보도되었다. 이 기사들을 보면 쌀을 등에 지거나, 5되 정도의 작은 포장을 잔뜩 껴안은 가쓰기야들이 경계에 대비해 물건을 분산 배치하는 모습, 초만원을 이룬 열차에서 경찰의 검문으로 벌어지는 다양한 일화들을 소개하고 있다.[86)]

나. 활동 방식

가쓰기야는 안면이 있거나 소개 받은 농가를 일일이 찾아다니면서 필요한 물자를 구입했다. 지불방식은 물물교환 또는 현금 결제였다. 농가는 공출 때 제외해 놓은 보유미를 가쓰기야에게 팔았다. 따라서 정부는 암시장과 관련해 농가에 대해서도 단속을 강화했다.

가쓰기야는 식량을 찾는 도시인만이 하는 것은 아니었다. 농촌부에 부족한 물자를 구하러 나온 농민들이 역으로 가쓰기야가 되는 경우도 있었다. 1946년 11월 우에노의 주요 식량 일제 단속 때 검거된 이들 중

---

85) 『朝日新聞』, 1947년 3월 5일자.

86) 「ヤミ列車に乗って」, 『信毎情報』 1948년 8월호.

80%는 농민 혹은 지방에서 온 암상인이었다. 이들은 도시에서 지카다비(地下足袋)[87] 등을 식량과 교환하거나 혹은 결혼을 앞두고 혼수마련 등의 이유로 물물교환을 했다.[88]

1947년 5월 하순 도쿄도 중심의 조사에 의하면 가쓰기야는 농가에서 쌀 1되를 65~70엔 정도에 사들이고 5되에서 1말(8~16kg) 정도를 운반했다. 중간상이나 노점상을 거치지 않고 일반 가정에 직접 판매하면 90~110엔 정도를 받았고, 한번 운반에 200~450엔 정도의 이익을 얻었다. 술은 3~5되, 계란은 200개, 어패류 5~10관(18~38kg)을 운반했다.[89] 숙달된 이들은 한 번에 두 섬씩 가져올 수 있었다.[90]

한편 이 조사의 비고를 보면 "'제3국인'은 도내 역 부근에서 185엔에 사들여 2말5되 정도를 오사카에 보낸다"라고 되어 있는데 왜 이런 방식의 거래가 이루어졌는지에 대한 설명이 없다. 추정하건대 농가에 연고가 많지 않았던 재일조선인 및 중국계 중간상이 일본인 가쓰기야에게 쌀을 매입해 오사카 등지로 보낸 것으로 보인다. 대다수의 일본인은 농어촌에 연고가 있었지만 재일조선인은 일본인들과 같은 연고가 없었다. 따라서 연고를 통한 물자 확보 면에서 일본인보다 제한적이었다.

이 조사에서는 쌀 이외에도 땅콩, 1·2급 청주, 소주, 간장, 대용간장, 계란, 전분엿, 어묵, 어패류 등이 주요 거래 식품군으로 등장하고 있다. 숯을 운반하는 가쓰기야는 기차 안에서 거적을 쓰고 온몸이 오염되는 고생을 겪기 때문에 '까마귀 부대'라는 별명을 얻었다. 한번 이동시 4관 기준으로 한 가마 반에서 두 가마 정도를 운반했고, 가마당 300엔 정도의 이익을 얻었다.[91] 일본인으로 귀화한 이와사키 아키라는 2~3가마당

87) 발가락이 갈라진 모양으로 생긴 일본의 노동화.

88) 『朝日新聞』, 1946년 11월 8일자.

89) 大河内一男 編, 「戦後の露店市場」, 234쪽.

90) 『庶民の体験 : 戦後30年 忘れ残りの記 上』, 佼成出版社, 1975, 121쪽.

1가마 정도 이익이 남았다고 회고했다.[92)]

경제적 상층부에 도달한 가쓰기야 경험자의 사례를 살펴보자. 나고야 한국학교의 설립자인 정환기는 자수성가한 유력자 중에서 가쓰기야 경험을 적극적으로 회고하는 드문 경우이다. 그는 신혼 시절 아내 구일회와 함께 쌀 산지인 나가노와 도시의 암시장을 오가며 가쓰기야 생활을 했다. 그의 회고에는 자신을 비롯해 단속에 걸린 아내가 물자 몰수를 당하고, 연락 두절이 된 상태에서 눈보라를 뚫고 다시 농가로 가이다시를 하러 갔던 고생담이 자세히 묘사되어 있다.

> 나가노현의 쌀 산지 마을에 자주 갔다. 나고야역 11시발 야간열차는 마치 식량 구매부대의 전용열차 같았다. 이 열차로 가면 목적지에는 아침 6시에 도착한다. 그때부터 하루종일 쌀을 구하러 농가들을 찾아다니는 것이었다. 돌아올 때는 구입한 쌀을 메고 밤 11시쯤에 출발하는 기차를 탄다. 이 무렵이면 경관의 단속이 허술해지기 때문이다. 통로나 승강구는 물론이고 변소 안이며 그물선반 위까지도 사람들로 가득 찬다. 그런 가운데 7시간을 몸을 꼼짝달싹 못한 채 지내야 하니 편할 리가 없다. 역전에는 암시장이 있는데 '……' 배를 채우고 나면 가져온 옷감 등을 쌀과 바꾸거나 돈을 주고 사기도 한다. 쌀을 40kg쯤 구하면 만족했다. 운 나쁘게 검문에 걸리면 이제까지의 고생은 대번에 물거품이 되고 만다.[93)]

일반적으로 8~16kg를 운반하는 가쓰기야들에 비해 부부가 함께 움직였던 정환기는 3배 가까운 분량을 운반했다. 그 덕에 1년 안에 가쓰기야 생활을 벗어나 양복점 등 여러 사업을 펼치게 된다. 나고야의 택시왕이라고 불렸던 김윤진은 일본인 지인에게 빌린 쌀을 자본으로 삼아 농촌

---

91) 大阪・焼跡闇市を記録する会,『大阪・焼跡闇市―かって若かった父や母たちの青春』, 209쪽.
92) 小熊英二, 姜尚中 編,『在日一世の記憶』, 307~308쪽.
93) 정환기,『일본에서 보이는 세상』, 동아일보사, 1998, 177~181쪽.

에서는 쌀과 콩, 오사카 암시장에서는 설탕, 비누, 옷, 고무신 등을 구입해 팔며 가쓰기야 생활 넉 달 만에 원금의 몇 배를 상회하는 수익을 올렸다.[94] 조련과 총련에서 간부를 역임했던 이진철은 1946년 오사카에서 쌀 가쓰기야를 비롯해 암거래 담배 판매 등 여러 행상을 전전했다. 여기에서 자본을 모아 1950년대 중반 파친코를 시작했다.[95] 요코하마 상은 신용금고 창설자인 이종대는 일본인에게 빌린 쌀을 밑천으로 삼아 술을 제조하고 엿과 과자 행상을 병행했다. 가쓰기야 이후에는 고철행상, 파친코와 부동산업 등을 하는데 그가 거친 직업군은 재일산업 형성사의 전형을 보여준다.[96]

1960년대부터 고향 제주도의 관광레저 산업에 투자하면서 '금의환향'의 좋은 예가 된 김평진도 해방 직후 일용잡화 가쓰기야가 그 시작이었다. 그 이후 비누공장 운영, 요식업, 파친코 등 역시 재일산업의 전형적 업종을 순차적으로 거쳤다.[97] 구마모토에서 의류 무역상으로 일가를 이루게 되는 A는 해방 이전 군속 신분이었는데 이 연고를 이용해 군 시설에 저장된 생고무를 취득할 수 있었다. 생고무를 재일조선인 운영의 고무공장이 많은 고베 쪽에 공급하고 여기에서 생산된 타이어를 구마모토에서 쌀과 교환하는 방식으로 무역상의 기반을 마련했다.[98]

상기의 사례들은 가쓰기야로 시작해 자본을 모은 다음, 부가가치가 높고 현금확보가 빠른 직업을 택해 성공을 거둔 이들이다. 이른바 '성공한 재일'의 경우는 가쓰기야의 생활이 그리 길지 않았다는 공통점이 있다.[99]

---

94) 이남호, 『在日僑胞 立志傳: 눈물의 關釜連絡船』, 三寶文化社, 1981, 166~167쪽.

95) 小熊英二, 姜尚中 編, 『在日一世の記憶』, 635쪽.

96) 이남호, 『在日僑胞 立志傳: 눈물의 關釜連絡船』, 350~357쪽.

97) 고광명, 『재일 제주인의 삶과 기업가활동』, 보고사, 2013, 225~226쪽.

98) 島村恭則, 「熊本・河原町「国際繊維街」の社会史 : 闇市から問屋街、そしてアートの街へ」, 『関西学院大学先端社会研究所紀要』, 2013.3, 23쪽.

99) 1953년 이후로는 학력과 경험이 있어도 '국적조항'에 의해서 재일조선인이 종사할 수 있

그러나 호루몬 식당 등 여성 경영이 강세를 보이는 직종에서 성공을 거두지 않는 한 여성의 경우, 가쓰기야 경험을 통해 자수성가한 사례가 그리 흔하지 않다. 특히 교육을 받지 못한 빈곤층 여성들의 암시장 경험은 식민지 제도와 가부장 제도가 결합된 이중, 삼중의 질곡으로 겪게 되는 고통의 집합체인 것처럼 보이기도 한다.

하덕룡은 전시 소개지였던 지바와 도쿄를 오가며 쌀 가쓰기야를 시작했다. 패전과 동시에 쌀을 공급해 주던 일본인이 냉담한 태도로 바뀌어 거래가 단절되기도 했다. 그녀의 경우는 전시기부터 시작된 쌀 암거래가 암시장이 폐쇄된 이후에도 이어졌다. 쌀 배달과 막걸리, 소주 밀조 등으로 생계를 이어가는 경제적 하층부의 여성들이 암시장과 계속 관계를 맺을 수밖에 없는 상황을 보여준다.[100]

김도례는 전시 중에 쌀과 농촌의 과일을 물물교환하며 행상을 시작했다. 수송수단이 없어 쉽게 팔지 못하는 농가의 물품을 받아 도시와 농촌을 오가며 단신운반업과 행상을 겸했다. 결혼 이후에도 행상을 해야만 했는데 농가에서 구입한 귤 30킬로그램을 들고 오는 길에 동행하던 친구가 하혈 기미를 알려주는 바람에 임신한 사실을 알게 되었지만 결국 유산하였다. 해방 이후에도 상황은 나아지지 않아 각 식량 산지와 도시의 암시장을 오가며 가쓰기야 생활을 지속했다.[101]

박정숙(가명)은 결혼하고 일본에 오자마자 남편에게 매를 맞았다. 무직인 남편은 결혼 1년 만에 유곽 여성과 살림을 차렸고, 돈이 필요할 때만 집에 왔다. 전쟁 중 소개지였던 치바로 와서 실직한 시아버지 대신

는 직업이 제한되었기 때문에 사회적 인식은 낮아도 충분한 수익을 보장했던 직업군에 집중하는데 이런 경향이 집적되어 재일산업의 유형이 형성된다.

100) かわさきのハルモニ・ハラボジと結ぶ2000人ネットワーク生活史聞き書き編集委員会 編, 『在日コリアン女性20人の軌跡 : 国境を越え、私はこうして生きてきた』, 74~76쪽.

101) 川田文子, 「ハルモニの唄 : 在日女性の戦中・戦後」, 『世界』, 2012년 7월호, 319쪽.

막걸리 등 밀조주를 만들었고, 병에 걸려 사망하게 되는 시동생들 병구완도 담당했다. 패전 이후에는 농가의 채소를 들고 도쿄 긴시초(錦糸町) 역에서 판매했다. 단속 위험 때문에 파출소 경관들의 출근 이전인 8시 이전에 판매를 모두 마쳤지만 단속에 걸리면 모두 몰수당했다. 둘째 아이는 태어난 지 몇 달 만에 남편에게 옮은 매독감염으로 사망하였다. 며느리를 학대하고 암시장에서 어렵게 번 돈을 착취하던 시모는 아이가 사망하였는데도 패륜적인 언사를 퍼부었다. 결국 박정숙은 아이들만 데리고 가와사키(川崎)로 이사를 하였고 이곳에서도 밀조주 원료인 누룩을 만들면서 암거래를 이어갔다.[102)]

박수련의 상황은 더욱 참담하였다. 아내가 암거래한 쌀로 밀조주를 만들던 남편은 고객이었던 일본 여성을 집으로 끌어들여 자녀들이 보는 앞에서 불륜을 저질렀고, 혼외자 2명까지 낳았다. 남편은 아내가 출산하는 날에도 발길질을 하였고, 한 집에 살던 혼외자와 본처의 자녀를 노골적으로 차별하면서 가정폭력을 일삼았다. 그런 남편을 대신해 쌀 암거래를 하며 가정경제를 이끌어 나가던 그녀는 만원 전철 안에서 시달리다 하혈을 하고 어렵게 구한 현미 두 되도 분실하였다. 유산한 상태에서도 암거래를 계속해야 했고, 시어머니와 남편의 학대와 폭력은 일상적이었다. 그런 와중에 그녀가 "도망칠 수 있는 곳은 시장 밖에 없었다"고 할 정도로 암시장은 도피처 역할을 하기도 했다.[103)]

불법임을 알고 있고, 개인사로도 부끄러운 일이므로 재일여성들의 암시장 경험은 구술이나 회고 등에서 좀처럼 드러나지 않는다. 그런데 정병춘의 사례는 영화 촬영기사 출신의 아들을 통해 TV와 극장에서 다큐

102) 川田文子,「ハルモニの唄：在日女性の戦中・戦後」,『世界』, 2012년 7월호, 315쪽.

103) 川田文子,『ハルモニの唄：在日女性の戦中・戦後』, 131~137쪽. 그녀는 한센씨병 수용소에서 한 남성과 재혼하는데 이 남편도 결혼 생활 중 한국에서 중혼을 하고 혼외자를 두었다.

멘터리로 소개된 바가 있다. 그녀의 삶은 수많은 가난하고 배우지 못한 재일여성들과 암시장의 불가피했던 연결고리를 소상히 알려주고 있다. 영화의 광고문구에서는 "암거래로 37회 체포이력, 재일 1세로 무책임한 남편에게 휘둘려 일가 이산까지 경험한 7자녀 어머니의 인생"이라는 관련 키워드가 망라되어 있다.

정병춘은 해방 이전에 결혼을 하였는데 도박에 빠진 남편은 가족을 버렸다. 해방이 되자 불쑥 나타난 남편과의 귀국을 거부하고 그녀는 시모노세키 암시장에서 간이식당을 시작했다. 1948년 고향인 제주도 4·3의 와중에도 옷감과 은단, 의약품 등의 밀수품을 들고 6차례에 걸쳐 제주도와 일본을 밀항하며 돈을 벌었다. 일본에서는 고철수집과 쌀 암거래를 하고, 6.25전쟁 중에는 일본에 진주하는 미군 상대로 매매춘업(포주)을 하였다. 전쟁 이후에는 파친코 주변에서 감시를 피해 담배 경품거래를 하였다. 돈이 되는 일은 무엇이든 했지만 그녀의 경제활동은 모두 암거래의 범주에 있었다. 일본어는 물론 한국어도 읽지 못하는 그녀 역시 "일이라고 해도 그런 것밖에 할 수가 없었"고 7자녀의 부양을 위해 암거래 외에는 살아갈 방도가 없기 때문이었다.[104)]

상기의 여성들은 불취학, 비식자라는 배경 외에도 조선의 가부장제가 고스란히 전승된 재일사회에서 다중적인 압박 속에 방치된 경우에 해당한다. 패전 후 사정은 이들을 가장의 역할로 내몰았음에도 불구하고 실질적 권위도 없이 전통적 가치관과 가사의 부담을 이중삼중으로 강요당하는 모순을 감내해야 했다. 정병춘은 외도로 자신을 버렸던 남편이 사망한지 13주기 되던 해에야 아들이 모시던 제사에 찾아왔는데 남편을 용서했다기보다 위암 판정을 받은 아들에 대한 배려 때문이었을 것이

104) 金本春子, 金性鶴 著, 『Haruko : 母よ!引き裂かれた在日家族』, フジテレビ出版, 2004.

다. 박정숙은 그녀를 버리고 죽기 사흘 전에야 그녀를 찾아온 남편을 결코 집으로 받아들이지 않았다.[105]

고령자 재일여성들에게 '고생 자랑' '가난 자랑'[106]은 일상적이지만 타인에게 말하기 어려울 정도로 모진 고생을 겪은 이들은 차마 그 자랑 아닌 자랑조차 좀처럼 언급하기 어려울 것이다. 수모와 위험을 무릅쓰고 암시장에서 벌어온 돈은 무책임한 배우자나 시집 식구들에 의해 착취당하기도 하였고, 가사일의 부담도 여전히 여성들의 몫이었다. 이들에 비하면 남편 정환기와 함께 가쓰기야로 '초년고생'은 하였지만 가족의 배려를 받고 자수성가하였던 구일회의 경험은 희귀한 사례에 속한다 하겠다.

학생이나 미성년자도 가쓰기야로 가계를 돕거나 학비를 벌어야 했다. 특히 미성년자는 단속에 걸렸을 때 면제되는 경우가 많아서 부모나 친인척, 혹은 거물 암시상이 이를 이용하는 경우도 많았다.

> 암거래에서 공통점은 여자아이가 늘어나는 것이다. 할머니와 미성년자는 경찰관도 함부로 못 잡아가기 때문이다. 정을 역이용하는 것이다. 실제로 두목이 현장에 출장을 나오기도 한다. 가져온 암상품은 2~3시간 안에 팔리고 만다. 한 사람이 600~1000엔 정도 팔고 300~500엔 정도의 이익을 얻는다고 한다.[107]

해방 당시 중학생이었던 사학자 강덕상은 모친이 신주쿠, 시부야의 암시에서 노점상으로 일하게 되자 판매 일을 도왔다. 하지만 영업장소

---

105) 川田文子, 『ハルモニの唄 : 在日女性の戦中・戦後』, 33쪽.

106) 川田文子, 『ハルモニの唄 : 在日女性の戦中・戦後』, 2쪽. 모순되는 표현이지만 일종의 '자기치유'적 위안으로 여겨진다.

107) 『朝日新聞』, 1945년 10월 25일자.

가 재학 중이던 학교 근처였기 때문에 동급생들을 만날 것이 부끄러워 학생 신분으로 쌀 가이다시에 나섰고 암시 폐쇄 무렵인 1950년까지도 가쓰기야를 지속했다. 그는 다음처럼 그 시기를 회고하고 있다.

> 경찰의 간섭이 매우 엄했기 때문에 도쿄 역에 닿기 직전에 항상 잡혔다. 나도 동북지역에 연고가 있어서 쌀을 지고 오다가 (도쿄역 직전인) 아카바네에서 당했다. 그러면 전부 몰수를 당하든지, 놔두고 도망을 가야했다. 5번에 한번 정도는 잡혔다. 그런 면을 생각해 보면 별로 좋은 장사는 아니었다. 다만 할 수 있는 다른 것이 없었다. 장사라기보다 먹고 살기 위해 어떻게든 발버둥친 것이다.[108]

그 외 재일조선인 미성년자 가쓰기야들의 사례를 살펴보자. 해방 이전부터 오사카에서 엿을 만들고 판매했던 현종민은 1947년 고향인 제주도에 일시 귀국했다 4·3 사건 이후 다시 일본으로 되돌아왔다. 귀국 이전에도 미성년자 친구들과 함께 가쓰기야를 하며 생계를 이어나갔다. 오사카에는 제주도 출신자들이 운영하는 고무공장이 많았는데 장화와 운동화를 가져가 유명 쌀 산지인 아키타에서 팔고, 그곳에서 쌀을 사들고 와서 생계비와 귀국자금을 벌었다.[109] 미야기에서는 밀조주를 물베개에 넣어 인근의 온천 등지에 배달하기도 했다.

히로시마(広島)에 거주하다 전쟁 말기 피폭을 당한 박남주는 머리카락이 다 빠지고, 설사가 그치지 않는 13세 소녀의 몸으로 길거리 행상을 시작했다. 찐고구마, 재생담배, 비누, 엿 행상 등 당시 암시장에서 인기

---

108) 吉見義明, 川田文子, 「姜徳相さん氏からの聞き取り 第1回 －ある在日朝鮮人の戦中体験と戦後体験」, 中央大学商学研究会, 2012.12, 316~317쪽 ; 小熊英二, 姜尚中 編, 『在日一世の記憶』, 651~652쪽 ; 『在日のくらし －ポッタリひとつで海を越えて－』, 昭和のくらし博物館, 2009, 64쪽.

109) 재일제주인의 생활사를 기록하는 모임, 『안주의 땅을 찾아서』, 선인, 2012, 67쪽.

가 있다는 물자는 대부분 다 거래하였다.[110]

김성화는 아버지와 함께 오카야마와 관서지방을 오가며 가쓰기야 생활을 했다. 나쁜 짓이라고 인식했지만 기차표를 위조해야 겨우 먹고 살 정도로 수입이 생겼다. 가쓰기야를 1년 반 정도 하다 그만 둔 이후에는 민청, 학동 등의 청년 조직에 가입했다.[111]

미성년자 신분은 술 배달에도 유용했다. 김분란은 전철을 타고 암시장에 술을 배달했다. 술통을 보자기로 위장했지만 술 냄새가 강해서 전차 안에서는 좌석과 떨어진 곳에 두었지만 단속관헌이 나타나면 이를 포기해야만 했다.[112] 일본 최대의 자산가로 꼽히는 손정의의 아버지 손삼헌은 10대 중반부터 술 운반업에 나섰다. 그가 밀주를 판매하던 시기에는 조선인들 사이에서도 이미 고정 고객이 확보되어 있었기 때문에 경쟁이 치열했다. 후쿠오카에서 자동차로 한 시간 정도 거리인 그가 살던 도스에서의 판매를 포기하고 한말짜리 술통을 자전거에 싣고 원거리까지 배달했다. 소주를 넣은 물베개를 몸에 두르고 후쿠오카는 물론 혼슈 지역인 야마구치까지 배달을 갔다고 한다. 당시 소주에는 메틸 알콜이 들어있다는 불신감이 팽배해 있었기 때문에 고객의 신뢰를 얻기 위해 미성년자 신분임에도 고객들과 함께 술을 마시면서 판로개척을 해나갔다.[113]

이들에 비해 대학생 가쓰기야는 상대적으로 단속에서 너그러웠던 것으로 보인다. 복원 후 대학에 복학했던 한석희는 의도적으로 사각모를 쓰고 교복을 입은 채 암시장에서 일했다.[114] 고객들은 고학생이라는 이

---

110) 川田文子, 「ハルモニの唄 : 在日女性の戦中·戦後」, 『世界』, 2012년 9월호, 317쪽.

111) 小熊英二, 姜尚中 編, 『在日一世の記憶』, 540쪽.

112) 川田文子, 「ハルモニの唄 : 在日女性の戦中·戦後」, 『世界』, 2012년 10월, 315~318쪽.

113) 사노 신이치, 장은주 옮김, 『손정의 –끊임없이 시대를 휘젓는 손정의의 숨겨진 이야기』, 럭스 미디어, 2012, 153~158쪽.

유로 그를 찾았고, 경찰관은 이를 적발해도 대학생이라는 이유로 동정해 면제를 받기도 했다. 학생들에게 비교적 단속의 강도가 덜했다는 것은 사학자 이진희도 증언하고 있다. 해방 이후 이바라키의 민족학교 교사로 일하면서 메이지대학에 입학을 하게 된 그는 한 달 3,000엔의 급료로는 생활할 수 없어서 암시장의 가쓰기야로 생활비를 보충해야 했다. 역 근처의 암시장에서 산 쌀 한말을 여행용 가방과 책보자기에 나누어 넣고 이를 신바시에 있는 요정에 배달해 주었는데 한 말당 300엔 정도의 수입이 발생했다. 당시 그 지역에서 가쓰기야를 하는 학생은 대부분 일본인으로 약 20~30명 있었는데 가쓰기야를 단속하는 개찰구의 경찰들도 학생들에게는 관대한 분위기였다고 한다.[115] 이진희의 회고처럼 학생, 그중에서도 대학생들에게 전반적으로 관대했던 단속의 일면을 엿볼 수 있다.

이채우는 해방 직전 귀국했지만 해방 후 밀항으로 재도일했다. 낮에는 민단의 사무원으로, 밤에는 대학야간부에 다녔고 주말에는 쌀 가쓰기야로 생활비를 벌었다. 그는 "학생복을 입고 그 짓을 하면 한 행보에 800엔이 남았다"[116]고 회고했다. 오사카 민족학교의 교사였던 송동술은 부업으로 야간에는 빵공장 근무, 주간에는 가루비누 행상을 시작했다. 당시 가루비누는 개당 70엔이었고, 30엔의 수익이 났다.[117] 유학생들의 고학 현황에 대해 재일조선학생동맹(조학동) 중앙총본부 대표위원 강리문은 다음처럼 언급하였다.

---

114) 韓晳曦, 『人生は七転八起』, 岩波書店, 1997, 104~107 · 113쪽.

115) 이진희, 이규수 옮김, 『해협 －한 재일사학자의 반평생』, 삼인, 2003, 28~29 · 47쪽. 그러나 한 달에 한 번 정도의 일제 단속에 걸리면 쌀은 모두 몰수당하고 원금마저 손해 보게 되었다. 단속에 걸리게 되면 병원에서 매혈을 해서 영양을 보충했는데 이런 생활을 2년 정도 지속했다.

116) 이남호, 『在日僑胞 立志傳: 눈물의 關釜連絡船』, 392쪽.

117) 小熊英二, 姜尚中 編, 『在日一世の記憶』, 421쪽.

도쿄에 있는 학생 1500명은 8할까지가 모두 자활로 공부하고 있습니다. 대부분은 단체 등에 소속되어 있는 것 같지만, 혹은 필경이나 번역 등을 한다고 보입니다. 지금 일본 학생들에게 유행하고 있는 노천시(露天市: 암시장)의 아르바이트만은 아직 하지 않고 있습니다만 이는 일본 학생에 비해 자본이 없다는 게 아니라 소극적으로는 내외적인 체면 유지와 자존심에 입각한 것이 무엇보다 강하다고 여깁니다.[118]

그러나 이 인터뷰와 실제 상황은 많이 달랐다. 인터뷰에서도 언급되었듯이 당시 학생들에게 암시장 아르바이트는 보편적이었다. 이채우는 "그때 우리 한국 학생들은 거의 다 그런 야미쌀 장수로 학비를 벌었다"라고 하였다. 이진희, 이채우, 송동술처럼 민족학교 교사, 혹은 민족단체의 활동가로 소속되어 있어도 생활하기 어려웠으므로 암상인이 된 것이다. 이 인터뷰 내용처럼 '내외적인 체면 유지와 자존심에 입각'했기 때문에 주변에 이를 알리지 않고 암시장에서 부업을 찾았던 경우가 많았을 것이다.

가쓰기야는 암시장에서도 가장 기층, 혹은 외곽에 존재하는 영세 암상인이라고 할 수 있다. 암시장 단속이 강화될 때는 노점뿐만 아니라 가쓰기야도 단속했다. 또한 암시장을 좌지우지하는 데키야나 거상들이 아닌, 가쓰기야와 영세 암상인이 검거되는 경우가 압도적으로 많았다. 1945년 10월 25일 오사카에서 행해진 일제 단속에서는 950명이 검거되었는데 이들 대다수가 미성년자 및 부녀자, 그날 영업해 그날 살아가는 영세 상인들로 거물급들은 이미 사전에 미리 도주해 버렸다.[119]

고베에서 행해진 11월 27일의 단속도 결과는 유사했다. 당시 신문에서는 이에 대해 "이날 검거를 사전에 알고 있던 늙은 너구리 같은 암상

118) 『朝鮮商工時報』, 1948년 7월 5일자.

119) 大阪・焼跡闇市を記録する会, 『大阪・焼跡闇市—かって若かった父や母たちの青春』, 47쪽.

인은 자취를 감추고, 초심자만이 걸려든 데다 개점 중인 곳은 의외로 적어 응원을 위해 온 MP 십수 명도 할 일이 없어 심심한 모습을 하고 있었다. 한큐 산노미야와 모토마치 양역, 성선 산노미야 역에서 하차한 오사카 암상인, 가이다시 부대 등도 일제히 연행되어 10시에는 이쿠타서 삼층의 훈시장은 만원이 되었다"[120]라고 보도했다. 이날 검거자는 284명이었다. 밀조 단속이 강화되는 1948년경에도 이런 상황은 큰 차이가 없었다. 히로시마에서 경제검문반이 단속에 나섰던 날, 위반자는 8명으로 압수물품은 80kg였다. 검거자 대부분은 미혼의 여성으로 시내의 밀조부락에 쌀을 운반 중이었다.[121]

일선 경찰이 가시적인 성과를 올릴 수 있는 단속 방식은 숫적으로 다수였던 시장 내 약소자 검거였다. 조선인의 각종 지위가 약화되면 이 약소자 자리에 조선인도 해당되었다. 암시장의 핵심인 일본인 거물 브로커들이 단속망을 피해 나갔다는 것은 여러 사례를 통해서도 알 수 있다. 일반 시민들은 영세 가쓰기야에 대해서는 현실적으로 어쩔 수 없다는 반응이지만 정치가, 관료들과 결탁해 대규모로 물자를 유통하는 대형 브로커에 대해서는 반감을 나타냈다.

신문의 한 독자 투고는 "친척이나 지인 등의 친절심에서 비롯한, 겨우 1~2되 정도의 쌀보리 때문에 경관이 역에서 골라잡아 반감을 사기보다는 이윤을 목적으로 하는 암시 음식점을 단속하는 것이 좋지 않겠는가?"[122]라며 가쓰기야보다는 대형 브로커가 비난의 대상이라는 점을 지적하고 있다. 대형 브로커는 재벌기업의 해고 임원, 전직 군인 등 고급 정보에 접근하기 용이했던 일본인이 주를 이루고 있었고, 재일조선인은 GHQ

---

120) 『神戸新聞』, 1945년 11월 27일자.
121) 『中国新聞』, 1948년 3월 23일자.
122) 『朝日新聞』, 1945년 12월 29일자.

및 일본인 요직 종사자 등과 관계를 맺을 수 있었던 극소수를 제외하면 이런 경향과도 거리가 멀었다.

단독 가쓰기야는 단속과 약탈의 위험이 크기 때문에 2~5명의 소그룹을 만들거나 10인 이상의 집단으로 움직이는 사례도 늘어나 '가이다시 부대'라는 이름으로 불렸다. 학생 신분으로 가쓰기야를 했던 한 재일조선인은 당시 상황을 이렇게 회고하고 있다.

> 가쓰기야로 일하면서 오사카나 아마가사키의 암시장에 쌀이나 고구마를 운반했다. 쌀은 5~6되, 고구마는 12~30관을 들고 다녔다. 농가에서 사서 역까지 가져와 운임을 받았다. 도중에 검문이나 일제 단속에 걸려 빼앗기기도 했다. (단속에 걸리면) 짐을 다 버리고 도망쳤다. 열차 안에서도 창에서 받는 이들, 옮겨 넣어주는 이들로 역할이 정해져 있었다. 조선인은 도당을 만들어서 암시장에서 나쁜 짓만 한다든가, 열차를 점거했다고 하지만 한 사람의 힘만으로는 살아갈 수가 없었다.[123]

패전 이후, 일본인은 허탈상태에 빠졌고 조선인은 식민지 시기의 압박과 착취에 대한 반감이 일시에 분출되어 이민족간의 갈등은 증폭되었다. 암시장은 생존경쟁과 민족적 대립이 복합적으로 결부된 장소였다. 1946년 2월 이전, 형사재판권의 적용 여부가 결정되기 전까지 재일조선인은 단속을 피할 여지가 있었다. 이는 일본인들에게 비난의 빌미를 마련해 주는 한 요인이기도 했지만 형사재판권의 적용을 받게 된 이후로는 그런 상황도 일변했다. 당시 외국인 가쓰기야 단속 상황에 대해 마츠에의 경찰서장은 다음처럼 회고하고 있다.

---

123) 平林久枝,「八・一五解放後の在日朝鮮人の生活」,『在日朝鮮人史研究』第2号, 1978. 6, 5~6쪽.

> 게이한신(京阪神)[124]의 '3국인'이 대거 본 현으로 들이닥쳐 이시미 방면에서 화차 1량을 빌려 게이한신에 쌀과 야채를 내가려 한 적이 있다. 당시 제3국인에게는 일본의 법률이 듣지 않아서 바로 진주군의 MP에게 연락해서 마츠에 역에서 일망타진한 것을 기억한다.[125]

경찰 관계자에게는 단속 성과가 공적이 되지만 단속을 당하는 가쓰기야에게는 생계가 달린 문제였다. 패전 직후 몇 달 간은 재일조선인에게는 법률 적용이 애매한 시기였다고 하지만 실상은 그렇지 않았다는 회고도 드물지 않다. 검거된 이후 노골적으로, 혹은 암묵적인 법적 차별을 받은 경우도 구술이나 회고 등에서 나타난다. 김두포는 암거래 담배 판매 혐의로 체포되었는데 당시 경찰관이 "왜 옆 나라에서 와서 나쁜 짓을 하느냐?"는 추궁에 "내가 오고 싶어서 왔느냐, 남편이 억지로 끌려와서 온 것이다"라고 일본 경찰에게 항의했고, 유치장에서는 "공짜로 밥 먹여주고 재워주는 것이니 좋다"라고 대답[126]하는 당당함을 보였다.

일본어도 유창하지 않고, 법도 잘 모르는 상태에서 일본 관헌에 의해 부당한 취급을 받는 재일조선인의 예도 적지 않았다. 암거래는 불법이라는 것을 인지하고, 부끄러운 일이기도 해서 설사 부당한 취급이나 법적 처벌을 받아도 침묵하는 경우가 많을 것이다.[127] 오사카의 조선인 여성 3명은 쌀과 보리를 5되씩 들고 오다 검거되었는데 아무런 설명도 듣지 못한 채 이틀간 경찰서에 유치되고, 검사국 송국 후 구치소에 닷새간

---

124) 교토, 오사카, 고베 지역 일대를 통칭하는 단어.

125) 內藤正中, 『日本海地域の在日朝鮮人: 在日朝鮮人の地域硏究』, 多賀出版, 1989, 171~172쪽.

126) かわさきのハルモニ・ハラボジと結ぶ2000人ネットワーク生活史聞き書き 編集委員会 著, 『在日コリアン女性20人の軌跡』, 明石書店, 2009, 176쪽.

127) 가와사키시 후레아이관에서 문맹인 재일조선인 여성들을 대상으로 한 구술을 보면 암거래로 검거되었을 경우, 일본 관헌에게 멸시적인 발언을 듣고 이에 상응하는 취급을 받아도 부끄럽고 죄스럽다고 생각해서 묵과한 경우가 있다. 또는 잊고 싶은 기억이기 때문에 이에 대해서 소상하게 언급하지 않는다.

투옥을 당했다. 일주일 후 벌금 500엔을 내고 겨우 석방되었다.[128] 박한규는 후쿠이와 오사카를 오가며 가쓰기야를 하던 중, 후쿠이 경찰서에 일주일 유치되었던 적이 있다. 일본인은 쌀만 압수하고 곧바로 돌려보냈지만 조선인이라는 이유로 차별을 받아 오래 구금된 것으로 생각하고 있다.[129] 하덕룡은 표적 수사의 대상이 되어 집 앞에서 기다린 경찰에게 다시 검거된 적도 있었다.[130]

후쿠이현에 살았던 정씨는 1945년 8월 어린 자녀 4명과 아내가 먹을 식량이 부족해 일하던 직물 공장에서 옷감을 가져가 오사카에서 팔고 쌀을 사왔다. 그가 조선인이라는 것을 안 경찰은 다른 일본인들보다 거칠게 대하고 몸을 꺾었기 때문에 경관에게 항의했지만 결국 암물자 거래와 상해죄로 수감되었다.[131]

가쓰기야들이 물자 운반을 위해 승차하는 열차에서도 이런 대립은 연장되었다. 해방 직후에는 재일조선인의 지위 규정이 발표되지 않았고, 철도 무임승차도 가능했기 때문에 일본인들보다는 상대적으로 수익이 더 나은 경우도 있었다. 그러나 무임승차는 조선인 등의 외국인에게만 주어진 혜택은 아니었다. 해외에서 귀국한 일본인도 인양증명서를 제시하면 무료 탑승을 할 수 있었다. 전문 노점상들은 귀환자들의 증명서를 3,000엔에 사들였고, 단속에 걸리면 변명도 통했다.[132]

GHQ는 1946년 4월 조선인의 무임승차는 불법행위라 규정짓고 일본정부가 이를 책임지고 단속할 것을 명했다. 이어서 같은 해 9월에는 조련

128) 『解放新聞』, 1948년 8월 1일자.

129) 이붕언, 『재일동포 1세, 기억의 저편』, 355쪽.

130) かわさきのハルモニ・ハラボジと結ぶ2000人ネットワーク生活史聞き書き 編集委員会 著, 『在日コリアン女性20人の軌跡』, 75~76쪽.

131) 平林久枝, 「八・一五解放後の在日朝鮮人の生活」, 3~4쪽.

132) 塩満 一, 『アメ横三十五年の激史』, 東京稿房出版, 1982, 44쪽.

발행의 철도 무임 승차증의 효력을 부인하고 기발행분은 발견 즉시 파기를 명령했다.[133] 당국은 철도의 무단승차를 금지하면서 “정당한 일본인 승객이 이유 없이 난폭한 집단에게 자리를 빼앗긴다든지, 차 밖으로 쫓겨난다든지 하는 일이 없도록 하겠다” “연합국민의 구성원에게는 통용되지 않는다”[134]고 언급했다. ‘정당한 일본인 승객’과 ‘연합국민 구성원’이 아닌 ‘난폭한 집단’이라면 사실상 재일조선인을 지칭하는 것이었다.

조련의 청년 조직에 가입했던 김만달은 “청년단 파란색 완장이 있으면 돈을 안 내고도 기차를 탈 수 있었다. 잠깐 동안의 위세였지만……”[135]이라고 당시의 상황에 대해 인정했다. 이에 대해 조선인 사회 내부에서도 자중과 반성의 소리는 적지 않았다. 조련이 내부적으로 구성했던 보안대, 자치대 등의 청년조직은 일종의 자경조직으로 조선인의 보호는 물론, 가쓰기야들이 상궤를 벗어나는 행동을 제지할 목적도 띠고 있었다. 김경락은 보안대 활동에 대해 “영어로 된 조련의 완장을 차고 센다이 우에노 간 열차에서 문제가 일어나지 않도록 활동했다”[136]라고 회고하고 있다. 이 노선은 주요 쌀 산지에서 재일조선인이 많은 우에노 역 암시장까지 연결되는 것으로 열차 내에 청년 조직을 투입할 정도로 열차 내 분위기가 험악했음을 말해준다.[137]

후쿠시마현 조련 위원장을 맡았던 이씨는 조선인들의 이런 행동에 대해 “해방 직후 동포 중에는 그때까지 심하게 당한 것에 대한 분풀이로 난폭해지고, 거들먹거리는 이들도 있었다. 열차 안에서 일반 시민에게

133) 森田芳夫, 『在日朝鮮人処遇の推移と現状』, 100~101쪽.

134) 『朝日新聞』, 1946년 3월 26일자.

135) 이붕언, 『재일동포 1세, 기억의 저편』, 45쪽.

136) 小熊英二, 姜尚中 編, 『在日一世の記憶』, 50쪽.

137) 재일조선인 사회에서 자치경찰 역할을 했던 조련의 청년조직은 GHQ의 해산명령에 의해 1946년 중반 경에 해체되고 이후 민청으로 재편되었다.

싸움을 걸며 폐를 끼치는 이들도 있었다. 그들은 분풀이를 어디에다 해야 할지 모르는 채 마구 쏟아낸 것이다"[138]라고 분석하고 있다. 조련 지도자들은 일본 민중도 전쟁의 희생자이므로 그들에게 복수를 하지 말라고 계몽했으나, 그런 자제력은 현실적으로 하루하루의 생존이 1차적 목적인 양쪽 모두에게 기대하기 어려웠다. 철도 무임승차의 권리가 사라진 다음에도 이러한 분위기는 지속되었다. 소설가 야마다 후타로의 일기에는 1947년 기차 안에서의 경험이 다음처럼 기술되어 있다.

> 문자 그대로 지옥열차, 암시장 청년이 많다. 언제나 기차에서 보듯이 언동 방약무인이다. 선반에 짐을 올려놓고, 길게 드러누워서 밤새 야비한 소리만 한다. '……' 플랫폼에서 격투가 벌어지자 차내의 조선인이 "일본인은 바보다. 이 정도 가난해졌다고 유리 깨지 말라고 소리나 지르고 말이지"라며 큰 소리로 비웃는다. '……' 일본인이냐고 묻는 한 노파에게 그렇다고 대답하자 "일본인 주제에 건방 떨지 마라. 나는 중국인이다"라고 화를 낸다. '……' 누군가 구석에서 "으스댈 수 있는 만큼 으스대 봐라. 그리 오래 못 갈 거다"라고 조그만 소리로 내뱉는다.[139]

야마다가 언급하는 암시장 청년의 국적은 나타나지 않는다. 이들은 '언동 방약무인'에 '밤새 야비한 소리'만 하는 무뢰한으로 묘사되고 있다. 다만, 이어지는 내용에서 일본인과 중국인이 등장하고 있어 열차 내의 난폭자는 이들 외국인으로 인지될 수 있다.[140] 1947년 시점에서도 가쓰기야는 열차 안에서 일반 승객에게 민폐를 끼치는 대상으로 묘사되고

138) 平林久枝, 「8.15 解放後の在日朝鮮人の生活」, 14쪽.

139) 山田風太郎, 『戦中派闇市日記 ―昭和22年・昭和23年』, 小学館, 2012, 63~66쪽, 1947년 4월 5일자 일기.

140) 한중일 3국은 외양이 비슷하고 일본 정주가 오래 된 1세나, 언어 습관, 복식, 외양 등이 현지인과 유사한 2세는 한눈에 외국인이라고 판별하기는 어렵다. '암시장 청년'이란 용어는 과연 야마다가 국적의 차이를 의도하고 쓴 것인지 판단하기 어렵다.

있는데 한중일 3국인이 혼재된 열차 안 상황을 통해 이들의 역학관계나 심리상태를 알 수 있다.

가쓰기야 단속은 암시장이 공식적으로 소멸되기 전까지 지속적으로 행해졌다. 지역별, 시기별로 정도의 차이는 있지만 가쓰기야가 주로 이용하는 열차가 주요 단속대상이 되었다. 쌀 산지와 대도시 소비지 사이를 오가는 열차의 단속기사는 자주 보도되었다. 주된 방식은 불심검문 및 탑승자 전원을 강제 하차시켜 검사하는 것이었다. 경찰 내부에서도 강경한 단속 방침에 대해 우려의 목소리가 없었던 것은 아니다. 시마네현의 한 경찰관계자는 "암상인이나 가쓰기야의 존재는 불법행위로 경찰의 단속 대상이지만 전후에 사람들이 생활하기 위해 필요악이었던 것은 분명 사실이다. 혹시 이 행위에 대해 관헌이 엄한 태도를 보인다면 국민은 생사를 걸고 혁명을 일으킬지도 모른다"[141]고 언급할 정도로 가쓰기야에 대해서는 찬반양론이 엇갈렸다.

'가이다시 부대'는 조합 결성으로 뭉쳤던 노점상과 달리 결속할 수 있는 구조가 아닌 까닭에 집단행동이 어려웠다. 하지만 단속이 강화되면 반응은 과격해졌다. 1946년 초반부터 재일조선인의 지위규정이 변해 마찰은 더욱 심해졌다. 일본의 형사재판권 관할이 된다는 점을 인지하지 못한 재일조선인들 중 심한 단속에 반발해 집단으로 실력행사를 행하는 경우도 있었다.

1946년 9월 22일, 주요 쌀 산지인 니가타역에서 재일조선인을 포함한 가쓰기야 50여 명을 단속했다. 그러자 이들은 주재소를 습격해 전화선 등을 절단하며 경찰과 심한 몸싸움을 벌였다. 경찰 측은 경방단과 미군의 지원을 받아 이들을 제압했지만 이 사건으로 경관 20명이 부상하고,

141) 內藤正中, 『日本海地域の在日朝鮮人: 在日朝鮮人の地域研究』, 171~172쪽.

주모자 14명이 검거되었다.[142] 이 사건은 파출소 습격사건으로만 그치지 않고 또 다른 파장을 만들어 냈다. 사건을 보도한 니가타 지역 신문사의 기사와 사설이 일본 입장만을 반영한 일방적인 내용이라 하여 조련 지부원들이 신문사에 대해 항의했지만 신문사측은 일절 사과가 없었고, 이에 격분한 조련 지부원들은 같은 달 29일, 신문사에 들이닥쳐 기물을 파손했고, 이로써 19명이 검거되는 사태로까지 발전했다.

이듬해인 1947년 10월, 야마가타에서 벌어진 파출소 습격을 당시 신문은 다음처럼 보도하고 있다.

〈조선인 파출소를 덮치다 - 쌀 단속에 반발, 세 순사에게 상처 입혀〉

(야마가타발) 20일 오후 1시경 약 30명의 壯漢이 야마가타 北村山郡 尾花澤町 파출소를 습격해 창문, 전화기 등을 부수고 마침 그때 순시에서 돌아온 경찰 3인에 대해 가이다시 단속이 괘씸하다고 불만을 말하면서 한 경관에게는 10센티미터 깊이로 열상, 오른쪽 허벅지와 후두부 등 전치 6개월의 중상을 입혔다. 나머지 두 명에게도 경상을 입히고 3시쯤에 떠났다. 서는 즉시 비상소집을 행하고 조선인 26명을 검속해서 취조를 개시했다.[143]

야마가타에서는 이 사건의 발발 1년 전에 쌀 가쓰기야의 8할이 조선인이라는 왜곡된 소문이 돌았다. 재일조선인의 실업비율이 매우 높은 상황에서 가쓰기야로 나선 이들이 많은 것은 사실이지만 여러 번 언급하였듯이 종사자 수치는 집계가 불가능했다. 야마가타에 거주하는 재일조선인의 인구대비로도 성립할 수 없는 논리였다.[144] 이 사건은 1946년

142) 『朝日新聞』, 1946년 9월 24일자.

143) 『朝日新聞』, 1947년 10월 22일자.

144) http://www.pref.yamagata.jp/ 야마가타현 홈페이지 참조. 1947년 야마가타현의 총 인구는 1,335,653명이고, 거주 재일조선인은 1,463명이었다. 거주 현민의 0.1%에 해당하는 재일조선인 남녀노소가 모두 동원된다 하더라도 야마카타현 쌀 가쓰기야의 80%을 차지한다는 것은 어불성설이었다.

부터 과장과 악의가 혼재된 암시장과 재일조선인 관련 비방이 나도는 것에 대해 재일조선인들의 집단반발 심리가 표출된 것이라고 볼 수 있을 것이다. 일본 관헌이나 정치인들은 암시장 현황을 논할 때 종사자 집계가 어렵다고 하면서도 재일조선인 비율은 근거를 밝히지 않은 채 특정 수치를 제시했다. 물론 이는 과장된 수치였고, 야마가타현의 경우도 마찬가지였다.

1947년 한 해 동안 재일조선인의 대경찰서 사건은 69건, 대관공서 사건은 11건[145]으로 집계되어 있다. 정치적 사안 때문에 단순 항의 방문한 경우도 많지만 생계와 직접 관련한 암시 관련 사건은 단속의 강도에 따라서 폭력적으로 발전할 우려가 있었다. 시마네현에서도 "제3국인의 범죄는 주로 게이한신 방면에서 온 집단적 가이다시 부대에 의한 것이 많고 경찰서 습격사건, 경찰서장 폭행사건, 범인탈취 사건이 이어서 발생했다"[146]고 기록되어 있어 물자를 몰수당한 가쓰기야와 경찰의 대치는 주요 식량 산지를 중심으로 만연했음을 보여준다.

가쓰기야는 일단 검거되면 소지 물자가 모두 몰수되므로 금전적 손실이 매우 컸다. 이를 피하다 신체 손상을 입고 때로는 목숨조차 잃을 수 있었다. 1947년 2월 25일, 가이다시 인원으로 정원초과가 된 열차가 전복해 163명의 사망자를 포함, 천여 명의 사상자를 낸 하치코센(八高線) 사고[147]가 바로 그런 예였다. 1949년 6월, 경찰의 단속을 피해 도망치던 재일조선인 여성이 선로에 떨어져 사망한 사건이 발생하기도 했다. 이 사건에 대해 동포신문인 『解放新聞』에서는 다음처럼 보도하고 있다.

---

145) 朴慶植, 「解放直後の在日朝鮮人運動 3」, 『在日朝鮮人史硏究』 第3号, 1978.12, 73쪽.

146) 內藤正中, 『日本海地域の在日朝鮮人: 在日朝鮮人の地域硏究』, 171~172쪽.

147) 『朝日新聞』, 1947년 2월 26일자. 전쟁 직후인 1945년 8월 24일에도 동일 노선에서 같은 이유로 큰 사고가 발생한 적이 있다.

〈사복 경관 '가이다시' 부인을 投殺〉

발광하는 일경은 또다시 동포 부인을 열차에서 떨어뜨려 즉사시켰다. 지난 15일 아침 경도역 동쪽 약 50미터 지점에서 가이다시 하러 갔다 오는 조선부인 안좌순(55세)을 사복경관이 데크에서 떨어뜨려 부인은 즉사하였다. 이 사실을 안 군중들은 현장에 모여 즉시 군중대회를 열고 칠조서에 항의하게 되었다. 그리고 조련 및 각 민주 단체에서는 경찰의 무성의한 태도에 분격하여 즉시 투쟁위원회를 구성하고 철저히 책임을 추구하는 동시에 뒤이어 일어나는 폭압에 대하여 치열한 투쟁을 전개하고 있다.[148]

열차 내 단속이 극심했던 상황에서 이 여성은 도주하다가 추락사한 것으로 보인다. 이에 대해 조선인은 경찰의 의도적인 투살이라고 보고 격렬한 항의를 전개했다. 하지만 일본 경찰이 무성의한 태도로 일관하자 이에 격분한 천여 명이 집단으로 경찰국장을 만나겠다며 경찰서로 찾아가는 사태가 발생했다. 조선인들은 대리로 나온 경찰차장을 만나서 책임자 처벌과 생계를 위한 가이다시를 보장할 것을 요구했지만, 경찰 측은 이를 인정할 수 없다는 강경한 자세를 보였다. 그런 와중에 이들을 해산시키기 위해 1,500여 명의 경관이 동원되어 12명이 부상하고 10명이 검거되었다.[149]

1947년부터는 물자 거래 시스템이 크게 변경되었다. 초기 유통방식이 가쓰기야가 단신으로 식료품이나 소비재 중심의 통제물자를 도시의 암시장에 공급하는 형태였다면 이 시기부터는 대형 브로커가 개입하고 거래 물품도 섬유제품, 가솔린 등의 원자재를 중심으로 움직이게 되었다. 이러한 변화는 1946년부터 본격적으로 추진된 재벌해체에 의해서 미츠이, 미츠비시, 스미토모, 야스다 등에서 퇴출된 간부급 임원, 공직 추방

148) 『解放新聞』, 1949년 6월 23일자.

149) 『解放新聞』, 1949년 6월 25일자. 후술하겠지만 49년 9월 조련의 해산의 이유로 이런 단체행동이 언급되고 있다.

자 및 복원한 상사 출신 임원들이 브로커 회사의 간부로 취임하면서 정보망과 인맥을 활용해 대량의 물자를 확보하게 된 동향과 무관하지 않았다.[150] 여기에 밀수품 거래도 증가하는 추세였다.[151]

도매상의 기능이 되살아나면서 중간 도매상의 개입도 늘어났다. 도매상을 통하면 수익은 줄어들지만 단속의 위험이나 사기 당할 우려가 덜하고 물건이나 거래처 확보가 안정적이 되기 때문이었다. 암시장을 관장하는 지역의 데키야가 도매상을 겸업하는 경우도 있었다. 이들 대형 브로커는 실질적으로 암시장의 배후에서 물가를 교란하는 주역이었지만 암시장 단속에서는 그 존재가 가장 가시적인 가쓰기야나 영세 노점상이 주요 단속 대상이 되었다. 가쓰기야는 "사회악이랄 수도 없는 수준의 브로커"[152]였지만 단속하기가 쉬웠기 때문에 검거 인원도 가장 많았다.

2) 판매업자[153]

가. 물자의 유통 경로

암시장에서 노점 혹은 점포를 보유하는 판매업 진출은 자본 없이 시작할 수 있는 가쓰기야보다 상대적으로 진입 장벽이 높은 편이다. 해방 이전 재일조선인 직업 구성비 중 상업 종사 비율을 보면 1920년 0.34%, 1925년 1.68%, 1930년 5.7%, 1935년 10.19%, 1940년 11.26%로 시간의 경과

---

150) 松平誠, 『ヤミ市幻のガイドブック』, 204쪽.

151) 『朝日新聞』, 1946년 10월 8일자, 1947년 7월 30일자.

152) 『座談』 1948년 2월호.

153) 일반적으로 암시장은 노점이라는 인식이 강하다. 하지만 암시장은 유통방식과 상품의 성격, 판매장소의 형태 등이 혼재된 개념이었다. 1946년 이후부터 일본인들이 만든 가건물 형태의 상가가 설립되기 시작했고, 재일조선인들도 이런 상가에 입점해 정식 점포를 꾸리기도 했다 따라서 노점과 점포소유자를 포함해 암시장 공간에서의 상행위 전체를 판매업으로 간주하였다.

에 따라 비중이 높아지고 있다. 그러나 그 내용은 점포를 소유한 일반 상업보다 고물상, 행상, 노점상, 엿장수 등[154]의 부동적 상업 활동에 가까운 것이다. 암시장의 노점상과 기본적인 성격은 비슷하지만 동일한 이들이 암시장으로 그대로 유입되었다고 할 수는 없을 것이다.

일본인의 예를 보면 「戦後における露店市場」의 조사대상 5,102명 중 초심자 상인은 79.8%인 4,069명이고 상업 경험자는 451명이었다.[155] 상업 경험자는 패전 이전, 영세한 자본으로 상업 활동을 하던 이들로 도매상 등에 종속적인 입장이었다. 수익은 미미했고, 전시 중에는 그나마 국책 통제회사와 영단 등에 의해 상업 활동의 권리가 박탈된 채 배급노동자 혹은 징용공으로 일했다. 또한 점포는 전쟁 피해를 직접 입은 경우가 많았다. 다만 이는 일본인 상업자의 경우였고, 조선인은 상기한 것처럼 극히 일부를 제외하면 부동적 상업자의 비중이 더 높았기 때문에 이런 예를 일괄적으로 적용할 수는 없다. 복원병 출신으로 귀환한 한 일본인은 취업 제안을 받았으나 월급만으로 먹고 살 수가 없어 오사카 아베노의 암시에서 노점을 시작했는데 당시의 상황을 다음처럼 회고했다.

> (물자라고는) 몸에 두른 것밖에 없어서 바지, 속바지, 구두, 코트 등 10점을 들고 판매를 시작했다. 공터에 널린 벽돌을 괴서 돗자리를 펼치고 낡은 천을 텐트 대신으로 사용했다. 자전거 뒷자리에 합판을 이어서 깡통제품과 지카다비를 파는 이들에 비하면 이것도 훌륭한 것이었다.[156]

초기의 암시장 영업 내용은 상기의 경우처럼 물물교환 혹은 중고물품 거래가 주류를 이루고 있다. 가쓰기야는 남녀노소 쉽게 시작할 수 있는

---

154) 도노무라 마사루, 『재일 조선인 사회의 역사학적 연구』, 100~101쪽.

155) 大河内一男 編, 「戦後における露店市場」, 223쪽.

156) 大阪・焼跡闇市を記録する会, 『大阪・焼跡闇市―かつて若かった父や母たちの青春』, 105쪽.

반면 노점상을 비롯한 점포운영은 일정 자본과 수완이 필요했다. 포장마차 및 영세간이식당, 그 외 부부 공동의 점포 운영을 제외하면 초기 암시장 노점상은 대부분 남성들이었다. 가쓰기야 생활을 통해 일정 자금이 마련되면 노점상이나 점포 영업을 시작하기도 했다. 시부야 시장에서 어머니가 노점을 했던 강덕상은 노점 영업을 다음처럼 회고했다.

> 아버지가 시력을 잃어서 일을 못하게 되었다.[157] 생활이 어려워지고, 어머니가 책임을 져야 했다. 바로 가능한 일은 막걸리 만들기와 암시장 밖에 없었다. 어머니는 시부야와 신주쿠 같은 번화가의 길 한 쪽에 귤 상자를 2개 정도 놓고, 오카치마치[158]에서 싸게 파는 미군의 방출물자나 고베에서 사온 고무 운동화와 장화 등을 팔았다. 매장은 60 × 80센티미터 정도의 크기였다.[159]

전후 공터에 자연발생적으로 나타난 암시장은 노점상 출신인 데키야에 의해 장악되어 있었다. 이들은 자리 배정, 시장 관리를 비롯해서 물자 확보 등 암시장 운영의 모든 것을 진두지휘했다. 도쿄와 오사카의 암시장에 물자가 유입되는 경로는 〈표 5〉와 같았다.

유입경로 중 양 도시에서 공통으로 나타난 것은 '산지에서 직접 사들이기' '오야붕에게 의뢰하기' '자가 보유 상품 팔기'이다. 이 중에서 '자가 보유 상품 팔기'는 초기의 암시장에서 자주 목격된 것이지만 더 이상 팔 것이 없어지면 소멸할 수밖에 없는 방식이다. 가쓰기야는 도시민들이 주류를 이루었지만 역으로 도시의 물자와 식량을 교환하고자 하는 '농민

---

157) 小熊英二, 姜尚中 編, 『在日一世の記憶』, 158쪽. 해방 1주년을 기념하는 잔치에서 메틸알콜 술을 마시고 실명을 하게 되었다.

158) 우에노 암시장은 우에노역과 오카치마치 역 사이의 철도 아래에 형성되었다. 오카치마치는 우에노 시장에 도착하는 또 다른 역이다.

159) 吉見義明, 川田文子, 「姜徳相氏からの聞き取り 第1回 －ある在日朝鮮人の戰中体験と戰後体験」, 中央大学商学研究会, 2012, 316쪽.

〈표 5〉 암시물자의 주요 유입경로[160]

도쿄의 유입경로	오사카의 유입경로
► 오야붕(親分)[161]에게 의뢰해서 받기 ► 자신의 소지품 판매[162] ► 산지에서 직접 구입[163] ► 도매상이나 브로커에게 구입 ► 밀수품, PX물품을 특수 관계로 구입[164] ► 그 외 도난품, 은닉장물 구입[165]	► 산지에서 직접 구입 ► 오야붕에게 의뢰하기 ► 자가 보유 상품 판매 ► 농민의 직접 판매

* 도쿄는 「戦後の露店市場」 분류를 참조해 무순위, 오사카는 가장 빈도가 높은 순서대로 구입경로를 표시하였다.[166]

의 직접 판매'는 가쓰기야의 범주로 보아도 될 것이다. 따라서 유입경로는 가쓰기야를 통한 산지 매입과 오야붕에게 의뢰해서 받는 방법이 가장 비중이 높은 셈이 된다.

암시장 물자 매입에서 가쓰기야의 역할은 전술한 바 있다. 가쓰기야가 식량 중심의 물자 운반인 겸 소매행상이라면 데키야는 대량 물자 매입상이었고, 이들의 역할도 점차 확대되었다. 데키야의 오야붕은 몇 만 개 단위로 상품을 사들여 각 암시장의 지부장, 즉 부하 고붕들에게 천

160) 유입 경로는 일본인을 대상으로 조사한 것이지만 유통 경로가 다양하지 못했으므로 재일조선인도 비슷한 방식으로 매입했을 것이다. 재일조선인의 제조업 비중이 높아지면서 동포 사이 거래도 증가하지만 유통 경로의 핵심은 일본인에게 집중되어 있었다.

161) 데키야 조직의 보스.

162) 자본이 전혀 없는 상태에서 소지품을 하나씩 내다 파는 생활이 죽순을 한 겹 한 겹 벗겨 내는듯하다 해서 이를 다케노코(竹の子) 생활이라고 불렀다.

163) 가쓰기야가 가이다시를 해 온 경우를 말한다.

164) 재일조선인은 점령 초기 특수경로를 통해서 물자를 구입하고, 불하받을 수 있었다. 지위 규정이 정해진 이후에는 정식으로 이런 혜택을 누리지 못하였으나 민족 단체의 일화를 보면 점령군과의 관계를 이용해서 여전히 특권을 누리는 이들도 있었다. 연합국민인 중국계인들은 상대적으로 물자 구입 사정이 나았다.

165) 암시장에서 도난품이 매매되는 경우는 매우 흔했고, '도둑시장'이라는 별칭으로 불리기도 했다.

166) 猪野健治 外, 『東京闇市興亡史』; 大阪・焼跡闇市を記録する会, 『大阪・焼跡闇市—かって若かった父や母たちの青春』, 48쪽.

개 단위로 판매했다. 고붕은 이를 다시 백 개 단위로 암시장의 출점자에게 판매했다. 그러나 이 상품들은 질이 나쁜 반면 가격이 비쌌고, 지부장들은 이를 강매했다.[167] 데키야는 노점 운영의 주체로 노점상들의 생사여탈권을 쥐고 있어 상인들은 어쩔 수 없이 이런 상황을 받아 들였다.

신주쿠 마켓의 창설자인 오즈는 예전부터 노점상을 해왔기 때문에 "전국적으로 물건의 산지, 상태 등을 잘 판단하고, 그 지역의 동료들과 잘 아는 사이라서 매입할 수 있다"라고 밝혔다. 이는 전국을 돌아다니며 노점업을 하는 데키야 네트워크의 정보력을 말해준다. 또한 물건 매입을 위해서 15~50명 정도의 집단을 보냈다.[168] 결국 데키야도 산지 매입을 위해서 가쓰기야를 보낸다는 의미지만 데키야에 소속되어 활동하는 것과 개인자유업으로 움직이는 것에서 차이가 발생하는 것이다.

재일조선인 판매업자들의 물자 매입 경로는 구체적인 내용이 밝혀진 바가 없다. 암시장의 상업 경험자들은 사업에 대해서는 언급하지만 물자의 매입경로는 정확히 밝히지 않는다. 암시장에서의 판매행위와 매입이 모두 암거래를 통해 이루어지는 것이므로 그런 내역이 소상하지 않은 것이다. 박팔수는 아버지가 "야쿠자 조직에서 간장, 술, 쌀 같은 것을 떼어다 팔았다"고 기억했다.[169] 데키야가 유통경로를 쥐고 있었으므로 필요한 경우에는 데키야에게 물자 구입을 의뢰한 경우로 보인다.

해방 후 암시장에서 가쓰기야, 판매업, 제조업은 상호 유기적 관계였다. 재일조선인은 이들 직업군 모두에 종사하였으므로 동포 간 거래로도 물자 조달이 가능했다. 오사카 취재를 간 기자에게 다가온 한 일본 상인은 비누, 고무화, 냄비 등은 "반도인은 자가제를 판다"[170]고 언급하

---

167) 大河内一男 編, 「戦後における露店市場」, 230~231쪽.

168) 『商店界』, 1946년 7월호, 30쪽.

169) 이붕언, 『재일동포 1세, 기억의 저편』, 113쪽. 언급된 야쿠자 조직은 데키야를 의미하는 것으로 보인다. 데키야는 시간이 경과하면 폭력단으로 변화하기도 했다.

고 있다. 다만, 물자 수급과 확보가 쉽지 않았던 시기였으므로 거래 관계에서 동포가 필수 조건일 필요는 없었다. 「戦後における露店市場」에서는 '제3국인' 노점상이 "패전을 계기로 노예적 노동의 분야에서 해방되어 귀국을 단념하고, 공고한 민족적 연대감에서 결속을 굳히고, 경제적 활동을 개시"[171]했다고 기술하였다. 일반론적으로 틀린 관점은 아니지만 약육강식의 생존 경쟁이 일상인 전후 상황과 이익을 제일의 가치로 두는 상업자본가들에게 '민족적 연대감'이란 숭고한 가치라기보다 적절하게 이용 가능한 조건이라고 할 수 있을 것이다.

또한 이 기술의 문제점은 재일외국인들에 대한 조사를 행하지 않은 상태의 판단이라는 점이다. '제3국인'으로 '중국인, 조선인, 대만성민'을 한묶음으로 보면서 각 집단의 상업적 특질은 분리하지 않았다. 그런 한편 "일본인 노점상에게는 도저히 불가능한 큰 조직 아래 대량의 상품 거래를 통한 대규모의 축적" "화교의 특유한 전기적 상업자본"이라는 표현을 쓰는데 이는 갓 해방된 재일조선인 사회 일반과는 거리가 멀고, 해방 1년도 채 되기 전에 암묵적으로 누리던 '승전국민의 특혜'와도 관련이 없는 것이다.[172] 심지어 '화교'라는 특정단어가 등장해도 '제3국인'이라는 단어와 섞어 버림으로써 일반 일본인은 체감상 재일 외국인의 90%가 넘는 재일조선인도 동일한 조건을 가진 것이라고 오인하게 만든다.

재일조선인이 집중되어 있었던 오사카 츠루하시 시장은 활발했던 동포 간의 거래 관계를 보여주는 대표적인 장소였다. 암시장 성립 이후 츠루하시에는 중고옷가게와 포목상들이 포진했고, 1950년대가 되면 전국적으로도 유명한 포목 전문상가가 되었다.[173] 전시기 일본 『毎日新聞』

170) 『商店界』, 1946년 9 · 10월 합본호. 28쪽.

171) 大河内一男 編, 「戦後における露店市場」, 225쪽.

172) 다만 조사시점이 향후에 전개될 재일조선인의 상황 변화를 미처 반영하기 어려웠던 시기라는 점은 감안해야 할 것이다.

의 모지 편집국에서 근무했던 김용재는 해방과 동시에 기자를 그만 두고 오사카의 암시장에서 2년간 면포상을 하며 자본을 모았다.[174] 정조문도 오사카의 츠루하시 시장에서 면사와 면제품을 사서 일본 전역을 돌아다니며 판매했다.[175] 옷감 및 섬유 제품이 통제되고, 동포 제조업체가 섬유공업계에서 성장해 나가던 시기였으므로 매입처는 동포 제조업체였을 가능성이 높다.[176] 그 외 많이 거래되는 것이 고베의 고무제품이었다. 고무제품은 제조업체 부분에서 별도로 설명할 것이다.

물자 유입경로 중 '밀수품, PX 물품을 특수 관계로 구입' 부분은 재일조선인 상공업 활동에서 구명하기 곤혹스러운 경로라고 할 수 있다. 이는 재일조선인의 특혜와 관련해서 일본 사회의 공격을 받는 빌미가 되기도 하였다. 미군 PX의 횡류품은 대만성민, 중국인을 비롯한 화교계가 장악[177]했다고 알려져 있지만 PX에서 일하는 이들은 일본인 주부 및 미군의 현지처가 많았으므로 일반 소비품은 이들을 통한 횡류물자라고 보아야 할 것이다. 때로는 미군들이 직접 암시장에 물건을 팔기도 했다.[178] 암거래로 떡 행상을 했던 김기선은 고텐바와 요코하마를 오가며 미군물자를 운반했다. 미군이 일본 여성에게 제공한 담배, 의류, 술, 화장품 등의 다양한 물자는 암시장에서 현금과 교환되었는데 그는 이 물자를 취급하는 점포를 개업했다.[179] 횡류물자는 다양한 경로를 통해 암시장으

---

173) 藤田綾子, 『大阪「鶴橋」物語 : ごった煮商店街の戦後史』, 80~81 · 107~108쪽. 의류 관계 점포는 시장의 성격 변화에 따라 점점 감소되었지만 현재는 일본 내 한복전문점들이 이 지역을 중심으로 형성되어 있다.

174) 이남호, 『在日僑胞 立志傳 －눈물의 關釜聯絡船』, 138~150쪽. 그는 면포상으로 자본을 모은 후 언론사와 인쇄공장 등을 경영했다.

175) 권숙인, 「일본의 전통, 교토의 섬유산업을 뒷받침해온 재일조선인」, 『사회와역사』 제91집, 2011, 29~30쪽. 정조문은 이렇게 모은 자본으로 파친코 사업을 시작했다.

176) 우연의 일치이지만 김용재는 오사카에 고려현대미술관을, 정조문은 교토에 고려미술관을 각각 건립했다.

177) 松平誠, 『ヤミ市幻のガイドブック』, 128쪽.

178) 松平誠, 『ヤミ市幻のガイドブック』, 130쪽.

로 유입된 것이다.

해방 직후, 재일조선인에 대한 방침이 불분명하던 시기에는 '해방민족'임을 내세우며 일부 인사들은 은닉물자를 불하받는 수완을 발휘했다. 우메다 재일조선인 상인조합 결성에 주요 역할을 했던 박한식은 일본인 지인이 군에서 불하받은 면포, 신발, 옷, 셔츠, 작업복 등을 우메다 암시장에서 판매하고 당시로서는 거금인 73만 엔을 벌어서 점포를 차렸다.[180] 해방 이전부터 잡화상을 했던 그는 전시 중에는 소규모 군수공장을 운영할 정도로 상공업에 재능이 있었다.

신한은행 창립 멤버로 참여했던 이성우도 이와 유사한 경로로 물자를 취득했다. 그는 일본인 지인을 통해 군대에서 나온 시계를 한 가마니 불하받은 다음, 요코하마 암시장에서 2개에 8천 엔씩 받고 판매했다. 군수공장의 선반 모터나 쇠 깎는 기계도 떼 와서 시장에서 팔았다.[181] 물자를 어떤 방식으로 양도받았는지 구체적인 설명은 없지만 당시에 통용되던 '특수 관계'에 해당하는 것으로 보인다. 훗날 한국에서 3선 국회의원을 역임한 정휘동은 공식적인 방식으로 물자를 획득했다고 밝힌다. 그는 미군 사령부에 청을 넣어 "쓰레기처럼 내다 버리는 비행기 부속품과 파편, 대포 부서진 쇳덩이 같은 것을 헐값으로 불하"받았다.[182] 다만 미군 사령부에 청을 넣는 것도 '특수 관계'가 아니면 상상하기 어렵다.

한편 물자 확보 방식이 '도난'임을 밝힌 사례도 있다. 김중권은 실명까지 초래하는 밀조주 원료 메틸 알콜을 창고에서 훔치고, 진주군이 접수

---

179) 이붕언, 『재일동포 1세, 기억의 저편』, 278쪽.

180) 이남호, 『在日僑胞 立志傳 -눈물의 關釜聯絡船』, 198~199쪽.

181) 이성우, 『일본에서 지내온 세월들: 재일교포 할아버지 이야기』, 한국학술정보, 2011, 171~174쪽.

182) 이남호, 『在日僑胞 立志傳 -눈물의 關釜聯絡船』, 448쪽. 불하받은 물자로 전후 품귀였던 냄비, 솥 등을 만들어 팔았다. 생필품과 가재도구는 재일조선인 제조업체들이 주력했던 상품이기도 했다.

한 비행장에서 엔진 50개를 반출해 알루미늄 회사에 판매하기도 했다. 모두 법에 위배되는 도난행위였지만 일본 회사에는 허가 반출증을 받았다는 거짓말로 교섭을 성사시켰다.[183] 이태영은 1945~46년 사이 일본계 미군병사와 교분을 맺고, 동료와 함께 트럭 6대분, 금액으로는 3,000만 엔에 해당하는 낙하산 원단을 훔쳐 암시장에 유통시켰다.[184]

돈을 벌 수 있다면 어떤 수단이라도 동원했던 전후의 도덕률은 준법 정신과는 대척점에 있었고, 재일조선인들은 이런 물자 확보 방식을 식민지 지배에 대한 보상이라고 생각하는 경향이 있었다. 일본인 지인 및 점령군과의 관계로 인한 물자 획득 과정을 소상하게 밝히지는 않았지만, 이는 재일조선인에게만 허용된 '특수관계'가 아니었다. 상기의 사례들에서 보듯이 점령군과 접촉기회가 더 많은 일본인에 의한 유통이 많았고, 미군들의 자발적 횡류도 있었다. 하지만 출처가 분명하지 않은 물자의 유통은 모두 '제3국인'의 특권에서 비롯된 것으로 단정하는 경향이 있었다. 암시장 유통교란의 책임을 외부자에게 전가하는 방식인 것이다. 전후 무질서, 무법 상태에서 빠르게 기회를 포착한 이들은 어느 장소, 어느 시기에나 나타나게 마련이고, 권력을 쥔 소수의 일본인이 그 중심 세력임에도 불구하고, 상대적 박탈감에 시달리는 일반인들에게는 '제3국인'이 그 자리를 차지한 듯한 자기합리화와 착시현상을 가지기에도 좋았을 것이다.

다만 사실관계가 왜곡된 이런 비판에도 불구하고, 재일조선인 사회 내부를 중심으로 행해진 물자 횡류는 지적할 필요가 있다. 사상적으로 조련과 대립 관계에 있었던 조선건국촉진청년동맹(건청)[185]은 일본의 군

---

183) 이붕언, 『재일동포 1세, 기억의 저편』, 260~261쪽. 부끄러운 과거를 좀처럼 밝히지 않는 대다수의 회고담에서는 접하기 어려운 내용이다.

184) 前川恵司, 『韓国・朝鮮人 : 在日を生きる』, 創樹社, 1981, 178쪽.

185) 조련이 좌경화되는 것에 불만을 느낀 청년 집단이 조련 성립 이후인 1945년 11월 도쿄

수물자 적발과 미군의 배급물자에 관련해 조련에 비해 특혜를 누리는 입장이었다.[186] 건청은 미군으로부터 불하받은 물자를 암시장에서 판매해 조직 자금을 마련[187]하였고, 조직원 중에는 이를 빼돌려 개인 축재를 하는 이들도 있었다. 건청을 대표하던 홍현기와 박근세는 건청 내부에서 자금원으로 통했는데 이들의 물자 확보 방식에 대해 반대편에서는 다음처럼 지적하였다.

> 홍현기 : 전시 중 그는 일제 군벌의 자재조달 등에 협력하고 폭리를 탐했다. 종전 후에도 '……' 당시의 은닉물자 적발에 참여해 조선인이라는 법외의 입장을 악용해 적발된 알콜, 당시 30여만 엔을 착복한 것이다.
>
> 박근세 : 종전이 되자 건청에 가입해 바로 기획국장이 되었다. '……' 아시아를 무대로 밀무역으로 돈을 벌고 극동경제부흥사업단이라는 유령회사를 날조해 내서 스스로 총재가 되어 악사(惡事)를 저지르는 한편, 건청이라는 간판을 이용해 작년 4월경 일정과 결탁해 재일조선 청년에게 기술을 습득시킨다는 구실로 오사카에 훈련소를 설치하고 일정으로부터 생고무, 유지, 섬유 등 막대한 통제물자를 받아 불법 폭리를 취했다.[188]

단체 간부들은 미군정과의 관계, 고급 정보 입수 면에서 유리하였기 때문에 이 비난이 전혀 근거가 없다고 볼 수는 없다. 다만 상기의 내용은 우파와 극도의 대립 관계였던 좌파 단체에서 작성한 것이기 때문에

에서 건청을 결성했다. 건청은 민족주의와 비공산주의를 표방하고, 민단이 설립되기 이전까지 조련과 반대지점에서 우파를 대표했다.

186) 高祐二, 『在日コリアンの戦後史 : 神戸の闇市を駆け抜けた文東建の見果てぬ夢』, 明石書店, 2014, 34쪽.

187) 高祐二, 『在日コリアンの戦後史 : 神戸の闇市を駆け抜けた文東建の見果てぬ夢』, 36쪽.

188) 「在日悪質賣族徒の經歴とその罪悪」, 『集成 戦後編』 第4巻, 4쪽.

비난 일변도의 정치 공격이라는 점도 감안해야 한다. 물자 확보 문제는 일본인에게 조선인 비난의 빌미를 주었고, 민족단체들 사이에서도 상호 비방의 근거가 되었다. 이에 대해서는 4장 2절에서 상술할 것이다.

이에 비하자면 일본의 유력자들은 재일조선인 일부 인사와는 비교가 되지 않는 대규모의 물자 횡류로 신문 사회면을 크게 장식한 바가 적지 않았다. 전후 붕괴된 도덕률과 이전투구의 생존경쟁 속에서 기회만 주어진다면 물자불하와 횡류에 가담한 것은 특정 집단에만 한정된 것은 아니었다. 이러한 행위는 원칙적으로 비난받아야 할 일이지만 사회 전체의 암묵적 용인 속에서 집단적으로 행해진 면도 있었다. 그러나 이런 과정에서 약육강식이 당연한 가치처럼 포장되고, 그 논리에 의해 정당한 몫을 박탈당해 피해를 입은 집단이 있었다는 사실은 유념해야 할 것이다.

나. 암시장의 운영 방식

1945년 10월 도쿄에서 노점상 최고협의기관인 도쿄 노점조합이 발족했다. 조합의 최상층부에서 관리는 도쿄도 경시청이 담당하고, 노점 본부 산하의 지부도 각 경찰서 관내를 단위로 해서 설치되었다.[189] 명목상으로는 경찰의 관리를 받지만 실질적 관리는 각 조직을 통해 이루어졌다. 경찰은 호선에 의해 선출된 지부장을 인가해 주고, 단속은 특별한 경우에만 행할 뿐, 그 외 모든 영업행위는 조합의 자율적 검열에 맡기는 관리를 해 나갔다. 조합의 자율에 맡긴다는 것은 이들의 불법행위를 암묵적으로 묵과한다는 의미이기도 했다. 암시장은 토지점유 및 통제물자 유통 등 불법적인 요소로 점철되어 경찰의 관리하에 둔다는 것은 모순

---

189) 猪野健治 外, 『東京闇市興亡史』, 27쪽 ; 松平誠 著, 『ヤミ市幻のガイドブック』, 169쪽.

적이지만 전후 사회는 이런 관계조차도 수용되었다.

도쿄 노점조합의 노점상 자격에는 원래 아무런 제한이 없었다. 그러나 1946년 2월 경시청이 「임시노점단속규칙」을 제정한 이후로는 이전에 인가받은 이들 이외에 상이군인, 전사자의 유가족, 장애자, 전쟁 피해를 입은 소매상 등에게만 자격을 허락해 주었다.[190] 같은 해 9월 28월, 보다 까다롭게 조건을 설정한 「노점영업임시노점단속규칙」이 제정, 시행되었다. 조합 가입 노점상은 도내 거주자로 한정하고, 경찰서장의 단속 권한은 보다 강력해졌다. 8월 1일 대숙정 직후에 시행된 이 규칙은 암시장 단속이 엄중해진 것을 보여준다.[191]

재일조선인은 공식적 조합원이 아니었으므로 영업 자격 여부에 대해서는 별도의 언급이 없다. 시부야에서 노점을 했던 강덕상의 어머니는 야쿠자가 지정해 준 자리에서 영업하면서 매일 쇼바다이[192]라는 장소 사용료를 지불했다. 지역에 따라서는 조합원이 아니라도 조선인도 일본 조직에 돈을 내는 상황이었던 것으로 보인다.

초기에는 지붕도 없던 노천시장 중에 1946년 무렵부터 가건물 형태의 '마켓'이 조성된 곳도 있었다. 이 마켓은 노점상을 수용하려는 목적이었으나 고가의 권리금과 자금이 입점조건으로 필요했다.[193] 마켓 입점자

---

190) 兵庫県警察本部, 『兵庫県警察史〈昭和編〉』, 1975, 419~420쪽. 2월 14일 내무성 경보국장의 노점 지도단속에 관한 통달은 1. 노점상은 허가제, 불건전한 업자를 쫓아낼 것, 2. 동업조합을 결성시켜 자주통제의 책임을 지게 하고, 암시장의 환경 개선을 도모할 것 3. 주식 및 된장, 간장, 소금 등의 주요 조미료와 비단 등의 판매 금지, 그 단속을 철저하게 할 것을 내용으로 하고 있다.

191) 大河内一男 編, 「戦後における露店市場」, 249쪽. 노점조합은 이 규칙의 실시가 "실상을 모르는 독선적 관료 단속"이라며 개정을 요구했으나 융통성을 발휘하겠다는 당국의 설득으로 끝났다.

192) 장소 사용료. 원래는 바쇼다이(場所代)지만 단어의 순서를 바꾸어 발음하는 데키야 특유의 은어였다.

193) 大河内一男 編, 「戦後における露店市場」, 250쪽. 이 시기 도쿄 시내에 형성된 마켓의 권리금과 임대료는 아래의 도표와 같다. 크기는 가로×세로 각각 한칸 반, 한칸 반과 두칸을 기준으로 한 것이다. 한 역전 마켓의 경우 182곳 중 130곳이 일반 상인, 나머지는 노

들은 여유자금을 가진 기존 노점상 및 외부에서 영업하던 일반 상인, 다소의 자금을 가진 전후 이직자들이 중심이었고,[194] 가쓰기야 중에서 자금과 영업망을 갖춘 이들이 입점하기도 했다.[195] 재일조선인의 경우 자본과 영업력을 갖춘 이들을 제외하면, 이미 조성되어 있는 일본인 중심의 상권에 권리금과 장소 사용료를 내면서 진입하기는 쉽지 않았다.[196]

노점을 하려는 이들은 의무적으로 조합에 가입해야 했다. 입회비, 조합비, 친목회비, 권리금뿐만 아니라 세금, 전등료, 도로점유료 외 고미센(日錢: 청소비)이라는 장소대금을 지불하고 감찰을 받아야 했다. 상인들로부터 징수된 돈은 조합 본부로 간 다음, 각 조직의 암시 관리에 사용될 수 있도록 절반 정도가 환부되었다.[197]

도쿄 최대 암시장 중 하나였던 신바시 시장의 사례를 통해 운영방식을 살펴보자.[198] 조합원이 되려면 관할서로부터 허가를 받고, 신바시 지역을 관장하는 관동 마츠다 구미에 입회비로 10엔, 월 조합회비 3엔 3개월 치를 선납한다. 지부입회금 10엔, 월 지부비 2엔을 납부하면 출점을

점을 하다 입점한 경우로 도쿄 도내에서는 평균적으로 일반상인과 노점상의 비율이 7:3 정도였다.

지역	권리금	임대료
유락초 마켓	7,500엔	150엔
신바시 마켓	4,500엔	150엔
가마타 마켓	10,000엔	250엔
오기쿠보 마켓	2,000엔	200엔
오츠카 마켓	7,500엔	60엔
신주쿠 니시구치 마켓	15,000엔	600엔

194) 松平誠, 『ヤミ市幻のガイドブック』, 203쪽.

195) 大河内一男 編, 「戦後における露店市場」, 250쪽.

196) 몇몇 지역에서는 재일외국인 구역을 따로 설정하는 '국제마켓' 형태의 암시장이 별도로 개설되었다. 1946년 암시 숙정을 계기로 고베의 산노미야, 이듬해에는 츠루하시와 우에노 등에서 각기 국제마켓 혹은 친선마켓 등의 이름으로 재일조선인의 비중이 높은 상권이 형성되었다.

197) 大河内一男 編, 「戦後における露店市場」, 219 · 235~240쪽.

198) 松平誠, 『ヤミ市幻のガイドブック』, 152쪽.

증명하는 감찰을 받게 된다. 여기에 일종의 관리비에 해당하는 청소비를 하루에 1엔씩 마츠다 구미에 납부한다. 매장 운영은 반 평 정도를 기본단위로 삼고, 이에 따른 각종 비용을 지출했다. 그런데 경시청은 하루에 3엔까지의 청소비도 '상관습'이라며 용인해 주었다. 이런 예에서 보듯이 데키야가 자의적으로 징수하는 여러 명목의 비용은 더 많았을 것으로 보인다. 또한 그 부하들도 별도의 비용이나 물품을 요구했다.[199]

한편 조합은 세금 징수도 자체적으로 관리했다. 도쿄도 재정국, 세무서에 납부하는 도로 점유세 1엔, 직접세는 갑을병으로 나뉘어 2엔, 1엔, 50전이 각각 부과되었다. 간접세는 음식판매 2엔, 잡화 1엔, 자질구레한 소품 50전이 부과되었고 중간 보스라고 할 수 있는 지부장이 이를 대리 징수했다.[200] 대리 징수에 대해 조합 측은 "영업자가 不定이므로, 기술적으로 징세가 곤란하다"는 이유를 댔다. 그러나 이들은 출점자로부터 세금을 징수할 때 전달해 주어야 하는 납세증을 주지 않고 착복했다.

당시 신문기사에는 "작년 조합원으로부터 징수된 돈은 6,000만 엔을 넘고, 그중 1할은 세금 등으로 징수되었지만 남은 9할인 5,400만 엔은 어찌 되었는지 전혀 알 수 없다"[201]고 하여 조합의 불투명한 비용 처리를 지적하고 있다. 도쿄를 비롯한 대도시의 암시장은 1947년 중반, 폭력단 일제 소탕을 계기로 착취적 운영방식은 대폭 감소했다.

암시장 관리비 징수뿐만 아니라 물자 도매도 데키야의 주요 수입원이었다. 재일조선인은 조합에 가입하지도 않고, 물자 매입도 데키야보다 동포 업자를 통하는 경우가 많아서 데키야의 수익구조에 도움이 되지 않은 구성원이었다. 재일외국인 노점상에 대한 데키야들의 인식은 다음

---

199) 猪野健治 外, 『東京闇市興亡史』, 28쪽.

200) 大河内一男 編, 「戦後における露店市場」, 227쪽.

201) 『朝日新聞』, 1947년 11월 22일.

대담을 통해 엿볼 수 있다.

> 가와다(잡지 『상점계』 편집국) : 악질에다 감찰[202]도 없는 노점상과 법외 암가격으로 태연하게 장사하는 일부 중국인 및 조선인과 혼동당하는 것은 금후 노점상의 발전에도 큰 장애를 준다고 생각합니다. '……'
> 오즈(도쿄 노점상 동업조합 이사) : 사실입니다. 조합원 중에는 폭리를 취하거나 금제품을 파는 자들은 절대 없고 그런 이들은 자연 도태됩니다.[203]

이 대담을 보면 순수 노점상, 즉 데키야는 "자랑할 만한 정신적 조련을 거친 이"들로서 암시장에서 단 한명도 문제를 일으키지 않았으며, 문제를 야기하는 이들은 구 상인들과 복원자들로 향후 이들의 지도강화에 힘쓸 계획임을 밝히고 있다. 이들의 주장에 의하면 조합원들은 '전혀 문제없는 데키야'와 '문제는 있으나 앞으로 개선될 초심자'로 구성되어 있다. 조합원들은 "소비생활에 한 줄의 광명을 주고 내일의 생활에 희망을 주는 노점상인과 상점가"의 구성원이며 "부흥에 선구적인 존재"로, '폭리를 취하거나 금제품을 파는 자들'이 '절대 없다'고 강조하였다. 조합 관련자들은 조합원과 비조합원의 선을 분명하게 그었고, 암시장에서의 탈법과 위법은 비조합원에 의해서만 행해진다고 언급하고 있다.

전문 데키야의 상행위는 동료인 그들의 기준에서 보면 '관행'이었으므로 위반 사례가 아닌 것이다. 그런 반면, 조합에서 감찰을 받지 않은 상인들은 '악질'이며 '일부 중국인과 조선인'은 법외 암가격으로 '태연하게 장사'한다고 주장하였다. 조합원으로부터 수익을 얻는 간부들은 비조합

---

202) 조합원이 되고 각기 다른 명목의 회비를 내면 지구 조합에서 감찰을 받아서 상행위를 할 수 있었다. 도쿄 노점상이 76,000명으로 집계되던 시기에 조합원은 60,000명에 가까웠다. 조합 간부 입장으로서는 수입에 도움이 되지 않고, 통제조차 되지 않는 비조합원인 재일조선인이 거슬리는 존재였을 것이다.

203) 『商店界』, 1946년 7월호, 28~29쪽.

원의 상행위는 불법적이고 비도덕적이라는 것을 여러 번에 걸쳐 강조하고 있다.[204] 하지만 금제품 판매 및 고가 책정은 암시장 전반에서 벌어지는 구조적인 문제로 조합원·비조합원 및 일본인·외국인 상인의 차이에서 오는 것이 아니었다. 이 좌담을 통해 조합조직이 데키야 조직에 이익을 주지 않는 비조합원, 그중에서도 대다수를 차지하는 재일조선인과 중국계인 등 외국인 상인에게 가진 배타성을 알 수 있다.

도쿄 노점조합 이사장 오즈는 잡지, 신문의 인터뷰 기사에도 자주 등장했고, NHK 라디오의 연말 특집 프로그램에도 출연하면서 유명인사로 알려졌다.[205] 그는 "암시장은 악의 온상"이라는 당시의 평판에 대해 "어이없다. 자격이 안 되는 실업자를 구제했더니... 어떻게 이 정도를 악이라 할 수 있는가"[206]라며 암시장에 대한 비난을 일축하는 태도를 보였다.[207] 도쿄의 암시장에 관한 어느 기사는 "경박하고 부덕하며 뒷거래가 많고 표면으로는 화려하게 빛나지만 범죄의 소굴이자 통제 파괴의 원흉임을 위장한다"[208]고 그 본질을 비판하였다. 폭력단 일제 소탕 이후 분석된 데키야의 범죄 유형을 보면 공갈이 약 4할을 차지하고, 상해·폭행·협박·무전취식·횡령·강절도 등의 유형도 있었다. 이들은 관할 지역 안의 여관, 음식점, 흥행장을 돌아다니며 개업이나 건축 시에 금전을 요구했다. 또한 암시장이라는 불법 공간점유에서 익힌 기법을 바탕으로

204) 『商店界』, 1946년 7월호, 28~31쪽.

205) 猪野健治, 『東京闇市興亡史』, 37~38쪽.

206) 『朝日新聞』, 1946년 8월 2일자.

207) 松平誠, 『ヤミ市幻のガイドブック』, 176~177쪽. 마츠다이라는 이에 대해 오즈는 적정가격을 매기고 암거래 상품 구축에 노력하는 모습을 보여주었지만 부하의 부정까지 관리하기는 어려웠을 것이라고 평가하고 있다. 그러나 암시장의 불법적인 본질과 조직의 생리를 감안해 본다면 오즈의 주장을 액면 그대로 수용하기는 어렵다. 그는 1947년 총선에 후보로 나섰으나 낙선했고 이후 공갈죄로 검거되고 복역했다. 출소 후에도 폭력조직 및 우익단체 등에서 활동했다.

208) 『労動と文化』, 1948년 5월호.

임대·임차관련 민사재판에도 개입해 폭력을 사용하는 것으로 나타났다.[209)]

데키야 조직과 재일조선인 상업 집단 사이 갈등은 암시장 존속기 동안 상존하는 것이었다. 상거래 관행의 차이, 상권을 둘러싼 다툼은 민족적 대립감정과 복합적으로 결부되어 살상사건까지 초래하기도 했다. 암시장의 이민족 갈등 상황은 경찰에게도 곤란한 문제였다. 경찰은 이에 대해서 다음처럼 말하고 있다.

> 어디든 똑같지만 제3국인과 일본인의 감정상 대립이 큰 문제가 되고 있다. 원인은 제3국인은 어떤 업종이든 가능하지만 일본인은 여러 면에서 제약을 받고 있다. 제3국인은 무엇을 하더라도 경찰이 별로 손을 안 댄다는 것이 대립의 원인이다. 그러나 최근은 조선인도 일본인처럼 단속대상이 되어 조선인의 폭력행위는 상당히 억제되었고, 요즘은 중국인과 조선인의 대립이 조금씩 눈에 띄고 있다.[210)]

이 좌담은 1947년 암시장 폭력조직 소탕 작전 이후의 것이다. 경찰은 '제3국인'의 특권적인 위치가 문제의 원인이라고 하고 있으나 재일조선인은 1946년 이후부터 실질적으로 '치외법권'의 대상이 아니었다. '특권적 위치'나 '경제 교란자'라는 의미를 강조할 때는 '제3국인'이라는 불명료한 단어로 외국인 그룹을 함께 묶었지만, 외국인 대 외국인의 구도로 강조할 때는 상기의 예처럼 재일조선인과 중국계인을 별도로 분리해 언급했다. 일본인 상인은 이익 측면에서, 경찰은 단속 측면에서 외국인이 방해 요소라고 생각하기 때문에 입을 맞추기라도 한 듯 외국인의 '특권적 존재'를 강조한다. 중국계와 재일조선인의 지위는 엄연히 달랐음에도

---

209) 『探訪』, 1947년 12월호.

210) 『自警』, 1947년 10월호. 14~20쪽.

이해 관계가 얽힌 각 집단은 자신들의 불리함을 강조할 때는 '제3국인' 전체를 매도하였는데 그 화살은 결국 재일조선인을 겨냥하는 경우가 많았다. 이러한 경쟁 구도에 대해서는 제4장에서 상세하게 기술하고자 한다.

착취적이고 불투명하게 운영하던 데키야 세력이 암시장에서 약화되자 비데키야 출신들이 시장 운영에 참여하기 시작했다. 지역별로 '국제마켓' 혹은 '친선마켓'이라고 불리기도 한 형태의 시장이 이런 시기에 등장했다. 하츠다는 국제마켓이란 명칭은 외국인이 관계를 맺었던 장소일 것이라고 보았다.[211] 실제로 재일조선인과 관련된 상권의 경우, 이 명칭이 붙은 곳이 많다. 숙정 직후 오사카 상점가에서는 '英鮮日혼성시장'[212]이란 호칭이 등장하고 있다. 문자 그대로 해석하자면 서양인과 재일조선인, 일본인이 혼재되어 있는 형태의 시장이었을 것으로 보인다. 외국계 상인 및 해외에서 귀환한 일본인이 상업 활동을 하는 공간을 국제마켓으로 부르는 것은 여러 사례에서 발견된다. 국제마켓은 일본인과 재일외국인도 공존해서 상업 활동을 할 수 있는 공간이었다. 재일조선인이 주도한 국제마켓으로 대표적인 곳은 고베 산노미야 국제마켓이다. 이곳은 전국에서 가장 먼저 발족한 조선인 자유상인연합회가 주도적으로 나서서 형성한 곳이다. 암시장 숙정 직후라는 이른 시기에 민첩한 행동력을 보인 것이다. 산노미야 국제마켓과 조선인 전용 상가인 우에노 친선마켓의 형성 과정은 4장에서 별도로 기술할 것이다.

조련에서는 1946년 제13회 중앙위원회 경과보고에서 일반 상인에 대한 대책으로 "부동적이며 고식적인 상업을 청산하고 일정 장소에서 건

211) 初田香成 述,『都市を占拠する:闇市・バラック街から見た都市空間の「戦後」: 第85回公開講演会』, 同志社大学人文科学研究所, 2015, 23쪽.

212)『商店界』, 1946년 9・10월 합본호, 28쪽.

전한 상업을 영위토록 할 것"과 "소자본, 소규모적 분산고립을 극복하고 가급적 집중적인 합자 또는 연쇄식으로 운영체를 가지도록 지도할 것"[213]을 제안하고 있다. 이의 실천 방안으로 조련 차원에서 지방 정부와 협의해 부지를 매입하고 상가를 건립하려고 하였다. 그중 하나로 1947년 11월 조련이 부지를 매입한 하마마츠에 아파트형 국제시장이 개점되어 한일 양국 인민의 "주택난과 실업난을 해소"할 것이 기대된다고 전망하였다.[214]

조련의 상가 조성은 동포 상업자에게 안정된 장소를 제공하고, 상가 임대료는 조직의 수익으로 활용할 수 있었다. 조련 지부 분회 위원장을 역임했던 김호진은 전시기에 가죽공장이 되었던 공설시장 부지를 80만 엔에 매입해 '백제시장'이라는 상점가를 개설했다. 김호진은 당시의 상황을 다음처럼 설명했다.

> 낙성식도 성대하게 하고 공장을 시장으로 바꾸고, 전부 개장해서 사람들도 들이고 매월 이자며 점포 임대료만으로 55만 엔이 들어왔다. (이 돈이라면) 월급이 5만 엔 정도 되는 이를 10명 고용하는 셈이 된다. '……' 조련이 100엔씩 모으려고 해도 좀처럼 모이지가 않아. 그래서 위원장으로서 내가 10명을 고용하려는 심산이었지.[215]

그러나 활동가들에게 임금을 지급해줄 것으로 기대했던 이 시장은 그 수익을 사용해 보기도 전에 조련 해산으로 인해 GHQ에게 몰수를 당했다.[216] 시장은 김호진 개인소유였지만 그가 조련의 지부 위원장이었다는 이유로 보전명령을 받게 된 것이다.

---

213) 「第13回中央委員会経過報告」, 1948년 1월 28일, 『集成 戦後編』, 313쪽.

214) 『朝鮮新報』, 1947년 11월 6일자.

215) 재일제주인의 생활사를 기록하는 모임, 『안주의 땅을 찾아서』, 271쪽.

216) 조련의 해산은 1949년 9월에 강행되었다.

홋카이도 전역을 돌며 엿과 밀조주 행상을 한 다음, 암시장에서 의류, 가죽구두, 가방 등을 판매하던 전보순은 유바리에서 국제마켓을 개설했다. 조선인과 중국인, 귀국한 일본인 등 돈이 없는 이들에게 입주 기회가 주어졌다. 점포는 18곳으로 술집, 시계포, 청과점 등의 점포가 입점했다. 입점자는 조선인과 일본인이 각각 절반 정도, 자리 배정은 제비뽑기로 결정한 다음 월 2,000엔의 임대료를 내는 방식이었다.[217] 전보순은 이곳에서 조련 지부를 만들고 청년부장을 했지만 국제마켓 조성에 조련의 개입 여부는 언급하지 않았다.

민단에서도 비슷한 시도가 있었다. 도쿄도 후츄에서는 거류민단 지부장인 조지영이 주관해 신흥마켓을 설립했다. 이 마켓은 354평의 목조건물에 50점포가 입점할 수 있었다. 마켓의 구성은 "朝華日의 상업인이 혼동해서 점포를 갖춘 것으로 그 할당은 대체로 조선인 15헌, 중국인 2헌, 일본인 30여 헌"으로 이루어졌다.[218]

상기에 기술된 백제시장이나 국제마켓 등은 민족과 상관없이 누구든지 입점할 수 있고, 데키야가 관장하던 시장처럼 착취나 폭력적 방식은 아니었던 것으로 보인다. 유바리 국제마켓은 제비뽑기로 점포를 배정했고, 백제시장도 한 사람의 관리인만을 두었다. 이런 현상은 각종 물자가 서서히 통제에서 해제되고, 암시장에 의존하던 왜곡된 유통 구조가 정상으로 복귀하는 것을 반영하기도 한다.

지방 중소도시에서 재일조선인이 참여했던 암시장 중 오늘날에도 그 흔적이 남은 곳으로 구마모토의 예를 들 수 있다. 구마모토에는 미츠비시 항공기 제작소, 비행장 건설, 군수공장 등이 있었고 이곳에서 징용된 재일조선인들이 일했다. 귀국하지 않고 잔류한 이들은 구마모토의 각

---

217) 小熊英二, 姜尚中 編, 『在日一世の記憶』, 126~128쪽.

218) 『民團新聞』, 1947년 8월 9일자.

지역에 형성된 암시장에서 가쓰기야를 하거나 밀조주 판매를 하면서 생활해 나갔다. 그중에서 가와라마치 암시장은 재일조선인이 가장 왕성한 활동을 보였고, 타 지역처럼 국제마켓이란 명칭으로 일본인, 재일조선인, 오키나와인, 화교가 혼재해 있었다.[219] 재일조선인은 이 국제마켓에서도 눈에 띄는 상업 활동을 펼쳤다. 암시장 시기가 끝난 이후 이 시장은 섬유 전문 유통가로 변화했다. 이 지역에서 장기간 영업을 해 온, 한 재일조선인 섬유도매상은 이 암시장에 대해서 다음처럼 설명하고 있다.

> 종전 직후는 중국인도 조선인도 전승국민이라는 의식이 있었다. 조선인의 경우는 전승국이 아니라 해방되었을 뿐이라고 하지만 전승국민 의식은 있었다. 이곳은 조계지 같았다. 세무서도 한발 물러나 있었다. 가게마다 세금을 걷어가지 않고 조합이 일괄해서 납세했다. 국제시장에는 치외법권적인 면이 있었다. 세무서가 각 가게마다 세금을 부과하게 된 것은 1959년 무렵이었다. 이때는 전승국이라든가 하는 말은 전혀 하지 않았다.[220]

이 시장에서도 재일조선인들 스스로가 패전 직후에는 '해방민족' '전승국민'이라고 인지했고, 조합이 국가 권력을 대신해 세금 문제를 관장하는 것은 여기도 마찬가지였다. 1949년을 전후해 물자의 통제가 점차로 해제되면서 이곳도 암시장에서 일반 시장의 모습으로 변해갔다. 1950년대에는 300여 개의 점포가 들어섰고, 그중 100여 곳이 섬유관계, 나머지가 식당과 식료품 전문점으로 암시장 시절의 영업 속성이 이어졌다. 대도시 유수의 암시장과 비교해도 결코 작지 않은 규모이다. 1970년대 이후에는 일본 유통구조에 큰 변화가 일어나 시장 상권이 쇠퇴하였지만

---

219) 島村恭則, 「熊本・河原町「国際繊維街」の社会史：闇市から問屋街、そしてアートの街へ」, 21~31쪽 참조.

220) 島村恭則, 「熊本・河原町「国際繊維街」の社会史：闇市から問屋街、そしてアートの街へ」, 24~25쪽.

여전히 잔존하였다. 이곳의 상권 형성과 전개에도 재일조선인이 주요 역할을 했다고 알려져 있다.

3) 제조업체 경영자

가. 제조업의 전개

암시장이 유통기구로 주요 역할을 담당하면서 취급 품목이 다양해지고 식료품 이외의 취급 물자 비중도 확대되었다. 전시에는 “사치는 적이다” “갖고 싶지 않습니다. 승리할 때까지”[221] 등의 슬로건을 내세우며 민수품 생산이 억제되고 군수품 생산에 모든 생산역량이 집중되었다. 가정에서 사용하는 금속류조차 공출로 징발되어 전후에는 일상용품 부족 현상이 심각했다.

포츠담 선언의 수락으로 일본의 군수공장은 조업 중단 상황이 되었다. 군수공장이 민수용 생산 공장으로 전환하기에는 시간이 소요되었고, 원료도 부족했다. 화장품, 약품, 전기 통신기구, 인쇄, 가공식료, 구두, 자동차부품, 피혁, 전선, 농기구, 가구, 시계, 완구, 건축, 철물 등을 생산했던 하던 도쿄의 군수공장 중 전후 두 달 사이에 절반 이상이 폐업했다.[222] 패전 직후 절대적 부족 민수물자로는 아래와 같은 품목들이 나열되었다.

---

221) 1937년 중일전쟁 이후, 국민정신총동원이라는 명분으로 「사치는 적이다(贅沢は敵だ！)」, 「갖고 싶지 않습니다. 이길 때까지는(欲しがりません勝つまでは)」 등의 캠페인 구호를 내걸었다. 이 시기 절인 매실을 한 가운데 박아 넣어 일장기의 형태를 한 히노마루 도시락이 나타났고, 파마 금지, 남성은 국민복, 여성은 몸뻬 등을 착용하게 하는 등 일상적인 내핍을 강요했다. 암시장은 식량 및 일용품 구매처일 뿐만 아니라 억눌려져 왔던 욕망을 충족시킬 수 있는 장소이기도 했다.

222) 『朝日新聞』, 1945년 10월 21일.

〈표 6〉 필요한 민수물자 내역[223]

분류	품목
주방용품	냄비, 솥, 식칼, 물통, 세면기, 탕비, 목욕 가마, 통, 도자기(곤로, 식기류, 화로류), 유리제품, 국자, 각종 펌프
일용잡화	성냥, 비누, 신발류, 양초, 휴지, 창호지, 칫솔, 치약, 바리캉, 면도기, 건전지, 우산 및 우비
의류	이불, 베개, 담요, 모기장, 속옷, 양말, 버선, 잠옷, 타올, 수건, 학생복, 플란넬, 표백실, 재봉실
전기구류	전구, 소켓, 배선구, 전등갓, 전구용 꼭지쇠, 진공관

상기의 품목들은 암시장에서 가장 수요가 높은 물자라는 의미이기도 했다. 최초의 암시장 신주쿠 마켓도 군수공장의 재고 판매 용도로 제안되었던 것이었다. 신주쿠 마켓에는 밥공기, 질그릇 화로, 나막신, 프라이팬, 간장통, 손잡이 달린 통, 식기, 그릇, 국그릇 등이 등장했다. 쓸모없어진 철모가 냄비나 솥으로 개조되었고, 비행기 재료인 듀랄루민은 도시락통, 프라이팬 등으로 재생되었다.[224] 초기에는 복원병의 군복, 군화, 모포, 군수용품 등도 식량과 거래되는 주요 물자였다.

제조업은 공장부지 및 설비 확보, 기술자와 영업력 등이 필요하다. 해방 이전에는 재일조선인의 경우, 자산이 있다고 하더라도 이런 조건을 다 구비하기 힘들어 제조업보다 운영이 용이한 상업 및 서비스 쪽 비중이 더 높았다. 재일조선인에게 본격적인 상공업 진출 기회가 생긴 것은 포츠담 선언으로 인한 군수산업의 폐쇄 정책 덕분이었다. 전시 중에는 일반 공장들도 군수공장으로 전환하였다. 패전으로 폐쇄가 결정되자 일본인 경영자들은 기존 설비와 물자를 포기하거나 헐값에 양도했다. 기본적인 기술이 있고, 자본 동원이 가능했던 재일조선인 중 인수자가 나

---

223) 『朝日新聞』, 1945년 9월 29일자. 그 외 의약, 위생용품, 문방구, 운반구 등이 있고, 도시에서는 부흥자재, 장작·탄류 등이 추가로 요구되었다.

224) 松平誠, 『ヤミ市幻のガイドブック』, 124쪽.

섰고, 이를 기반으로 상공업 부문으로 진출 비율이 늘어나게 된다. 이런 상황의 변화에 대해서는 다음과 같은 회고가 있다.

> 취직조차 힘드는데 공장 경영은 엄두도 못 낼 일이다. 공장을 경영했다면 일본인과 특별한 관계가 있었다고 보면 틀림없다. 아니면 말만 공장이고 집에서 하는 조그마한 가내 수공업 정도가 전부였다. 우리 동포들이 공장을 경영한 것은 해방 이후의 일이다.[225]

해방 이전에도 재일조선인 중에서 공장 운영자가 없었던 것은 아니지만 영세한 수준이거나 일본인과의 '특별한 관계'로 인해 운영이 가능했다는 것이다. 이와 관련해 도노무라 마사루의 지적을 주목해 볼 필요가 있다. 그는 해방 이전 내무성 통계 직업 구성비가 정밀하게 작성되지 않은 점을 지적하고 있다. 이 분류방식에 의하면 노동자를 고용해 공장을 경영한 이들이나, 토건업의 십장 등도 모두 공장 노동자나 토목의 말단 노동자로 분류되었을 가능성이 있다는 것이다.[226]

이 조사의 미진한 부분을 보충하기 위해 도노무라는 1930년대 조선어 신문 등에 게재된 소개기사를 통해 이른바 '커뮤니티 리더'로 불릴 만한 유력자 160명의 직업과 경력 등을 분석했다. 이 중에서 분류가 애매한 인물들을 제외하더라도 공장 경영자는 대략 절반 정도를 차지하고 있다.[227] 다만 이런 분석을 참조한다 하더라도 재일조선인 중 일정한 규모 이상을 갖춘 제조업자는 희소하고, 해방 이후처럼 일본 주류 산업계로 편입될 만한 규모의 사업자는 없었던 상황이었다. 해방 이후 상공업 쪽

---

225) 조맹수, 『한국은 조국 일본은 모국: 戰後 재일동포들이 말하는 在日』, 높은 오름, 1995, 158~159쪽. 김원식의 회고.

226) 도노무라 마사루, 『재일 조선인 사회의 역사학적 연구』, 103~104쪽.

227) 도노무라 마사루, 『재일 조선인 사회의 역사학적 연구』, 219~224쪽.

에서 사업이 전개되는 과정은 1957년 발행된 『在日本朝鮮人商工便覽』의 연혁에서 다음처럼 기술하고 있다.

> 전전에 다소의 상공업을 운영하던 이들도 있었지만 전시 중 많은 사업이 기업정비로 폐업했다. 상업 종사자들도 일가의 노동력이 거의 빠짐없이 징용으로 탄갱이나 군수공장으로 가게 되어 전쟁이 끝나면 대부분의 조선인은 모두 실업상태에 빠지게 되었다. '……' 전후 극도의 물자 결핍으로 인플레 시대가 되어 다소의 경험을 가진 이들은 오사카, 고베, 도쿄에서 집중적으로 고무 관계 사업(신발, 타이어, 튜브 등)을 시작하고 이어서 비누, 양초에서 냄비, 솥 종류에 이르는 가정필수품을 중심으로 한 사업이 상당히 광범위해지기 시작했다.[228]

해방 이전부터 전 시기를 통해 재일조선인의 직업 중 가장 높은 분포도를 보인 부문은 공업 일반이었다. 그중에서도 유리공, 철공 · 주조 · 도금공, 고무공, 섬유 · 메리야스 · 염색 · 봉제직공 등의 비중이 높았다.[229] 이 업종들은 적은 자본과 기초 기술 정도만으로도 시작할 수 있었다. 그 외 수요가 많은 품목인 솥 · 냄비 등의 개조와 제조, 비누 · 양초 등의 화학유지업, 신발 · 타이어 · 튜브 등의 고무 공업, 가방 · 구두 수리와 제조의 피혁업 등에도 재일조선인 종사자가 집중되어 있었다.

일본의 패전과 암시장의 등장은 재일조선인 제조업체에게 일대 전환기를 마련해 주었다. 이는 "토건인부가 함바의 우두머리에서 토목 건설 청부업자가 되는 것처럼 고무, 유지, 메리야스 섬유공장 등의 견습 · 도제공이 전후의 혼미 속에 암시장 등을 배경으로 상당히 큰 공장을 가지게 되었다"[230]는 기술에서도 잘 나타나고 있다. 재일조선인이 공장 운영

---

228) 在日本朝鮮人商工連合 編, 『在日本朝鮮人商工便覽 / 1957年版』, 綠蔭書房, 2011, 8쪽.
229) 韓載香, 『「在日企業」の産業經濟史 : その社會的基盤とダイナミズム』, 43쪽.
230) 『大阪興銀三十年史』, 1987, 22쪽.

에 제약을 받게 된 일본인 공장을 헐값에 인수해 생산한 제품을 암시장을 통해 유통시키면서 재일 제조업체 또한 암시장을 중요한 기반으로 삼았다.

상공업자들은 오사카, 고베, 도쿄 등 대도시를 사업의 중심지로 삼았다. 1945년 9월 패전 직후에 이미 재일조선인공업회를 결성했다. 이듬해인 1946년 2월에는 전국적 규모의 재일본조선인 상공연합회 본부를 결성했다. 이 연합회는 "각 업종별 경제 단체와 각지의 마켓을 중심으로 한 상공인 단체"[231]였는데 이렇게 이른 시기에 상공인 연합회가 결성된 것은 암시장의 성장과 무관하다 할 수 없을 것이다. 조련 경제부가 창설 후 가장 먼저 착수한 것은 동포의 산업시설조사였다. 하지만 1946년 10월 경제부의 활동 보고를 보면 각 지방 본부를 통하여 조사를 의뢰하였음에도 불구하고 조사표를 제출한 곳은 3현에 불과했다. 이 시기까지는 전국적 단위의 산업분포, 시설내용 등이 파악되지 못한 상태[232]였다. 한편, 조련은 이 대회 이후로 동포의 경제생활 향상을 주요 사업내용으로 채택했다.

나. 주요 제조업 분야

여러 기록에서 언급된 바처럼 해방 이후 재일조선인 제조업의 중핵은 고무공업이었다. 고무공업의 규모를 파악하기 위해 먼저 1947년 오사카에서 발행된 『在大阪朝鮮人各種事業者名簿錄』(이하 『名簿錄』)[233]을 참

---

231) 在日本朝鮮人商工連合 編, 『在日本朝鮮人商工便覽 / 1957年版』, 8쪽.

232) 「在日本朝鮮人聯盟第三回全國大會議事錄」, 1946년 10월, 『叢書』 9卷, 52쪽.

233) 『在大阪朝鮮人各種事業者名簿錄』, 1947. 이 명부록은 오사카에 거주하는 재일조선인의 취업알선을 보조하기 위해 제작된 것이다. 한 사람이 여러 사업장을 운영하는 경우도 있고, 동일한 업체가 다른 업종으로 등록된 경우도 가끔 발견되지만 당시 오사카의 재일조선인들이 어떤 사업에 종사했는지 참고할 수 있다. 이 명부록에 등록된 업체가 오사카 재일조선인 사업의 전부라고 할 수는 없지만 적어도 일정 규모 이상의 사업체로,

조해 보자. 『名簿錄』에는 총 836개의 사업장 명단이 등장한다. 공업 부문 제조업체 사업장은 622개로 74% 이상의 비중을 차지하고 있다.[234] 제조업체의 업태와 고용인원 분포는 이하의 표처럼 정리할 수 있다.

〈표 7〉 1947년 오사카 재일조선인 공업 부문 분포 상황[235]

부문 \ 사용자 수	0명	1~4명	5~9명	10~29명	30~99명	100명 이상	합계
고무공업	12	7	43	76	42	10	190
메리야스업	2	78	8	3	-	-	91
금속공업	5	8	25	38	13	1	90
유지가공업	10	26	18	7	-	-	61
鑄造업	4	7	8	15	12	-	46
철공업	1	6	8	18	2	-	35
유리가공업	2	1	4	23	2	1	33
전기공업	2	4	9	9	9	-	33
기타공업	3	6	4	4	-	-	17
피혁공업	1	3	1	7	-	-	12
수지가공업	2	-	2	4	2	-	10
재생모공업	-	1	2	1	1	1	6
일용품공업	1		2	1	-	-	4

이 공업 부문 중 가장 높은 비중을 보이는 것은 고무공업이다. 고무공업은 오사카 지역에서만 190곳이 가동되어 조사대상 836곳 중 23%를 차

취업알선과 물자 조달 등 상호 교류가 필요한 이들은 이 명부록 제작에 응했을 것이다. 한편, 같은 시기 일본은 정부 차원에서 인구 조사 등의 임시 국세조사만이 행해졌다. 오사카부 전체적으로도 산업 분포 등 유사한 조사는 행해지지 않았다.

234) 그 외 높은 순위를 차지하는 부문을 정리하자면 다음과 같다. 식당 경영 106, 수리업 14, 건축청부업 13, 운송업, 인쇄업 각 9, 식량품 판매 8, 잡화 판매 7, 의류 판매 5, 시계 판매, 의약품 판매, 재목업이 각 4, 화장품 판매 2, 수산물 판매 1 등으로 상업과 서비스업이 높은 비중을 차지하고 있다.

235) 『在大阪朝鮮人各種事業者名簿錄』, 본 도표에는 공업부문만을 인용하였다.

지하고 있다. 종업원 수 100명 이상인 중급 규모 이상의 기업체도 10곳이다.[236] 고무공업에 집중된 이유는 다음처럼 분석해 볼 수 있다.

첫째, 재일조선인 중 고무공장 노동자 출신이 많았다는 점이다. 일본의 고무공업은 1920년대부터 큰 폭의 성장세를 보였다. 재일조선인 최고의 집주지구인 오사카 이카이노구 조선인 마을은 히라노천 공사에 대규모로 투입된 조선인들이 공사 종료 후에도 귀국하지 않고 인근 고무공장에 취업하면서 형성되고 확장된 것이다.[237] 1930년대 조선인 사회 커뮤니티 리더를 분석한 도노무라의 연구를 보면 160명 중 절반 정도가 제조업 운영자이고, 그중에서 고무공장은 7명, 고무가 주요 재료인 자전거 관련 제조업자가 4명으로 해방 이전부터 고무공업의 비중이 상당했음을 보여준다.[238]

둘째, 제조가 간단하고 적은 자본으로 쉽게 참여할 수 있는 사업이기 때문이다. 해방 직후에는 "롤과 가류장치가 있으면 가내공업으로서 충분히 경영이 가능했고, 오사카, 도쿄, 고베에도 조선인 신흥 고무업자가 일시에 유출"[239]되었다.

셋째, 고무제품이 큰 인기를 끌었던 암시장의 활성화를 꼽을 수 있다. 상기와 동일한 이유로 일본인 업자도 많았지만 조선인은 포츠담 선언에 의해 제약을 덜 받는 입장이었고, 생고무 확보도 상대적으로 유리했기 때문에 이 분야에 더욱 집중된 측면이 있다. 공장에서는 타이어, 고무 운동화, 지카다비, 장화, 각종 고무공, 튜브, 고무완구 등의 제품을

236) 『名簿錄』의 고무공업 부문에서 100명 이상을 고용하는 이들로는 강흥옥(200명), 장수성(150명), 김정성(130명), 김삼현 (115명), 강하구 (110명), 오익순 (100명) 등으로 기재되어 있다.

237) 杉原達, 『越境する民 : 近代大阪の朝鮮人史研究』, 新幹社, 1998, 137~179쪽 참조.

238) 도노무라 마사루, 『재일 조선인 사회의 역사학적 연구』, 219~224쪽.

239) 『大阪興銀三十年史』, 1987, 22쪽.

생산했다.

1946년 5월 일본 경찰과 재일조선인의 대규모 충돌로 크게 보도된 우에노 암시장 일제 단속에서 가장 많이 압수된 물자는 "고무제품이 압도적"[240]이었다. 1948년 1월 조련 중앙위원회에서도 재일조선인 업종별 조합 중 가장 진전되어 있는 분야는 고무 공업조합이라고 보고하고 있다.[241] 1949년 재일조선인 기업가들이 본국산업시찰단을 구성해 한국을 방문한 후 가진 기자회견에서는 "大阪에 있는 고무공장은 그 삼분지 일을, 또 '세르로이트'[242] 공장은 그 절반을 차지하고 있다"[243]라고 했다.

그런데 고무는 통제품이었으므로 생고무 원료 확보를 둘러싸고 치열한 로비와 암투가 벌어졌다.[244] 이를 한반도에 밀수출하는 경우도 있었다.[245] 따라서 암시장에 대량으로 유통되는 고무제품의 대다수는 통제를 위반한 상태에서 제조, 판매되는 제품이었다. 고베의 조선인 상공업자 중 고무공업으로 크게 성공한 문동건은 1949년, 효고현 경제조사과로부터 물자위반 용의로 취조를 받았다. 그가 운영하던 회사의 비밀창고가 발견되고 사건은 확대되어 생고무 수요자 할당 증명서 위조혐의까지

---

240) 『朝日新聞』, 1946년 5월 31일자.

241) 朴慶植 編, 『解放後の在日朝鮮人運動 Ⅲ』, アジア問題硏究所, 1984, 62쪽.

242) 셀룰로이드. 해방 이전부터 베이클라이트와 셀룰로이드 등 합성수지 공업에 조선인 종사자가 많았다. 오늘날 재일조선인의 제조업체 중 플라스틱 공업 부문이 높은 점유율을 보이는 것은 이와 관련이 있다.

243) 『동아일보』, 1949년 12월 18일자.

244) 『長崎民友』, 1948년 5월 19일자에는 생고무 확보를 둘러싸고 조선인 살해 사건에 연루된 조선인 브로커의 사형 기사가 게재되어 있다 ; 노무라 스스무, 『일본, 일본인이 두려워한 독한 조센징 이야기』, 강혜정 · 정동선 역, 일요신문사, 1999, 160쪽. 총련 서고베지부 위원장인 강의평은 "전쟁 직후 생고무는 귀중품이었기 때문에 여러 사람이 죽음을 당했어요. 생고무의 권리를 둘러싸고 항구로 유인하여 살해한 뒤 바다에 내던져지기도 했지요"라고 회고한다.

245) 이성우, 『일본에서 지내온 세월들: 재일교포 할아버지 이야기』, 205쪽. 밀수출을 하면 큰돈을 벌 수 있었지만 구입이 쉽지 않았기 때문에 상당히 위험이 따르는 일이기도 했다.

받았다.[246] 결국 증거불충분으로 기소되지는 않았지만 제조업자를 중심으로 동포들 사이에서 횡행했던 물자 횡류 정황을 엿볼 수 있는 사례라고 하겠다.

고베는 오사카와 더불어 일본 전체에서도 고무공업의 중심지였다. 산노미야 암시장에서 분리되어 나간 재일조선인 주도의 국제마켓은 고무전문상가로 알려지기도 했다. 고무공업이 쇠퇴한 1950년대 이후 고베는 '케미컬 슈즈' 제화업이 전성기를 맞이했는데 이 산업의 주요 세력은 고무공업에서 전환한 재일조선인 인력이었다.[247] 케미컬 슈즈라는 용어를 창안해 낸[248] 한석희는 신혼여행 대신 쌀 가쓰기야를 했고, 학생복을 입은 채 암시장에서 고무제품을 팔다가 제조업으로 전업했다. 공장을 차린 직후부터 암시장 상인들이 들이닥쳐 생산품이 금방 매진되었다는 일화를 통해서도 당시 고무제품의 인기를 알 수 있다.[249]

방직 · 방적 · 섬유업도 전후 암시장 경기 덕에 급성장을 이룰 수 있었다. 오사카는 1920년대부터 '동양의 맨체스터'라고 불릴 정도로 일본 방직산업의 중심지로 알려져 있었다. 병합 직후 재일조선인 노동력을 유치한 선구적인 곳이 오사카의 세츠방적[250]이었을 정도로 재일조선인 인력은 이 산업에 이른 시기부터 종사하고 있었다. 식료품이 가쓰기야에 의해 전달되는 비중이 높았던 반면, 의류 관계 품목은 일정 자금 이상을

---

246) 高祐二, 『在日コリアンの戦後史』, 114쪽. 문동건은 원래 우파계인 건청 출신이었으나 이후 민단 내부의 분열 등으로 인해 1950년대 이후 좌파 단체에서 활발한 활동을 벌이게 된다. 그가 북한에 헌납한 선박 동건호는 1983년 버마 아웅산 사건 당시 북한의 공작원 수송용도로 사용되어 화제가 된 바 있다.

247) 노무라 스스무, 『일본, 일본인이 두려워한 독한 조센징 이야기』, 157~168쪽.

248) 韓晳曦, 『人生は七転八起』, 148~149쪽.

249) 韓晳曦, 『人生は七転八起』, 113쪽.

250) 강재언 · 김동훈, 하우봉 · 홍성덕 옮김, 『재일 한국 조선인 —역사와 전망』, 소화, 2000, 33쪽. 섬유업의 여성 인력 투입은 산업혁명 이후로 꾸준한 추세였다. 일본에서는 1925년에 細井和喜蔵가 『女工哀史』를 통해 노동착취의 상황을 고발한 바 있고. 김찬정은 『朝鮮人女工のうた』에서 1930년대 기시와다 공업지대의 재일조선인 노동쟁의를 기술했다.

확보한 브로커들에 의해 취급되는 경우가 많았다. 1940년대 말기 섬유, 면사 등의 대규모 암거래는 이른바 '거물 브로커'들에 의해 행해지는 것으로 신문 지상에 자주 보도가 되었다. 방직·방적·섬유업은 금속·기계공업[251]과 더불어 6.25전쟁 때 급성장을 했던 대표적 업종으로 일본 경기 부흥의 주역이라는 평가를 들었다.

해방 이후 재일조선인 중에서 일본인과 맞먹을 정도로 성과를 이룩한 기업가도 방직·방적·섬유업에서 처음으로 등장했다. 한때 일본 고소득자 랭킹 상위에 오르기도 하고, 전후 일본 10대 방직 기업으로 꼽혔던 사카모토(阪本) 방적의 설립자 서갑호가 바로 그 주인공이다.[252] 그는 10대 시절 오사카로 도일해 방직기술을 익혔다. 시기상으로 암시장 경기가 가장 전성기였던 해방 후 1~2년 사이에 크게 돈을 벌어 1948년 사카모토 방적을 설립한 것으로 알려져 있다. 그런데 『名簿錄』에는 1947년에 이미 100명이 넘는 종업원을 보유한 사카모토 산업주식회사가 등재되어 있다. 광고 문구를 보면 "통제단체 下命/ 의료품 가공 및 어망용 편사 재생모 작업"이라고 되어 있다. 100명이 넘는 종업원을 보유한 업체들 중 '통제단체 하명'이라고 표기한 곳은 이 회사가 유일하다. 해방 직후 혼란기에 GHQ 및 일본 정관계와 맺은 '특수한 관계'로 인한 성과였던 것으로 보인다.[253] 그의 사업에 대해 1960년대 한국 언론은 다음처럼 보도했다.

---

251) 이 업종들은 한자의 변(辯)이 '실 絲'와 '쇠 金'이어서 '사변, 금변 경기'라는 용어도 나타났다.

252) 국제고려학회 일본지부 재일코리안사전 편찬위원회, 정희선·김인덕·신유원 옮김, 『재일 코리안 사전』, 201쪽.

253) 암시장 시기 상공업에서 크게 성공을 이룬 일본인 기업가의 경우도 물자 입수 경로, 매매방식 등은 자세하게 알려져 있지 않다. 이들의 사업 과정에도 '특수관계'가 작용했을 것으로 보이지만 이를 밝히는 경우는 드물다. 전후 혼란 상태를 이용한 치부와 축재는 일본인에게 더욱 기회가 많았으나 재일조선인을 비롯한 외국인들의 '특수관계'만을 강조하는 것은, 암시장을 '제3국인'이 장악했다는 언설의 배경과도 무관하지 않을 것이다.

> 15만축의 대방적공장을 가지고 있는 서갑호씨는 최근 大阪의 앞바다를 메우는 일대공사를 진행 중에 있다. 그는 현재 한국에서 시멘트 공장을 해보려고 관심을 갖고 있다는 것이며 과거 이박사 정권하에서도 한국에의 투자를 시도해 본 일이 있으나 성공하지 못하였다. '……' 그는 해마다 교포학원인 금강학원에 2천만 엔씩과 민단 大阪본부에 백만 엔씩을 기부하고 있다는 것이다. 그가 경영하고 있는 大阪의 阪本방적은 일본 10대 방적공장 중의 하나로 꼽히고 있다.[254]

이른 시기부터 한국 투자에 대해서는 관심이 많았던 그는 고급 주택지인 도쿄 아자부의 대지를 수억 엔에 매입하고 한일 외교 재개 무렵 이를 주일한국대사관 용지로 기부하였다.[255] 1965년 한일회담 성립 이후 가장 적극적으로 한국에 투자한 재일기업가로 꼽히기도 한다.[256]

교토 니시진 직물공업계에도 조선인 사업자가 증가했다. 기모노 등 고급 의류에 사용되는 비단을 중심으로, 일본 전통직물의 상징인 니시진 직물업에는 해방 이전부터 조선인 직공 종사 비중이 높았다.[257] 1940년 사치품 금지령으로 전시기에 생산이 중단되어 니시진 공장도 군수산업 업체로 전환되었고, 전후에는 포츠담 선언에 의해 일본인의 공장 운영

---

254) 『동아일보』, 1960년 12월 11일자.

255) 이민호, 『(신한은행을 설립한) 자이니치 리더 : 벼랑 끝에서 일어선 재일교포 성공담』, 통일일보, 2015, 66쪽. 서갑호가 도쿄 요지인 아자부 땅을 한국대사관 부지로 제공하게 된 배경에는 여러 가지 설이 돌고 있다. 그중 하나가 서갑호와 점령군과의 '특수관계'로 인해 요지를 헐값에 인수할 수 있었다는 것이었다.

256) 朴喆浩, 「韓國의 얼굴(財界): 徐甲虎」, 『世代』, 1965년 5월호, 224~230쪽 ; 나가노 신이치로, 『한국의 경제 발전과 재일 한국 기업인』, 말글빛냄, 2010, 64~67쪽. 서갑호는 재일조선인 기업가 중에서 가장 '풍운아'적인 면모가 돋보이는 기업가였다. 그는 1963년 한국에 阪本 방직주식회사를 설립하고, 대규모 투자로 한국 방직업 발전에 혁신을 일으켰다. 그러나 방직업의 세계적 퇴보, 한국 투자로 인한 일본 본사의 재정부담 증가, 이에 대한 한국정부의 비협조적 태도, 공장의 화재 등 악재가 이어지면서 회사는 도산했다. 서갑호는 말년에 기업 재건을 위해 일하던 중 한국에서 사망했다.

257) 권숙인, 「일본의 전통, 교토의 섬유산업을 뒷받침해온 재일조선인」, 325~372쪽 ; 李洙任 編, 『在日コリアンの経済活動 : 移住労働者、起業家の過去・現在・未来』, 不二出版, 2012, 36~80쪽 ; 前川恵司, 『韓國・朝鮮人—在日を生きる』, 154~158쪽.

이 제한되었다. 다른 공업 부문과 마찬가지로 이를 기회로 재일조선인 업자가 참여할 수 있었다. 해방 후 니시진 직물업의 전성기에는 재일조선인 운영자가 500~600명[258]에 이를 정도였다. 1946년 2월에 이미 조선인 니시진 직물공업협동조합이 결성되었다.[259] 해방 직후에는 비단 같은 고급 직물의 수요가 높지 않았으므로 이를 대체한 비로드 직물이 주종을 이루었다. 당시 재일조선인의 약진상황에 대해 동포 언론은 다음처럼 보도하고 있다.

〈직물계의 위력은 동포가 점유〉

(교토) 이름 높은 전통을 가진 니시진 직물업계에서는 동포업자가 눈에 띄는 성적을 보여주고 있다. 일본 帝政에게 영업권과 기술을 속박 당해왔지만 해방 후 조금씩 영업권을 획득하고 따라서 기술향상에는 니시진織 조선인 조합을 주체로 해온 결과 '……' 니시진 비로드 전람회에 동포업자의 진출은 '……' 출품점수 4백점 중 180점을 동포가 차지하고 있다. 여기에 당선 입상의 특상 30상 중 10상까지 조선인 신흥업자로 세인의 주목을 끌었다.[260]

한편 금속 · 주조 · 철공 · 기계공업도 패전 직후 민수용품의 수요가 급격하게 증가하는 과정에서 사업 기회가 확대되었다. 금속은 전시기의 주요 공출 물자였던 까닭에 전쟁 말기가 되면 금속류 생활용품이 희귀해졌다. 군수공장 및 군대에서 방출된 금속류는 주물 기술자들에 의해 솥 · 냄비 · 식기류 등으로 전환되었고, 이는 암시장의 인기품목으로 부각되었다. 『名簿錄』에 기재되어 있는 관련 업종의 주요 생산품목을 정리해 보면 다음과 같다.

---

258) 권숙인, 「일본의 전통, 교토의 섬유산업을 뒷받침해온 재일조선인」, 344~346쪽 ; 前川惠司, 『韓國 · 朝鮮人—在日を生きる』, 155쪽.

259) 前川惠司, 『韓國 · 朝鮮人—在日を生きる』, 155쪽.

260) 『朝鮮商工時報』, 1948년 6월 1일자.

〈표 8〉 금속 · 주조 · 철공 · 기계공업의 주요 제조물품[261]

분류	제조물품
전기부	전기 스위치, 변압기, 전동기, 공작기계, 라디오, 전기기구 일체, 전기배선, 충전기, 조명기구, 수리판매, 전구
주조부	수도꼭지, 밸브 코크, 주물 가위, 초크 가위, 화로, 솥, 선철주조기계 가공, 알미늄 냄비, 전기기구 및 주물, 파이프 수전용, 금속제품, 가정용 기계소물, 동, 합금, 청동주물
철공부	볼트넛, 장식용 철물, 철마넛, 引拔샤프트, 정밀마넛, 자전거, 자전거 기구, 鍛造업, 베이클라이트 금형, 제망용 일식, 고무용기계 일절, 금속발물, 금형제작, 모터렌치, 몽키렌치, 선반제작, 화학기계, 소주 양조기계,[262] 철골건축, 금고제작, 건축금구(손잡이문고리), 특수강 가공, 베아링, 미싱부분품, 라이터 부분, 엔진부분품, 못, 침
금속부	스프링, 자전거 부품, 건축건물, 기타拔物, 미싱부품, 밸브코크. 자전거 페달, 버킷, 못, 자물쇠, 미싱, 분필, 치과기구제작, 전열기 제조, 샤크 세탁판, 농기구, 배식기, 경첩, 文字合屋, 헤어핀 가공, 운동용품, 완구, 어업용 칸데라, 전기 고다츠, 차륜, 경금속, 자동저울 부품, 에나멜 제조

생산 품목을 보면 물자 부족 시대에 요구되는 일상 생활용품은 거의 대부분 생산해 낸 셈이다. 재일조선인 기업가 시찰단이 "기타 일인이 경영하고 있는 어떠한 부문에도 우리 한인이 관계하고 있지 않는 데는 없다"[263]라고 언급한 것처럼 실질적으로 전 부문에 걸친 사업 전개를 하고

261) 『在大阪朝鮮人各種事業者名簿錄』, 18~27쪽.

262) 재일조선인의 밀조주 제조 상황과 맞물려 특히 흥미있는 품목이다. 등록하지 않은 업체의 소주제조는 범법행위지만 명부록의 주요 제조용품 목록에 오를 정도로 광범위하게 제조되었던 상황을 반영하고 있다.

263) 『동아일보』, 1949년 12월 18일자.

있었다. 나고야에 인접한 미에현 구와나시에는 1947년경 재일조선인 주물업 종사자가 47명으로 시내 공장의 3분의 1이 재일조선인이었다.[264)]

기술과 자본력을 갖추고 일본 경제 복구 시기에 더 큰 성장을 이룩한 경우도 있었다. 세계 최초로 스틸캔을 상품화한 것으로 알려진 신일본공기의 창시자 손달원이 그 좋은 예라 할 수 있다. 『名簿錄』을 참조하면 손달원은 1947년에 이미 종업원 200명을 보유한 오사카 코크 주식회사의 대표였다. 손달원은 해방 이전부터 관련 사업을 하고 있었으나, 서갑호의 경우처럼 해방 직후 급성장한 경과에 대해서는 상세하게 알려지지 않았다. 그러나 정황상 그의 사업 성장배경도 암시장과 무관하지 않은 것으로 보인다.[265)]

손달원도 정관계와 관계 맺기에 적극적인 인물이었다. 일본 굴지의 기업가가 된 이후 한국 언론에는 재일기업가의 본국 투자와 관련해 다음과 같은 기사가 보도되었다.

> 일본에서 가장 규모가 큰 교포기업으로는 大阪에 있는 손달원(야마구치 히사끼찌)씨의 신일본공기주식회사와 서갑호씨의 坂本紡績 및 名古屋에 있는 利川機工 등이다. '……' 이들은 예리한 사업수완과 열의로써 오늘날 불멸의 성을 일본에 구축해 놓은 것이다. '……' 신일본공기주식회사를 비롯해서 大和製罐주식회사를 가지고 있는 손달원씨는 교포 기업가들 중에서는 '넘버 원맨'의 위치에 놓여 있다. '……' 주물과 공작기계 제조를 위주로 한 그의 공장은 모두 일본 야하타 제철과 긴밀한 연계관계를 갖고 있다. '……' 손달원씨가 가지고 있는 공장으로는 大阪 지역에 주물을 하는 岬(미사끼) 공장, 공작기계제조공장으로서는 信太山(시노다야마) 공장이 있고, 靜岡縣

---

264) 『在日のくらし ―ポッタリひとつで海を越えて―』, 25쪽.

265) 『경향신문』, 1962년 4월 13일자. 기사에 의하면 손달원은 1935년에 공장을 시작했다고 되어 있다. 본격적으로 사업을 성장시킨 것은 해방 이후인 것으로 보인다 ; 홍성곤, 「한강의 기적에 헌신한 재일동포들」, 『차세대리더』, 2015.6.

의 淸水에는 현대적인 제관공장이 있다.[266)]

1960년대 초반 한국 산업계를 시찰한 손달원은 낙후한 한국 공업에 투자할 뜻을 밝혔다. 이에 대한 실질적인 사업방안으로 창원 지역에 종합 기계공장 동양중공업 설립안을 제시하기도 했다.[267)] 그런데 서갑호와 달리 손달원의 한국 투자는 원만하게 이루어지지 못했다. 손달원의 사업 구상은 국가기간산업에 해당하는 대규모 사업이었다. 양국 간의 투자 자금 이전에 관해 복잡한 정치 현실과 얽혀 있었고, 그 과정 중에 상호 신뢰가 붕괴되는 사정이 있었던 것으로 전해진다. 하지만 그의 제안은 이후 한국 정부에 의해 상당 부분 채용된 것으로 알려져 있다.[268)]

한국에 한일전기를 설립한 김상호는 암시장과의 연관 관계를 직접 밝힌 바 있다. 그는 고베고등공업전문학교를 졸업하고, 전시 중 군수 산업체에 근무한 경험이 있었다. 해방 이후 시가현 조련 보안대에서 외무부 차장을 하며 귀국을 준비했으나 계획수송이 마감되자 귀국을 포기했다. 고급 기술학교를 졸업하고 군수공장 기술자 경험도 있었지만 일자리가 절대 부족한 시기였기 때문에 산판일로 암시장과 인연을 맺게 되었다. 당시 땔감 종류는 정부 통제 물품이었지만 관청과 교제를 얼마나 잘 하느냐에 따라 영업이 좌우되었고, 허가증을 가지고 반출한다고 해도 혼란기여서 꼼꼼하게 검사하지도 않았다. 수완이 좋은 이들은 역으로 이

---

266) 『동아일보』, 1960년 12월 11일자.

267) 『동아일보』, 1962년 4월 2일자. 1962년 박정희 최고회의의장을 비롯한 정부 주요인사와 이병철 등이 배석해서 가진 회의에서 6~7천만 불 정도 투자해 종합 기계공장을 건설하자는 제안이 제시되었다. 창원공업단지는 이 합의에서 시작하게 되었다. 그러나 동양중공업의 성격이 손달원 기업의 하청업체라는 형태를 하고 있고, 자금 사정, 정치 스캔들과 관련되어 결국 채택되지 않았다. 한국 정부와 거리를 두게 된 손달원은 이후 금강산 개발에도 관여했다. 정주영이 북한 정부와 교섭할 때 중간역을 한 것으로 알려져 있다.

268) 『도민일보』, 2014년 4월 4일자.

를 활용했다. 김상호는 이런 상황에 대해 "합법적 암거래"였다는 모순적 표현으로 회고했다.[269]

그러나 암시장 경제가 막바지에 달하면서 땔감이 통제물자에서 해제되자 재일조선인이 많이 종사했던 유리공장, 철재상 운영으로 사업을 전환했다. 6.25전쟁은 그의 사업이 크게 번창하는 계기를 마련해주었다.[270] 한국 시장 진출에 관심을 보였던 그는 한일회담이 성립되기 이전에 한국에 한일전기 모터공장을 설립하고, 동포기술자를 한국에 보내 일본의 기술을 모국에 이식하고자 했다.[271]

다음으로 주목할 만한 부문은 유지가공업이다. 유지가공업은 비누제조, 세제소매 및 제조, 대용비누, 세제 일반, 화장품, 양초[272] 등 비누제조가 중심이 된 업종으로 진입장벽이 낮은 반면 수익은 높았다. 비누 제조업은 소규모의 인원으로 운영되는 가내수공업 형태가 일반적이었다. 『名簿錄』 유지가공업 부문을 보면 사용자 없이 홀로 운영하는 곳이 10곳, 1~4명 근무 26곳, 5~9명 근무 18곳으로 소규모 업체가 대다수를 차지하고 있다. 1946년 5월말 우에노 시장 단속 당시 일본인 노점조합 관계자가 "비누를 빼면 다 군수공장 방출품"[273]이라고 말한 것으로 보아 회복세가 더딘 다른 제조업에 비해서 매우 이른 시기에 민수용으로 수요를 충당할 만큼 생산이 가능했던 제품이기도 했다.

재일조선인 상인이 많았던 우에노에는 1948년경, 비누공장이 주목할 정도로 증가했다.[274] 고가철로 밑에 비누 공장이 즐비하게 들어서 이 지

---

269) 이남호 저, 『在日僑胞 立志傳 －눈물의 關釜聯絡船』, 106~108쪽.

270) 나가노 신이치로 편저, 『한국의 경제 발전과 재일 한국 기업인』, 85~91쪽.

271) 『매일경제』, 1967년 7월 28일자 ; 『中小企業』, 1969년 1월호, 38~39쪽. 한일전기는 이후 신한일전기도 설립해 현재까지 꾸준하게 모터를 중심으로 한 제품을 생산해 내고 있다.

272) 『在大阪朝鮮人各種事業者名簿錄』 참조.

273) 『朝日新聞』, 1946년 5월 31일자.

역은 '비누거리'라고 불리기도 했다.[275] 당시 비누거리의 일제 단속 기사를 보면 생산 규모를 짐작할 수 있다.

> 우에노서에서는 28일 오후 1시반부터 무장경관 100명을 동원, 우에노서와 협력, 台東区 下谷町, 上野町, 仲御徒町 일대의 통칭 '비누공장'을 급습, 12개의 제조공장. 20개 도매상, 180개 소매상을 임검, 비누 7,476kg, 추정가격 170만 엔을 압수했다. 악질업자 일본인 20인, 중국인 6인, 조선인 26인을 검거했다. '……' 이번 압수품은 경찰청 최고기록으로 유지공업계의 손을 통해 5만 세대에게 공정가격으로 배급될 예정이다.[276]

'악질업자'로 검거된 인원은 일본인보다 조선인이 훨씬 많은데 제조업체의 수가 더 많았던 때문인지, 혹은 다른 이유가 있었는지 기사에서는 확실하지 않다. 다만 검거자 수만 보아도 비누산업에 재일조선인의 비중이 매우 높았다는 것은 분명하다. 우에노는 1947년 후반부에 재일조선인의 상권이 별도로 분리되어 나갔지만 단속 시기를 봐서 이미 조성된 비누거리의 제조업체들은 그 자리에 계속 남아 있었다는 것을 알 수 있다. 비누는 통제 해제 가장 후반기인 1950년 12월이 되어서야 통제가 풀렸다.[277] 그 시기까지는 영세한 업체들이 암시장을 중심으로 난립하는 상황이었다.

암시장에서 유지가공업으로 성공한 대표적 인물로 롯데그룹의 창설자 신격호가 있다. 커팅오일 취급 경험이 있던 그는 가내 수공업 규모로 공장 취사용 솥에 응고제와 약간의 방향을 혼합해 비누와 포마드를 생산해 냈다. 그가 제조한 비누는 암시장을 중심으로 엄청난 판매고를 올

---

274) 『労働と文化』, 1948년 5월호.

275) 『庶民の体験 : 戦後30年 忘れ残りの記 上』, 122쪽 ; 『労働と文化』, 1948년 5월호.

276) 『朝日新聞』, 1948년 5월 29일자.

277) 松平誠著, 『ヤミ市幻のガイドブック』, 128쪽.

렸다. 납품과 수금을 위해 하루 200군데를 돌아다닐 정도로 큰 성공을 거두어 공장 설립 1년 반 만에 차입금을 모두 갚은 뒤 1948년에는 껌 생산 중심의 롯데를 창립했다.[278)]

암시장 경기에 힘입어 증가한 재일조선인 제조업체는 1947년에 들어서면서 그 취약성이 드러났다. 악성 인플레이션에 따른 물가 앙등, 기업 정비, 금융 문제, 자재 부족 등 복합적인 문제가 가시화되었다. 조련 제9회 중앙위원회 회의에서는 생활위기를 해결하기 위해 업종별 조합 및 협동조합 운동의 추진, 자재 획득, 금융기관의 설립, 기술자 양성, 무역진흥 등 전반적인 대책을 토의했다.[279)] 당시 상황에 대해서 와그너는 다음처럼 기술하고 있다.

> 여러 일본인 업자로부터 배제당한 조선인 업자는 원료 입수나 제품 판매에서 곤란해졌다. 조선인 제조업자가 차별적 상거래상의 관행으로부터 어느 정도 벗어나려면 일본인의 원조를 받아야 했던 사례가 적지 않다. 공업관리의 복잡한 법규를 일본 측이 실시할 때 이는 공평하지 않았다. 조선인 고무제품 제조업자는 완전가공을 허가받는 것이 분명 그랬고, 기술상 결함을 이유로 들어 제품은 몰수되었다. 연안 항로용에 조선인이 적하하면 밀수 용의로 항상 몰수되었다. 또 일본인이 해외무역을 시작할 때 조선인 수출업자는 수출 승인을 위해 일본정부 기관의 무역청을 설득하는데 어려움을 겪었다. 조선인 사회는 그 경제적 퇴세에 대해서 대부분 대처방법을 몰랐다.[280)]

재일조선인 업체들이 증가하기는 하였으나 이들 대다수는 경쟁력이 떨어지는 영세업체들이었다. 암시장이라는 불법적이고, 영속 가능하지

---

278) 정순태, 『신격호의 비밀』, 지구촌, 1998, 72~85쪽 ; 공봉식 · 이영동, 『재일동포』, 문학관, 1997, 264~266쪽.

279) 朴慶植 編, 「解放後在日朝鮮人運動 3」, 69쪽.

280) エドワ-ド · W.ワグナ-, 『日本における朝鮮少數民族 : 1904年~1950年』, 90쪽.

않은 판매처에 의존하는 비중이 높았으므로 장기적으로 보면 대규모 조정은 필연적이었다. 여기에 와그너의 지적처럼 일본인과 다른 인허가 과정, 밀수혐의로 인한 원자재 입수 지연, 수출 승인 문제 등 제도와 법률을 교묘하게 이용하는 암묵적 차별이 존재했다. 1949년 경제안정 9원칙(닷지라인)이 실시되면 부담은 더욱 가중되었다. 일본 고무공업회는 닷지라인과 관련, 다음과 같은 기업정리안을 제시했다.

1. 신규할당의 제한
   ① 원료사정의 호전, 통제가 철폐될 때까지 자전거 타이어, 튜브, 재생고무 업종 및 새로운 생산을 필요로 하는 신제품 이외의 신규할당을 중지한다.
   ② 설비 신설을 한 기업은 5월 31일까지 상공성에 신청한다.
2. 기존기업의 정리
   ① 1948년 10월~1949년 3월의 할당량 대비 1948년 11월~1949년 4월의 검사실적 비율이 해당 업종의 평균 실적 5할을 밑도는 경우 조업 실적을 삭제한다.
   ② 1948년 11월~1949년 4월의 합격률이 9할을 밑도는 경우도 마찬가지이다.
   ③ 기업합리화를 위한 업종의 통합 또는 교환을 권장한다. 이 경우 실적의 통합 교환을 인정한다. 공장의 양수자격은 그 공장이 해당업종을 보유하는 경우에 한한다.
3. 설비의 등록제
   1949년 3월 31일 현재의 가동설비 중 주요설비 및 그 이용률을 등록한 설비의 확장을 인정하지 않는다.[281]

오사카에는 100인 이상의 고용인을 가진 큰 규모의 고무 공장도 있었

---

281) 『朝鮮商工時報』, 1949년 5월 20일자.

지만 고용인 10인 이하, 혹은 업주 1인이 운영하는 영세업체도 30%를 차지했다. 기사에 의하면 전국의 고무공장은 600곳이 넘지만 유력한 곳은 열몇 곳에 지나지 않아 상기 기준에 미달하는 대부분의 업체들은 폐업 혹은 전환해야 하는 실정이었다. 조련은 이러한 상황에 대해 "본래 국가 권력적 배경을 가지지 못한 조선인 상공단체들은 자재, 자금, 기술면 또는 경영면에 있어서 언제든지 불리한 조건하에 있는 것이 원인의 하나"로 보고 향후 "일본인 상공업자들과 긴밀한 제휴와 협력을 함으로써 그 타개의 길이 있다"고 보고했다.[282]

그러나 일본인 상공업자들과 협력을 하더라도 노골적으로 드러나지 않는 차별이 존재했다. 조선인 니시진직물공업협회조합 이사였던 우재전은 "일본인의 조선인에 대한 차별 의식은 전전이나 지금이나 기본적으로는 전혀 변함이 없다. 조선인 업자와 힘을 합치고 지혜를 내서 니시진 업계를 발전시키자는 생각은 전혀 없다"라고 한탄했다. 도매상은 일본인 업자를 위해 연구비를 지원하는 등 편의를 베풀지만 조선인 업자에게는 그런 혜택이 없었다. 그뿐만 아니라 조선인이 개발한 무늬를 도매상에 제출하면 며칠 후에 일본인 업자가 이를 도용하는 경우도 있었다.[283]

드러나지 않는 사업상의 차별은 시기적으로 암시장 이후 시기에 결성된 케미컬슈즈 협회의 경우에서도 잘 나타나고 있다. 고무공업 쇠퇴 이후 별다른 대안이 없었던 재일조선인 업체는 케미컬슈즈 전문 기업체로

282) 「第五回全体大会提出活動報告書」, 『集成 戦後編』 1卷, 338쪽.

283) 前川惠司, 『韓國・朝鮮人—在日を生きる』, 157쪽 ; 권숙인, 「일본의 전통, 교토의 섬유산업을 뒷받침해온 재일조선인」, 362쪽. 김학철은 차별의 경우로 제품을 가져가면 "반도인의 제품이니까 값이 쌀 것"이라는 말을 듣거나 일류 중매상과 거래하기 위해 거래업체까지 세세하게 써내야 하는 상황을 언급했다. 조선인임이 밝혀지면 거래가 거절당한 사례도 있었다. 그런 반면, 진보적인 일본인들 덕에 장사하는데 도움을 많이 받았다는 양면적 경험도 언급했다.

변화했다. 1957년 고베에서는 케미컬슈즈 관련 업체 200여 곳이 모여 협회를 결성했다. 회원사의 70%는 재일기업이지만 역대 이사장은 모두 일본인이 맡았다. 부이사장 및 30여 명의 이사는 각각 절반씩 나누어 담당했다. 그 이유로는 정부, 현, 시와 진흥기금 등을 교섭할 때 이사장은 일본인인 편이 유리하다는 것이 재일기업가 내부의 판단이었다.[284]

제조업체의 몰락을 촉구한 것은 제도적 문제와 더불어 시장의 변화였다. 통제 물자가 순차적으로 해제되면 외부의 공식적 명령이 없더라도 암시장은 자연스럽게 해체되는 수순을 밟았다. 이런 상황이 되자 재일조선인의 집중도가 현저하게 높았던 고무공업과 유지가공업은 큰 타격을 받았다. 고무화와 비누 등은 한때 생산하자마자 다 팔릴 정도로 호황을 누렸지만 고무공업은 생고무 부족으로 원료 가격이 상승했고, 불량품이 난무해 소비자의 신뢰를 잃게 되었다. 비누 역시 '대용비누' 등 불량품이 유통되다가 품질 좋은 미제 비누가 시중에 풀리면서 경쟁력을 상실했다. 자본과 기술 측면에서 월등한 일본 업체들이 다시 생산 분야에 등장하고, 제 산업 분야가 정상적으로 가동되었다. 이에 대한 대비가 없었던 재일조선인은 경쟁에서 살아남기 어려웠다. 재일조선인 종사자가 압도적으로 많았던 고무공업과 유지가공업은 암시장의 소멸과 제도의 강화로 인해 이후에는 축소의 노정을 밟아야 했다.

해방 직후 급속하게 증가했던 재일조선인 제조업체는 암시장이 공식적으로 폐쇄되고 통제정책이 모두 철폐된 이후인 1956년의 조사에서는 1,424곳[285]으로 집계되었다. 제조업체는 해방 이후 정치 경제적인 변화

---

284) 노무라 스스무, 『일본, 일본인이 두려워한 독한 조센징 이야기』, 166~167쪽.

285) 在日本朝鮮人商工連合 編, 『在日本朝鮮人商工便覽 / 1957年版』, 12쪽. 비제조업 부문까지 합산하면 5,004곳이었다. 제조업과 비제조업은 28% 대 72%의 비율을 보이고 있다. 비제조업 중 동철상은 27%, 음식업은 24%, 여관, 파친코 등의 서비스업이 22%로 음식업과 파친코업은 이미 이 시기에 비제조업의 절반을 차지하고 있다.

요인으로 인해 급격한 증가를 이루었지만 내용상 부실한 곳도 있었으므로 이 수치는 증감의 문제보다 내실이 강화된 제조업체들이 본격적으로 자리 잡게 되었다는 측면을 주목해야 할 것이다.

이 조사에서는 해방 후 대표적인 재일조선인 제조업이었던 고무공업의 비중이 현저하게 감소했다. 비닐제품 · 피혁 · 고무 공업은 322개소로 전체 업종의 20% 정도의 비율에 그치고 있다. 고무가 비닐제품 · 피혁과 함께 분류되어 있기 때문에 고무공업의 비중은 이 수치보다 적은 것이다. 오사카에만 190개의 공장이 있던 것을 감안하면 쇠퇴의 상황을 여실히 반영하고 있다. 한편 방직, 전기 · 금속 · 철물 공업을 비롯한 여타의 제조업은 수치 조정은 되었지만 암시장 시기와 비슷하게 높은 비중을 차지하고 있다. 이들 분야는 기술력과 자본력이 일정 수준 이상 요구되기 때문에 일본 업체와의 경쟁에서 도태되지 않았던 것으로 보인다. 암시장 경제를 통해 기술을 연마하고 자본을 축적할 수 있었던 업체들은 암시장의 폐쇄 이후에도 독자적으로 제조업을 지속할 수 있었다.

고도성장기에 접어들면서 일본 산업은 대기업 중심의 제조업으로 재편되는 구조였고, 재일조선인 제조업은 영세 규모보다 사정이 조금 나은 중소기업이 주류를 이루고 있다. 자금 융자와 거래 관행에서 명시적, 혹은 암묵적으로 차별을 받는 상황이었으므로 일정 규모 이상으로 성장하기 어려운 현실이었다.

1960년 한국 언론에서는 당시 재일기업 중 "100여 개를 제외하면 대부분 중소기업이 자금난, 판매난 등으로 점차 위축일로에 있다"[286]고 보도하고 있다. 이 시기 재일기업은 730개로 1956년에 비해 절반 정도로 감소해 있다.[287] 제조업체 중 대기업으로 서갑호, 손달원, 손격호의 회사

---

286) 『경향신문』, 1962년 7월 10일자.

287) 한국 정부에서는 이에 대한 파악조차 되지 않아 일본 적십자사의 자료를 인용했다. 이

가 거론되었고, 그 외 건실한 기업 경영을 하는 업체들은 전기, 기계, 철공, 화학 공업 부문으로 암시장을 배경으로 성장했던 업체들이 강세를 보이고 있었다. 해방 30년이 지난 1970년대 중반에도 재일조선인 유직자 중 가장 종사자가 많은 분야는 기타공업으로 철공업, 유리공업, 비닐·화학공업, 금속공업, 섬유공업 등 해방 직후 암시장 시기의 주력업종이 여전히 지속되고 있다.[288)]

3. 재일조선인의 주요 취급물자

1) 주요식량과 식품류

가. 미곡 및 신선식품

초기 암시장에서 가장 중심이 된 거래 물자는 식품류였다. 암시장은 "기아 전선의 보급기지"[289)] 역할을 해냈으며 이를 단속하던 경찰이나 관리들조차 암시장이 없으면 살 수 없는 상황이었다.[290)] 자본력이 없는 대다수의 가쓰기야나 노점상이 취급하는 물자는 쌀을 비롯한 곡물, 고구마 등의 주요식량에 집중되었다. 1946년 도쿄 노점조합원의 업종 구성

기업체들 중 남한계는 312개, 북한계는 213개, 중립은 206개라고 분류되어 있다. 이 중 절반 이상은 서비스업에 편중되어 있었다.

288) 서용달, 「韓国系商工人の現象」, 『三千里』 8号, 1976, 58~64쪽.

289) 大阪·焼跡闇市を記録する会, 『大阪·焼跡闇市—かって若かった父や母たちの青春』 2장의 제목, 배급제 상황에서 식량배급이 지연되거나 아예 행해지지 못하는 경우가 삿았기 때문에 웃돈을 주고서라도 암시에서 식량을 사야 했다.

290) 식량 부족 상태가 심각해지자 경찰관은 '식량휴가'를 받아 가이다시를 하러 갈 수 있었다. 내무성 장관조차도 인터뷰에서 '암시를 이용한 적이 있다'고 고백하기도 했다. 한편 이런 현실 속에서 암거래상에게 구형을 내리는 것을 괴로워하던 야마구치 판사는 암시장 식량을 거부하다 1947년 11월, 결국 영양실조로 사망하는 일도 있었다.

을 보면 조사대상자 5,102명 중 식품 관계가 40.7%로 가장 큰 비중을 차지하고 있다.[291]

식품류는 통제경제 하의 경제정책을 입안하는데 기준이 되는 품목이지만 산지와 심각한 가격 차이를 보이기 때문에 물가 체계를 교란하는 원인이 되기도 했다. 식품류 중 농산물, 어패류 등 신선식품은 보존 문제가 있고 계절에 따라 공급량의 변동이 심했다. GHQ는 점령 직후인 1945년 11월부터 주요 식량을 제외한 채소, 어패류의 자유 판매를 허가했다.[292] 시기에 의해 공급량의 변화가 심해지는 신선식품은 공정가격으로 묶어두기 어려운 품목이었기 때문이다.

그러나 통제철폐 직후는 오히려 가격이 상승했다.[293] 식료품을 취급하는 영세 암상인들은 돈이 되는 것이라면 수시로 품목을 전환했다. 검거된 후 물자가 몰수당하면 상쇄할 방법이 없었기 때문에 '한탕주의'나 폭리로 이를 메꾸려 했으므로 가격은 불안정할 수밖에 없었다.

식량은 산지에서의 자유구매는 허용되었으나 배급은 할당제로 한다는 모순적인 제도였다. 암상인들은 이런 맹점을 이용해 멋대로 가격을 책정했기 때문에 생산지와 소비지의 가격 차이는 구조적으로 해결하기 난망했다. 개인이 운반할 수 있는 무게와 부피를 제한한다고 해도 이런 규정이 암시장의 거래 관행을 현실적으로 좌우할 수는 없었다. 오히려 기발한 변칙수법만 더 증가시키는 결과를 낳았다.

식량통제를 이유로 과도한 단속이 행해지는 것에 대해서 일선 경찰의 우려가 제기되기도 했다. 점령군의 소프 준장은 1945년 11월 식량 몰수의 핑계가 점령군의 식량용도라는 항간의 소문에 대해 화를 내면서 "점

291) 大河内一男 編, 「戦後における露店市場」, 223쪽.
292) 『朝日新聞』, 1945년 11월 18일자.
293) 『朝日新聞』, 1945년 11월 28일자.

령군의 식량은 전량 수입하고 있다. 이는 매우 혐오스러운 거짓말"이라며 "누군가의 사리사욕을 채우는 용도에 사용되었을 것"이라고 지적했다.[294] 초기부터 강력하게 행해진 식량 단속은 점령군의 식량 보급과는 무관하며 소프의 지적에 의하면 권력층의 축재에 전용되었을 가능성이 있다는 것이다.

단속의 엄격함에도 불구하고 주식류와 그 가공식품은 암시장 상품의 핵심이었다. 재일조선인이 많았던 츠루하시 암시장의 초기를 보도한 기사에서는 찐 고구마, 과일, 주먹밥, 떡, 찐빵 등의 주식과 잡탕죽, 우동, 오뎅과 술, 소주 등이 나열되고 있다.[295] 1946년 1월 오사카 경찰청의 실태조사에서는 시내 출점 점포 총 5,983개소 중 식품류 취급점은 3,669개소로 60% 이상을 차지하고 있다. 거래물량은 백미 138가마니, 빵 1만 5425개, 면류 5170묶음으로 주식류가 주를 이루었다. 많이 팔린 가공식품으로는 고구마, 그 다음으로 빵, 라이스 카레의 순이었다.[296]

내무성은 1946년 2월에 「식량긴급조치령」을 통해 신선식품의 재통제 방침을 밝혔다. 3월에는 「물가통제령」이 공포되어 주식류, 조리품, 조미료, 지정의료품 등 주요 생활물자를 모두 엄중하게 통제하기 시작했다.[297] 8월부터는 암시장 숙정과 더불어 "주요 식량과 그 가공제품인 빵, 우동, 덮밥 등과 비단을 비롯한 일체의 섬유제품, 성냥, 된장, 간장, 담배, 설탕 등 각 지방장관이 지정한 물자를 엄중히 단속하고 이들 물자가 암시장

294) 外務省特別資料部 編, 『日本占領及び管理重要文書集 第一巻 基本編』, 東洋經濟新報社, 1949, 119쪽.

295) 『朝日新聞』, 1945년 10월 25일자.

296) 猪野健治 外, 『東京闇市興亡史』, 34쪽.

297) 1946년 2월 17일 내각은 긴급 칙령으로 임시식량 긴급조치령을 내렸다. 3월 3일에는 물가통제령이 시행되었지만 인플레만 야기하고, 민중의 생활은 오히려 악화되었다. 심각한 식량 부족 상황에서 같은 해 5월 19일에는 궁성 앞에서 쌀 획득 투쟁이 벌어져 25만 명에 이르는 대규모 인원이 참가했다.

에서 사라질 때까지 단속을 계속할 것"이라는 세부항목까지 지정된 통달이 시행되었다.[298] 통제기간 중 경제 상황의 추이에 따라서 품목별로 통제가 완화, 해제되거나 다시 강화되는 등 변동은 있었지만 전 기간을 통해 식량에 대한 통제는 매우 엄격했다.[299]

1946년 10월 이전에는 현외 주식 반출의 경우, 2~3되까지는 허용했다. 그러나 10월 말 오무라 내상이 주최한 지방장관 회의에서는 현내라고 해도 최고 2kg 이상은 어떤 이유라도 반출할 수 없고, 이보다 적다 하더라도 상황에 따라 단속할 것임을 방침으로 정했다. 전국적으로 방범과장이 쌀 단속, 무게 지정, 열차 내 단속, 유령인구 조사, 숙박업소, 하숙집 등의 외식권이나 쌀의 이중 취득 금지 등에 대해서도 엄중한 단속을 지시했다.[300] 11월부터는 철도 경관을 출동시키고 주식 암거래는 종래의 벌금주의에서 체형주의로 기소할 방침을 취하는 등 단속의 강도는 더욱 높아졌다.[301]

이런 조치들은 재일조선인의 지위규정, 형사재판권 관할, 철도무임승차 금지 등이 결정된 이후에 나온 방침으로 식량 중심으로 생계를 이어가는 가쓰기야들에게는 가혹한 것이었다. 집단으로 뭉친 '가이다시 부대'가 나타나고 엄중한 통제에 대해 단체행동을 하면서 폭력사태로 이어지는 것도 이러한 상황과 무관하지 않았다.

미곡 거래 중 배급의 맹점을 이용한 것은 부재인구, 이른바 유령인구 앞으로 할당된 쌀을 배급받아 이를 암시장에서 판매하는 것이었다. 유

---

298) 『朝日新聞』, 1946년 7월 28일자.

299) 1947년 12월 30일 최초의 식량관리법 개정에 의해 그 대상으로 감자·고구마·잡곡이 추가되었다. 식량배급은 새로 설립된 식량영단이 담당하고 부흥금융금고로부터 운영자금을 차입해 배급을 계속 진행했다.

300) 『朝日新聞』, 1946년 10월 31일자.

301) 『朝日新聞』, 1946년 11월 1일자.

령인구는 전시기 식량 배급 제도로 인해 나타난 가공의 존재였다. 전쟁 중 소개와 징용 등으로 인해 인구 이동이 있었기 때문에 유령인구를 이용한 부정배급은 사회문제로 보도되었다.[302]

유령인구 식량 수급은 일본인에게 더욱 만연한 현상이었다. 하지만 조선인이 대거 투입된 토목공사, 탄광 등은 패전 이후 작업이 중단되고, 귀국이나 본업으로 복귀하면서 등록숫자와 실제 숫자가 많은 차이가 났다. 귀국한 이들의 쌀 통장으로 부정수급한 쌀을 암시장에서 판매하다 단속에 걸린 사례도 있었다.[303]

김두래는 한 마을에서 함바를 운영하던 이가 10~20명 정도의 유령인구 몫으로 쌀을 받아 마을 사람들에게 판매하거나 밀조주를 만들어 팔았다고 회고했다.[304] 해방 직후 아이치현과 오사카의 농촌과 암시장을 오가며 쌀 가쓰기야를 했던 김복순은 수완 좋은 이들은 쌀을 수급받을 수 있었지만 요령 없는 사람들은 유령인구를 조작하지도 못했다고 한다.[305] 징용 노동자의 집주 작업장, 큰 규모의 재일조선인 마을 등에서 행해졌던 이런 방식은 유령인구 파악이 끝나면 지속되기 어려워졌다.

곡물이 유통되는 경로는 도쿄의 경우, 쌀과 보리는 아키타, 니가타 등 원거리의 곡창지대에서 조달되었다. 고구마는 사이타마, 이바라기 등 상대적으로 가까운 지역에서 유입되었다. 1인당 평균 운반량은 쌀은 1말, 고구마는 10관 정도였다. 생선과 소금의 거래량은 주식에 비하면 3분

---

302) 『朝日新聞』, 1945년 11월 28일자, 1947년 7월 4일자. 도쿄의 경우, 패전 직후 인구 조사와 대비해 대비 4만명, 1947년에는 100만 명에 가까운 유령 인구가 있었다고 보도되었다. 유령인구를 이용한 부정수배는 일본 사회에 만연해 있었던 것을 알 수 있다.

303) 청암대학교 재일코리안연구소, 『재일코리안의 생활문화와 변용』, 선인, 2014, 332쪽 ; 『神奈川新聞』, 1946년 8월 2일자.

304) かわさきのハルモニ・ハラボジと結ぶ2000人ネットワーク生活史聞き書き編集委員会 編 『在日コリアン女性20人の軌跡 : 国境を越え、私はこうして生きてきた』, 28쪽.

305) かわさきのハルモニ・ハラボジと結ぶ2000人ネットワーク生活史聞き書き編集委員会 編 『在日コリアン女性20人の軌跡 : 国境を越え、私はこうして生きてきた』, 110~111쪽.

의 1 수준이었다. 소금은 시즈오카현에서 도쿄로 반입되지만 도쿄에서 하차하지 않고 원거리인 아키타까지 가서 쌀과 거래해 더 큰 이익을 보았다.[306)]

쌀에 이어 주요한 식량은 고구마였다. 1947년 경시청의 조사를 보면 도쿄 순환선인 야마노테선 주변에서 거래된 물품의 70% 정도를 고구마가 차지하고 있다. 대용식량인 찐고구마는 암시장에서 잘 팔리는 품목이었고, 고구마는 재일조선인의 주요 거래물자인 엿과 소주의 원료이기도 했다.[307)]

1946년 8월 암시 숙정을 앞두고 행해진 도쿄 우에노와 아사쿠사 두 곳의 암시장 일제 단속에서 압수된 물품은 백미 236kg, 고구마 757kg, 팥 56kg, 콩 31kg, 보리 112kg, 밀가루 56kg, 건면 12kg(30속), 빵 38kg, 주먹밥, 초밥 등의 가공물 6되5홉 등이었다.[308)] 1947년 1월, 도쿄 전역의 열차 대상 단속에서는 선어 1,458관, 주식품 1,630kg, 청과물 400관, 낫토, 건어물, 오징어, 사탕, 술 등이 압수되었다.[309)] 주식 거래의 비중은 여전히 가장 높지만 시간이 경과함에 따라 차차 거래 식품군이 다양하게 변화하는 모습을 볼 수 있다.

같은 해에 경찰이 추정한 우에노의 식량 거래량은 다음과 같았다. 우에노 인근의 55개 점포가 하루에 취급하는 주요식량은 쌀과 보리 80가마, 밀가루 270관, 고구마 500관이었다. 아사쿠사, 이케부쿠로 등 인근 농촌으로 연결되는 주요 역을 통해 유입되는 암거래 식량은 최소한 쌀보리 수백 가마, 소맥분 1,000관, 고구마 3,000관 정도라고 보고 있다. 이

---

306) 『座談』, 1948년 2월호.

307) 『朝日新聞』, 1947년 3월 5일자.

308) 『朝日新聞』, 1946년 7월 18일자. 각 도량형이 통일되지 않은 채 표기된 관계로 본 글에서는 원문의 도량형대로 표기하기로 한다.

309) 『朝日新聞』, 1947년 1월 11일자.

를 전국적 규모로 본다면 1,000만 석 이상이 될 수 있는 것이었다.[310] 정확한 유통량은 측정하기 어렵고 정부 측이 국민들에게 경각심을 고취시키기 위해 실제보다 부풀린 수치를 유포하는 경우도 있지만, 어떤 관점에서 보더라도 암시장을 통한 식량 거래가 매우 큰 비중을 차지한 것은 사실이었다.

어패류는 주식류보다 유통이 까다로왔지만 건조, 염장 등의 가공을 하면 부피도 줄이고 부가가치도 창출할 수 있어 선호되는 상품이었다. 육식 역사가 길지 않은 일본에서 어패류는 일본인의 중요한 단백질 공급원이었다. 도쿄와 동북지방을 오가며 가쓰기야를 했던 이성우는 아키타에서 한통에 100엔짜리 오징어를 사서 도쿄에서 1,000엔에 판매했다. 도쿄인들의 입맛에 맞춰 데치는 가공을 하면 1,200엔까지도 받을 수 있었다. 한번 판매에 몇 만 엔 정도의 수익이 발생했으므로 미곡류를 취급하는 것보다 고수익이었고, 오징어철이 끝나면 멸치 등 다른 어패류를 유사한 방식으로 판매했다.[311] 밤 사이 단속의 눈을 피해 홋카이도의 말린 오징어와 다시마를 도쿄 앞바다에서 판매업자에게 전달했고, 이 물자들은 우에노에서 두어 시간 만에 모두 매진되었다.[312]

강덕상의 아버지는 미야기현에서 해산물을 구입해 도쿄에서 판매했다. 해로를 이용해 도쿄 쓰키지 도매시장까지 직접 반입할 정도로 큰 규모였다.[313] 양무갑은 산간지역 나가노에 소금을 가져가 현지의 송어와 교환하고, 이를 나고야에서 팔았다.[314] 1947년 경시청 조사에 의하면 시나가와역과 신바시역에서 가장 많이 판매된 물자는 어패류였다.[315] 단

---

310) 『座談』, 1948년 2월호.

311) 이성우, 『일본에서 지내온 세월들: 재일교포 할아버지 이야기』, 182~184쪽.

312) 『週刊朝日』, 1980년 9월 5일자.

313) 小熊英二, 姜尚中 編, 『在日一世の記憶』, 651쪽.

314) 이붕언, 『재일동포 1세, 기억의 저편』, 387쪽.

속 기사를 보면 주요식량 1,630kg, 선어 1,458관, 청과물 400관, 소금, 목탄, 낫또, 말린 고구마, 오징어, 설탕, 술 등이 압수되었고, 생오징어 72관을 두고 도주한 상인도 있었다.[316]

채소류는 여성 행상을 중심으로 유통되었다. 전술한 가쓰기야의 사례에 여성 채소 행상은 흔한 것이었다. 박수한은 사과산지로 유명한 아오모리의 사과를 쌀 산지 니가타에서 쌀로 교환하고 인근 대소비지 기후, 나고야, 오사카 등에서 팔았다.[317] 강금순은 상추 행상을 하면서 는 도중 조선인 마을에 들러 막걸리와 소주를 매입해 다른 마을에서 이를 판매하는 다각적 방식의 행상을 병행했다.[318]

1947년 오사카의 『在大阪朝鮮人各種事業者名簿錄』을 보면 식량품부의 사업내역으로 건어물, 과일, 육해산물, 식량 잡화, 과자 식료품[319] 등이 있다. 식료품 운반은 가쓰기야에 의해 행해지는 경우가 많았으므로 이들 점포의 취급물자는 조선인 가쓰기야의 운반물자와 대체로 일치한다고 볼 수 있다. 점포를 가진 상업자들은 일본인과 조선인 고객을 구분할 이유가 없었다. 점포의 위치에 따라 내방객의 성격이 달랐지만 취급품목은 일본 사회에서 선호되던 품목이었을 것이다. 쌀, 엿, 술은 재일조선인이 암시장에서 많이 취급하는 품목이었지만 점포의 물자로는 등장하지 않는다. 통제를 받는 물자들이어서 공공연하게 내놓기 어렵고, 식당에서 직접 거래하는 경우도 많아 『名簿錄』의 판매 내역으로는 나타나지 않은 것이 아닌가 한다.

---

315) 『朝日新聞』, 1947년 3월 5일자.

316) 『朝日新聞』, 1947년 1월 11일자. 3월 21일자의 단속 기사에는 주요 식량을 비롯해 오징어, 대구 등 북쪽 지방의 해산물이 주요 몰수물자로 나타났다.

317) 이붕언, 『재일동포 1세, 기억의 저편』, 282쪽.

318) 小熊英二 · 姜尚中 編, 『在日一世の記憶』, 23쪽.

319) 『在大阪朝鮮人各種事業者名簿錄』, 66쪽.

1946년 조사에서도 식품류는 암시장에서 가장 비중이 큰 품목이었고, 이러한 경향은 암시장 소멸 시기인 1950년까지도 이어졌다. 도쿄도는 1949년 8월부터 1950년 3월말을 기한으로 노점 정리안을 제시하고 정리를 위한 조사를 실시했다. 도쿄도 23구 내 노점상의 업종을 보면 암시장 폐쇄 직전까지도 반찬, 음식류가 수위를 차지하고 있다.[320] 재일조선인의 경우도 이런 사정은 동일한 것으로 암시장 영세상인의 대다수는 식료품 거래와 관련이 있었다.

나. 엿과 육류 · 내장류

암시장 판매 상품 중 재일조선인의 특성이 뚜렷이 부각된 것으로 술과 엿을 꼽을 수 있다. 재일조선인 중에는 술과 엿 제조를 전승받아 자가 생산하는 이들이 있었다. 술에 관해서는 별도로 상술할 것이므로 여기에서는 엿에 대해 좀 더 기술해 보고자 한다. 엿의 주재료가 되는 쌀과 고구마 등은 모두 강력한 통제품이었다. 재료 수급이 충분하지 않았기 때문에 전분엿이 등장하기도 했다. 가공식품은 단순한 기술이나 공정을 더해 생식품보다 더 큰 수익을 올릴 수 있었다. 감미 음식은 전시기부터 사치품으로 간주되었고, 전후에도 물자 품귀로 인해 구하기 어려웠다. 당시 감미식품에 대한 갈망은 수돗물에 사카린을 넣고 색을 들여 밀감물이라고 판매해도 다 팔릴 정도였다.[321] 그런 까닭에 재일조선인이 전통적인 방식으로 만들어 판매하는 엿은 매우 인기가 높았다.

조선인 엿 행상은 해방 이전부터 존재하던 것으로 일본 사회에서 이색적인 풍경 중의 하나였다.[322] 고베, 오사카, 도쿄, 오카야마 등에서는

---

320) 『道路』, 140쪽.

321) 塩満一, 『アメ横三十五年の激史』, 152쪽.

322) 在日本大韓民国民団中央民族教育委員会 著, 『歴史教科書 在日コリアンの歴史』, 明石書店, 2006, 15쪽.

1910년 이전부터 엿장수가 존재했다. 본국의 모습과는 달리 일본의 영향으로 천으로 된 가림막을 얹은 포장마차 형태의 상자를 사용했다. 경기가 나빠지면 노동자들이 엿 행상에 나서는 일시적 전업의 경향도 있었다.[323)]

엿과 술 제조는 조선인 집주지구에서 일상적인 것이었다. 조선에서의 생활양식이 전승되고 일본의 그것과는 다른 형태의 엿과 술이 암시장에서 판매되었다. 조선인이 소규모로 직접 제조, 운반, 판매를 담당했기 때문에 가쓰기야와 행상, 노점이 모두 결부되어 유통이 이루어졌다. 츠루하시 시장의 일제 단속 시 압수된 물자 중 "조선엿은 이튿날 저렴한 가격으로 시민들에게 판매되기도 했다"[324)]는 내용이 나오는 것을 보아 일본인들 사이에 조선엿이 이전부터 소비되었음을 알 수 있다. 1947년 2월 지바의 열차 단속에서는 엿 1,000관, 쌀 31가마, 말린 고구마 600관, 땅콩 10가마 등이 몰수되었다.[325)] 5월 도쿄의 료코쿠 역 단속에서도 엿 300관, 쌀 130kg, 선어 56관으로 엿의 비중이 높은 것을 볼 수 있다.[326)]

한편 술 제조와 양돈을 겸하는 경우도 많았다. 술을 만든 후 남은 찌꺼기가 돼지 사료로 사용되었기 때문에 양돈과 술 제조가 병행되는 일은 흔했다. 양돈은 재일조선인의 주요 부업이기도 했다. 조련에서도 양돈은 '건전한 직업'으로 적극 권장하고 장려했다. 엿 제조에 주력한 경우는 부산물이 없어서 양돈이 병행되지 않기도 했다.[327)] 술 지게미 외의 대체사료가 충분한 지역은 굳이 밀조를 하지 않는 경우도 있었다. 다만

---

323) 김인덕, 「일제강점기 오사카 조선촌의 식문화」, 『동방학지』, 2013, 163호, 40쪽 ; 木村建二, 「在日朝鮮人の古物商の成立と展開」, 『在日コリアンの経済活動 :移住労働者、起業家の過去・現在・未来』, 不二出版, 2012, 17~35쪽.

324) 『朝日新聞』, 1945년 10월 25일자.

325) 『朝日新聞』, 1947년 2월 21일자.

326) 『朝日新聞』, 1947년 5월 22일자

327) 島村恭則, 『〈生きる方法〉の民俗誌 : 朝鮮系住民集住地域の民俗學的研究』, 94쪽.

이런 작업들이 복합적으로 진행되었기 때문에 재일조선인 마을은 술과 돼지 냄새가 혼재되어 비위생적이고 불법적인 곳이라는 이미지가 증폭되었다.

조련 보안대에서 활동했던 김경락이 거주한 센다이의 오다와라에는 조선인 가구가 30~40호 정도 있었다. 이 마을에서는 쌀을 발효시켜 물엿을 만들고 이를 과자 가게에 판매했다. 마을의 15~16호가 술을 만들고, 2호 정도가 엿 제조, 그 외는 직업이 없거나 다른 지역으로 돈벌이를 하러 갔다.[328] 김덕옥은 해방 후 귀국을 포기하고 살던 동네에서 엿과 막걸리를 만들었다. 도쿄에서 엿 기술자가 방문해 고구마로 엿을 만드는 방법을 가르쳐 주었는데 만들기만 하면 다 팔려나갈 정도로 인기가 높았다.[329] 히로시마에 살다 피폭을 당한 정수상은 엿과 막걸리, 소주를 모두 만들었다. 역전의 암시장에서 이를 팔았는데 모두 다 잘 팔리는 편이었다. 그런 한편 양계와 양돈도 병행했다.[330] 서무생은 전시기부터 엿과 물엿을 만들어 혼슈 최북단인 아오모리에서 오사카를 오가며 판매했다.[331] 두 지역 사이 거리는 1,000km가 넘는데 이를 왕복하면서 판매해도 이윤될 만큼 남는다는 의미라고 하겠다. 이런 일화들을 통해 엿은 만들기만 하면 다 판매가 되고, 수익도 좋은 상품이었다는 것을 알 수 있다. 1940년 무렵부터 이카이노의 조선인 마을에서 엿을 만들어왔던 현종민은 이 시기를 다음처럼 회고하고 있다.

> 딱도나리[332]에서 15세 때까지 소맥분으로 엿을 만들었다.[333] (전쟁 후에

---

328) 小熊英二・姜尚中 編, 『在日一世の記憶』, 152쪽.
329) 小熊英二・姜尚中 編, 『在日一世の記憶』, 416쪽.
330) 小熊英二・姜尚中 編, 『在日一世の記憶』, 483~484쪽.
331) 이붕언, 『재일동포 1세, 기억의 저편』, 185쪽.
332) 杉原達, 『越境する民 : 近代大阪の朝鮮人史研究』, 165~166쪽. 닭과 도나리(隣: 이웃)가

는) 그렇게 만든 엿을 노점에 늘어놓고 팔다가 경관에게 잡혀가기도 했다. 도매로도 팔고, 암시장에도 팔았다. 재료를 사러 하마마츠까지 배낭을 메고 여럿이 함께 가기도 했다.[334]

조선의 엿은 쌀을 주재료로 사용하지만 전시기의 식량 사정으로 인해 전분과 고구마 등을 사용한 변형엿이 탄생한 것으로 보인다. 강제징용으로 왔다가 해방을 맞이했던 전보순은 귀국 자금을 마련하기 위해 해방 후에 엿장사로 나섰는데 엿을 만들고 판매한 과정을 다음처럼 상세히 회고했다.

해방 후 돈을 좀 모아서 귀국할 생각으로 친구와 함께 전분을 사서 엿을 만들고 암거래를 했다. 조선에서 어렸을 때 엿을 만들던 경험을 떠올렸다. 전분을 대량으로 사들여 내가 엿을 만들고 친구가 아사히카와 역 앞에서 쪼개서 팔면 얼마든지 팔렸다. 단 음식이 없던 시절이라 바로 팔려나갔다. 시내에서 포장마차를 하는 일본인이 사러 올 정도로 잘 팔렸다. 엿을 만드는 데는 3번분(三番粉)[335]으로 충분했다. 천원어치 한 포대를 사면 엿을 만들어서 오천원 어치 수익을 올릴 수 있었다.[336]

그는 1947년 가을까지 엿과 막걸리를 팔면서 약 백만 엔 정도를 모았는데 귀국 시 소지금액 제한 때문에 귀국을 포기했다.[337] 오늘날 일본 최대의 파친코 기업인 마루한의 창업자 한창우도 해방 이후 밀항으로

결합된 용어. 닭장 같은 공간이라는 의미로 당시 이카이노 조선인 마을은 이렇게 열악한 구조였다.

333) 현종민은 1928년생으로 15세라면 종전 2~3년 전까지 엿을 만들어 팔았던 셈이 된다.

334) 재일제주인의 생활사를 기록하는 모임, 『안주의 땅을 찾아서』, 33쪽.

335) 풍미가 떨어지는 질 낮은 밀가루.

336) 小熊英二 · 姜尚中 編, 『在日一世の記憶』, 127쪽.

337) 앞 절에서 이렇게 조성한 자금으로 국제마켓을 설립했음을 기술한 바 있다.

도일한 후 막노동과 엿장수를 하면서 대학 입학금을 마련할 수 있었다. 그는 형과 함께 전분엿을 만들어서 판매했다.[338] 최일권의 아버지는 해방 이전부터 쌀을 확보해서 밀조주를 만들어 판매했다. 해방 이후에도 소개지역에서 부모가 쌀을 구할 수 있었기 때문에 엿을 만들었고 인근 온천마을에서 행상으로 판매했다. 과자류의 통제가 풀리기 전까지는 장사가 매우 잘 되었다.[339]

시간이 경과하면서 엿은 점점 사탕으로 대체되었다.[340] 1947년 무렵, 우에노에는 비누공장과 더불어 사탕공장이 많이 나타났는데 사탕, 엿을 뜻하는 일본어인 아메(飴)에서 아메요코(飴横, アメ横) 시장의 어원이 유래하게 되었다. 우에노 시장의 고가 철길 아래 공간은 비누와 사탕공장이 양분하는 형태가 되었다. 비누공장은 이른 시기부터 재일조선인의 참여도가 높았다. 엿을 만들던 이들이 사탕공장으로 전환하기도 했다. 하마마츠에서 엿을 만들던 강희만은 메이지 제과 같은 대기업을 비롯해 10개 이상의 회사에 납품[341] 할 정도로 사업이 잘 된 적이 있었다.[342]

1945년 10월 츠루하시 시장을 보도한 기사에는 술, 엿, 호루몬야키 등이 모두 등장하고 있다. 츠루하시는 재일조선인 집주지구인 이카이노와 인접해 있었으므로 여기에 등장한 물자들은 조선인이 취급했을 가능성이 크다. 주요 귀국항이 있었던 후쿠오카에서도 재일조선인이 만든 막걸리 및 소주, 호루몬 요리 등이 인기를 끌었다. 한 재일조선인은 이를 다음처럼 회고했다.

---

338) 이민호, 『(신한은행을 설립한) 자이니치 리더 : 벼랑 끝에서 일어선 재일교포 성공담』, 128쪽 ; 노무라 스스무, 『일본, 일본인이 두려워한 독한 조센징 이야기』, 20쪽.

339) 小熊英二 · 姜尚中 編, 『在日一世の記憶』, 493~494쪽.

340) 『商店界』, 1946년 9 · 10월 합본호.

341) 제과회사에 납품했다는 것으로 보아 납품물자는 엿이 아니라 사탕이었을 것으로 보인다. 일본어에서는 엿과 사탕을 모두 아메라고 한다.

342) 이붕언, 『재일동포 1세, 기억의 저편』, 198쪽.

> 손님이 보는 앞에서 돼지를 해체하고 데쳐서 맛있어 보이게 진열했다. 보기만 해도 맛있어 보였을 것이다. 개장국(보신탕)도 맛있었다. 근처의 담배 농가에 가서 계란과 교환해서 담배잎을 사고 (조선인) 마을에 와서 종이로 담배를 말아 함께 팔았다.[343]

식량 부족 시대에 우수한 영양 공급원이 되었던 조선식 돼지고기 요리와 개장국이 암시에서 판매되던 모습을 묘사하고 있다. 재일조선인은 통제 제외 품목인 내장으로 요리를 만들어 이를 암시장 등지에서 판매했다. 내장 외에도 일본인이 꺼려하는 식재료였던 돼지 껍질과 쇠심줄 등도 유용한 식재료이자 상품이 되었다.

일부 일본인을 제외하면 생소했던 소·돼지의 내장류는 재료가 아닌, 요리로 소개되었으므로 이 시기의 내장류 유통은 일본 소비자가 주요한 상대는 아니었다.[344] 하지만 식량이 절대적으로 부족하던 시기에 내장은 단백질 공급원이면서도 별미가 되었다. 내장요리를 내는 곳에서는 재일조선인이 만든 밀조주를 함께 취급하였으므로 밀조주와 내장요리는 암시장에서 곧 재일조선인을 떠올릴 만큼 밀접한 관련이 있었다. 일본인들이 암시장에서 이런 요리를 접하는 과정은 야키니쿠 전문점 성장 역사의 배경이 되었다.

2) 밀조주

가. 밀조주의 확산

암시장에서 거래된 물자 중 이른바 '밀조주'는 재일조선인의 전후 일

---

343) 島村恭則,『〈生きる方法〉の民俗誌 : 朝鮮系住民集住地域の民俗學的硏究』, 92쪽.

344) 해방 이전, 오사카의 조선시장 등에서는 내장류가 판매되었지만 이는 조선인 고객을 주로 상대한 것이었다.

상과 불가분의 관계를 맺고 있다. 암시장이 소멸되면 재일조선인 유휴 노동력은 밀주 제조에 더욱 집중하는 경향을 보였다. 밀조주 일제 단속이라도 행해지고 나면 생계 대책이 없어 생활보호 요청이 증가했다. 구조적으로 생활개선이 용이하지 않은 경제적 하층부의 조선인은 암시장 → 밀조주 → 생활보호의 과정을 거치면서 겨우 생계를 이어나갔다. 1950년대까지도 밀조주는 재일조선인의 열악한 경제 현실을 대표하는 상징처럼 여겨졌다. 지역에 따라서는 1960년대에도 밀주가 있었다.

막걸리, 약주, 소주 등은 조선에서는 대중적인 주류로 관혼상제를 비롯해 조선인의 일상에서 음용되던 주류였다. 막걸리 소비는 주로 황해도 이남 지역이었고, 남쪽으로 갈수록 소비가 증가했다. 약주는 경기도, 충청남북도, 전라북도, 경성 근처, 소주는 황해도, 평안도, 함경도 등에서 소비되었다. 이 중에서 약주는 중산자 이상의 음료로, 막걸리는 하등 사회의 음료로 여겨졌다.[345)]

막걸리가 재일조선인 사회에서 대표적인 술이 된 것은 일본으로 유출된 조선인의 지역적 분포와 밀접한 연관이 있다. 도일 조선인들은 대다수가 남쪽, 그중에서도 경상도 지역 출신자가 압도적이었다.[346)] 또한 주로 농촌부 출신인 이들은 주로 일본에서 도시 노동자가 되었다. 남부 지역의 대표적 주류이자 '하등 사회'의 음료라고 여겨지는 막걸리가 재일조선인 사회에서 주종을 이루게 된 것은 그런 이유에서 기인한 것이다. 또한 막걸리는 특별한 기술과 설비 없이 가정에서도 간단하게 빚을 수

---

345) 이승연, 「1905년-1930년대초 일제의 酒造業 정책과 조선 주조업의 전개」, 『한국사론』 32호, 1994, 71쪽. 이 연구에 의하면 일본은 통감부 설치 이후 주세 징수 목적으로 한말 이후 조선의 주조산업을 조사하였는데 따라서 이런 분석은 일본인의 시각이 반영된 것이다.

346) 강재언 · 김동훈, 『재일 한국 조선인 –역사와 전망』, 64쪽. 1924년 오사카부 사회부 조사과의 조사에 의하면 경상남도, 전라남도, 경상북도 출신자가 전체의 79.8%를 차지하고, 1938년 내무성 경보국 조사에서는 동일지역 출신자가 81.2%를 차지하는 등 일본과 가까운 남부 지역 출신들이 압도적으로 높은 비율을 차지하고 있다.

있는 술이었고, 단기간 안에 완성되는 장점이 있어 매우 대중적인 술이었다. 막걸리와 이를 증류한 소주는 암시장과 식당 및 숙박업소 등을 중심으로 유통되었다. 그 외에도 일본청주, 소주의 남은 찌꺼기를 증류해서 만드는 조악한 술인 카스토리(粕取 · 糟取),[347] 실명까지 초래하는 메틸 알콜을 이용해 만든 메틸주 등 다양한 술을 밀조했지만 주종을 이룬 것은 전통적인 주조 문화가 반영된 막걸리와 소주였다.

1945년 8월 15일, 포츠담 선언을 수락하는, 이른바 '옥음방송'을 듣던 재일조선인들이 "조선만세, 독립만세를 외치며 집에서 막걸리를 가져오고 장구를 치며 환희에 들떴다"[348]는 상황에서도 보이듯이 전쟁 말기 극도로 궁박한 식량 사정에도 불구하고 막걸리는 조선인 마을의 상비품이었다. 대장성에서는 밀조주에 대한 보고에서 "조선인들은 막걸리를 항상 마시기 때문에 집단밀주가 가능"했고, 전후에는 "농촌, 도시, 탄광 등의 주변에 실직한 조선인을 중심으로 집단 밀조부락이 형성"[349]된 것이라고 파악했다.

주류 밀조는 패전 직후에는 식량관리를, 1948년 이후에는 세금문제를 주요 명분으로 내세우며 철저하게 단속의 대상이 되었다.[350] 하지만 정

---

347) 카스토리는 소주를 증류하고 남은 찌꺼기로 만든 술로 악취가 매우 심했다. 암시장을 중심으로 널리 음용되었던 소주로 전후 하류문화를 상징하는 용어가 되기도 했다. 대중문화계에서는 '카스토리 잡지'로 분류되는 흥미, 폭로 위주의 잡지들이 발매되었다. 한자보다는 かすとり, カストリ로 표기하면서 시대성을 상징한다.

348) 安田常雄 編集, 『社会を消費する人びと—大衆消費社会の編成と変容』, 19쪽.

349) 『財政』 제18권 제14호, 1953, 47~51쪽.

350) 메이지기까지도 일본에서는 양조장 외에 각 가정이나 농가 등에서 자가 양조가 행해지고 있었다. 그러나 청일전쟁을 계기로 주조세가 제정되면서 자가 양조가 금지되었다. 주조세는 일본 정부의 주요한 세수입이 되어 전체 세수의 3분의 1을 차지하게 되었다. 이로 인해 메이지 연간부터 자가 양조는 밀조주로 취급받았고, 동북 지방을 중심으로 민중의 저항이 매우 거셌다. 전시 중에는 식량 사정으로 인해 밀조 경향이 억압되었지만 패전 후에는 허탈 상태에 빠진 민중들이 술을 찾는 경향이 더욱 강해졌다. 이전의 밀조주가 일본주를 비롯해 동북 지방의 막걸리, 규슈 지방의 소주 등 전통적 방식에 의한 양조였던 반면 패전 이후의 물자 부족 상황에서는 각종 변형 주류가 등장하고, 메틸

부의 엄격한 통제가 작동하고 있었던 전시 중에도 밀조주는 유통되었고, 전후에는 암시장을 중심으로 더욱 왕성하게 판매되었다. 주류에 대한 폭발적인 수요는 전후 주점을 경영한 한 일본인의 회고에서 잘 나타나고 있다.

> 추억의 국민주점(酒場)[351] – 남편이 전사한 이후 매달 100엔이 나왔으나 이것만으로는 먹고 살기 힘들었다. 세무서와 교섭해 국민주점을 시작하게 되었다. 술은 암거래를 통한 대용품이 아니라 세무서를 통해서 하는 장사였고. 생선은 중앙시장에서 받아오는 합법적인 영업이었다. 당시 이런 국민주점은 각지에 생겼다. 깡통을 컵 대신으로 사용했고, 생맥주 한잔은 1엔~1엔 20전 사이로 진짜 술은 거의 접하지 못한 당시 국민들에게 매우 인기가 있어 매일 장사진이었다. 1인당 한 번에 한잔만 가능해서 마신 사람은 다시 행렬의 뒤로 가서 줄을 서야했다. 한 달에 열흘 정도만 장사를 해도 어느 정도 생활이 가능할 정도였다.[352]

전쟁 미망인 등이 특별 배려를 받아 합법적으로 개업한 국민주점은 한 달에 열흘 정도 영업해도 생활이 가능할 만큼 술에 대한 수요는 매우 높았다. 하지만 합법적인 영업장소가 충분하지 않았으므로 암시장을 통한 밀조주의 유통이 성행하게 되었다. 전후 대거 실업상태가 되고, 말단 직업조차 일본인의 몫이 되는 상황이 되면서 재일조선인은 막걸리와 소주를 암시에 내다 팔기 시작했다. 해방 후부터 막걸리를 본격적으로 만들었던 김복순은 이를 다음처럼 회고하고 있다.

주처럼 실명을 초래하는 위험한 술도 등장했다.

351) 전시기에 술을 마실 수 있게 합법적으로 허용해준 술집으로 1944년 도쿄에는 126곳의 국민주점이 있었다,

352) 大阪・焼跡闇市を記録する会,『大阪・焼跡闇市―かって若かった父や母たちの青春』, 87~91쪽 요약.

> 1946년에 일자리를 찾아서 친척을 믿고 가나가와현으로 왔다. 암시장에 가 보니 쌀이 조금 있었다. 한 되 사서 밥을 해 먹으면 금방 없어지니까 막걸리를 만들어 팔면 장사가 되지 않을까 생각했다. 막걸리를 만들면 쌀 한 되가 네 되분 돈이 됐다. 그 쌀 한 되가 내 인생의 시작이었다. '……' 쌀 다섯 되로는 한말 다섯 되 정도의 막걸리가 나왔다.[353]

위의 경우처럼 암시장에서 사들인 쌀은 막걸리로 만들어지고 다시 암시장으로 유입되어 부가가치를 창출했다. 밀조주는 암시장에서 원료 공급, 유통, 소비가 모두 행해졌다. 해방 이전의 막걸리가 자가 소비, 혹은 상업적 목적이라고 해도 재일조선인 사회 내부에서 주조, 유통되었던 것에 비해 해방 이후에는 영리 목적 판매가 대세가 되었다. 암시장이라는 공간을 통해 막걸리에 일본 사회에 전파되었다고 해도 과언이 아닐 것이다.[354]

소주는 막걸리에 비해 제조기간이 길었고, 산출물의 양이 적은데다 증류기 등의 도구가 필요했고, 어느 정도 기술도 있어야 했다. 반면 상하기 쉬운 막걸리에 비해 장기간 보관, 장거리 유통이 가능했다. 막걸리와 소주는 조선인만의 주류 문화는 아니었다. 일본에도 유사한 주류가 존재하고 있었다. 조선에서는 막걸리가 남쪽 술, 소주는 북쪽 술인데 비해 일본에서 막걸리[355]는 북쪽 도호쿠, 소주는 남쪽 규슈의 술로 제조되고 소비되었다. 막걸리는 쌀, 소주는 고구마를 각각 주원료로 하는 재배

353) 『在日のくらし －ポッタリひとつで海を越えて－』, 67쪽.

354) 일본인들에게 익숙한 청주와 소주에 비해 막걸리는 조선인이 운영하는 간이식당 등을 드나드는 일부 노동자 계층을 중심으로 먼저 전파되었다. 간이식당의 출입자는 다양했지만 주로 남성 노동자가 고객이었으므로 이 시기는 아직 전면적인 보급 상태는 아니었다. 일반 대중에게까지 야키니쿠가 보급된 것은 물자 통제가 모두 해제되고 일본이 고도성장기에 접어드는 1950년대 중반부터인 것으로 간주된다.

355) 일본어로는 도부로쿠(どぶろく[濁酒])라고 한다. 재일조선인들 사이에서도 도부로쿠로 불리기도 한다. 본고에서는 가급적이면 막걸리로 표기하고, 특별히 구분할 경우에만 도부로쿠로 표기하고자 한다.

작물의 분포에 따른 차이였다. 한 기사는 "동북지방의 도부로쿠와 가고시마의 산소주"가 유명한 술이라고 보도하고 있다.[356] 따라서 이 두 가지 술은 적어도 도호쿠와 규슈 지역민들에게는 생소한 술이 아니었다. 그러나 일부 지역을 중심으로 소비되었던 막걸리와 소주가 암시장을 통해 전국적 범위로 확산된 것은 암시장과 이를 중심으로 활동한 재일조선인의 역할과 무관하지 않을 것이다.

밀조주 단속 초기에는 규슈 지역 일부 언론 중 막걸리를 맛카리[357]라고 표기한 것이 눈에 뜨인다. 규슈에서는 익숙하지 않은 술이었기 때문에 조선인에게 들은 그대로 표기했던 것으로 보인다. 누루꼬[358]라는 용어도 등장한다.[359] 그러나 대다수의 언론에서는 '도부로쿠'라는 일본 이름으로 이를 보도하고 있다.[360]

막걸리는 암시장에서 내장구이, 오뎅, 닭꼬치구이 등을 판매하는 재일조선인의 영세 간이식당에 주로 공급되었지만 후에는 일본인 운영의 점포에도 공급되었다. 술이 부족하던 시기였던 까닭에 일본인들도 막걸리를 찾았다. 외관상 일본의 감주와 비슷하고, 일본인들에게는 신 맛이 강한 술이었지만 그조차도 아쉬운 상황에서 조선인이 만든 막걸리는 인기를 얻었다.[361] 색깔이 흰 까닭에 암시장에서는 시로우마(白馬)[362]로 불

356) 『産業南日本』, 1948년 1월호.

357) 『九州タイムズ』, 1947년 3월 21일자 ; 『佐賀新聞』 1948년 6월 22일자.

358) 한국어인 누룩을 들은 바대로 표기한 것으로 보인다. 일본술은 코우지(麴)라는 입국을 사용하지만 조선술에 쓰는 누룩은 이와는 형태가 다르기 때문일 것이다. 현재 대량 생산되는 한국의 막걸리는 일본식 입국을 사용하고 있지만, 이 시기 재일조선인 사회에서는 고유의 방식이 전승되고 있었음을 알 수 있다.

359) 『財政』 제18권 제14호, 1953, 47~51쪽.

360) 동포언론에서도 도부로쿠로 통일되는 경향이었다. 1세들의 구술을 보면 '탁배기'라는 용어도 일상적으로 많이 사용되었다.

361) 大阪・焼跡闇市を記録する会, 『大阪・焼跡闇市—かって若かった父や母たちの青春』, 349쪽.

362) 막걸리가 하얗다고 해서 불린 은어. 1970년대에도 재일조선인 운영의 식당에서는 일본인 고객들이 이 이름으로 부르기도 했다.

렸다. 1946년 암시 숙정이 단행된 이후, 축소된 암시의 모습을 둘러본 한 기사에서는 다음과 같은 막걸리 판매상황을 보여주고 있다.

> (고베) 니시노미야 청공시장에는 여러 음식을 판다. 공공연히 막걸리도 팔고 있다. 내가 마신 막걸리는 퇴비냄새가 나서 목에 넘길 것이 못 된다. 그러나 천객만래로 많은 손님이 모여들고 있다. 가격은 한잔에 10엔이고 구운 생선 한 마리도 같이 주고 있다.[363]

막걸리는 백주에도 버젓이 거래되고 있으며 '천객만래'의 손님이 모여들 정도로 인기 있는 품목이 되어 있다. 당시에 유통되던 이 생소한 술에 대해서 다음처럼 기술한 기사도 있다.

> 술값 때문에 주당들은 살인 위스키를 마시게 된다.[364] 그러나 이런 시기에 막걸리와 소주가 클로즈업되었다. 맛은 그저 그렇지만 절대 죽지 않으므로 걱정 없이 싸게 마실 수 있다. 막걸리는 원래 촌사람들이 하루 휴양을 위해 마시는 것이었다. 지금은 교토 시내 어디든지 상업용으로 판매해서 아이도 알 정도가 되었다. 이 술은 노동계급이 마신다. 원료는 주식인 쌀, 보리, 기장 등이고 양질에다 맛도 좋다.[365]

위의 기사를 참고하면 패전 후 2~3년 안에 막걸리는 암시를 중심으로 일반에게 대중화되었음을 알 수 있다. 막걸리는 싸고, 빠르게 취하고, 배도 부르게 해주므로 '三德酒'라고 불렸으며 그 수요가 꽤 많았다.[366] 조선인 마을에 오면 막걸리를 마실 수 있다는 소문은 일본인 사이에도

---

363) 『商店界』, 1946년 9 · 10월호.

364) 조악한 재료를 사용한 변형 술인 카스토리, 가짜 위스키, 혹은 메틸 알콜로 만든 술을 의미.

365) 『月刊民評』, 1948년 12월호.

366) 『財政』 제18권 제14호, 1953, 47~51쪽.

퍼져서 일본인이 직접 병을 들고 사러 오기도 했다.[367] 강덕상의 어머니는 암시장에서 노점을 하면서 밀조주도 만들어 팔았다.

> 당시 '똥창'[368]이라고 불렀던 내장요리를 파는 가게가 조금씩 생겨났다. 식량난 시기였기 때문에 일본 손님도 먹으러 왔다. 그런 가게에 막걸리를 도매하는 이도 있었다. 그런데 우리 어머니는 그런 가게에 연줄이 없어서 술을 한말짜리 깡통에 넣어서 등에 지고 동포의 집락에 팔러 간 것 같다. 사는 이들은 동포가 많았지만 일본인 중에서도 좋아하는 사람은 직접 사러 오기도 했다.[369]

1947년 6월부터는 전국 약 15만 곳의 요리, 음식점 및 약 5만 곳의 노점식당에 대해 식량위기를 돌파할 때까지 당분간 일제 휴업의 방침이 취해졌다. 이 시기에는 업무용 주류마저 공급이 정지되었다.[370] 해당년도의 술 제조는 그 전해의 60%에 그쳤다.[371] 이런 상황에서도 주류 수요는 매우 높았고, 위험 부담으로 인해 암거래 주류의 가격도 상승하기 때문에 밀조는 더욱 성행했다.

나. 제조 및 유통 방식

가쓰기야는 대부분 식량을 취급했기 때문에 밀조주와 엿의 원료를 상대적으로 구하기 어렵지 않았다. 가족 중 일원이 가쓰기야를 한다면 다른 구성원들은 밀조주를 제조해 암시장과 식당에 공급했다. 술 밀조는

---

367) 川田文子, 「ハルモニの唄 : 在日女性の戦中・戦後」, 『世界』, 2013년 1월, 332쪽.

368) 재일조선인들은 내장을 똥창으로 불렀다. 도쿄 최초의 야키니쿠집으로 알려진 명월관도 최초에는 내장정식을 판매해 '똥창집'이라고 불렀다.

369) 『在日のくらし ―ポッタリひとつで海を越えて―』, 64쪽.

370) 松平誠, 『ヤミ市幻のガイドブック』, 113쪽.

371) 『朝日新聞』, 1948년 1월 22일자.

가족 단위를 넘어서 조선인 마을 전체의 공동 작업으로 행해지기도 했다. 마을 주민 중 한 사람이 밀주로 돈을 벌었다는 소문이 나면 덩달아 밀주 제조에 나서는 일이 잦았다.[372]

마을 단위의 밀조는 막걸리와 소주의 경우가 각기 달랐다. 막걸리는 별다른 기술을 요하지 않은 채 짧은 시간 내에 제조가 가능했지만 금방 상했기 때문에 유통과 소비도 그만큼 단기간에 끝내야 했다. 원료로 쌀과 보리, 누룩 정도만 갖추면 적어도 사흘이면 완성되었다. 막걸리용으로 항아리를 공동 구입해 항아리당 5~6명이 순번제로 돌아가며 막걸리를 만들기도 했다.[373] 항아리가 언제나 사용 중일 정도로 막걸리 밀조는 성행했고, 공동 제조한 막걸리 수십 통을 마을 한가운데 두고 공동 관리를 하는 경우도 있었다.

한편 소주는 막걸리보다 제조기간이 더 걸렸지만 장기간 유통관리가 가능했고, 적은 양으로도 막걸리보다 높은 수익을 올리는 장점이 있었다. 활성탄, 플라스코 여과기, 증류기 등을 구비하면 소주가 만들어졌다. 소주 증류기는 설비를 갖추는데 비용이 들었으므로 규슈의 한 조선인 마을에서는 완성된 막걸리를 들고 증류기를 갖춘 이웃마을에 가서 소주로 만든 다음 고객에게 팔기도 했다.[374]

막걸리와 소주는 유통방식도 달랐다. 막걸리는 금방 상하고 부피가 많이 나가서 자가 소비나 마을 단위의 소비용이었고, 상업용으로 판매된 해방 이후에도 마을에서 멀지 않은 암시장이나 번화가의 '뒷문영업' 술집 등으로 배달되었다. 소주는 이에 비해 운반의 부담이 덜했기 때문

---

372) 島村恭則, 『〈生きる方法〉の民俗誌 : 朝鮮系住民集住地域の民俗學的研究』, 94쪽. 이런 상황은 이후 조선인들 사이에 경쟁이 벌어지는 원인이 되기도 했다.

373) かわさきのハルモニ・ハラボジと結ぶ2000人ネットワ ーク生活史聞き書き・編集委員會 編, 『在日コリアン女性20人の軌跡』, 82쪽.

374) 島村恭則, 『〈生きる方法〉の民俗誌 : 朝鮮系住民集住地域の民俗學的研究』, 94쪽.

에 장거리까지 배달되었다. 가고시마에서는 산에서 만든 이른바 '산소주'가 시내로 배달되어 왔다. 인근에 고객이 확보된 경우는 리어카로 배달을 할 수 있었지만, 원거리는 자전거, 기차, 트럭 등을 이용했다. 적은 양을 거래할 때는 의료용 물베개, 규모가 큰 거래는 석유 드럼 등에 소주가 적재되었다.[375] 증류기 제조로 큰 수익을 올렸던 기술자는 소주 운반을 위한 물베개도 함께 제작했다.[376] 산소주는 배급용 소주보다 알콜 성분이 강했다. 증류한 소주는 50도 정도였지만 희석해서 35도, 18도 정도로 만들면 양과 수익이 더 늘어났다.[377]

가고시마의 한 조선인 마을에서는 39호 정도의 주민이 소주조합을 만들었다. 각 농가는 쌀과 고구마를 준비하고 증류기 2개를 갖춘 다음, 당번제로 소주를 만들고 이를 각 조합원에게 배급하는 방식으로 작업했다.[378] 증류기 기술자도 소주 소비 덕에 수익을 올릴 수 있었다. 의료기계 제작소에서 일하던 한 조선인은 1,500엔의 재료비를 들여 증류기를 만든 다음 이를 9,000엔에 판매했다.[379] 기업적인 수준을 갖춘 곳은 여러 곳에 도매를 하면서 소주를 제조했다.

강덕상은 자신의 집보다 넓었던 이웃집도 술을 만들었는데 그 곳은 "살롱처럼 술을 마시는 장소"[380]라고 회고했다. 조선인 마을은 밀주 제조처이자 판매처이기도 했다. 한편, 술 제조 시 발생하는 강한 냄새 때문에 의도적으로 오지 산천에 따로 장소를 잡고 밀조를 하는 경우도 있었다.[381]

---

375) 李鐘泌, 『私の見て来た大分県朝鮮民族五十年史』, 319쪽. 물베개는 소주를 운반하는 일에 자주 사용되었다. 소리가 나지 않고, 운반에 편리했기 때문이었다. 유리병도 통제물자였으므로 배달을 끝낸 후 회수할 수 있는 물베개는 유통 비용을 절약할 수도 있었다.

376) 島村恭則, 『〈生きる方法〉の民俗誌 : 朝鮮系住民集住地域の民俗學的研究』, 94쪽.

377) 『産業南日本』, 1948년 1월호.

378) 『産業南日本』, 1948년 1월호.

379) 島村恭則, 『〈生きる方法〉の民俗誌 : 朝鮮系住民集住地域の民俗學的研究』, 94쪽.

380) 『在日のくらし ―ポッタリひとつで海を越えて―』, 64~65쪽.

381) 1948년부터 집중적으로 행해진 밀조주 단속 보고서를 보면 외딴 곳에 자리한 오지의 밀

조선인의 밀조주 상황에 대해서는 조련에서도 관심을 보였다. 제3회 전국대회부터 재일조선인의 생활 안정을 주요 사업으로 선언하였지만 암시장을 공공연하게 인정하기 어려운 것과 마찬가지로 조련 차원에서 밀조를 권장할 수는 없었다. 하지만 실업률이 점점 높아지고 재일조선인의 경제적 여건이 악화되고 있는 상황에서 밀조주를 지양해야 될 업종으로만 치부할 수는 없었다. 제5회 전국대회 의사록을 보면, 생활권 확보 사안 중 다음과 같은 항목이 있다.

> 대용원료로 주조하고 엿 협동조합의 조직화로 상권을 합법화, 기타 공동 기업장을 설치하여 생산 사업을 일으키고 가축 사육 등 부업을 장려하며 소비 대중에게 봉사할 것.[382)]

조련은 술과 엿 제조의 공동 작업과 사업 형태로 추진할 것을 제안하였지만 주조에 '대용원료'를 사용하자는 탁상공론에 그치고 말았다. 술과 엿 모두 주요 식량이 원료일 뿐 아니라 제조 및 유통이 현행법 테두리 안에서 한계가 뚜렷하므로 조련의 제안은 현실성을 결여한 것이었다. 합법적 범위 내에서 일본 정부에 대한 투쟁과 협력을 병행해야 하는 조련의 딜레마가 엿보인다. 이런 인식의 균열은 같은 대회에서 "불건전한 부랑층에 대하여 그 사회적 지위를 철저히 인식시키며 노동의식을 앙양하고 성실한 노동, 정당한 경제로서 건전한 인민생활을 목표로 상권획득을 하여야 한다"는 원론적이고 이상적인 구호에 가까운 실업자 대책에서도 나타나고 있다.

주 마을을 급습한 사례가 주류를 이루고 있다. 조선인 마을임을 명시한 보고서도 있지만 단순히 '밀조주 마을 급습'이라는 내용으로 작성된 보고서나 기사도 있다. 그 내용을 보면 재일조선인 마을로 여겨지는 정황이 많이 나타난다.

382) 「第五回全国大会議事録」, 1948년 10월 14~16일, 『叢書』 9卷, 181쪽.

조련 운영의 조선학교 교사로 일했지만 월급만으로 먹고 살 수가 없어 밀주 제조를 한 경우도 있었다.[383] 밀조주와 생활안정 문제는 조련 해산 후 사업내용을 승계한 민전의 보고서에서 더욱 상세하게 나타난다. 조련을 지원하던 일본 공산당은 재일조선인의 밀조주 문제에 대해 매우 적극적으로 나섰다. 나가노에서 공산당에 입당했던 이달원은 입당의 이유를 "생활 문제 때문"이라고 밝혔다. 공산당은 밀조주를 만들면 판매처까지 알려주는 정보와 인맥을 갖추고 있었기 때문이다.[384]

1947년 음식점의 영업금지가 시작되면 외관상 가건물 같은 일반 주택이지만 뒷골목에 따로 나있는 입구로 고객을 받는, 이른바 '뒷문영업'이 성행하기 시작했다. 이런 업소의 고객이 되기 위해서는 보증인으로 단골손님 두 명이 필요했고 기존 고객들과도 인사를 나누어야 했다. 막걸리는 뒷문영업 점포에서 중요한 판매 품목이었다. 고객은 주로 노동자들로 그들 사이에는 암묵적인 비밀이 지켜졌다. 한번 단골이 되면 그 곳만 갔으며 막걸리가 덜 완성된 경우는 양해를 얻어 다른 영업점으로 보내기도 했다. 가격이 저렴하므로 현금만 받고 외상은 일체 허용되지 않았다.[385]

1947년의 조사에 의하면 쌀은 가쓰기야가 암시장에 조달하는 한편 일반 소비자와 직접 거래하는 경우도 많았다.[386] 그러나 술은 기호식품이었으므로 일반 소비자 대상보다는 마켓(암시장), 중화요리점 등의 전문 구매자에게 공급되었다.[387] 암시장에서 대다수의 거래는 불법 행위이지

383) 이붕언, 『재일동포 1세, 기억의 저편』, 243쪽.

384) 小熊英二 · 姜尚中 編, 『在日一世の記憶』, 734쪽.

385) 『税金と生活』, 1949년 5월호.

386) 쌀은 암시의 가장 핵심적인 품목으로 유통경로가 매우 다양했다. 중간상을 거치지 않고 직거래할 경우 가쓰기야의 이익이 더 높아지고, 소량만을 배달할 수 있었으므로 직접 거래하는 소비자가 중요했다.

387) 大河内一男 編, 「戦後の露店市場」, 234쪽.

만, 그중에서 밀주는 요식업소를 중심으로 거래되었기 때문에 여타 물품보다 단속의 범위를 한정시킬 수 있었다. 노점식당이나 일반식당 혹은 숙박업소가 아닌, 중화요리점이라는 장소가 특정하게 언급된 것은 주목해 볼 필요가 있다. 거래처가 일본인 업소라고 하면 거래 단절의 우려가 있었기 때문에 승전국민으로 지위규정이 되었던 중국인 운영의 중화요리점이라고 응답한 것이라고 여겨진다. 이 조사에서는 재일조선인의 술 판매 현황은 나타나지 않았다.

밀주 제조는 재일조선인만의 전유물은 아니었다. 일본인 및 중국계인, 재일조선인 마을의 혼주자, 조선인의 배우자인 일본인 등 다양한 이들에 의해, 때로는 목숨까지 앗아가는 위험한 주류가 제조되었다. 가쓰기야의 쌀을 보관해 주다가 이를 계기로 밀조주를 시작한 한 일본인은 다음처럼 기술하고 있다.

> 밀조주는 암시의 귀중품이었다. 가쓰기야가 공사현장에 맡긴 재고를 활용하려고 누룩을 만들어 팔았더니 예상 외로 모두 팔렸다. 조선인이 많이 사갔다. 당시 후나바시에는 조선인 마을에서 만든 술은 기분 탓인지 마늘 냄새가 난다는 평판이 있었다. 누룩보다 술을 만드는 게 더 이익일 것 같아 시작했다. 쌀은 가쓰기야들이 얼마든지 공급해 주니까 서로 이익이었다. 다섯 되 분량의 누룩에 한 말 분의 쌀과 물을 더해 발효시키면 4말 분량이 나왔다. 하루이틀이면 거품이 올라와 발효가 시작되고 나흘째에 소리가 없어지면 완성된다. 이 사업이 매우 잘돼서 대대적으로 장사를 시작했다. 대형 트럭을 한 대 사서 운전수도 고용했다. 화물칸에 1말 통을 30개 정도 놓을 수 있었다. 이 위에 모래를 덮고, 토건업이라는 도장을 찍고 내가 그 위에 앉아서 가면 충분히 위장할 수 있었다. 검문소는 밤에 통과해야 했다. 주요 판매처는 우에노 아메요코였다. 당시 한 말 가격은 대략 7천엔, 원료비인 쌀은 3천원 정도였다. 술을 위장하기 위해 덮었던 모래도 함께 팔았다.[388]

---

388) 『庶民の体験 : 戦後30年 忘れ残りの記 上』, 120~123쪽.

인용한 내용을 보면 이 술은 막걸리이다. 일반인들에게는 밀조주는 곧 재일조선인이라는 등식이지만 상기의 사례에서 보듯이 일본인 중에서도 밀주 제조를 하고, 암시장에 판매하는 이들이 적지 않았다.

상기의 일본인 밀조자는 조선인 마을의 밀주는 '마늘 냄새'가 난다고 했고, 고베 니시노미야의 암시장에서는 '퇴비냄새' 나는 막걸리를 마신 이도 있었다. 가와사키에서는 재일조선인의 술에서 '매운 맛'이 나서 고추를 넣은 것이 아닐까 의심하기도 했다.[389] 재일조선인에 대한 편견일 수도 있지만 밀조주 적발 시 술을 퇴비더미에 숨기거나 술독에 고춧가루를 뿌리기도 했다는 점을 감안하면 사실 전혀 근거 없는 의심은 아니라고 하겠다. 밀조 적발 시 마을 사람들의 대비를 보면 매운 맛이 나는 술의 정체를 짐작할 수 있다.

> 경찰의 단속이 있을 경우에는 사전에 미리 알려주면서 돈을 요구하는 경찰이 있었다. '……' 그러면 모두 막걸리 위에 고춧가루를 확 뿌렸다. 너무 빨리 넣어 버리면 쓸 수 없으므로 경관이 오기 20~30분전에 넣었다. 막걸리는 발효한 다음 부글부글 거품이 솟아오르기 때문에 고추를 넣으면 확 냄새가 치밀어 오른다. 그 대단한 냄새에 져서 경찰관은 모두 되돌아 가 버렸다. '……' 순사가 간 다음, 할머니들이 모두 국자 같은 것으로 막걸리 표면에 있는 고춧가루를 떠냈다. 다만 윗물은 증류해서 소주로 만들고, 아랫물은 막걸리로 팔았다.[390]

밀주의 거래방식과 형성 가격대는 시기와 거래장소에 따라 변동이 심하지만 몇몇 사례를 통해 대략의 추이를 알 수 있다. 1946년 초, 가격이

389) 松平誠, 『ヤミ市幻のガイドブック』, 112쪽.

390) かわさきのハルモニ・ハラボジと結ぶ2000人ネットワ-ク生活史聞き書き・編集委員會編, 『在日コリアン女性20人の軌跡』, 82쪽 ; 『在日のくらし －ポッタリひとつで海を越えて－』, 63~71쪽.

인상되기 전 합법적 청주 1급주의 가격은 17엔이었다.[391] 비슷한 시기, 가쓰기야가 거래하던 도쿄의 밀주 가격을 보면 일본 청주 1급주는 400~430엔 정도, 소주는 되당 280엔에 사서 350엔에 판매했다.[392] '제3국인'은 술의 1회 운반량이 1말 정도로 일본인 평균보다는 두 배 높으므로 수익률도 그에 비례했을 것이다.

술을 만들 자본이 없던 이종대는 이웃 일본인에게 사정해 쌀 한가마 네 말을 빌려 술 두 항아리를 만들었다. 이를 판매해서 얻은 수익은 거의 두 배에 가까운 두 가마 다섯 말이었다. 이 쌀로 다시 밀주를 팔면 두 배씩의 이익이 남았다. 열흘에 한 번씩 술이 나왔고, 한 달에 세 번씩 정산하면서 이익이 점점 늘어났다.[393] 이성우는 온천 인근에서 밀주를 만들었다. 소주와 청주를 만들어 가짜 상표를 붙인 다음 인근 온천 요릿집과 카바레에도 납품했다.[394] 고베의 암시장에서는 "우유 상자 두 개를 얹은 자전거에 막걸리 부대가 당당하게 와서 갈대발이 쳐진 가게 앞에 두고 간다. 거래는 모두 백엔 지폐 단위로 한다"[395]는 목격담도 있다. 밀주는 확실한 현금 수입을 보장하는 물자였다.

1946년 8월경, 막걸리는 고베 노점식당에서 잔당 10엔 정도, 1948~49년 무렵, 규슈에서는 한 되당 180엔 정도였다. 브로커들은 농가에서 300엔 내외로 소주를 사서 운반비, 일당 등을 포함된 한 되당 400~500엔 정도 가격으로 암시장의 오뎅집 등에 판매했다. 가고시마 시내에서 소주는 한 잔 50엔에 판매되었다.[396] 규슈 타 지역을 보면 사세보는 되당 350~

391) 『朝日新聞』, 1946년 1월 8일자.

392) 大河内一男 編, 「戦後の露店市場」, 234쪽 ; 『朝日新聞』 1946년 1월 8일자. 1946년 초 합법적으로 공급되는 1급 청주는 17엔이었다. 이후에 가격이 인상되었다.

393) 이남호, 『在日僑胞 立志傳: 눈물의 關釜連絡船』, 350~357쪽.

394) 이성우, 『일본에서 지내온 세월들 -재일교포 할아버지 이야기』, 198쪽.

395) 『商店界』, 1946년 9·10월 합본호.

396) 『産業南日本』, 1948년 1월호.

400엔 정도였고,[397] 구루메에서 적발된 소주도 1되에 400엔에 매각되었다.[398] 그 외 지역에서도 소주는 최저급이라도 되당 400엔에 유통[399]되었다는 내용의 기사가 있다.

이보다 이후 시기인 1955년 가와사키의 막걸리 가격은 1되당 450엔, 소주는 200엔 전후였다.[400] 소주 가격이 많이 하락한 것은 합법적인 주류가 본격적으로 생산되고, 암거래 주류의 수익이 감소했다는 것을 의미한다.

정부 입장에서는 밀조주가 전후 경제 재건에 큰 장애물로 여겨졌고, GHQ도 이를 방지하기 위해 병력까지 동원했다. 1947~48년을 기점으로 세제개혁이 행해졌는데 강력한 실행을 위해 밀조주 단속이 본격적으로 강화되었다. 암시장과 달리 밀조주는 지역이 한정적인 까닭에 단속이 상대적으로 용이했다. 그중에서도 재일조선인 마을 단속은 세수 확보 및 전후 축소된 경찰 기능 확대의 명분을 제공하고, 일벌백계라는 측면에서 집중적인 단속 대상이 되었다. 밀조주는 재일조선인에게 주요한 수입원이었지만 일본 정부에게 밀조주의 범람은 세수의 침식을 의미했다. 벌금을 내도 근절되지 않고 계속 공급되는 것은 밀주가 그만큼 이익이 크기도 했지만 조선인의 경우는 이 일 외에 할 수 있는 일이 그리 많지 않았기 때문이었다.

야구선수 장훈의 어머니는 소주와 막걸리를 만들어 팔았는데 그는 이에 대해 "물론 경찰에 들키면 잡혀 간다. 그러나 패전 직후의 잿더미 속에서 생활수단이 없는 우리 가족은 그런 길밖에 살아나갈 길이 없었다. 어머니는 아무리 더운 날이나 추운 날에도 암시장에 재료를 사러 갔다"

---

397) 『佐世保時事新聞』, 1949년 3월 24일자.

398) 『税務通信』, 1948년 11월호.

399) 『税金と生活』, 1949년 5월호.

400) 樋口雄一, 「川崎市おおひん地区の朝鮮人の生活状態」, 『海峡』, 社会評論社, 2002, 69쪽.

고 회고했다.[401] 밀조주 단속과 관련한 제반 상황은 제4장 2절에서 상술할 것이다.

3) 의류 및 잡화류

암시장의 생성과 소멸 시기까지 가장 비중이 높았던 품목은 식품류였지만 의류 및 잡화류도 상당한 비중을 차지했다. 농수산물은 수확과 동시에 유통이 가능했지만 생활용품은 제조업체의 정상적인 가동이 이루어지기 전까지 만성적인 부족 현상을 보였다. 재일조선인 제조업체의 성장은 생활용품의 전후 수요 증가에 힘입은 바가 컸다.

1946년 도쿄 노점조합의 업종 분포를 보면 식료 관계 다음으로 일용잡화관계가 38.7%를 차지하고 있다. 1946년 1월 오사카 경찰청의 조사에서는 6,000곳에 가까운 시내의 암시점포 중 식료품의 비중이 60%를 넘었고, 다음으로 잡화 567곳, 금속 284곳, 피혁 174곳, 연료 64곳으로 20% 가까이 차지한다.[402] 이 조사에서는 이유를 알 수 없지만 의류취급점이 나타나지 않고 있다. 재일조선인 등이 불하받은 금속, 기계류로 솥, 냄비 등으로 가공하고, 고무제품, 비누 등도 대체 재료로 생산해 낼 수 있었지만 의류 부문은 원자재 부족 등 다른 업종보다 생산이 늦어진 것이 하나의 원인이 아닌가 한다.

초기 암시장에는 복원병들의 군복 및 군화, 모포 등의 군대용품을 식량과 교환했다는 일화가 자주 언급된다.[403] 남주야는 복원병의 신발과 모포 등을 구입해서 장사를 시작했는데 장사가 매우 잘 되었다.[404] 도시

---

401) 장훈, 『방망이는 알고 있다 －張勳自傳』, 서문당, 1977, 36쪽.

402) 猪野健治 外, 『東京闇市興亡史』, 34쪽.

403) 암시장 초심자 중 복원병의 비중이 높았던 것도 복귀할 직장이 없었던 이들이 자신의 물자를 팔면서 유입되었기 때문이다.

거주자들이 집안의 물자들을 하나씩 내다파는 이른바 '다케노코 생활'은 주로 의류가 중심이 되었다. 한 일본인 복원병은 자신의 소지품과 장롱 속 옷을 다 팔고 난 다음 사망자나 폐결핵 환자의 각혈 흔적이 남은 옷을 그대로 팔기도 했다. 업자들이 이를 사서 재가공한 다음 농촌에서 식량과 교환[405]했지만 소비자로서는 알 길이 없었고, 설사 알았다 하더라도 선택의 여지가 없는 현실이었다. 어느 재일조선인 여성은 "긴 치마 밑에 마전한 포목을 둘둘 말아 숨겼다가 사람들이 없는 곳에서 꺼내 풀고 가게에 팔"[406]았다. 재일조선인 B는 오사카와 인근 지역에서 중고의류를 매입해 구마모토의 암시장을 오가며 판매했다. 1950년대 초중반까지도 물건을 가져오자마자 금방 다 팔릴 정도로 호경기를 누렸다.[407] 아래 기사는 고베 산노미야 암시장의 중고 의류 거래 상황을 기술하고 있다.

> 종전 당시 암시장에는 '3국인'의 식당이 연이어져 있어 어디를 가도 만원이었다. '3국인'이나 벼락부자들이 운영하는 중고옷가게가 넘쳐났다. 이런 점포들은 '비싸게 삽니다' '싸게 팝니다'라는 간판을 내걸고 있었다. 그러나 돈이 모자라는 이들은 옷을 들고 와 헐값에 팔고 사는 사람은 비싸게 사는 상태였다. 이때부터 아마추어 의복 매매업자가 속출했다.[408]

'제3국인'이라는 용어는 이 기사에서도 반복되고 있다. 기사 작성자가 '제3국인'과 '벼락부자'를 어떤 식으로 판별하였는지 알 수 없지만 내용상 이들이 암시장 교란의 주요 세력임이 은연중에 주입되는 듯하다. 하지

404) 小熊英二・姜尚中 編, 『在日一世の記憶』, 231쪽.
405) 大阪・焼跡闇市を記録する会, 『大阪・焼跡闇市—かって若かった父や母たちの青春』, 105쪽.
406) 『神戸新聞』, 1969년 9월 26일자.
407) 島村恭則, 「熊本・河原町「国際繊維街」の社会史：闇市から問屋街、そしてアートの街へ」, 27쪽.
408) 『日本商業通信』, 1948년 4월호.

만 고베에서 암시장이 번성했던 1946년 초의 조사 내용을 보면 암시장 상인 중 일본인은 80.5%, 조선인은 9.6%, 대만인과 중국인을 합쳐 9.8%[409]로 일본인을 제외한 주요 재일외국인들은 20% 미만이었다. 그나마 이런 수치는 주요 대도시의 암시장에서 추출된 것이고, 재일외국인들이 적은 지역까지 포함한 전국 단위로 파악하면 그 수치는 더욱 적어질 것이다. 이 기사 역시 실질적인 수치와 상관없이 암시장에 나타난 '제3국인'의 존재를 과장스럽게 묘사하는 기사의 전형을 보여 준다. 패전 이후 암시장에서 일본인과 재일외국인의 접촉빈도가 늘어나고, 외국인 상공업자의 사업 기회가 확대된 것이 일본인들에게는 위협적으로 느껴졌던 심리의 일단을 볼 수 있다.

1947년 일본의 각 행정지역에서 대표적인 촌락 9곳을 대상으로 조사한 바에 의하면 암거래 생활로 가장 곤란을 겪는 것은 의류 29.8%, 식량 20.2%[410]로 의류의 비중이 식량보다 더 높았다.[411] 그러나 도시를 대상으로 한 조사였다면 의류와 식량의 순위는 바뀌었을 것이다. 상대적으로 식량 여유가 있는 농촌에서 식량을 걱정한 것은 공출의 과다와 배급 할당의 불공평 등에서 기인했다고 보인다. 농민들이 필요로 하는 것은 일상 작업복과 지카다비 등의 작업화였는데 농촌에서 바로 구입할 수 없어 도시의 암시장을 거쳐야만 했다.

가이다시는 도시민에 의해 주로 행해진 것이지만 의류와 잡화 구입을 위해 식량을 들고 도시로 오는 농민들 중 가쓰기야가 된 경우도 있었다.[412] 1947년 도쿄 가쓰기야의 거래 품목 조사 중 젊은 농부들이 특히 좋아하는 것은 바지, 담배, 와이셔츠 등이었고, 도쿄 모 역전의 브로커에

409) 神戸市編, 『神戸市史〈社会文化編〉』 第三集, 54~57쪽.

410) 『家庭生活』, 1948년 2월호.

411) 그 외 물가, 비료, 생필품, 농기구, 철물, 주거의 순이었다.

412) 『日本商業通信』, 1948년 4월호.

게 사들여서 도쿄 인근의 농가에서 판매되었다.[413]

전후에 도시인들의 고급 의류는 식량으로 전환 가능한 소중한 물자가 되었다. 농촌 여성들은 구경하기도 어려웠던 도시 여성의 기모노가 식량으로 교환되는 패전 후의 풍경은 소설이나 드라마 등에서도 묘사가 된다. 일본을 방문했던 한 미국 여성은 유명 비단 산지인 교토에서 "비단을 전혀 구경할 수 없었다"[414]고 인상기를 남기기도 했다. 전시 중 물자통제에 의해 남성은 국민복, 여성은 작업복인 몸뻬를 일상적으로 착용해 왔던 까닭에 일상 물자 구매처였던 암시장은 억눌려져 있던 욕망을 충족시키는 장소이기도 했다. 도시와 농촌은 암시장을 통해 식량과 의류, 잡화류를 상호 교환하고 공급과 수요의 불균형을 일부 해소할 수 있었다. 암시장은 도시뿐만 아니라 농촌 지역의 생활경제도 함께 좌우했던 주요 유통기구로 작동했다.

섬유·의류 산업은 6.25전쟁을 계기로 전후 경기를 부양하는 주요 산업 중의 하나였지만 정상 복구가 되기 전까지는 이렇듯 암시장을 중심으로 중고의류가 유통되는 실정이었다. 제조업에서 전술하였듯이 사카모토 방적을 설립한 서갑호는 암시장 경기를 타고 일본 경제계에서도 손꼽히는 기업가로 성장하게 되었다. 전통 직물을 생산해 내던 교토 니시진 직물업계의 호황도 전술한 바 있다. 니시진에서 비로드를 생산하던 박동현은 "물자가 부족해 만들기만 하면 뭐든 팔려나가는 돈 벌기 쉬운 시대였다"[415]라고 그 시절을 회고한다. 부모 세대부터 니시진 직물공업계에 3대째 종사한 김학철은 이 시기 재일조선인의 집에는 "현금이 장롱 안에 다발로 굴러다닐 정도로 호황"[416]이었다고 언급했다.

---

413) 大河内一男 編, 「戦後における露店市場」, 234쪽.

414) 『동아일보』, 1947년 7월 17일자. 이 시기에는 실용직물 중심으로 생산해 내는 재일조선인 업자의 비중이 높은 상태였다.

415) 이붕언, 『재일동포 1세, 기억의 저편』, 150쪽.

섬유·의류의 부족과 이를 보충할 중고의류의 수요는 맞춤복 사업의 성장으로도 연결되었다. 해방 이전부터 양복 수선을 해왔던 허필석은 천막을 치고 재봉틀 한 대를 놓은 노천 양복 수선소를 냈다.

> 새로운 양복지가 거의 안 나올 때라서 양복은 귀했다. 우라가이(裏換)[417]라고 해서 양복을 입다가 겉이 바래고 낡으면 그것을 뒤집어서 다시 수선했다. 또 미군이 입는 국방색 군복을 염색하고 신사복으로 줄여 수선하면 신사복 바지가 되었다. 일본 사람들도 그런 양복들을 입고 거리를 활보하던 때라서 양복 수선소는 상상 외로 잘 되었다.[418]

그는 수선한 양복을 직접 들고 지방으로 가서 팔고, 기성복 전문점과 피복공장까지 운영하면서 사업을 확장했다. 아내와 함께 나고야와 나가노를 오가며 가쓰기야를 했던 정환기는 자신이 소지하고 있던 양복 20여 벌을 파는 것을 계기로 사업을 시작했다. 중고양복은 며칠 내에 다 판매되었는데 이 자금으로 옷감을 사서 새 양복을 제작했다. 하루에 20~30벌을 만들어도 수요를 감당할 수 없을 만큼 판매가 잘 되었으므로 점포 확장과 도소매업을 겸하게 되었다.[419] 신바시 암시장에서는 한 고객이 노점상이 입고 있는 양복을 보자마자 "내가 사겠소"라며 제안[420]한 것이 기사가 될 만큼 양복의 수요가 많았다.

1947년 『名簿錄』의 메리야스 업체는 91개인데 이는 고무공업 다음으로 많은 것이다. 고무공업은 시간이 경과하면서 쇠퇴하였지만 섬유·의류업은 꾸준히 재일조선인 제조업체 중 큰 비중을 차지했다. 의류 부문

---

416) 권숙인, 「일본의 전통, 교토의 섬유산업을 뒷받침해온 재일조선인」, 361쪽.

417) 옷의 겉과 안을 뒤집는 우라카에시(うらかえし)인 듯하다.

418) 이남호, 『在日僑胞 立志傳 ―눈물의 關釜聯絡船』, 486쪽.

419) 공봉식·이영동, 『재일동포』, 462~463쪽.

420) 『朝日新聞』, 1946년 6월 9일자.

은 공업계뿐만 아니라 상업계 항목에서도 나타난다. 잡화 부문에도 메리야스 · 잡화판매, 의복판매, 중고의류 판매 점포가 각각 등록되어 있다. 전문점이 많지 않던 시절에 의류와 잡화, 신품과 중고품이 혼재되어 판매된 것으로 보인다. 의류 부문에 등록된 업체는 양복업과 양복 수선업 두 곳, 의복판매, 섬유제품 · 피복가공업 한 곳과 서갑호의 사카모토산업 등 5곳이다.[421]

조선인 제조업 중 가장 비중이 높은 고무제품은 상거래에서도 마찬가지였다. 1946년 중반 오사카 영선일(英鮮日) 혼성시장에서 판매하는 주력제품은 고무와 비누라고 언급되었다. 이 시장에서 비누는 상자당 300엔, 고무화는 1족당 100~110엔, 장화는 270엔 정도에 판매되었고 20% 정도의 이익이 남았다.[422] 가쓰기야로 도농을 오가며 쌀과 설탕, 비누, 옷, 고무신 등을 판매한 김윤진은 이렇게 모은 자금과 인맥을 바탕으로 나고야 역전 암시장에서 고무신 도매점을 개업했다. 당시 하루 매상고는 20만 엔으로 50% 정도 높은 이익이 남는 장사였다. 영업 중에 도난을 당해도 눈치 챌 수 없을 정도로 문전성시를 이루었고, 가게에서 도난당한 고무신을 도둑이 되팔러 온 적도 있었다.[423] 고무 제품은 재일조선인 가쓰기야, 판매업자, 제조업자 모두에게 중요한 거래물자였던 것이다.

고무 다음으로 비중이 높았던 것은 고무보다 더욱 제조가 간단했던 비누였다. 기본적인 설비와 일정 수준의 기술 정도는 요구되는 고무공업에 비해 비누 가공은 초급 화학 지식과 재료만 갖추면 생산 가능했기 때문이다. 암시장에서 비누를 판매했던 한 일본인은 이를 다음처럼 회고했다.

---

421) 『在大阪朝鮮人各種事業者名簿錄』, 68쪽.

422) 『商店界』, 1946년 9 · 10월호.

423) 이남호, 『在日僑胞 立志傳: 눈물의 關釜連絡船』, 164~166쪽.

> 1945년 가을, 대학 때 친구들이 와서 오사카 츠루하시 암시장 한 귀퉁이에서 비누를 팔지 않겠느냐고 제안을 했다. 비누는 이미 전시 중에 배급이 중단되어 매우 비싸고 필수품 중에서도 귀중품 취급을 받았다. 드럼캔에 가성 소다를 넣고 손이 마비될 정도로 몇 시간 동안 휘저어가며 끓였다. 기름은 조병창에서 주워왔고, 가성소다는 폐업한 공장에서 샀다. 만드는 걸 본 손님이 아직 굳지도 않은 액체 상태를 보고 얼른 팔라고 재촉했다. 사람들이 몰려들어 지폐가 눈앞에서 날아다녔다. 대충 만든 물건이라 품질이 형편없을까 봐 걱정했지만 이튿날 아침부터 소문을 듣고 온 손님들이 빨리 만들어 달라고 성화를 부렸다.[424]

다른 일본인도 비슷한 일화를 전한다. 그는 목판에 비누를 굳힌 다음, 수술용 장갑을 끼고 피아노줄로 적당히 잘라내 유명 브랜드와 비슷한 이름을 새긴 다음 판매했다. 비누는 개당 10엔을 받았는데 2~3일 지나면 줄어들고 물렁물렁해지는 불량품이었다.[425] 그중에는 "생선기름으로 만들어진 것도 있고, 터무니없는 가격"[426]을 받는 것도 있었다. 시중에 유통되는 비누 대부분이 조악한 제품이었지만 이조차도 없어서 못 살 정도로 수요가 매우 많았다.

1946년 5월 우에노 시장 일제 단속 기사를 보면 이 시기에 재일조선인들이 어떤 제품을 집중적으로 판매하였는지 보여준다. "압수품 중에는 고무화가 압도적이고, 다음으로 비누, 옷감류 등등"으로 금제품이라면 무엇이든 있었다. 또한 섬유제품, 비누, 고무제품, 담배, 성냥 등이 압수당했고, 판매업자들은 모두 경시청으로 실려 갔는데 동원된 트럭만 15~16대에 달했다.[427]

---

424) 大阪・焼跡闇市を記録する会,『大阪・焼跡闇市—かって若かった父や母たちの青春』, 94~98쪽. 鈴木俊郎의 회고를 정리.

425) 猪野健治 外,『東京闇市興亡史』, 111쪽.

426)『朝日新聞』, 1948년 5월 29일자.

427)『朝日新聞』, 1946년 5월 31일자.

1947년 1월, 우에노에서 검거된 행상인들이 판매하던 물품은 셔츠, 장갑, 구두, 양말, 라이터, 담배를 비롯해 미소, 간장, 백미 등[428]으로 의류와 잡화, 식품류가 주종을 이루고 있다. 이날 검거자는 75명으로 국적은 명시되지 않았다. 우에노는 재일조선인의 비중이 높은 곳이었으므로 피검거자들 중 재일조선인의 비중이 적지 않았을 것이다. 1948년 4월 시부야 단속에서는 의류 300점 외 라이터, 비누, 담배 등 시가 약 34만 엔에 해당하는 물품이 압수되었다. 검거된 이들은 일본인 32명, 조선인 1명, 중국인 1명[429]이라고 밝혀졌다. 시부야는 우에노보다 재일조선인이 적었기 때문에 검거자도 상대적으로 적었던 것으로 보인다. 초기 암시장 단속에서는 식품류의 비중이 높았으나 시간이 경과함에 따라 식품류는 가쓰기야의 특화상품이 되었고, 암시장 단속 시에는 상대적으로 의류 및 생활용품이 적발되는 비중이 더 높아지는 경향도 나타난다.

경찰과의 충돌은 가쓰기야의 경우 식료품 운반, 암시장 단속에서는 섬유·의류 및 그 외 잡화로 인해 발생하는 사례가 잦았다. 1946년 8월 1일 암시장 일제 숙정 직후 우에노에서는 경찰이 권총까지 빼앗기는 충돌 사태가 일어났다.

> 6일 오후 3시 반경 우에노 히로코지 청공시장에서 연속으로 행해진 금제품 단속 중 노점상인 50명과 우에노서 경관 30명이 격투를 시작했는데 경관 1명이 부상을 입었다. 경시청에서는 무장경관 80명을 현장에 급히 보내 이를 수급하게 하였다. 이 사건은 노점에 금제품 바지가 보여 우에노 서원이 주시하던 차에 노점상은 자기 세탁물이라고 해서 시작된 말다툼이 난투가 된 것이다. 노점측은 경관이 먼저 한발 쐈다고 하지만 이는 안전마개가 벗겨져서 사출된 것이었다. 이 난투로 권총 4정이 분실되었다.[430]

---

428) 『朝日新聞』, 1947년 1월 22일자.

429) 『朝日新聞』, 1948년 4월 15일자.

사건 당일의 기사에서는 노점상이 재일조선인이라는 언급이 없다. 그러나 이튿날 조선인 노점상 조합 간부와 이케다 우에노 경찰서장이 "해결책을 협의 중"[431]이라는 후속보도가 난 것을 보면 이 사건에는 재일조선인이 개입되었다는 것을 알 수 있다.

사건이 발생한 시점은 전국적인 암시장 숙정이 단행된 8월 초로 통제물자를 취급하는 노점들은 일제히 영업을 중지한 상황이었다. 우에노 지역은 도쿄에서 가장 재일조선인 상인이 많은 곳이었으므로 이런 행위는 그대로 경찰에게 적발되는 요인이 되었다.

다만 이 기사와 관련 보고서 등은 일본 측의 관점에서만 기술된 것이므로 재일조선인 측의 일방적인 월권과 폭력이 행해진 것인지 판단하기 어렵다. 이 사건 이전인 5월 말에도 이미 우에노에서는 일제 단속으로 경찰과의 총격전이 벌어졌는데 몇 달 후 이런 사건이 다시 벌어진 것은 상호 묵은 감정이 촉발되었을 가능성도 있다.

협의가 진행되는 상황에서 섬유제품을 파는 한 노점상을 연행하려다 이를 제지하는 동료 노점상들과의 대치가 벌어지는 등[432] 우에노에서는 몇 달에 걸쳐 대치 상황을 보였다. 숙정 전후에는 상대적으로 재일조선인이 더 부각되어 보도 되었다. 이 사건을 통해 식료품이 절대적인 비중을 차지하던 초기 암시와 달리 의류품과 여타 생활용품의 비중이 높아지고 있고, 재일조선인들도 이런 물자로 전환하고 있었던 상황을 알 수 있다.

경찰과의 충돌은 도난, 장물 취급과도 관련이 있었다. 특히 의류와 잡화는 도난품이 많았다. 아사쿠사의 노점상들은 중고의류는 사정(査定)

430) 『朝日新聞』, 1946년 8월 7일자.
431) 『朝日新聞』, 1946년 8월 8일자.
432) 『朝日新聞』, 1946년 8월 8일자. 이들 역시 재일조선인이었던 것으로 짐작된다.

가격으로 판매된다고 하였지만 이를 취재한 기자는 의류를 비롯해 중고 구두 등은 강·절도로 훔쳐온 도난품일 가능성을 제기하고 있다.[433] 형사들은 장물 노점상의 가게에 잠복하고 있다가 도난품을 팔러 오는 도둑을 잡기도 했다.[434] 우에노에는 부랑아나 가출자들이 날치기와 도난 등으로 가져온 의류, 시계, 가방, 신발 등을 취급하는 업자 7~8명이 있었다. 이들은 이 물자를 500엔 정도에 팔았고, 라이터, 만년필, 셔츠, 양말, 천운동화, 지갑 등은 보다 저렴한 가격에 판매되었다. 이윤은 5~10엔 정도였다.[435] 도난품 시비는 자주 있는 일로서 우에노에서 판매된 번호판까지 달린 자전거가 두 시간도 지나지 않아 도색까지 한 상태로 신바시에서 판매되었다는 일화도 있다.[436]

식량과 중고의류 등은 가쓰기야와 영세노점상들에 의해 주로 취급되었던 반면, 원자재 등은 정경유착으로 확보 가능했던 거물급 브로커들의 대규모 거래가 많았다. 전시경제를 좌지우지하던 재벌기업들이 해체되고 해고된 임원급들이 암시장으로 유입됨에 따라 이러한 양상은 더욱 확대되었고, 암시장이 경제 교란의 주범이라는 부정적 이미지는 더욱 강화되었다.

최초의 암시장이었던 신주쿠 마켓의 물품들은 가격이 상대적으로 저렴하다는 평가를 받았다. 예를 들어 타 암시장에서 80~90엔인 주물냄비는 35엔, 50~60엔인 프라이팬은 25엔으로 팔렸다. 창설자인 오즈는 그 이유에 대해 다음처럼 설명했다.

전환공장과 계약해서 처음에 솥과 냄비 20,000개를 생산하도록 했지만 계

433) 『労働と文化』, 1948년 5월호.
434) 『神戸新聞』, 1969년 9월 26일자.
435) 塩満一, 『アメ横三十五年の激史』, 129쪽.
436) 『朝日新聞』, 1946년 6월 9일자.

약품이 완납되기도 전에 다른 공장에서 생산이 시작되고 경쟁이 되면서 가격이 확 내려갔다.437)

그런데 이 기사에는 가격 하락으로 인해 "지금까지 몰래 암시장을 노리고 생산한 공장과 용돈벌이를 위해 공원들이 암거래로 팔던 냄비 솥이 구축"되었다는 분석이 있다. 오즈가 재일조선인과 직거래를 했는지 알 수 없으나 암시장에 물건을 내다 판 공장 중에는 재일조선인 업자가 포함되었을 것으로 보인다. 무용지물이 된 금속 및 무기류를 불하 혹은 입수해 기술자들이 이를 솥 · 냄비 · 식기류로 가공해 내면서 재일조선인의 초기 제조업이 성장한 것으로 알려져 있기 때문이다.

1946년 12월, 내무성 방범과장 회의에서는 "종업원에게 급여 대신 통제품을 현물로 주는 행위를 엄단할 것"438)을 지시하였다. 암시장에서 유통되는 통제물자의 일부는 공원들의 물자 횡류를 비롯해 급여 대신 받아온 현물이기도 하였던 것이다.

스즈키 간타로 내각은 항복 결정이 내려진 직후, 「군수용보유물자 자재의 긴급처분명령」을 결정하였다. 이 물량은 당시 일본 경제를 1년 반 정도 지탱할 규모라는 소문이 돌았다. 원칙적으로는 유상불하였지만 즉시 지불을 요구하지는 않았다. 전국적으로 이 명령이 수행되기에는 일정한 시간이 소요되었기 때문에 정부의 통제력이 상실된 패전 한 달 이내에 엄청난 양의 물자가 방출되고 횡류되었다. 정보를 잘 알고 있는 군인, 군수회사 등에 의해 일본 군대의 물자는 일찌감치 빼돌려졌다.

1945년 9월 2일, 미주리호에서 항복문서에 조인한 이후 연합군 총사령부 명령 제1호는 "일본 정부는 병기, 군수품, 폭약 모든 군수물자를 그대

437) 『朝日新聞』, 1945년 11월 28일자.
438) 『朝日新聞』, 1946년 12월 17일자.

로 보관해야 한다"[439]는 것이었다. 연합군의 명령을 받은 일본 정부는 방출 물자를 회수하려 하였으나 결국 3분의 2 정도만 회수되었다.[440] 패전 직후의 무질서한 물자관리 시스템을 고발하는 다음의 기사는 당시 물자 횡류가 어떤 세력에 의해 행해졌는지 지적하고 있다.

> 결전부대 병참기지였던 도치기현에는 많은 물자가 집적되어 있었다. 여러 곳의 항공폐와 3개의 육군병원이 보유한 물자는 당시 가격으로 10억 엔 미만으로 간주된다. 종전 직후 부대 보유 물자는 그 주둔지에서 지역 주민에게 불하하거나 귀환장병에게 나눠 주거나 은닉되었다. 후에 반환되긴 하였지만 10분의 1 이하만 되돌아왔다. 섬유류, 지류, 피복은 일단 경찰 입회로 농협회 창고, 개인의 창고 등으로 분산되고 현의 특수물자과에서 통제조합으로 인수되었지만 인계된 리스트를 대조해 볼 수 없어 수량 등은 다 엉터리였다. 장교 복지 1필이 100벌분이 되거나 연필 1,000 자루가 600본입 상자 천개로 되는 등 운반 도중에 속인 것은 수도 없고 처리 위원회가 나오기 전에는 담당자와 업자가 결탁해서 모두 동일한 가격으로 불하받고 회사 명의라고 장부상 속였다. 공무원과 결부된 브로커가 유령회사를 만들어 피혁, 금속, 공구, 섬유류 등을 불하받았다. 이때 재산을 이룬 공무원도 많다. 불하가격도 미싱 한 대가 200엔, 포드 트럭 38년형이 9천 엔, 승용차가 6천 엔 등의 가격이었다.[441]

1946년 7월, 내무성의 통달에는 주요식량과 가공식품은 물론 가죽제품과 일체의 섬유제품, 성냥·담배 외에 각 지방 장관이 지정하는 물자를 대상으로 판매물자를 금지하고 있다.[442] 같은 해 연말에는 "단속 대상을 기초 생산자본과 공업제품에 둔다"[443]고 해서 초기의 식료품 중심

439) 外務省 編,『日本外交年表並主要文書 :1840~1945』下, 原書房, 1966, 640~643쪽.
440)『座談』, 1948년 2월호,
441)『座談』, 1948년 11월호.
442)『朝日新聞』, 1946년 7월 28일자.

에서 공업제품 전반에 걸친 단속으로 확대 방침을 밝혔다. 또한 "피혁과 고무 분야에 특히 위반이 많으므로 엄중하게 단속"할 것을 지시하고 있는데 이들 부문은 재일조선인의 집중도가 높은 업종으로 정부의 단속 강화 의지는 조선인 업체에 대한 통제가 더욱 엄중해진다는 의미이기도 했다.

재일조선인의 지위 규정이 아직 확정되지 않았던 초기에는 재일조선인도 방출 물자 획득에 참여했다. 그런데 암시를 배경으로 사업의 기반을 다진 재일조선인들의 회고에는 방출물자의 확보 방식이 '청탁'을 넣거나 '일본인 지인을 통해 불하받은' 물자라고 불분명하게 나타난다. 인용한 기사의 지적처럼 담당 공무원과 결탁한 일본인 브로커로부터 입수한 물자였을 것이다.

한승호는 후쿠이에서 생산된 직물을 군마현의 직물소로 운송하는 암거래를 했다. 8관짜리 한 상자는 40,000엔 가격이 하루 만에 4배로 이익이 불어났다.[444] 운송업자의 수익이 이 정도였으므로 대규모 브로커들의 수익은 상상을 초월하는 수준에 달했다.

개인들 외에 조련, 건청 같은 단체가 은닉물자 적발에 동참해 이득을 보는 경우도 있었다. 서용달은 조련 오사카 총본부가 일본 군부의 은닉물자를 적발, 매각 처분해 이를 동포 기업자에게 분배[445]하는 것을 직접 지켜본 적이 있다. 이 물자 배분은 해방 후 일거에 등장한 제조업체들에게 상당한 도움이 되었다.

1947년 이후에는 거물급 브로커가 개입된 대형 암거래에 대한 기사가 자주 보도되었고, 정치인이 개입된 사건까지 발생해 국회 차원에서도

443) 『朝日新聞』, 1946년 12월 17일자. 내무성 방범과장 회의에서 논의된 내용.
444) 이봉언, 『재일동포 1세, 기억의 저편』, 373쪽.
445) 서용달, 서윤순 역, 『다문화 공생 지향의 재일한조선인』, 문, 2010, 108쪽.

대규모 비리 사건으로 진상규명이 요구되었다.[446)]

오사카에서는 타올 300다스, 양복지 6,000야드, 양말 500타스, 작업복 1200벌 등 시가 500만 엔에 해당하는 은닉제품 대규모 암거래가 적발되었다.[447)] 오사카부 경제 방범과는 1억엔의 섬유 암거래를 적발하기도 했다. 적발 규모는 한 그룹당 100명이 넘었는데[448)] 전재자 및 귀국자들에게 배급되어야 할 면사를 횡류해서 불하받고 가공해서 대회사에 공급한 것이었다.

1947년 5월 정부는 경시청과 도청·부현 경찰부에 경제 감시관을 설치하도록 지시하였다. 전국적으로 7천 명에 가까운 인원을 배치해서 경제 통제를 기하려고 했지만 적발된 이들은 대다수가 영세업자들이었다. 경제경찰들이 단속에 본격적으로 돌입한 상황에서도 도시의 암시장에서는 은닉장물인 섬유류를 빼돌린 암거래상이 횡행하고 있었다.

1947년 7월의 내각회의에서는 암시장 단속을 위해 "생산자로부터의 횡류, 대형 브로커 및 직업화된 판매업자, 배급 통제 기관"을 중점 감시하고, "대규모 내지는 상습적인 암거래 업자에게 최대한 중점을 둘 것"이며, "배급통제의 대상이 되는 생산자재 및 소비재, 제조·판매·사용이 금지된 물품, 수출입 물자, 진주군 수요에 기초를 두고 조달된 물자" 등을 중점적으로 단속할 방침을 밝혔다.[449)] 공장과 대형 브로커 외에 배급 통제 기관조차도 관련이 있을 정도로 제조, 판매, 유통이 전부 암시

446) 중의원 世耕弘一는 1947년 군부가 전시에 은닉한 방대한 물자를 추적하는 은닉 저장 물자 등 처리 위원회의 부위원장이 되어 공출된 다이아몬드가 보관 중인 일본 은행 금고에서 실종된 사실을 적발하고 이를 결산 위원회에서 폭로했다. 실종된 군부 물자는 은밀하게 불하되어 거래되었고, 정치 자금의 혐의도 있었다. 한편 은닉된 군부 물자의 존재에 대한 소문을 이용해 전국적으로 사기, 횡령 사건이 이어지기도 했다. 이는 '世耕사건'으로 불렸다.

447) 『朝日新聞』, 1947년 3월 20일자.

448) 『日本商業通信』, 1947년 12월호.

449) 閣甲第三二八号「内閣流通秩序確立対策要綱」, 1947년 7월 29일.

장을 중심으로 복합적으로 얽혀 있는 상황인 것이다. 이 회의에서는 "경제 안정을 가져올 가장 중요한 인자가 되는 것은 효과적인 배급 통제와 암시장 박멸"이라고 보고 유통질서 확립에 대한 대책을 논의했다. 이를 위해 "내지인과 제3국인을 '평등'하게 단속"할 것임을 재차 언명했다.

제4장
재일조선인의 주요 상권과 갈등

제4장

이 장에서는 재일조선인이 집중적으로 활동했던 대표적인 암시장, 도쿄 우에노 시장, 오사카 츠루하시 · 우메다 시장, 고베 산노미야 시장에서 재일조선인 상권이 형성되고 세력을 확장하면서 별도의 상권을 수립하는 과정을 살펴볼 것이다. 한편 이러한 과정 중에서 일본사회와의 갈등은 해방 이전과는 다른 형태로 전개되었다. 제국주의 질서가 붕괴되고, '하등'한 민족으로 간주했던 재일조선인은 표면적으로 일본인과 동등한 지위에 놓이게 되었지만 현실은 그렇지 않았다. 패전의식과 상대적 박탈감을 느낀 일본인은 조선인과 잦은 충돌을 빚었고, 이것이 극명하게 나타났던 장소는 암시장이었다. 암시장을 둘러싼 각종 사회문제가 빈발하자 언론과 정치인들은 이에 대한 책임소재를 재일조선인에게 전가했다. 일본관헌, 일본 폭력단과의 갈등뿐만 아니라 암시장의 경제적 이득을 사이에 두고 재일조선인은 민족단체들끼리도 대립하게 되었다. 정치적 공방의 이면에는 경제적 실권을 장악하고자 하는 의도도 개입되었는데 이 장에서는 이러한 전개과정의 이면성도 함께 다루어 볼 것이다.

1. 재일조선인의 주요 활동 시장

1) 도쿄 우에노 시장

가. 형성과 구도

우에노 아메요코 시장은 전후 암시의 모습이 현재까지도 비교적 고스란히 남아있는 지역 중의 하나다. 오늘날 재일 집주, 상업 지구로 알려진 곳들은 해방 이전부터 형성된 사례가 많지만 우에노 지역은 해방 이후, 암시장으로 인해 새롭게 조선인 커뮤니티의 중심으로 떠오른 곳이었다. 형성된 이후에는 도쿄의 대표적인 재일상업지구로 자리 잡게 되었다.[1)]

1947년, 주요 간선도로를 사이에 두고 히가시 우에노 지구로 분리되어 나오기 전까지는 조선인은 일본인과 혼재되어 아메요코 시장에서 상업 활동을 펼쳤다. 독자적인 상권으로 분리된 이후에도 이곳은 도쿄에서 재일조선인의 비중이 높은 상업지구로 인식되었다.

우에노 암시장은 우에노역과 오카치마치역 사이의 고가선 철로 아래의 공간인 이른바 '가도시타(ガード下)'[2)]를 중심으로 전개되었다. 우에

---

1) ほるもん文化編集委員會 編,『ほるもん文化 9 －在日が差別する時差別される時』, 新幹社 2000, 211쪽.

2) 선로나 도로를 고가화했을 경우는 지상 1~2층 정도의 높이로 공간이 발생한다. 도시에서는 이 공간에 점포나 주택, 창고 등을 배치해 활용하는 경우도 있다. 전후 대도시의

노는 거대 암시장의 기본 요건인 공터와 주요 철도역을 동시에 갖춘 곳이었다. 공터는 원래 변전소가 있던 자리였으나 공습 당시 인근 주민에게 보상금을 지급하고 소개시킨 후 형성되었다.[3] 우에노는 동북방면 철도의 기점이자 다카사키선, 조반선 등 도쿄 배후 농촌 지역 연결노선이 있고, 주요 농산물 생산지인 나가노, 니가타 방면 노선, 나리타선 등이 복합적으로 연결되는 주요 환승역이었다.

역 주변은 교통의 편의성과 각종 물산의 집산지라는 조건을 다 충족하고 있으므로 암시장을 발생시킬 수 있는 최적의 조건이 되었다. 도쿄 최초의 암시장이었던 신주쿠는 공습으로 인한 폐허 자리였던 반면, 최대 규모의 암시장인 신바시를 비롯해 시부야, 이케부쿠로 그리고 우에노 등은 소개로 인해 공터가 된 곳이었다.[4] 우에노는 장거리 노선인 동북방면 철도의 기점이자 주요 식량 생산지와 직결되는 다카사키선, 조반선 및 나가노, 니가타 방면 노선을 갖추고 있고, 시내 지하철 환승도 이루어지는 교통의 요충지였다. 이러한 노선 연결망은 암시장 성립에 필수적인 조건으로 작용했다.

우에노는 오늘날 도쿄의 대표적인 상업지구로 알려져 있지만 암시장이 형성된 구역은 원래 인가를 겸한 밀집지구였다. 이 지역 가운데 변전소가 있었는데 공습 시에 큰 피해를 초래할 수 있어 이를 우려한 도쿄도는 거주민들에게 보상금을 치르고 강제소개를 한 다음, 변전소 일대를 공터로 만들었다. 이렇게 형성된 공터에서 우에노 암시장이 시작된 것이다.

현재 우에노가 속해 있는 다이토구(台東区)[5] 안에서 조선인들이 집단

유명 암시장 중 우에노의 아메요코, 고베의 모토마치 상점가는 대표적인 장소이다. 가도(ガード)는 영어의 girder bridge를 일본식으로 축약한 것으로 高架下라고 부르기도 한다.

[3] 猪野健治 外, 『東京闇市興亡史』, ふたばらいふ新書, 1999, 96쪽.

[4] 藤田綾子, 『大阪「鶴橋」物語 : ごった煮商店街の戦後史』, 現代書館, 2005, 21쪽.

마을을 형성하며 살았던 곳은 아사쿠사 혼간지(浅草本願寺)와 센소지(浅草寺) 부근, 스미다(隅田) 공원 지역, 아사쿠사 로쿠(六区), 고쿠사이(国際) 지역, 오카치마치(御徒町) 등이었다. 이 지역들은 우에노역에서 반경 500미터 내지 2킬로미터 거리이므로 패전 이후 나타난 암시장에 동일한 생활권의 재일조선인이 참여하게 된 것은 자연스러운 흐름으로 보인다. 하지만 재일조선인이 언제, 어떻게, 어떤 방식으로 우에노 암시장에 참여하였는지 기록으로 확인하기는 어렵다. 1946년 2월 무렵 일본의 언론에 등장하는 빈도수가 잦아지는 것으로 보아 이미 그 이전부터 일정한 세력을 형성하였다고 여겨진다. 동포언론인 『新朝鮮新聞』에 의하면 1946년 중반 우에노에 매일 출점하는 재일조선인 상인의 수는 130명[6]에 달했다고 한다.

초기 우에노 암시장은 다른 암시장과 마찬가지로 식료품이 주류를 이루었다. 철로 아래에는 보자기를 펼쳐놓고 식료품을 판매하는 노점상이 나타났다. 판매 식품류는 콩, 땅콩, 말린 오징어, 말린 고구마, 찐 고구마, 고구마튀김, 메밀국수, 해초면, 볶음면, 비지찌개 등이었다. 그중에서 가장 인기를 끌었던 음식은 진주군이 버린 음식물로 만든 '잔반스튜'[7]였다. 1946년 8월의 일제 숙정 이후에는 암시장에서 가공식품류가 사라졌으나 저녁 무렵이 되면 단속의 눈을 피해 젊은 여성들이 보자기와 가방에 싸온 주먹밥이나 빵을 부랑자나 열차 승객을 대상으로 판매하기도 했다. 이는 인근의 농민들이 젊은 여성이나 미망인에게 위탁 판매하는 것으로 알려졌다.[8] 1946년 중반이 되면 엿, 사탕, 소금, 비누, 옷

5) 1947년 3월, 도쿄도의 구가 23구로 재편되면서 시타야구(下谷区)와 아사쿠사구(浅草区)는 병합되어 다이토구가 되었다.

6) 『新朝鮮新聞』, 1946년 8월 30일자.

7) 塩満一, 『アメ横三十五年の激史』, 4쪽. 한국에서도 6.25전쟁 당시 미군의 잔반으로 만든 '꿀꿀이죽'이라는 유사한 음식이 있었다.

감 등이 우에노 시장의 주요 거래물자로 나타났다. 재일조선인은 쌀, 막걸리, 고구마엿을 비롯해 고무제품, 비누, 섬유류 등의 다양한 품목을 거래했다.

이 시기에 중국에서 귀국한 일본인들이 암시장에 본격적으로 유입되었다. 그들은 노점에서 엿을 팔거나 포장마차에서 라면을 팔면서 우에노의 중심상권을 형성해 나갔다. 이들은 노점에서 개선된 형태인 가건물 상점가에서 감미식품을 주로 판매했고 이는 우에노의 특화 상품이 되었다.[9] 설탕 한 트럭분은 한 시간도 채 지나지 않아 매진될 정도로 감미식품은 큰 인기를 누렸고,[10] 사탕 및 과자 관련업종은 300여 곳까지 증가했다.[11] 고구마를 원료로 한 개당 1엔짜리 엿은 1949년 사탕 붐이 크게 일기 전까지 우에노의 대표적인 판매상품이었다.

우에노 암시장은 훗날 아메요코(アメ横)로 통칭되는데 이는 암시장 시기의 취급물자와 관련이 있다. 일본어로 사탕, 엿을 의미하는 아메(飴: アメ) 관련업소가 많다고 해서 아메야요코초(飴屋横町), 즉 '사탕가게 골목'으로 불리다가 줄임말인 아메요코가 된 것이다. 재일조선인은 엿 만들기 기술이 있었기 때문에 이 상권에서 두각을 나타낼 수 있었다. 아메요코라는 명칭의 또 다른 유래는 미군물자 전문상가라는 의미의 아메리카 요코초(アメリカ横町)의 약어로 알려져 있다. 하지만 아메리카 요코초는 6.25전쟁 무렵 미군방출 물자가 이전보다 훨씬 증가하면서 붙여진 이름으로, 시기상으로 보자면 아메야요코초가 더 이른 시기에 시작된 용어라고 할 수 있을 것이다.

---

8) 塩満一, 『アメ横三十五年の激史』, 130쪽.

9) 猪野健治 外, 『東京闇市興亡史』, 101쪽 ; 塩満一, 『アメ横三十五年の激史』, 160쪽. 이들은 단체를 만들고, 하절기는 아이스바, 동절기는 사탕을 중심으로 제조, 판매했다.

10) 塩満一, 『アメ横三十五年の激史』, 153쪽.

11) 綱島信吉, 『昭和を切り拓いた男 : 上野闇市から世界企業へ』, 星雲社, 2007, 46~62쪽.

감미식품과 더불어 비누공장은 우에노의 대표적인 양대 업종이 되었다. 1948년의 기사에는 우에노의 대표품목으로 비누와 사탕 가게를 들고 있다.[12] 재일조선인도 이 두 업종 종사자가 많았다. 사탕과 비누가 중점물자가 되자 이 부문의 종사자는 더욱 늘었다. 조선인 중에는 관서 지방에서 상경하거나 두 지역을 오가며 상업 활동을 하는 이들도 있었다. 1947년경 우에노 시장의 업종 구성은 다음과 같았다.

> 시장은 함석 지붕 가건물인 조악한 마켓을 지어놓고 각 개인 경영의 사설 시장으로 운영하고 있다. 앞쪽은 소매 전문, 뒤쪽은 도매 전문이다. 소매점은 식료품을 필두로 잡화, 철물, 일용잡화, 라디오, 전기, 서점, 낚시점까지 약 20 종류가 있고, 省線 고가선과 면한 곳은 모두 해산물 도매점이다. 석탄 상자 2~3개 위에 주판과 저울을 두고 건어물, 다시마 등을 팔면서 자전거 리어카로 미역, 오징어 등을 배달한다.[13]

식료품과 해산물, 의류 잡화 등이 혼재되어 있는 시장은 오늘날과 그리 큰 차이가 없어 이 시기에 이미 현재와 같은 틀로 구성된 것으로 보인다. 우에노는 도쿄의 다른 대형 암시장인 신바시, 신주쿠, 이케부쿠로, 시부야 등과 비교해서 다음의 두 가지 면에서 차이점을 보였다. 첫째, 재일조선인의 존재가 뚜렷했고, 따라서 상권 분리 전에는 일본 폭력조직과의 대립이 유달리 부각되었다는 점,[14] 둘째, 암시장 존속 기간 동안 부랑자들의 존재가 전국적으로도 유명했다는 점이다.

첫째 문제는 상권 분리의 주요 원인이 된다. 암시장을 조직한 데키야

12) 『労動と文化』, 1948년 5월호.

13) 『商店界』, 1947년 2월호.

14) 재일조선인이나 중국계의 세력이 강한 곳에서는 일본 조직과의 크고 작은 충돌은 끊임없이 발생했다. 도쿄의 경우 우에노는 조선인, 신바시는 중국인이라는 영역 인식이 있었다.

는 훗날 일부 세력이 폭력집단으로 변하기도 하지만, 패전 직후에는 적어도 명분상으로는 노점상의 활동과 보호, 관리를 내세우는 상인 집단이었다. 즉, 폭력행사는 상업권을 위한 부수적인 활동이라는 이유가 존재했다. 이는 우에노뿐만 아니라 다른 지역의 암시장에도 공통적으로 존재하는 문제였다. 하지만 우에노에는 상업 활동과 무관하게 상인에게 기생해서 협박, 폭력 등으로 살아가는 군소 폭력집단들의 활동도 부각되었다. 재일조선인 중에서도 이른 시기부터 조선인 불량배 조직들이 각기 대립하면서 시장 상권을 두고 경쟁했다.

암시장은 발생 초기부터 상이한 배경을 가진 각계각층의 사람들이 유입되었고, 다양한 사건과 갈등이 벌어졌다. 우에노처럼 이민족의 비중이 높은 곳은 여기에 민족적 대립감정까지 복합적으로 작용했다. 당시 상황에 대해 암시장 재일조선인 상업조직의 리더 역할을 했던 이오달(李五達, 일본명 木村勇三)[15]은 다음과 같은 의견을 피력했다.

> 우리가 뭔가 나쁜 일을 해서 돈을 벌었다는 말들이 많다. 실제 우리야말로 신센구미(新選組)[16]의 탄압을 받고 있다. 전쟁 중 일본에 끌려온 우리들은 패전으로 길에 내버려진 채 살기 위해 뭐든지 해야 했다.[17]

인터뷰가 행해진 1970년대 중반에 이오달은 총련 관련 단체에서 요직을 맡고 있었고, 재일조선인의 암시장 활동이 식민지의 결과물이라는 점을 강조하고자 했던 것 같다. 그런데 짧은 몇 줄의 이 인터뷰만 본다

---

15) 1923년 4월 12일 경상남도 의령군 낙서면에서 태어나 부모와 함께 1932년 3월 30일 시모노세키로 왔다. 이오달의 자제가 제공한 외국인 등록원표의 기록에 의거.

16) 막부 말기, 유신지사들과 대립한 막부의 경찰 조직. 외국인들은 당시 경찰을 이렇게 은유적인 표현으로 불렀다.

17) 猪野健治 外, 『東京闇市興亡史』, 107쪽. 그는 조선인 불량조직과 영역다툼을 했고, 권총 탈취의 혐의로 1년간 피신하기도 하였다.

면 '일본 제국주의'에 대한 재일조선인의 '복수'로 오독될 여지가 있다. 일본 인터뷰에서 이를 충분히 끌어내지 못했거나, 저자가 편의에 의해 간단히 정리했을 가능성이 있다. 이오달의 발언에 등장하는 '신센구미'는 일본의 유신지사들과 혈투를 벌였던 일종의 경찰조직이었다. 역사적 맥락에서 재일조선인의 암시장 활동과 경찰과의 대치는 유신지사와 신센구미의 대립과는 성격이 전혀 다르다. 하지만 경찰과의 대치라는 측면에서 유신지사와 동일한 선상에 둠으로써 영웅화, 합리화하고자 하는 심리가 표현된 것 같다.[18]

한편, 우에노 암시장 안에는 조련의 사무실이 있어서 사소한 마찰이 민족감정과 결부된 정치 투쟁의 양상으로 확대될 소지가 다분했다. 훗날 총련의 중앙상임위원을 맡았던 송암우는 "우리 조선인이 '일본제국주의'의 지배하에서 얼마나 괴로움을 겪었는가? 그런 역사적 배경을 빼고 당시의 혼란시대를 표면적으로 보면 아무 것도 이해되지 않을 것"[19]이라며 암시장에 나타난 재일조선인의 행태는 역사적 맥락으로 파악해야 한다고 강조했다. 조련 맹원이자 아메요코 상점회의 회원이었던 김용배도 다음처럼 언급했다.

> 종전과 동시에 우리들 '해방민족'은 전국적으로 연맹을 조직했다. '……' 나는 지부의 시행위원이지만 일본인들도 우리들을 오해하는 면이 많다. 종전 직후 일부 악덕 동료들이 암시를 거칠게 돌아다녔지만 '제3국인' 전부가 일본에 대해서 그런 것처럼 믿어버리고 그런 오해가 선입관으로 작용해 현재도 그렇다고 생각하는 이가 많다.[20]

18) 이오달의 활동과 의견이 재일조선인 전체를 대표한다고 볼 수는 없다. 다만 조선인이 일방적으로 매도당하던 당시 상황에 대해 나름의 논리를 부여하려 했던 것으로 보인다.

19) 猪野健治 外, 『東京闇市興亡史』, 107쪽.

20) 塩満一, 『アメ横の35年の激史』, 76~77쪽. 상기의 경우와 마찬가지로 구체적인 내용보다 피상적인 상황 언급에만 그치고 말았다.

우에노에서 상업 활동을 하던 한 일본인은 "아메요코의 가도시타에는 귀환자 · 복원군인 · 데키야 · 조련 등의 그룹이 나뉘어져서 사건이 끊이지 않았다"[21]고 회고했다. 일본 조직과의 갈등에 대해서는 다음 절에서 상술하겠지만 여기에서는 우에노 부랑아들과의 관계를 중심으로 기술하고자 한다. 부랑아들은 그들을 돌봐 주는 일본 폭력조직의 지시를 받으면서 재일조선인과 갈등을 증폭시키는 역할을 하였다.

우에노 암시장에서 '거리의 벼룩' 같은 존재로 알려진 집단은 혈앵단(血桜团)이라는 불량 청소년 집단이었다. 혈앵단은 하루 20여만 명의 승객이 드나드는 우에노역을 무대로 공갈행각을 벌였다. 열차 사정이 좋지 않았던 당시에 행상을 겸하는 암시상인들은 표가 없으면 일체 활동을 할 수 없었다. 우에노 역에는 이런 상황을 노려 전쟁고아, 가출소년, 제대군인 같은 부랑자들이 표 구입 대기줄 등의 장소를 맡아주는 이른바 '쇼바야(所場屋)'[22] 역할을 했다. 후쿠다 형제가 이들을 모아 조직을 만들면서 '쇼바야'가 부르는 가격이 더 올랐고, 가로챈 돈만도 수천만 엔에 이른다는 소문이 돌기도 했다.[23]

또한 역전 구두닦이들을 대상으로 한 달 영업 허가료 120엔, 일일 장소 사용료 10엔, 의자 사용료 70엔을 받으며 착취하고 그 외 잡다한 심부름을 시켰다.[24] 한때 이 집단의 조직원은 60여 명에 달했지만 후쿠다는 공갈혐의로 체포되었고, 출옥 후에는 폭력집단의 산하에서 활동했다.

그런데 이 후쿠다 형제는 부계가 조선인, 모계가 일본인이었다는 소문이 돌았다. 『東京闇市興亡史』에는 이들은 조선인 혈통이라는 점을 내세우며 '3국인과 선이 닿았다'라고 하는데 그 '선'이 어떤 것인지에 대한

21) 塩満一, 『アメ横の35年の激史』, 150쪽.

22) 전술한 쇼바다이처럼 바쇼(場所)의 순서를 바꾼 암시장의 은어이다.

23) 猪野健治 外, 『東京闇市興亡史』, 106쪽.

24) 『毎日新聞』, 1947년 1월 7일자.

설명이 없다. 재일조선인 유력자 중 일부가 암시장에서 부정하게 개인 축재를 한 경우가 있지만 후쿠다 형제가 그들과 유착관계를 가지며 그런 관계를 과장되게 부풀렸을 가능성도 있다.

이오달은 후쿠다와 영역다툼을 치열하게 벌였다고 회고했다. 후쿠다 형제는 1946년 11월 공갈사기로 구속되었는데 이듬해 3월에 동생이 출소하고, 일본인 데키야 조직의 산하로 들어가 각종 분쟁에 개입해서 해결사 역할을 맡았다고 한다. 암시장에서의 분쟁은 기본적으로 장소사용료, 상품취급 등과 관련한 '돈 문제'의 비중이 컸다. 이오달은 "일본인 조직들이 쇼바다이를 내라고 해서 싸움이 일어났다. 우에노 공원에서 후쿠다군과 '내가 남을까, 네가 남을까'라면서 결투한 적도 있다"[25]고 회고했다. 이들이 싸운 시기는 언급되지 않았으나 이오달이 1946년 8월에 강제퇴거로 우에노를 떠났고, 후쿠다 다케오가 1947년 3월에 출소했다는 점을 감안하면 이 시기 전후의 사건으로 보인다.

그런데 이 사례만을 보면 민족적 유대감이 금전적 이득과 체면, 의리보다 상위 개념은 아니었던 것 같다. 지역 특성과 사안에 따라 각각의 가치관과 감정이 다른 계산법으로 작용했고, '동포애'는 그중의 한 변수였을 것이다. 이해관계가 복잡하게 얽힌 집단끼리의 갈등을 이권 다툼이나 민족감정의 대립으로만 단순하게 범주화시킬 수 없는 곳이 암시장이었다.

한편, 일본 잡지 『新潮45』에는 전후 부랑아를 다룬 「浮浪児1945」라는 르포가 1년간 연재되었다.[26] 르포에는 우에노의 부랑아를 이용한 폭력단이 재일조선인과 대치하는 내용도 있다. 하지만 그 내용은 다른 암시장 연구와 마찬가지로 철저하게 일본인의 관점, 그것도 일본 폭력단과

---

25) 猪野健治 外, 『東京闇市興亡史』, 107쪽.

26) 2012년 5월부터 2013년 6월까지 1년 이상 연재되었다.

친밀했던 미성년자 부랑아들의 증언에만 무게를 두었다.[27]

우에노는 부랑아들이 집결한 대표적인 장소였다. 1945년 3월 도쿄 대공습 이후 전재를 당한 이들이 우에노의 지하도로 모여들면서 집단이 형성되고 패전 이후에는 거처를 잃어버린 복원군인들이 이 집단에 가담했다. 구걸이나 잡일을 도우면서 살아갈 수는 있었기 때문에 우에노는 부랑자들의 집결지로 부상했다. 우에노 지하도는 범죄 모의장소, 각종 전염병이 발생하고 유포되는 지점이 되었다. 귀국자, 전재자, 복원군인 등이 도박, 소매치기, 폭력배와 상인의 잔심부름, 주요식량 판매, 가쓰기야와 상점에 대한 공갈, 유흥가 입장권 매매, 장물 거래, 매매춘 여성 협박 등을 하며 암시장 주변에서 기생했다.[28] 1945년 10월, 전후 심각한 식량 사정에 대해 우에노 부랑자 집단을 중심으로 한 기사가 보도되기도 했다.[29]

부랑자 집단 중 미성년자들은 일본인 조직원들의 보살핌을 받으면서 조선인 상인과 갈등을 유발하는 일에 동원되기도 하였다. 다음 일화는 부랑아들을 이용해 갈등 관계를 고조시키는 당시의 분위기를 보여준다.

> 야쿠자는 데키야보다 이미지가 거칠지만 부랑아들에게는 친절한 편이었다. 그들은 부랑아들에게 밥을 먹게 해 주었다. 어느 옷감 가게 주인이 여자 부랑아들을 모아서 조선인에게 팔았다. 조선인은 이들을 가와사키 요코하마의 조선인 집에 가정부로 팔았다. 이 소문을 듣게 된 야쿠자가 옷감 가게에 와서 협박을 하고 아이를 해방시킨 다음 가게에 불을 질렀다. 아이들 사이

---

27) 일본인 부랑아의 증언이 일방적이고 편파적이지 않았다는 점을 부각시키기 위해서라도, 그들이 '조선인 야쿠자'라고 표현한 조련의 존재와 역사적 의미에 대한 기초적인 사실관계는 언급되어야 하지만 이 르포에서는 그런 기술이 나타나지 않는다. 또한 조선인 측의 증언이나 회고도 수록되지 않았다.

28) 塩満一著, 『アメ横の35年の激史』, 138쪽.

29) 『朝日新聞』, 1945년 10월 5일자.

에 이 소문이 퍼지자 야쿠자가 더욱 신뢰를 얻었다. 아이들을 학대하는 대상이 적대관계였던 조선인이란 것을 용서할 수 없었다.[30]

이 부랑아가 말한 소문의 사실 여부를 확인할 수는 없다. 패전 이후에는 보도도, 조사도 되지 않았던 범죄가 많았으므로 근거 없는 소문이라고 묵살하기 어렵다. 이것이 전적으로 사실이라면 관계된 재일조선인의 행위는 당연히 비난받아야 하고 법적 처벌을 받는 것이 마땅하다. 어느 정도 사실에 근거하였으나 침소봉대되거나 그저 떠도는 소문일 뿐이라면 부랑아들 사이에 퍼진 대조선인관의 일면을 반영하고 있는 것이라 하겠다. 아직 세상 물정을 판단하기 어려운 부랑 청소년들이 같은 처지의 부랑아를 '해방'시킨 폭력단원의 영웅적인 무용담에 매료되고, 재일조선인을 '적대관계'로 인식하고 있는 것이다.

부랑아들이 재일조선인을 '적대관계'로 여기는 것은 일본인 조직이 조선인을 '가공의 적'으로 설정해 두고 불우한 처지의 부랑아들에게 전파했기 때문일 것이다. 도쿄에서 재일조선인의 비중이 가장 높다고 알려진 우에노에서 재일조선인과 일본인들과의 대립 관계는 그만큼 치열했고, 이를 이용한 풍문은 효과가 있었다. 이들은 조선인을 '조센' 혹은 '요츠'[31]라는 식민지 시기의 차별용어로 불렀다.

후에 야쿠자가 된 당시 7세 소년은 아버지 같은 존재였던 폭력단원의 지시에 따라 조선인 사무실에 몇 번이나 불을 지르는 임무를 수행했다. 소학생 정도의 소년은 조선인 가게에서 물건이나 무기를 훔쳐 오라는 지시를 받아 행동하였다. 한편 부랑아들은 조선인 공격에 동원되기도 했다. 부랑아들 중 10대들은 절반은 폭력단원이나 마찬가지였기 때문에

30) 石井光太, 「浮浪児1945」, 『新潮45』, 2012년 11월호, 233쪽.
31) 숫자 4의 일본발음. 조선인은 짐승처럼 네발로 긴다는 의미를 가진 차별용어.

담력 시험을 겸해서 대낮부터 잠복해 있다 재일조선인을 덮쳐서 자상(刺傷)을 입히거나 뒤에서 총을 쏘기도 했다. 범죄 현장에서 붙잡혀서 조선인에게 몰매를 맞기도 하고, 부랑아 동료가 조선인에게 찔려서 피 흘리는 모습을 목격했다는 증언도 있다.[32] 한 부랑아는 조선인과의 대립을 다음처럼 회고했다.

> 조선인들은 무서웠다. 전쟁 이전부터 계속 자갈 채취업을 해서 체격이 전혀 달랐다. 일본인보다 훨씬 크다는 인상이었다. 그들은 조직도 확실했다. 조선이라고 단결하는 것이 있었다. 일본 야쿠자가 싸움을 걸면 누군가가 트럭을 타고 와서 복수를 해 주었다. 물론 일본 야쿠자도 사람 수에서는 절대 지지 않아서 정면 승부를 했다. 대낮에 조선인들이 기관총을 들고 들이닥친 사건이 일어나기도 했다. 대낮에 총소리를 들은 적이 한두 번이 아니다. 한쪽이 지면 끝이라는 의식 때문이었을 것이다.[33]

조선인은 일본 야쿠자가 싸움을 걸면 기관총과 권총을 들고 트럭을 타고 왔고, 일본인 데키야는 일본도로 맞서면서 대낮에도 총소리가 들렸다. "싸움이 시작되면 조선인들은 조선인 연맹이라는 깃발을 들고 모여들었다. 총은 물론이고 각목, 식칼, 무기가 되는 것은 뭐든지 들고 왔다"[34]는 회고에서 보듯이 암시를 둘러싼 싸움은 위험한 살상무기가 동원되는 일이 많았다.

부랑자들은 무장한 외형만 보고 조련이라는 정치단체를 '조선인 야쿠자'로 파악했던 것 같다. 그러나 이는 철저하게 일본인 부랑아들의 시각만을 반영한 기술이다. 이익만을 노리고, 폭력화한 일부 재일조선인을

32) 石井光太, 「浮浪児1945」, 『新潮45』, 2013년 1월호, 248~249쪽.
33) 石井光太, 「浮浪児1945」, 247쪽.
34) 石井光太, 「浮浪児1945」, 248쪽.

제외하면 암시장에서 조련의 무장은 '자경'이 주목적이었다. 부당한 차별 대우가 일상이었던 식민지기 경험을 포함해 전후 혼란 상황에서 민족 단위의 자위대를 구성하지 않으면 생명과 재산이 위험했기 때문이었다.[35] 상기의 증언에서도 나타나듯이 '조선이라고 단결'하고, 일본 야쿠자가 싸움을 걸면 '누군가가 트럭을 타고 와서 복수'를 하는 것은 사회 치안이 불안한 상태에서 민족 단위로 자구책을 도모해야 했던 현실을 반영한 것이었다. 당시 12세였던 한 부랑아는 우에노의 재일조선인 집단을 다음처럼 언급했다.

> 우에노와 아사쿠사 중간에 조선인들이 많이 사는 부락이 있었다.[36] 작은 가건물에 모여 있었고, 분명 '조선인민회의소'라는 깃발이 있었다. 국제 친선 마켓 점주와 조선인 야쿠자들도 여기 살았던 건 아닐까?[37]

이 회고가 어느 시기인지 분명하지 않으나 정황상 47~8년 무렵으로 여겨진다. 조련 중앙회관이 우에노와 아사쿠사 중간에 있었고, '조선인들이 많이 사는 부락'인 친선마켓도 그 시기, 그 정도 위치에 형성되었기 때문이다. 부랑아 소년에게 '조선인민회의소'는 단순한 집단거주지, 혹은 '조선인 야쿠자'의 소굴로 비친 것이다. 그의 세계관에서 이러한 인식은 당연할 수도 있다.

다만 이런 부랑아 출신자의 인식만 그대로 기사에 인용되고, 재일코리안을 통한 확인 작업의 병행이나 부연 설명은 없다는 것은 지적해 둘 점이다. 암시장이 소멸된 후 70여 년이 지난 이후에도 이 기사는 물리적

---

35) 해방 직후, 재일조선인의 증언 중에는 일본이 패전으로 인해 조선인을 무차별 학살한 관동대진재의 상황을 재현할 것을 우려하는 사례도 있었다.

36) 위치상 히가시 우에노에 형성된 친선마켓 지역을 의미하는 듯하다.

37) 石井光太, 「浮浪児1945」, 248쪽.

충돌 이면에 존재하는 식민지 역사와 그 인과 관계는 조명하지 않은 채 부랑아의 시각을 빌려 굴절된 재일조선인의 폭력적 이미지만 부각하고 있다. 관련 연구나 자료가 없는 것도 아닌데 객관적 기술을 위한 노력이나 접근을 시도했는지 의문이다. 이런 증언에 필적할 만한 재일조선인 측의 대응은 언급도 없이 이 기사는 일방적으로 일본인 부랑아의 증언만 나열하고 있어 또다른 왜곡된 '조선인관'을 강화하는 것이 아닌가 하는 합리적 의심도 품게 한다.

암시 숙정 직후의 탐방 기사를 보면 도쿄에서는 "신바시와 우에노는 돈벌이가 많지만 장사하기가 매우 험하다" "당국의 눈이 매섭다"[38]는 상인의 소감이 있다. 신바시와 우에노 모두 일본인이 주도권을 쥐고 있는 주요 암시였지만 신바시는 중국계가, 우에노는 조선인의 참여도가 높은 곳이었고, 상권과 민족 대립 문제 등이 복합적으로 결부되어 도쿄 내에서도 장사하기가 '매우 험한 곳'으로 인식되고 있는 것이다.

나. 상권의 분리

아메요코 동쪽 대로인 쇼와 도리를 사이에 두고 현존하는 히가시 우에노 지역은 현재 행정주소지로는 도쿄도 다이토구 히가시우에노 2쵸메(東京都台東区東上野2丁目) 일대이지만 형성 당시에는 오카치마치 3쵸메(御徒町3丁目)였다. 성립 당시 '국제친선마켓'(이하 친선마켓)이라는 명칭으로 통용되었지만 오늘날은 '우에노 코리아타운' 혹은 '김치 요코초(横町: 골목)'라고 부르기도 한다. 신오쿠보의 '코리아타운'과 대비해 '올드 코리아타운'이라고 인식되기도 한다.

식민지 시기에 형성되어 일본 전국에 산재했던 재일조선인 마을은 대

38) 『商店界』, 1946년 9・10월호.

부분 주거로 부적합한 열악한 환경에 터를 잡았다. 그런데 패전 이후 개발사업이 진행되자 터전을 빼앗기게 된 이 지역 거주자들은 불법 점거자로 몰리게 되었고, 지역에 따라서 이런 상황은 큰 사회 문제로 부각되기도 했다. 그런 조선인 집단주거지 중 이 곳은 해방 후 최초로, 재일조선인들에 의해 합법적으로 형성된 장소라는 중요한 의미가 있다. 그 형성 과정을 살펴보자.

1946년 5월의 우에노 일제 단속은 재일조선인은 물론, 암시장 단속 사례 중에서도 주요 사건으로 손꼽힐 만한 것이었다. 신경제정책의 발표 이후, 유보적인 태도를 보이던 당국은 암시장 통제에 대해 강경일변도로 전환했다. 이러한 국면 전환 상황에서 도쿄의 유력한 데키야 대표 4명이 자숙을 결의하고 조선인 및 화교 대표에게도 협조를 요청했다.[39] 이런 만남이 행해지는 가운데 5월 30일, 우에노 시장의 일제 단속이 행해졌다. 내무성 경보국 공안과가 2월에 경시청 경무부장 및 각 도도부현 경찰부장 앞으로 조선인 단속에 대해 강경입장을 취하라는 비밀지령을 보낸 것을 비롯해 4월의 「철도 이용의 대만인 및 조선인의 단속에 관한 각서」「조선인의 불법행위에 관한 각서」가 나온 다음, 조선인의 '치외법권'적 지위를 공식적으로 인정하지 않으면서 본격적으로 행해진 단속이었다.

〈금제품의 암시장에 무장경관의 기습-우에노의 난투, 피스톨이 날다〉

두세 번에 걸쳐서 섬유제품 및 그 외 금제품 단속을 했는데도 불구하고 최근 관서 방면에서 속속 노점상이 상경, 지반을 우에노에 두고 대대적으로

39) 『朝日新聞』, 1946년 5월 31일자. 데키야 대표는 화교 대표 및 조련 측과 만나 '제3국인'의 통제 외 판매를 도쿄 노점상이 자주적으로 해결하자고 논의했다. 화교 단체에서는 이에 대해 '특수한 입장을 고려하지 않으면 곤란하다'며 즉각 호응하지 않았다. 조련 측의 반응은 알려진 바 없지만 화교 측과 비슷한 논리를 제시했을 것으로 보인다.

> 금제품을 팔고 있으므로 경시청은 강경 수단을 취해 30일 제복경관 500명을 출동시켜 우에노 히로코지의 노점가를 덮쳐 마침내는 수상관저 이래의 발포 소동이 일어났다. 이날 아침 10시 반 주력을 우에노서에 두고 각 경찰 및 본청에서 온 응원대 약 500명은 10대의 트럭에 분승해 우에노 노점 상가 대로변에 도착했다.
>
> '……' 졸지에 혼란스러워진 노점가에는 허둥대며 가게를 정리하고 배낭과 보자기를 인근 상가에 맡기고 도망치며 달아나는 자, "도망가라" "모여라"라는 외침, 여성의 비명, 뛰어든 경관과 "내 놔라" "내놓지 마라" 등의 실갱이가 시작됐다.
>
> '……' 그 일단 중에 10명 정도가 옆에 있던 한 순사 부장에게 바짝 다가 들었다. 주먹질이 오가고 괴롭힘을 당하다가 겨우 빠져나온 순사부장이 위태롭게 엉거주춤한 자세에서 왼손으로 쥔 권총이 발사되었다. '……' 맞고 쓰러진 안국진군(24세, 오사카시 이쿠노구 大友町 2의 174)은 대퇴부의 맹관총창으로 바로 帝大병원으로 옮겨졌다. 유혈이 계속될 것이라고 보였지만 일단락되고 조합본부의 앞에서는 "우리가 경시청을 해치워버릴 것인가, 당할 것인가"라며 50~60여 명의 일단이 기세를 높였지만 그 사이 대기하는 트럭에 사람과 물자가 실렸다.[40]

단속 당일 현장을 묘사한 이 기사에는 경찰과 상인의 대치 끝에 피해자가 발생한 상황을 전하고 있다. 단속 과정 중에 경찰의 오발로 인해 안국진[41]이라는 17세의 소년이 대퇴부 총상을 입어 긴급하게 병원으로 이송되었다. 피해자의 성명만 보면 중국인인지, 조선인인지 특정할 수 없지만 재일조선인이 가장 많이 사는 오사카시 이쿠노구 출신이고 이오달도 별도로 언급한 사건이었던 것으로 보아 조선인이라고 여겨진다.[42]

---

40) 『朝日新聞』, 1946년 5월 31일자.

41) 猪野健治 外, 『東京闇市興亡史』, 108쪽. 일본인 저자는 안국침으로 표기하였지만 신문기사에는 안국진으로 나온다.

42) 猪野健治 編, 『東京闇市興亡史』, 108쪽. 이오달조차 피해자를 '제3국인'으로 지칭하고, 이 사건을 암시 숙정 직후인 8월의 대규모 단속 사건과 혼동하고 있다.

기사 내용 중 단결을 강조하고 집단행동을 주도하던 이들도 조선인 집단이었을 가능성이 높다.

사건 발생 후 "노천상 문제에 대해 십수 명이 30일 오후 3시경 경시청을 방문해 몰수품의 즉시 인도를 요구, 거절당하자 일단 물러났다. 같은 날 4시 20분 몰수물자 반환을 외치며 우에노 노점상 약 15명이 들이닥쳐 정면 현관의 경비담당 경찰관 약 20명과 싸움을 일으키던 중 트럭 4대에 약 100명의 노점상이 응원대로 들이닥쳐 혼란을 빚었다"[43]는 후속기사가 났다. 트럭에 탑승한 응원대가 동원되는 것은 부랑아 등이 목도한 '조선인 야쿠자'의 행동과 일치한다. 기사에는 적시되어 있지 않지만 이후 조련의 보고서 등을 보면 이날 단속은 재일조선인을 표적으로 이루어진 것이고, 전국적인 암시 숙정을 앞두고 벌어진 일제 단속 중 대서특필된 대표적 사건이기도 하다.

한편 이 사건 이후, 중국계인들의 총격으로 경찰이 사망한 시부야 사건[44]이 발생해 엄중한 암시장 단속은 더욱 그 명분을 얻게 되었다. 7~8월에는 재일조선인을 비롯한 '제3국인'이 일본 경제를 교란한다는 정치인들의 발언이 이어졌다.

1946년 8월 1일에는 전국적 규모로 일제 암시장 단속이 단행되었고, 이날 이후 암시장 규모는 상당히 축소되었다. 하지만 재일조선인 노점상 중에는 당국의 여러 강경대책에도 불구하고 여전히 '해방민족', 즉 '치외법권'적 지위라는 인식을 계속 가지고 있는 이들이 적지 않았다. 암시장 단속이 행해지던 8월에 노점상과 경찰관의 말다툼은 발포사건으로

---

43) 『朝日新聞』, 1946년 5월 31일자. 이 과정에서 한 노점상이 곤봉으로 경찰을 구타해 심한 출혈로 병원으로 후송되었다.

44) 1946년 7월 19일 저녁 9시 시부야 경찰서 앞에서 벌어진 무장한 일본인 폭력조직과 대만인 집단 사이에 벌어진 집단 폭력 사건. 경찰 1명과 대만인 7명이 사망하고 수십 명의 부상자가 발생했다.

이어졌다. 노점상 측은 경찰이 먼저 발포하였다고 주장하였고, 경찰 측은 안전마개가 벗겨져서 사출된 것이라고 주장하였다.

그런데 5월의 단속에서도 이와 유사한 사건이 있었다. 경찰의 무기 관리가 허술한 것인지, 총기 발포로 도발을 유도하려 한 것인지 판단할 수 없지만 공권력의 강경 대응방침을 반영하는 사건이라 하겠다. 이날 사건에서는 노점상 50명과 경관 30명 사이에 격투가 벌어졌고, 경관 1명의 부상과 무장경관 80명의 급파로 일단 수습은 되었다. 그런데 그 와중에 권총 4정이 분실되는 사고가 일어났다.[45]

5월의 우에노 일제 단속 직전, 조련은 조선인을 대표해 데키야 대표와 간담회를 가졌다. 여러 기록을 종합해 보면 1946년 무렵 조선인 노점조합이라는 단체가 존재하고 있었고,[46] 그 대표로 활동이 나타나는 이는 전술한 바 있는 이오달이었다. 초기 우에노 시장과 재일조선인의 구체적인 활동상을 전해줄 자료군이 거의 없는 상황에서 이오달의 경력은 우에노 암시장과 친선마켓의 형성 과정을 이해하는데 가장 근접한 자료가 될 수 있을 것이다. 그는 우에노 암시장이 유명했던 1946년 초 고베에서 상경했던 것으로 보인다.[47] 이 회고에 기반을 두자면 이오달도 패전 직후인 1945년 9월 초부터 우에노에서 시작한 것은 아니다.

이오달 생전의 인터뷰가 실린 『東京闇市興亡史』에도 그는 조선인 '대표격'으로 기술되고 있다. 인터뷰 내용을 보면 이케다 우에노 경찰서장을 만나고, 히비야의 MP총사령부로부터의 호출도 있었는데 '48시간 이내에 분실된 피스톨을 가져오지 않으면 강제퇴거 당한다'는 통지를 받았

45) 『朝日新聞』, 1946년 8월 7일자.

46) ほるもん文化編集委員會 編, 『ほるもん文化 9 －在日が差別する時, 差別される時』, 2000.9, 212쪽.

47) 우에노 단속 사건은 5월과 8월에 각각 대규모로 행해졌다. 이 사건에서 경찰의 주목을 받고 수배를 피해 달아났다는 정황을 보면 이오달은 상경 몇 달만에 우에노 조선인들의 리더로 부상했던 셈이다.

다고 한다.[48] 이는 맥락상 8월 초 암시장 단속 당시 권총 탈취사건으로 보인다. 또한 『朝日新聞』 1946년 8월 8일자 "조선인 노점상 조합 간부와 이케다 우에노 경찰서장이 해결책을 협의 중"이라는 기사에 등장하는 조선인 노점상 조합 간부는 이오달로 추정된다. 이오달은 결국 이 사건에 대해 책임을 지고 관서 지역으로 가서 1년 정도 도피생활을 했다고 알려졌다.

그런데 전술한 우에노 경관의 권총 분실사건은 1946년 8월이었다. 당시 경찰서장과 만났던 '조선인 대표'가 이오달이었다면 상경한지 불과 몇 달 만에 이미 대표급 인물이 된 것이다. 원래 우에노에 연고가 있었는지 언급하지 않았으나 설사 있었다고 하더라도 이 정도 단기간에 암시장 조직을 장악한다는 것은 그가 대단한 수완가라는 것을 말해준다. 일본인 데키야들이 경찰 단속과 관련해 재일조선인 단체를 접촉한 것은 1946년 5월 말인데 이 모임에도 그가 참여했는지 기록으로 남은 것은 없다.

1946년 무렵 대표자나 주체세력이 명시되지 않은 조선인 노점조합 단체가 존재하였던 것 같으나[49] 조련 측의 자료를 보아도 노점상 조합, 혹은 암시장 관련 인물들이 표면적으로 잘 드러나지 않고, 이오달이라는 이름도 나타나지 않는다. 2007년 발간된 다이토구 동포연혁사 『대동』에서는 이오달을 '우에노조선인노점조합'의 조합장[50]이라고 하였다. 하지만 이는 수십 년 후의 기록으로 이 명칭이 암시장 시기에 조선인 사회에서 공식적으로 통용된 직함인지, 혹은 편의상 임의적으로 붙인 것인지 분명하지 않다. 그렇다고는 해도 이오달이 암시장 시기부터 사망 시점

---

48) 猪野健治 編, 『東京闇市興亡史』, 107~109쪽.

49) ほるもん文化編集委員會 編, 『ほるもん文化 9 —在日が差別する時, 差別される時』, 212쪽.

50) 台東同胞沿革史編集発行委員会編, 『대동』, 98쪽.

까지 도쿄의 동포 사회, 그중에서도 우에노 지역을 중심으로 활발한 활동을 전개한 것은 여러 기록을 통해 봐도 명확해 보인다. 그는 이후 우에노와 신주쿠에서 경상관, 천산각이라는 대형 야키니쿠 식당을 운영했다.[51] 그의 활동 역시 암시장 활동에서 야키니쿠업으로의 전환이라는, 재일조선인 산업 변천사의 한 전형을 보여주고 있다.

〈사진 1〉 젊은 시절의 이오달[52]

이오달은 1947년 친선마켓 건립 논의 시기에 다시 전면에 등장한다. 친선마켓이 설립된 이후에는 본격적으로 민족단체 활동에 참여한 것으로 여겨진다. 1949년 조련 강제해산 이후인 1950년 무렵, 중요한 역할을 했던 조선해방구원회(朝鮮解放救援会)[53]에 부위장으로 그의 이름이 올라가 있는데 이 시기에 민족단체에서 이미 간부급이 되었음을 알 수 있다.

이오달의 자제인 A씨는 "아버지는 민족단체를 만나지 않았더라면 '야쿠자'가 되었을 것이라고 말씀하기도 하셨다"[54]라고 회고하였다. 암시장 활동과 친선마켓 형성 과정을 통해 자신

51) ほるもん文化編集委員會 編, 『ほるもん文化 －在日が差別する時差別される時』 9호, 212쪽. 1957년의 『在日本朝鮮人商工便覽』에는 경상관이라는 식당의 대표로 나와 있다.

52) 아내와 함께 찍은 사진으로 울퉁불퉁한 주먹마디는 그가 살아온 인생을 설명해 주는 듯하다. (이오달 자제 제공 사진)

53) 1949년 9월 조련이 강제해산 당한 이후 합법적인 단체로 남았던 조련 산하의 전국 조직.

54) 2019년 2월 필자와의 인터뷰.

안에 내재된 '민족의식'을 발견한 것으로 보인다. 그는 이후에도 재일본 조선인총연합회(총련) 초대 우에노분회장, 도쿄 제1초중급학교 건설위원,[55] 다이토구 상공회장 등 다양한 민족단체에서 간부로 활동했다. 동포연혁사에서는 그의 활동을 "우에노 분회관 하에 거주하고 있었던 것과 관련하여 초대 우에노분회장이 되고 다이또 상공회 초대회장을 거쳐 도꾜도 상공회 회장으로서 생을 마치게 되었다"[56]고 기술하고 있다.

우에노 시장의 상권 분리는 이오달이 도피 1년 만에 우에노로 복귀하는 시점에 본격적으로 진행되었다. 1946년 초 우에노에는 시타야(下谷)구와 토지사용을 협의해 지붕을 인 번듯한 곤도 마켓이 건립되었다. 이곳은 전쟁 중에는 대규모 군수공장을, 전후에는 자전거 수리공장을 운영하던 곤도 히로키치가 일본인 귀국자 중심으로 운영하려고 설립한 곳이었다.

그런데 설립 시기에 구청과 곤도 사이에는 일정한 협약이 있었던 것으로 보인다. '야쿠자 집단'과 '타 지구에서 온 그룹'[57] 때문에 시장 환경이 험악해지고 있으니 '악질 집단'의 입점을 거절해서 합법적으로 시장에서 분리하자는 것이었다. 이 '악질 집단'에 '타 지구에서 온 그룹'이라는 애매한 표현을 사용했는데 재일조선인이 포함되었는지 여부는 알 수 없다. 다만 시장을 교란하는 세력으로 폭력조직과 재일조선인을 동일시하던 의견일치는 있었던 것 같다.

마켓의 허가권을 쥐고 있는 구청으로서는 폭력적 데키야와 고분고분하지 않은 재일외국인이 모두 골치 아픈 존재였는데 곤도 마켓의 입점 조건을 내걸면서 이 두 세력을 몰아내는 일석이조의 효과를 누릴 수 있

55) 台東同胞沿革史編集発行委員会編, 『대동』, 49쪽.
56) 台東同胞沿革史編集発行委員会編, 『대동』, 99쪽.
57) 塩満一, 『アメ横の35年の激史』, 106쪽.

었다. 지역 유력자 곤도는 우에노에서 활동하던 이들에게 칼부림을 당한 적이 있었기 때문에 데키야 집단에 대한 혐오감이 매우 컸고, 이들과 맞붙어 힘으로 겨루었던 재일조선인도 그에게는 폭력집단과 동일한 성격으로 보였을 것이다.

암시장을 부르는 여러 명칭 중 외형상 가건물이라도 형태를 갖춘 곳은 마켓이라고 불렀고, 국제, 친선 등의 용어가 사용된 곳은 일본인 상인 외에 외국인 상인들이 함께 입점해 있는 곳이었다. 외국인이라고는 해도 재일조선인과 중국계인이 대다수를 이루었다.

상권 분리는 1947년 도쿄노점조합 이사장인 오즈의 검거 이후, 주요 시장을 무대로 활동했던 데키야들이 속속 구속되던 시기에 이루어졌다.

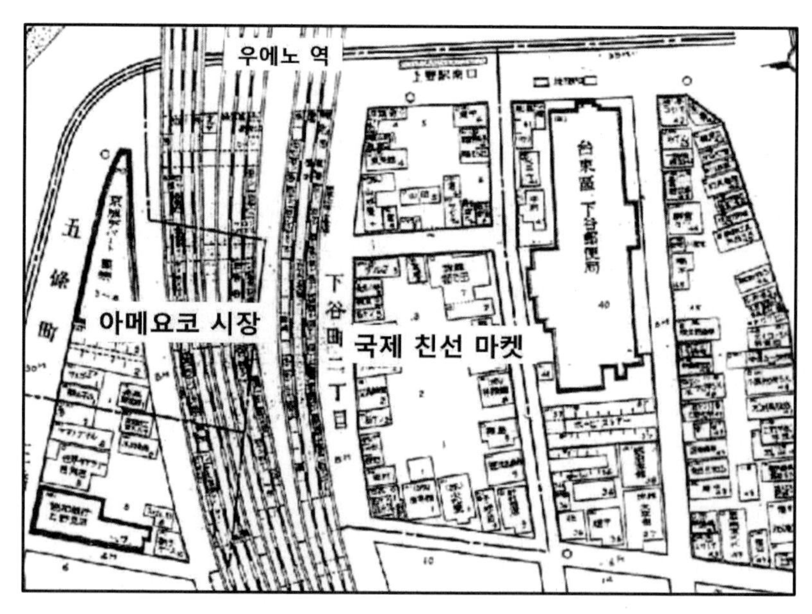

〈그림 1〉 아메요코 시장과 국제친선마켓의 위치[58]

---

58) 그림은 1949년 火保圖硏究所가 1949년 11월 15일 작성한 지도를 기초로 삼아 우에노 역 인근의 암시장을 표시한 것이다.(ほるもん文化編集委員會 編,『ほるもん文化 9 —在日が

1947년 여름 당시 회합에는 도쿄노점조합 이사장 오즈를 비롯해 우에노가 근거지인 니시오, 이케다 조의 간부, 구청장과 경찰서장, 도의회 의원도 입회하였다. 이들은 데키야의 전통인 '잔을 나누는(杯を交わす)' 의식을 치렀다. 이 모임의 명분은 '아시아의 친선' '우에노에서는 원만히 지낸다'는 것으로 우에노 지역의 갈등을 완화시키려는 시도였다. 이를 통해 조선인과 대만인을 포함해 44명의 이사가 선임되었고 이를 계기로 재일조선인 상권의 본격적인 분리가 논의되었다고 기술하고 있다.[59)]

그러나 친선마켓의 성립과정을 보면 이는 시기적으로 전후가 바뀐 기술로 보인다.[60)] 회합 이전에 이미 재일조선인의 독자적인 상가가 형성되었다는 것은 토지대장과 동포언론을 통해서도 파악할 수 있다. 당시 동포언론 『朝鮮日報 東京』과 『民團新聞』에서 이를 보도하고 있다. 『朝鮮日報 東京』에서는 "조선상업연맹 우에노 지부가 역전 200평의 넓은 토지에 '국제친선마켓'을 건설할 계획을 진행 중" "빠르면 2월 중에 공사가 완료될 것"[61)]이라는 내용이 보도되었다. 실제로 당시 오카치마치 3쵸메 32번지 1의 토지대장을 보면 1947년 2월 1일자로 양희지(梁喜之), 조변훈(趙辯訓), 이오달이 공동으로 매입한 사실이 나타난다.

이보다 두 달 뒤, 거류민단의 기관지인 『民團新聞』에는 다음과 같은 기사가 있다.

差別する時差別される時』, 207쪽 참조) 우에노 역의 아메요코 암시장은 역의 남쪽 철로변 아래와 그 인근을 중심으로 형성되었다. 1947년에는 그림에 표시된 것처럼 재일조선인의 별도 상권이 대로변을 사이에 두고 분리, 형성되었다.

59) 猪野健治 編, 『東京闇市興亡史』, 109쪽.

60) 필자는 졸고 「해방 직후 재일조선인의 경제활동 : 1945~1950년 암시장을 중심으로」에서 『東京闇市興亡史』 및 재일사회의 기록을 바탕으로 선 회합, 후 친선마켓 형성으로 기술하였다. 하지만 2019년 현지조사를 통해 얻은 자료를 보면 선 친선마켓 형성, 후 회합이 시간상 맞는 순서라고 여겨진다. 필자의 가설이 맞다면 형성 순서에 대한 기존의 기술은 모두 수정되어야 한다.

61) 『朝鮮日報 東京』, 1947년 2월 16일자.

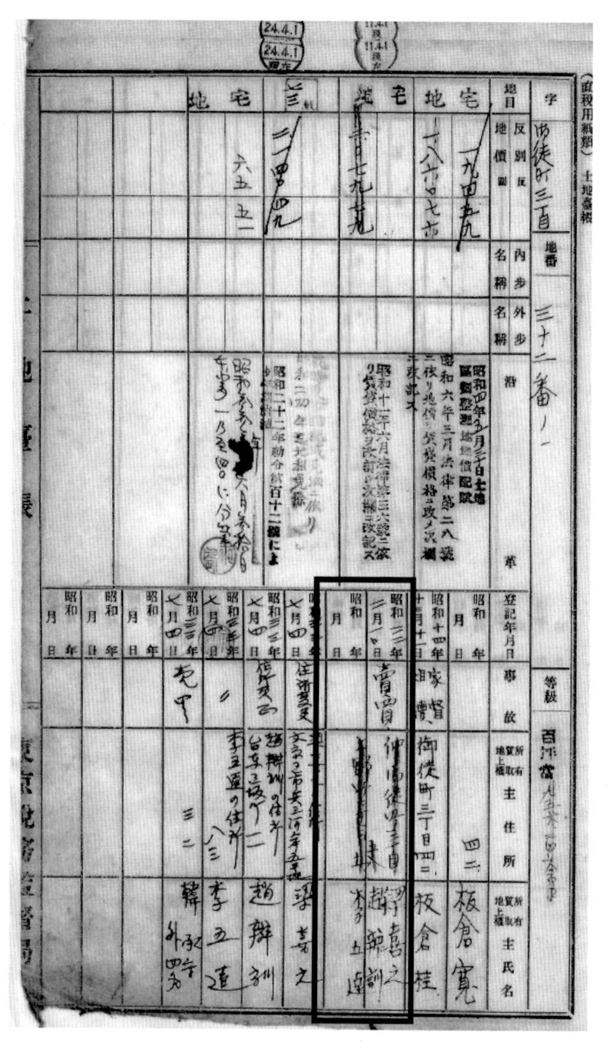

〈사진 2〉 1947년 친선마켓 부지 토지대장

재일조선인상업연맹 우에노지부의 손으로 완성된 우에노 친선마켓은 1년 만에 준공되어 4월 15일 정오부터 鮮日 각 방면 관계자를 초대, 낙성식을 행했다. 박경옥씨의 개회사에 이어 우에노부지부장 송씨의 경과보고, 토지, 건

> 물 등에 대해서 진력한 鮮日 유력자에 대한 감사 인사를 언급한 뒤 감사장 및 기념품 증정이 있었다. 우에노 이케다 서장은 민생 안정을 통해 선일친선관계의 촉진에 도움이 적지 않다고 축사했다.[62]

그런데 이 기사에도 확인하기 어려운 내용이 있다. 친선마켓이 '1년 만에 준공'되었고, 이조차도 몇 번에 걸친 연기 끝에 낙성식이 4월 15일에 행해진 것[63]이라고 한다. 이 기사에 따르자면 토지 매입 훨씬 이전부터 조선인 집단상권 형성 논의가 있었던 것을 의미하지만 그런 논의 과정의 여부는 기록으로 남아 있지 않다.

두 기사가 각기 다른 장소를 언급했을 가능성도 있지만 이 시기를 전후해 우에노에 이 정도 규모의 조선인 마켓이 형성된 적이 없고, 재일조선인 상권, 친선마켓이 공통으로 언급된 것을 보면 동일한 장소로 보인다. 『朝鮮日報 東京』 기사에는 '조선상업연맹 우에노 지부', 『民團新聞』에는 '재일조선인상업연맹 우에노지부'로 명칭에서 차이를 보이는데 당시 유사한 명칭의 단체들이 많은 까닭에 유의해야 할 일이지만 적어도 이 단체는 동일단체로 보인다.

그런데 후자의 낙성식 관련 기사에는 대표격이었다는 이오달은 물론, 공동 토지매입자들의 이름이 등장하지 않는다. 경과보고를 한 사람은 '우에노부지부장(副支部長) 송씨'인데 토지매입자들이 정황상 전면에 나서기 어려운 사정이 있었던 것이 아닌가 한다. 특히 이오달은 1946년 8월에 관서지방으로 1년간 도피한 것으로 되어 있으므로 시기적으로 도쿄에 없었어야 맞겠지만 원격지에서 막후 조정을 맡았거나 실제로는 이보다 빠른 시기에 도쿄로 복귀했을 것이다. 낙성식에 참여한 주요 인물

62) 『民團新聞』, 1947년 4월 25일자.
63) 『民團新聞』, 1947년 4월 25일자.

로 최초 토지 매입자 세 사람의 이름도 등장하지 않는다.

국제친선마켓 지구는 내장을 주로 구워 파는 호루몬야키 식당을 중심으로 김치, 반찬가게, 한복가게 등 민족적 특성이 드러나는 상점가가 형성되어 나갔다. 이 지역 초기 모습은 재일 2세 작가 박기석의 자전적 소설 『보쿠라노 하타』[64]에서 일부 생생하게 묘사되었다. 박기석은 해방 이전부터 조선인 집주지구였던 우에노 인근의 미카와시마(三河島)와 미노와(三ノ輪)에서 살았지만 그의 눈에도 국제친선마켓 지구는 색다른 풍경으로 보였다. 친구가 살았던 이 지역의 50년대 초반 정경을 그는 다음처럼 묘사하였다.

> 전후좌우로 초라한 함석지붕이 길게 이어진 집들이 빽빽하게 처마를 잇대고 늘어서 있다. 건물 사이 간격이 3미터 정도 폭으로 좁아서 이곳에 동포들이 얼마나 살고 있는지 짐작이 되지 않았다. 신축 빌딩 건설 따위는 바랄 수도 없지만, 큰 도로에서 겨우 십 미터 떨어졌을 뿐인데 이토록 다른 풍경에 당황스러웠다. 하지만 천천히 둘러보니 '우리 동네'다운, 역 앞의 풍경과는 사뭇 다른 활기와 숨결이 느껴졌다. 교차로 길모퉁이 땅과 도로에 접해 있는 기다란 지붕 여기저기에 때 묻은 나와노렌(줄을 꼬아 만든 포렴)이 내걸린 호르몬야끼 가게, 원색의 옷감을 진열대에 내놓은 조선 의류 가게와 조선 건어물가게에 드나드는 사람들이 그것이라 하겠다.(중략) 건어물 가게에는 뭐든지 있었다. 고추, 마늘, 참깨, 상추, 조선의 떡 종류, 각종 반찬, 생선과 육류의 내장들, 명태, 족발, 돼지 귀, 각종 김치가 세숫대야 같은 곳에 수북이 담긴 채 도로까지 자리를 차지하고 있었다.[65]

어린 소년의 눈에도 우에노는 미카와시마보다 '조선스러움'이 훨씬 물씬했고, '우리 동네'의 활기가 있었다. 조선인과 일본인 노동자들이 모여

---

[64] 박기석 저, 정미영 역, 『보쿠라노 하타』, 도서출판 품, 2018.

[65] 박기석 저, 『보쿠라노 하타 1』, 221~222쪽.

든 호루몬야키 식당과 일본인 고객이 반찬값 흥정을 하는 모습이 신기하게 느껴진 것이다. 그 와중에도 '이상하게 이곳만큼은 정비도 되어 있지 않아 도로는 울퉁불퉁하고 흙이 그대로 드러나 있었'[66]던 점을 주목하고 있다. 토지를 매입하고, '초라한 함석지붕'을 인 건물은 지었지만 아직 생활환경의 인프라는 제대로 정비되지 못했던 당시 상황을 보여주는 듯하다.

일본이 고도성장기에 들어서면 야키니쿠 식당들이 늘어나면서 요식업이 지역의 중심이 되었다. 상호명에서도 판문점, 마산관, 대문, 해운대, 경성원 등 한국색이 물씬하다, 한편 우에노 상권의 중심인 아메요코를 선호하는 재일조선인들도 있었다. 고객 통행량이 덜한 지역으로 이전하기 곤란한 일본인 대상의 도소매, 사탕과 비누 영세 제조업체일 경우가 그러했다. 새롭게 유입된 재일조선인 노점상들도 보다 큰 상권인 기존의 아메요코 쪽을 더 선호했다.

1948년 시점에도 관서지방에서 상경한 100여 명의 조선인들이 철로 밑에 자리를 잡고 노점을 펼치고 있었다. 이 시기에도 우에노에는 갈대발을 친 암시장 초창기의 천막노점과 포장마차 혹은 가건물 점포가 공존하고 있었고,[67] 전쟁으로 호황을 맞게 되는 1950년에도 아메요코는 여전히 조선인과 대만·중국인이 일본인과 혼재해 있는 양상이었다.[68]

우에노 암시의 대립상황은 재일조선인들에게 분리된 상권이 주어지고, 6.25전쟁을 계기로 시장 전체에 일종의 질서가 잡혀가면서 자연스럽게 잦아들었다. 우에노에서 야키니쿠와 파칭코 사업으로 성공해서 종합부동산레저기업을 설립한 양수정은 "조선인들이 스스로 총과 마약 근절

---

66) 박기석 저, 『보쿠라노 하타 1』, 222쪽.

67) 『労動と文化』 1948년 5월호.

68) 조경희, 「전후 일본 "대중"의 안과 밖 –암시장 담론과 재일조선인의 생활세계–」, 『현대문학의 연구』 50, 한국문학연구학회, 2013, 163쪽.

을 하고 질서를 만들기 위해 노력했다. 만일 그렇지 않았다면 그 이후 계속 영업하기 힘들었을 것"이라고 내부에서의 자구책이 병행되었다고 회고했다.[69] 전쟁 이후 대량의 미군물자 방출이 이루어지면서 보석, 의류, 가방, 구두 등의 사치품목을 다루는 이들도 늘어났고, "마켓 내부에서는 절대 우리 말 금지"라는 식으로 민족성을 드러내지 않는 경향을 추구하였다.[70] 1955년에는 재일조선인우에노상목회(이하 상목회)가 결성되었다.[71]

두 지역은 쇼와 도오리를 사이에 두고 해방 후 70여 년간 재일코리안의 생활세계를 표상하는 공간으로 병존하였다. 친선마켓이 설립된 지 거의 40년이 경과한 1985년 2월 23일 『동아일보』의 기사에도 '친선마케트'라는 용어가 여전히 사용되고 있다.[72] 기사에는 1950년경 김치 위주의 반찬가게를 개업한 공영상회를 비롯해 제일물산의 인터뷰가 있는데 이 중 제일물산은 김치를 구매하는 고객의 30퍼센트 정도는 일본인이라고 하였다. 오늘날은 일본 편의점에서도 김치는 흔히 볼 수 있지만 80년대만 하더라도 재일코리안 운영 전문점이 아니면 좀처럼 구입하기 어려웠다. 친선마켓은 '정통' 김치의 맛을 아는 일본인들이 직접 방문하고, 일본 생활을 하는 한국 유학생이나 회사원들도 '고향의 맛'을 찾아오는 곳이었다.

2000년대 이후로 한류 바람이 본격적으로 확산되면서, 신오쿠보가 '코리아타운'으로 알려지게 되었으나 히가시 우에노는 해방 직후 재일조선

69) ほるもん文化編集委員會 編, 『ほるもん文化 ―在日が差別する時差別される時』 9호, 216쪽.

70) 조경희, 「전후 일본 "대중"의 안과 밖 ―암시장 담론과 재일조선인의 생활세계」, 166쪽.

71) 『結成40周年記念誌』, 在日本朝鮮人上野商睦協同組合, 1999, 23쪽. 상목회의 기록에 의하면 1990년대 말에도 아메요코에는 120여 개를 넘는 동포점포가 있으며 그중 82호가 상목회에 가입해 있다고 하였다.

72) 『동아일보』, 1985년 2월 23일. 상기의 보도에서 30여년이 지난 지금 젊은 세대에서는 친선마켓이라는 이름에 생소하다는 반응을 보이고 있다.

인 정주와 집단 주거지 형성의 한 사례로서 신오쿠보와는 역사적 배경이 다른 곳이다. 주 고객이 재일코리안이었던 반찬가게 등에도 일본인 고객 비중이 높아지고, 최첨단 초고층 건물들이 들어서는 등 주변 환경도 점차 변모하는 중이다.

〈사진 3〉 우에노 친선마켓 골목 입구의 모습[73]

73) 사진 속 가운데 건물인 경성원은 촬영 당시만 하더라도 친선마켓 시기의 흔적이 보이는 곳이었지만 이 사진 촬영 직후인 2018년 하반기에 화재로 인해 현재는 새롭게 단장했다. 노후한 건물인 까닭에 화재의 위험은 상존하고 있었다.

〈사진 4〉 경성원 옆 골목으로 들어가면 친선마켓 시기에 형성된 주상복합의 형태가 여전히 남아있다.

〈사진 5〉 골목에 걸려있는 일본식 제등에 히가시우에노 코리안타운(東上野コリアンタウン)이라고 적혀있다.

2) 오사카 츠루하시 · 우메다 시장

가. 츠루하시 시장의 형성과 변용

〈그림 2〉 츠루하시 역과 암시장[74]

오사카는 해방 이전부터 일본 최대의 재일조선인 집주 지구였다. 해방 이후 대규모 인구 이동과 조정이 행해지고 상대적으로 관동 지역의 인구 비중이 증가했지만 고베, 교토 등을 포함한 게이한신(京阪神: 교토 · 오사카 · 고베) 지구는 도항 초기부터 재일조선인이 집중된 곳이었다. 그중에서 츠루하시 시장 인근에 자리한 구 이카이노(猪飼野) 지역[75]

74) 츠루하시 시장은 그림에서 보듯이 'ㄴ'자 형태를 이루고 있는, 오늘날 JR 츠루하시 역과 긴테츠 츠루하시 역 사이 오른쪽을 중심으로 형성되었다.(藤田綾子, 『大阪「鶴橋」物語 : ごった煮商店街の戦後史』, 現代書館, 2005, 17쪽 참조) 그림의 왼쪽을 비롯해 상대적으로 조직의 간섭이 적은 인근에도 시장이 형성되었으나 규모가 적은 편이다. 츠루하시 시장은 매우 방대한 규모로서 이 지역 안에 재일조선인이 중심이 된 국제상점가가 혼재하였다.

은 일본에서 최초로 재일조선인 마을이 형성된 곳이었다.[76] 패전 후 발생한 츠루하시 암시장에서 재일조선인의 존재가 현저했던 것은 이카이노 지역과 지리적으로 근접했기 때문이었다. 츠루하시는 주요 암시장의 발생 요인인 주요 환승역과 공터를 끼고 있어, 기존에 형성되었던 인근의 조선인 상권은 이를 중심으로 변화하게 되었다.

츠루하시역(鶴橋駅)은 1914년 오사카 전기 궤도선[77]의 개통 이후 오사카 시전(市電), 성선(省線)이 운행되면서 주요 환승역 중 하나가 되었다.[78] 츠루하시 시장[79]은 현재 츠루하시역을 중심으로 한 히가시나리구(東成区), 이쿠노구(生野区), 텐노지구(天王寺区)의 3개 구에 걸쳐있는 방대한 규모의 상업지구이다.[80]

츠루하시는 고대부터 그 기록이 남아있는 유서 깊은 지역이기는 하지만 전쟁 이전에는 오늘날처럼 번화한 곳은 아니었다. 히가시나리구사(東成区史)에 의하면 역의 동쪽 츠루혼도리(鶴本通り)에는 약 150미터에 걸쳐 상점이 줄지어 있고, 그 외 주택과 공장이 있었다. 지역구민들에

75) 이카이노라는 지명은 1973년 주소 표시 변동에 의해 현재의 이쿠노구로 변경되었다. 미유키도리 상점가는 이 지역의 일부이다.

76) 김인덕, 「1920년대 후반 재일조선인의 생활상태 연구」, 『한국근현대사연구』 5, 1996 ; 정혜경, 「일제하 在日한국인 민족운동의 연구 : 大阪지방을 중심으로」, 韓國精神文化硏究院 韓國學大學院, 1999, 박사학위논문 참조.

77) 현재의 긴테츠(近鉄)선.

78) 지하철은 60년대 말에 개통했다.

79) '시장'은 도매시장을 포함해 보다 광범위한 상권을 의미하고, 일본에서서는 소매 중심의 상업시설이 몰려있는 곳을 일반적으로 '상점가'라고 부른다. 하지만 본 글에서는 상점가를 포함해 상업 활동 전반의 무대로서 '시장'을 언급할 것이므로 특정 상점가를 지칭하는 경우가 아니라면 시장으로 통칭하고자 한다.

80) 藤田綾子, 『大阪「鶴橋」物語 : ごった煮商店街の戦後史』, 9~10쪽. 츠루하시에는 鶴橋商店街振興組合, 鶴橋西商店街, 東小橋南商店街振興組合, 大阪鶴橋市場商店街振興組合, 大阪鶴橋卸売市場協同組合, 高麗市場 등 6개의 상점회가 있다. 이 중 츠루하시 상점가진흥조합(鶴橋商店街振興組合)은 원래 국제상점가로 설립되었고, 재일코리안 관련 가장 먼저 생긴 대표적 상점회이다. 고려시장(高麗市場)은 이 중에서 가장 뒤늦은 1950년대에 형성되었고, 암시장과 직접적인 연관이 없는 곳이다.

의하면 1926년 이후 츠루하시역을 중심으로 교통기관이 발달하면서 현재 '코리아타운'이 있는 모모다니(桃谷) 인근의 신사, 모모다니 상점가 입구까지 남북 일직선으로 영화관, 식당, 술집 등의 상가가 쭉 이어져 있었다고 회고한다. 그런데 구사에서는 이 지역에 대해 '상점가화되지는 않았다'라는 표현을 쓰는데 이는 오사카의 다른 번화가를 기준으로 삼은 까닭으로 보인다. 지역구민들에게는 번화가였지만 오늘날의 위상에 비해서는 소박한 수준이었을 것이다.

츠루하시 인근에는 주요 군수시설인 오사카 육군조병창[81]이 있었다. 오사카시는 주요 시설 공습에 대비해 전쟁 말기 여러 차례에 걸친 소개를 추진하였다. 현재 츠루하시 시장 동쪽에는 소개도로(疎開道路)라고 불리는 남북으로 긴 도로가 있다. 이곳은 전쟁 이전에는 주택 밀집지였으나 공습에 대비해 1945년 5월까지 강제 건물소개가 이루어지고, 방화 공지대로 남게 되었다.[82] 지역주민들은 아직도 이곳을 '소개도로'라고 부르며, 지도에도 그렇게 표기되어 있는 경우가 있다. 전쟁의 기억이 일상 속에 체화된 사례라고 하겠다.

당시 오사카시는 주민들의 퇴거를 요청하면서 임차 혹은 매수의 형태로 공터를 확보했지만 대공습이 잦아지면서 제대로 업무 처리가 되지 않아 보상금을 수령하지 못한 채 퇴거를 하는 경우도 발생했다.[83]

패전 직후부터 공터 자리에는 복원병을 포함한 암거래상들이 나타났

81) 츠루하시역에서 두세 정거장 거리로 항복 선언 전날인 1945년 8월 14일 집중 공습을 받아 초토화되었다. 전후 연합군에 의해 접수되고, 강화조약 이후에는 불발탄의 위험 등이 높아 일반인들의 접근이 금지되었다. 양석일의 소설 『夜を賭けて』에서는 히라노천을 따라 이곳까지 와서 고철을 수집하는 전후 재일코리안 생활을 묘사하고 있다. 몇십 년 동안 폐허 상태로 방치되어 있다 오사카에서 손꼽히는 고급 비즈니스 지역(OBP)으로 개발되었다.

82) 소개도로는 츠루하시와 미유키로로 이어지는 주요 대로이기도 하다.

83) 藤田綾子, 『大阪「鶴橋」物語 : ごった煮商店街の戦後史』, 14~21쪽. 이러한 행정 처리가 암시장 시기 소유주 권리행사에서 문제 요인의 하나가 되었다.

다. 이러한 현상은 츠루하시뿐만 아니라 전국에 우후죽순처럼 나타난 암시장들도 마찬가지였다. 츠루하시역 인근에 암시장의 모습이 주목할 정도로 활성화된 것은 1945년 9월경으로 추정된다.[84] 이 지역 출신인 한 복원병은 1945년 8월 30일에 귀향했는데 당시 역 근처는 아무 것도 없는 휑뎅그레하고 조용한 공터였다고 한다.[85] 또 다른 츠루하시 출신 복원병은 9월 말경 청공시장의 형태가 확연하였다고 회고했다.[86] 한 달 사이에 본격적으로 암시장의 세가 불어난 것으로 보인다. 소개에서 돌아온 한 소년은 11월경에 암시장이 대혼잡을 이루고 있었다고 하였다.[87]

이보다 앞선 시기인 1945년 10월 『朝日新聞』은 당시 츠루하시 암시장에서 형성된 상품의 가격과 판매물자 등에 대해 상세하게 기술하고 있다.[88] 이런 추이를 보면 암시장은 9월경에 형성되고, 한 달도 채 지나지 않은 10월에 이미 대규모의 암시장이 되었음을 알 수 있다. 츠루하시 상점가 홈페이지는 시장의 유래를 다음처럼 설명하고 있다.

> 전후 얼마 지나지 않아 1945년 가을부터 퍼지기 시작한 암시장으로 시작한 것이 츠루하시 상가의 시작입니다. 긴테츠와 JR(구국철)이 교차하는 츠루하시는 전쟁 전부터 교통·물류의 요충지였습니다. 전시의 공습으로 철도가 치명적인 피해를 입지 않은 것이 츠루하시가 암시장 역할을 한 요인입니다. 1946년경에는 몇 개의 상가가 결성되어 현재 상가의 원형이 생기기 시작했습니다.[89]

---

84) 大阪·焼跡闇市を記録する会, 『大阪·焼跡闇市 ―かって若かった父や母たちの青春』, 夏の書房, 1975, 41쪽.

85) 藤田綾子, 『大阪「鶴橋」物語 : ごった煮商店街の戦後史』, 31쪽.

86) 大阪·焼跡闇市を記録する会, 『大阪·焼跡闇市 ―かって若かった父や母たちの青春』, 91쪽.

87) 藤田綾子, 『大阪「鶴橋」物語 : ごった煮商店街の戦後史』, 25~28쪽.

88) 『朝日新聞』, 1945년 10월 25일자.

89) https://tsurushin.com/history/에서 발췌.

그런데 전후 츠루하시 암시장과 재일조선인의 상관관계의 전사(前史)로 구 이카이노와 재일조선인의 생활사를 언급하지 않을 수 없다.

츠루하시에서 동남쪽 방향으로 도보 15~20분 정도 거리에 있는 '이쿠노 코리아타운'은 모모다니(桃谷) 지역 미유키도리(御幸通り)의 동서 500미터, 3개의 상점가(御幸通中央商店会, 御幸通東商店会, 御幸通商店街)로 이어져 있는 약 120 점포가 밀집한 지역이다.[90] 이곳은 최초로 재일 커뮤니티가 형성된 곳으로, 해방 이전과 이후를 관통해 재일코리안의 최대 집주지구이다. 이러한 역사적 연속성을 가능하게 한 것은 바로 조선시장, 미유키도리 상점가가 있기 때문이다.[91]

조선인 마을은 상점가 동쪽의 남북으로 흐르는 히라노천(平野川) 개보수 공사에 1920년대에 재일조선인 노동자들이 투입되면서 형성된 것으로 보고 있다. 이 시기에 조선인들 대상의 물품을 거래하는 '조선시장'도 나타났다.[92] 발생 시기는 기록이 불분명하지만 조선인이 늘어나면서 필요로 하는 식자재를 거래하는 노점이 자연 발생한 것으로 보인다. 발생 초기에는 시장 근처 가옥주였던 일본인들이 불결하고, 시끄럽고, 악취가 난다고 경찰에 신고해 자주 단속대상이 되었다고 한다.[93]

1926년 미유키도리 쪽에는 공설시장이 설립되었다.[94] 공설시장에는 다양한 식재료가 있었지만 재일조선인을 위한 식재료가 구비된 것은 아니었다. 당시 조선 시장은 현재 미유키도리 상가보다 100미터 정도 남쪽

---

90) https://ikuno-koreatown.com/ : 이쿠노 코리아타운 홈페이지 개요 참조.

91) 구 이카이노 지역은 현재의 히가시나리구와 이쿠노구에 해당하고, 현재도 이쿠노구 일대에 재일코리안의 주거지역이 점재되어 있다. 본 글에서는 미유키도리 상점가를 구 이카이노 지역의 구심점으로 간주하고 논의를 전개하고자 한다. 90년대 코리아타운 조성 이전에는 미유키도리는 여전히 조선시장으로 불렸다고 한다.

92) 上田正昭 監修, 猪飼野の歴史と文化を考える会, 『ニッポン猪飼野ものがたり』, 批評社, 2011, 96쪽.

93) 조맹수, 『한국은 조국 일본은 모국: 戰後 재일동포들이 말하는 在日』, 57쪽.

94) 현재 이쿠노 실내수영장 자리.

에 있는, 오사카 조선4초급학교 주변에 T자형으로 형성되어 있었다. 조선시장의 탄생과 존속에 큰 영향을 미친 공설시장은 오랫동안 조선시장과 시공간적으로 병렬하는 존재였지만 1980년대 말 폐쇄되었다.

미유키도리에서 태어나고 자란 일본인 시라이의 회고에 의하면 공설시장이 생기면서 자연발생적으로 미유키도리 상점가가 형성되고 30년대 말에 최전성기를 이루었다고 한다.[95] 이 시기는 조선시장이 번성해 나가는 과정과도 일치한다. 1930년대 중반 오사카의 동포언론인 『民衆時報』[96]는 조선시장의 존폐 문제와 이를 대신할 신시장 건설에 관련한 내용을 보도하였다. 기사를 보면 일본 당국으로서도 쉽게 이 시장의 철폐를 추진하기 어려울 만큼 시장의 규모가 커졌다는 것을 알 수 있다.

츠루하시 경찰서 보안계 모씨는 "원래 지금의 조선시장은 정식으로 공인된 바가 아니라 교통방해, 위생설비 불완전, 기타 위정상의 필요에 의하여 극력으로 폐지시키려고 하였으나 풍속습관이 다르고 언어가 불통하므로 다른데 취업하지 못하고 채전(菜田)에 가서 소채를 캐어다가 노점을 보고 있는 그들에게 대하여서는 지금 시장의 철폐는 직접 그들로 하여금 생활수단을 빼앗는 것과 다름이 없다. 그러므로 그들의 실업대책상 묵인하여 온 것이며 만약 신시장이 건설된다 할지라도 지금 시장의 강제 폐지는 생각할 문제라고 본다"[97]라고 의견을 밝혔다.

일본 당국은 치안유지법 등 사상통제는 강력하게 시행하면서도 조선시장을 '실업 대책상 묵인'하는 방식으로 일상생활 관련 부분은 과도하게 자극하지 않으려고 하였던 것 같다. 『民衆時報』는 향후 "조선인 시장은 앞으로 어떻게 개선할 것인가 그에 대한 의견을 환영"한다고 별도로

---

95) 高賛侑, 『コリアタウンに生きる 洪呂杓ライフヒストリー』, エンタイトル出版, 2007, 51쪽.

96) 『民衆時報』는 大阪東成区東小橋南之町三ノ八十五에 그 주소를 두었는데 위치상 현재의 츠루하시 시장쪽이다.

97) 『民衆時報』, 1935년 8월 1일. 현대 표기법에 의거하여 교정.

의견을 구하고 있고, 신시장 건설에 대한 구체적 계획까지 같은 지면에서 소개하고 있다. 하지만 전술한 경찰서 관계자는 “간사한 상인이 상점 장소를 싸게 사고”, “상인이 폭리를 본다는 소문을 듣고 다른 이들도 그러려는 야망”에서 나온 말인 것 같다며 시장 철폐는 소문일 뿐이라고 일축하고 있다.

같은 해 연말, 동포상가의 세모 풍경 기사에서 “이카이노 조선시장은 매년 확장되어 점포를 가진 상인만도 40~50인인데 노점에서 소채 등속을 파는 부인네들을 합하면 오후 3시부터는 2백여 명이 길가에 늘어앉아 제각각 물건을 파는데 통행하는 사람은 물론, 물건 사는 사람들도 꼼짝 못할 지경”[98]이라고 묘사하고 있는 것으로 보아 경찰서 관계자의 말처럼 철폐 및 신시장 건설은 소문이나 시도에만 그쳤던 모양이다. 이곳은 몇 년 후에도 여전히 번성해 1939년 『朝光』에서는 다음처럼 조선시장의 모습을 소개하고 있다.

> 조선시장은 大阪名物의 하나이다. 이곳에 들어서면 완연히 조선에 온 감이 있다. 아침 점심 저녁으로 찬거리를 사러 모여드는 조선부인들로 大奔雜을 일으킨다. 생활도구로는 다듬이돌, 빨래방망이, 뒤주, 궤 심지어 요강까지 지니고 왔으며 처음 건너가서 발붙인 곳은 그 町名부터 조선마치니 충청도마치니 조천마치니 개명하여 버린다.[99] 그러니 어찌 그날그날의 생활에 직접 필요한 식료품과 일용잡화를 매매하는 시장이 없을 수가 있는가. 물론 각 町마다 공설시장이 있기는 하지마는 조선인이 즐겨하는 식료품이 없는 것과 기타의 이유가 있지마는 이 문제는 그냥 덮어두기로 하자.[100]

시장에서는 “두부, 무, 배추, 삶은 순대, 콩나물 등을 조선옷을 입은

98) 『民衆時報』, 1935년 12월 15일자.
99) 출신 지역과 일본어인 마치(町:마을)를 붙여 조합한 단어.
100) 송지문, 『朝光』, 1939년 2월호, 303쪽.

조선부인들이 판매"[101]하고, "명태, 고춧가루 등의 식료품이 있는가 하면 비녀, 가락지, 심지어는 혼례용품인 족두리까지"[102] 구비되어 있었다.

조선시장에서 육류와 내장류를 찾는 일본인 고객도 있었지만[103] 주요 취급 품목 및 분위기를 보면 어디까지나 조선인들의 영역이었다. 일본의 상권 설정은 에도 시대부터 대로변의 고급상업지는 오모테다나(表店), 뒷골목의 하급상업지는 우라다나(裏店)로 불리며 별도로 형성되어 있었다. 현대식의 인기상권과 비인기상권이라고 하겠다. 일본인과 조선인의 주거지가 분리되어 있는 것처럼 상권도 일본인은 대로변, 조선인은 뒷골목이었고, 조선인은 대로변 상권에 진출할 수 없는 것으로 인식되었다.[104]

패전은 상권 변화에 큰 영향을 끼쳤다. 이카이노에 재일조선인이 많이 살기는 하지만 이는 타 지역에 비해 비중이 높다는 것이지, 일본인보다 인구가 더 많다는 뜻은 아니다.[105] 전쟁 이전부터 재일조선인 대부분은 일본인의 집에 세를 들었고, 조선시장을 비롯한 상업 활동은 일본인보다 급이 낮은 상권을 중심으로 이루어졌다.[106] 전황이 심각해지면서

---

101) 『朝鮮日報』, 1939년 5월 6일.

102) 『朝鮮日報』, 1939년 7월 6일자.

103) 송지문, 『朝光』, 1939년 2월호, 303쪽.

104) 吉田友彦, 「日本の都市における外国人マイノリティの定住環境確立過程に関する研究 : 京阪地域における在日韓国·朝鮮人集住地区を事例として」, 京都大学 博士論文, 1996, 123쪽.

105) https://www.city.osaka.lg.jp/toshikeikaku/page/0000379310.html : 2015년 국세조사에 의하면 이쿠노구의 인구수는 130,167명이고 그중 외국인 비율은 16,369명이다. 한때는 이쿠노구 인구의 4분의 1 정도가 한국·조선인이라는 것이 일반적인 인식이었으나 공식 통계상으로는 그보다는 적다. 타 지역으로의 이주, 거주지와 근무지의 불일치, 임시거주자, 한국인 여행자 같은 요인으로 인해 체감상 코리안의 비중이 높아 보이는 경향도 있을 것이다. 다만 외국인 비율 중 한국·조선인의 비중이 이쿠노구는 87.1%이고 츠루하시 시장이 있는 히가시나리구는 71.4%를 차지하고 있어 코리아타운의 핵심지역이라는 것만은 분명하다.

106) 高賛侑, 『コリアタウンに生きる 洪呂杓ライフヒストリー』, 50쪽. 30년대 말에 미유키도리 상점가에 5~6곳 정도의 조선상점이 진출해 있었다고 한다.

대로변의 일본인들은 시골로 소개되고, 그들이 살던 집과 상가는 빈집이 되었다. 전쟁 이후에도 일본인들은 원 거주지로 되돌아오지 않은 채 비어 있는 집과 점포를 조선인들에게 임대하거나 매매하였다. 이를 계기로 전후에는 미유키도리에 현재와 비슷한 형태의 재일조선인 상점가가 형성되기 시작했다. 건어물 상점을 했던 조의현은 이 시기에 일본인 집주인의 매매 제안으로 85,000엔을 주고 미유키도리 대로변으로 이전했다고 한다.[107)]

조선시장은 해방 이후에도 이카이노라는 동일상권에서 식품 위주의 물자를 취급하였지만, 대로변 상권으로 진출하고, 일본인 고객까지 수용하면서 기존의 생활공간이 일변한 것이다. 더욱 중요한 변화는 미유키도리뿐만 아니라 인근 츠루하시까지 조선인들이 진출한 것이다. 조선시장이 위치한 이카이노 지역은 히라노천 공사에 참여한 조선인들이 공사 완료 이후에도 인근에서 일자리를 찾아 거주하면서 외형을 확대한 곳으로, 조선인 집주 지구의 특징인 외지고 주거환경이 열악한 곳이었다. 또한 미유키도리 시장은 전후 주요 암시장의 발생 요소인 환승역과 공터를 바탕으로 발생한 곳은 아니었다.

이에 비해 츠루하시는 암시장 발상지의 공통점인 철도 노선이 복합적으로 발전한 교통의 요충지였고 충분한 공터가 존재했다.[108)] 주요 환승역을 거점으로 발생한 이 암시장들은 역 주변의 공터뿐만 아니라 고가화되어 있는 철로 아래의 여유 공간, 이른바 '가도시타'를 활용하는 등 철도노선과 불가분의 관계를 맺고 있다.

츠루하시는 현재 3개 구(區)에 걸쳐 상권이 형성되어 있는 방대한 규모의 시장이다.[109)] 재일조선인의 비중이 컸다고 알려진 다른 암시장들

107) 이붕언, 『재일동포 1세, 기억의 저편』, 143쪽.
108) 藤田綾子, 『大阪「鶴橋」物語 : ごった煮商店街の戦後史』, 167쪽.

과 비교해 봤을 때 츠루하시는 다음과 같은 차이점을 보인다. 첫째, 우메다, 산노미야 등과 달리 암시장 발상지가 개발로 전환되거나 소멸하지 않았다는 점, 둘째, 우에노처럼 주요 도로를 사이에 두고 분리된 것이 아니라 일본인과 방대한 공간을 공유하는 상권이라는 점이다.[110)]

츠루하시에서는 암시장의 가장 인기 품목인 식품류를 비롯해 의류 및 각종 생활잡화가 거래되었고, 초기부터 하루 500~600명의 상인이 노점을 펼쳤다.[111)] 권역별 상점회가 생기기 이전인 1945년 말부터 이듬해 중반까지 어느 암시장이든 가장 대표적인 거래품목은 식료품이었다. 당시 기사에는 츠루하시에서 호루몬야키[112)]와 소주가 판매되었다는 내용이 있다. 이는 암시장에서의 재일조선인의 활동을 언급할 때 자주 등장하는 물자로 기사에는 판매자의 국적이 나와 있지 않지만 정황상 재일조선인의 비중이 높았을 것이다. 당시 츠루하

〈사진 6〉 현재의 츠루하시역
JR과 긴테츠선, 지하철역이 있는 주요 환승역이다.

109) 藤田綾子, 『大阪「鶴橋」物語 : ごった煮商店街の戦後史』, 9~10쪽. 츠루하시의 주요 상가만 6개이고, 이 중 츠루하시 상점가진흥 조합에서 재일관련 상품이 몰려 있다. 1950년대에 형성된 고려시장은 요리와 식자재 중심의 상권이다.

110) 우에노는 암시장의 발상지에 계속 시장이 존재하고 있고, 잔존하는 재일조선인도 있었지만 일본인 상권과 혼재된 츠루하시와는 구성 면에서 차이를 보인다. 우메다와 산노미야는 훗날 재개발로 인해 원래의 장소에서 이전해 나가거나 소멸되었다. 이 지역에는 대형 상업 건물이 들어섰다.

111) 大阪・焼跡闇市を記録する会, 『大阪・焼跡闇市 ―かって若かった父や母たちの青春』, 42쪽.

112) 호루몬은 소, 돼지의 내장으로 이 시기에 통제 대상 물자가 아니었다. 호루몬은 훗날 재일코리안 야키니쿠 산업 성장에 핵심 기반이 되었다.

시를 회고하는 다음의 일화는 암시장 어디에서나 공통적으로 있었던 내용이기도 하다.

공터에 도착하니 어디나 사람들이 바글거렸다. 그 사이를 누비며 복원복과 몸뻬, 바지와 복대를 찬 지저분한 부랑자군이 메우고 있었다. 땅에 놓인 신문지에는 찐 고구마 세 개와 5엔 가격표가 있었다. 다섯 개씩 쌓아놓은 고구마가 몇분 내로 금방 팔려버리는 것에 깜짝 놀랐다. 판매하는 남자는 무표정하게 그 돈을 주머니에 넣고 어디론가 휙 사라졌다. "형씨, 필요하지 않으시오?"라며 권총을 파는 남자도 있었다.[113] 뒤돌아보니 조금 전 고구마를 팔던 곳에 다른 남자가 옥수수찐빵을 손에 놓고 무뚝뚝하게 서 있었다. 배급 외에는 구할 수 없는 담배도 여기서는 담배잎과 담배 마는 종이를 따로 당당하게 팔고 있었다. '……' 주먹밥을 3개씩 신문지에 말아 놓고 엎드린 여자 건너편에는 셔츠와 잠방이 차림으로 군대용 잡화와 수통, 반합 등을 땅에 굴리면서 앉아 있는 남자도 있었다.[114]

이 시기에는 여느 암시처럼 식품류와 복원병의 군대용품이 주로 진열되어 있고, GHQ에서 전량 몰수한다고 밝힌 무기류가 횡행하고 있는 실정을 알 수 있다. 긴테츠선 이용자들은 물자 몰수 위험을 피해 츠루하시에서 하차하기도 했는데 그런 까닭에 더욱 붐비는 장소가 되었다.[115] 1946년 5월 무렵 츠루하시의 번성은 다음처럼 보도되고 있다.

---

113) 우에노를 비롯해 각지의 암시장에는 총기가 유통되었다는 사실이 자주 언급되고 있다. 일본 구육군의 무기는 종전시 관리 부재로 인해 암시장의 폭력집단 및 민족단체의 총격전에 사용되었다.

114) 大阪・焼跡闇市を記録する会,『大阪・焼跡闇市 －かって若かった父や母たちの青春』, 92~93쪽.

115) 猪飼野の歴史と文化を考える会,『ニッポン猪飼野ものがたり』, 275쪽. 도쿄의 경우도 인근 농촌부에서 오는 열차를 이용하는 이들은 단속을 피해 주요 암시장에서 한두 정거장 떨어진 곳에서 하차했기 때문에 부차적인 암거래 시장이 형성되기도 했다.

> 省線 城東線이 다니는 츠루하시역은 오사카 최대의 자유시장 중 하나가 있고, 서커스가 있고, 포장마차가 있고 매일 사람들로 가득한, 어떤 의미에서 전후 오사카의 신명소가 되었다. 이 역에서 긴키닛테츠로 환승하는 인원 28만명, 성선 인원 29만 명, 합계 57만 명이 된다. 오사카시의 전인구의 3분의 1이 매일 한번은 여기를 통과한다는 계산이 된다. 최근 특히 색다른 현상은 부근에 자유시장이 나타나 매일 약 15만 명의 승객이 증가한 것으로 이 역의 승객이 많아진 최대 원인의 하나가 되었다.[116)]

이 기사를 보면 츠루하시는 발생 1년도 채 지나지 않아 오사카 최대급으로 성장한 것을 알 수 있다. 1946년 3월 오사카시는 건물 소개로 인해 시가 소유하던 토지의 일부를 원 소유자에게 반환한다는 공고를 냈다. 이 시기를 전후해 시장 권역별로 조합이나 연맹 등이 결성되기 시작했다.[117)] 공고 이전인 1946년 1월에 이미 히가시오바세 미나미상점가연맹(東小橋南商店街連盟)은 설립되었고, 이어서 4월에 히가시오바세 혼도오리 상점회(東小橋本通り商店会)가 설립되었다. 이어서 츠루하시 도매시장중앙회(鶴橋卸売市場中央会)가 5월, 같은 해이지만 몇월인지 기재되어 있지 않은 츠루하시 중앙상점가연맹(鶴橋中央商店街連盟)이 설립되었다.[118)] 이들 상점가의 회원은 순서대로 각각 41명, 100명, 70명, 71명으로 기록되어 있다.

대숙정 이전에도 조선인 상인조합 혹은 그와 유사한 조직은 있었을 것으로 보이지만 이에 대한 기록은 찾아보기 어렵다.[119)] 후술하게 될 츠

---

116) 『大阪日日新聞』, 1946년 5월 26일자.

117) 猪飼野の歴史と文化を考える会, 『ニッポン猪飼野ものがたり』, 276~277쪽.

118) 川端直正 編, 『東成区史』, 東成区創設三十周年記念事業実行委員会, 1957, 128~134쪽.

119) 鈴木栄二, 『総監落第記』, 26~27쪽. '제3국인'을 대표한다고 하는 중화민국계 언론 『國際新聞』이 "오사카 화상(華商조합), 조선인 조합, 자유시장 폐쇄에 협력"해 7월 28일자로 조합조직을 폐쇄한다고 보도하였다. 정황상 조련이 관련되어 있었을 것으로 보이지만 이에 대한 구체적인 내용은 알 수 없다.

루하시국제상점가연맹(鶴橋国際商店街連盟: 이하 국제상점가)은 이 상점회들보다 늦은 1947년 4월에 설립되었는데 연맹 설립을 전후해 재일조선인들의 활동을 구체적으로 보여주는 자료는 좀처럼 나타나지 않는다. 시장에서 활동했던 조선인의 비중이나 역할은 동포뿐만 아니라 일본인들의 회고담에도 자주 언급되지만 대부분은 인상기나 전언, 혹은 소문 등으로 공식적인 자료에서는 발견하기 어렵다.

1946년 8월에는 전국적으로 암시장 대숙정이 행해졌다. 오사카는 도쿄와 더불어 암시장 숙정에 매우 적극적이었던 곳이었다. 당시 오사카의 경찰국장이었던 스즈키 에이지는 숙정 직전인 7월 16일, 오사카에 갓 부임해 있었다. 그는 원자폭탄의 첫 번째 피폭도시였던 히로시마에서 암시장을 축소시킨 것을 자신의 업적으로 내세울 만큼 암시장 박멸에 앞장섰던 인물이었다.[120] 그는 암시장 단속의 개요를 다음처럼 밝혔다.

1. 암시장 상인 중에는 불쌍한 귀국자, 전재자, 복원군인 등 실업자도 상당히 있으나, 이런 처지라고 해서 법령위반인 암행위를 생업으로 하는 것을 용인할 수는 없다. 금후 실업자가 대략 방출될 때 모두 암상인으로 전환하게 되면, 국가 재건은 불가능할 뿐만 아니라 치안은 수급할 수 없는 혼란에 빠질 것이다. 불쌍한 반실업적 암상인은 대암시의 오야붕, 보스 등이 볼 때는 생선회의 곁들이 정도에 지나지 않는다. 선량하고 약한 암상인들은 당분간 고생이 많아도 하루라도 빨리 건전한 다른 생업으로 전환할 것을 권고한다.
2. 배급제도가 정비되지 않고 있어 암시장도 필요한 존재라고 착각하는 이

120) 鈴木栄二, 『総監落第記』, 10쪽. 그는 히로시마 암시장 단속에 대해 “내가 히로시마현 경찰부장으로 일한 것은 종전 직후 겨우 9개월 동안이지만 짧은 경험으로도 흉악범죄의 근원은 다름 아닌 바로 암시장이었다. 암시장 단속을 철저하게 하면 할수록 범죄가 감소하는 것을 느낄 수 있었다. 히로시마에서는 밤에 문을 열고 잔다는 표현은 결코 과장이 아니었다. 히로시마는 암시장 단속을 계기로 치안이 눈에 띄게 좋아져서 현민이 입을 모아 감사를 표했다”고 자화자찬에 가까운 기술을 하고 있다.

> 들이 적지 않지만 대국적으로 봐서 암시장이 없어진다 해도 아사할 리는 없다. 오히려 암시장 때문에 물가가 부당하게 인상된다. 물가대로 구입하고 생활하는 것은 이미 특별하게 신엔을 다량으로 입수한 자가 아니면 불가능하다. 500엔 생활로는 암시장을 번영시키는 재원이 되지 않는다는 것은 누구라도 인정할 것이다. 암시장은 주로 암상인 브로커의 생활권으로 가장 전형적인 악질 인플레 악순환의 경제현상이다.[121)]

스즈키는 암시장을 전후 경제문제의 근원으로 보고 '국가 재건'과 '치안'을 위해서라도 암시장 박멸은 당연한 조치임을 거듭 강조하고 있다. 그러나 경찰국장인 그가 '치안'을 내세우며 암시장 단속을 강력하게 시행한다고 해도 암시장의 근본 문제인 경제적 불균형 문제를 해결할 수는 없었다.

스즈키는 회고록을 통해 일본 경찰이 통제할 수 없는 '해방민족'인 중국계인은 물론 재일 외국인의 절대다수를 차지하는 재일조선인에 대해 여과 없이 악감정을 드러냈다. 암시장은 그 감정을 표출하기 위한 좋은 매개체였다. 그가 언급한 '신엔을 다량으로 입수한 자'는 시중에 나돌고 있는 '제3국인 신엔 장악설'을 염두에 두었을 것이다. 1948년 한신교육투쟁 중 경찰의 발포로 김태일 소년이 사망했을 당시에도 그는 오사카의 경찰 총책임자였다. 조련에서는 그를 '살인범'으로 규정하고 그의 죄상 몇 가지를 나열했는데 암시장 박멸을 내세우면서도 직위를 이용해 쌀을 과다하게 부정수급하고, 고급식당의 영업금지령이 내려진 시기에 요정 출입을 하며 '정령위반'을 했던 비리가 있었음을 보도하였다.[122)]

스즈키가 부임한 후 경찰이 조사한 오사카의 암시장 종사자는 츠루하시의 2,300명을 포함해 15,232명이었다.[123)] 그중 일본인은 75%인 11,344명,

---

121) 『朝日新聞』, 1946년 7월 26일자.

122) 『朝聯中央時報』, 1948년 8월 20일자.

조선인은 20%인 3,172명이고 대만성민 및 중국인은 4%인 705명이었다.[124] 조선인 중에서는 절반 정도가 츠루하시에서 영업활동을 하고 있는 셈이다.[125]

츠루하시 국제상점가를 기반으로 훗날 재일 경제계의 거물이 된 이희건(李熙建)[126]은 츠루하시 시장의 '4할 정도가 조선인'이라고 언급하기도 했다.[127] 이희건은 재일 사회는 물론 한국 금융사에서 중요한 의미를 가진 신한은행 창립의 주역이었다. 그는 일제 강점기에 도일해 여러 직업을 거치다가 츠루하시 암시장을 통해 성공의 발판을 마련했다고 한다. 시장에서의 성공을 기반으로 1956년 주도적으로 설립하였던 오사카흥은(大阪興銀)이나 신한은행의 역사에도 그의 역할이 강조되고 있다. 여러 기록을 종합해 보면 대숙정 이후 연합국군사령부와의 협상 전면에 나서 조선인의 상권을 보장받게 되고, 이듬해인 1947년 4월 츠루하시 국제상점가연맹을 설립[128]하는데도 이희건이 중심이 되었다는 것이 일반적인 정보이다.[129]

---

123) 스즈키는 여기에 종업원을 추가하면 10만 명 선이 될 것으로 보았다.

124) 鈴木栄二, 『総監落第記』, 16쪽.

125) 이민호, 『(신한은행을 설립한) 자이니치 리더 : 벼랑 끝에서 일어선 재일교포 성공담』, 20~21쪽.

126) 일본명 히라타 요시오(平田義夫, 1917~2011). 15세에 도일한 이후, 이카이노구 무료 합숙소에서 잡일을 하며 부두 하역노동자, 화부, 철공장, 엿공장, 고물상, 운전수, 리어카 배달꾼 등을 거쳤다. 암시장 시기 츠루하시에서 자전거 가게를 운영하였다. 동포 사이의 분쟁 해결부터 세무관계 등의 일을 돌봐 주며 쌓인 신뢰를 바탕으로 상인 대표를 맡게 되었다. 1956년 오사카 흥은의 이사장을 맡으면서 금융계로 진출, 신한은행 설립의 주도적 역할을 담당했다.

127) 이민호, 『(신한은행을 설립한) 자이니치 리더 : 벼랑 끝에서 일어선 재일교포 성공담』, 20~21쪽. 시장은 구성원이 자주 변화하기 때문에 어느 시점을 중심으로 두고 한 말인지 분명하지 않다.

128) 猪飼野の歴史と文化を考える会, 『ニッポン猪飼野ものがたり』, 276쪽.

129) 이남호 저, 『在日僑胞 立志傳 －눈물의 關釜聯絡船』, 405~432쪽 ; 국제고려학회 일본지부 재일코리안사전 편찬위원회, 『재일 코리안 사전』, 309~310쪽. 이때의 경험을 살려 1956년 오사카 흥은 이사장에 취임했고 1980년대 신한은행 창립 시에도 주도적인 역할을 해냈다. 이희건은 초기부터 조합 활동에 관여했을 것으로 보이지만 시장과 관련한

그런데 필자가 츠루하시 시장의 역사를 조사하는 과정 중에 기존 자료에서 접하지 못한 박신화(朴新華)라는 인물의 일화를 듣게 되었다. 그는 1902년 제주에서 태어나 20년대에 도일해 이 지역에서 여러 상업 활동을 펼쳤다. 해방 이후 40대의 장년이었던 그는 츠루하시에서 식당 및 섬유 관련 상점을 운영하였다. 그의 지인 중에는 여러 차례 전술한 바 있는, 사카모토 방직의 창업자 서갑호[130]가 있었다.[131]

시장 상인들 중에서 비교적 연장자에 속했던 박신화에게 조직의 장을 맡아달라는 요청이 있었으나 그는 이를 고사하였고, 이희건이 그 역할을 맡게 되었다는 것이다. 대외적으로는 이희건이 리더였지만 박신화는 그 배후에서 실질적 리더 역할을 담당했다고 한다.

당시의 정황을 미루어 보면 이해가 되는 면이 있다. 시대적 상황에서 강한 카리스마를 가진 젊은 리더가 대두하는 것은 드문 일이 아니지만 다양한 이해관계, 정치적 견해도 다른 재일코리안 상인 조직을 이끌어 나가는 것은 20대 후반인 이희건 한 사람만으로 가능하지는 않았을 것이다. 지역 사회에서 신망을 쌓은 선배의 실질적인 조력이 필요했던 상황으로 보인다. 다만 이러한 일화는 후손의 증언이므로 차후 교차검증이 필요할 것이다.[132]

하지만 츠루하시 시장은 이후에도 화재와 재개발, 그 외 복잡한 내부

그의 활동은 국제상점가연맹의 회장을 맡은 이후 시기부터 소개되고 있다.

130) 일본명 사카모토 에이치(阪本榮一, 1915~1976). 1928년 도일, 해방 후 사카모토 방적 설립, 1950년대 일본의 고액소득자에 이름을 올릴 만큼 크게 성공하였다. 주일대사관 용지를 기부하고, 한국에 방림방적 등을 설립하면서 고국에 크게 기여를 하였으나 말년에는 한일 양국에서 사업실패를 경험하고 한국에서 사망하였다.

131) 이 시기 서갑호와 거래하면서 섬유류를 취급하는 재일코리안의 사례는 자주 접할 수 있다. 섬유 산업은 전후 대표적 성장산업 중 하나였다.

132) 2020년 2월 박신화의 외손녀 N씨와의 인터뷰. 박신화는 1948년 4.3 사건 이후로 밀항해 온 제주 지인들의 일본 정착을 다방면으로 도와주었다고 한다. 후손들은 이를 입증해 줄 자료도 소장하고 있다고 하지만 4.3의 민감성 때문인지 공개를 꺼리고 있다. 재일코리안 역사 연구 이면에 존재하는 현실적인 한계라고 하겠다.

사정으로 인해 국적이나 출신지를 초월해 상인들 사이에서 다양한 갈등이 발생했다. 따라서 초기 동포들의 동지 의식도 느슨해질 수밖에 없다. 시장의 역사가 이해 관계자들에 따라 각기 다르게 언급되고 있는 것은 그런 문제들 때문일 것이다. 암시 대숙정 이후인 1946년 연말 한 신문은 츠루하시의 모습을 다음처럼 보도했다.

> 오사카 츠루하시의 암시장이 그 꺼림칙한 이름을 해소하고 이름도 '노점 후생조합'으로 고쳐서 새롭게 발족했다. 최근 점증하는 암시장도 여러 평판이 있어서 박멸주의, 방임주의로 의견이 구구하고 부 경찰국에서도 경찰서마다 장소를 지정해 노점상 조합을 결성시킬 의향이지만 츠루하시는 시내 여러 곳 중 가장 선두를 달리고 있고 전재자 구원을 목표로 가장 일찍 갱생했다. 그 배경에는 지역 오야붕들의 눈물어린 노력이 숨어있다 '……' 사는 입장이 되어 '싸게 깨끗하게'를 모토로 내걸어 암시장이라는 꺼림칙한 이름을 반납하고 재출발했다. 가정배급보다 싸다고 하여 부근의 주부들에게 "손님 접대용이라면 저 시장에서……"라는 평판을 들을 정도로 명랑한 풍경을 그려내고 있다.[133]

당시 암시장 상행위에 대해 비난 일변도의 논조가 주류를 이루는데 비해 이 기사는 홍보기사라고 해도 무방할 정도로 칭찬 일색이다. 어떤 의도로 작성된 기사인지는 차치하고라도 츠루하시 시장이 대외적 이미지 개선을 위해 노력하고 있는 상황을 볼 수 있다.

츠루하시 국제상점가는 1947년 4월 28일 설립되었다. 이 상점가에 등록된 회원수는 324명으로 먼저 설립된 다른 상점회들의 회원 전체를 능가하는 규모였다.[134] 암시장 시기에 '국제'라는 명칭이 포함된 상점가들

---

133) 『毎日新聞』, 1946년 12월 4일자.

134) 『東成区史』, 1957, 128~134쪽.

은 한국·조선인, 대만·중국인, 일본인[135] 등 여러 민족이 한 공간에 혼재된 곳이었다.[136] 츠루하시의 '국제'도 그런 의미가 되지만 당시 일본 재류 외국인의 90% 이상이 조선인이고, 오사카에 집중도가 가장 높다는 것을 감안하면 츠루하시의 '국제'는 재일조선인의 존재가 가장 현저한 것이라고 봐야 할 것이다.

1947~48년 사이 이 지역 우편배달을 담당했던 일본인의 회고에 의하면 이 무렵부터 일본인 상가를 중심으로 서서히 목조점포가 세워지기 시작했다. 그러나 재일조선인이 많은 국제상점가에는 여전히 텐트와 돗자리를 펼친 노점이 더 많았다고 한다.[137]

츠루하시 시장은 전성기에는 15,000명의 등록 영업자가 있었고, 하루 유동인구는 100,000여 명에 달했다.[138] 국제시장이라는 명칭에 걸맞게 상인들은 다양한 국적을 지니고 있었다. "츠루하시 시장은 5개국[139]이 참가하고 있다"는 표현이 쓰였고, 국적별로 상점가 임원을 내기도 했다.

츠루하시 시장은 암시장이 소멸된 이후에도 번창일로로 나아갔다. 〈그림 3〉은 현재 츠루하시 각 상점회의 위치를 보여준다. 국제상점가연맹은 츠루하시상점가 진흥조합(鶴橋商店街振興組合)으로 바뀌면서 명칭만으로는 '국제성'을 느낄 수 없다.[140] 긴테츠선 츠루하시역 남쪽에 자리한 고려시장(高麗市場)은 암시장과 시기적으로 직접적 관계가 없는 1955년

135) 만주나 조선 등에서 귀국한 일본인들이 많이 포함되었는데 이들도 '국제적' 존재로 여겨졌다.

136) 猪飼野の歴史と文化を考える会, 『ニッポン猪飼野ものがたり』, 270쪽.

137) 藤田綾子, 『大阪「鶴橋」物語 : ごった煮商店街の戦後史』, 56~57쪽.

138) 조맹수, 『한국은 조국 일본은 모국 : 戰後 재일동포들이 말하는 在日』, 161~162쪽.

139) 牧田清 写真·土井聡夫 文, 『残影 : 闇市跡から·鶴橋』, アットワークス, 2001, 62쪽. 한국·조선인, 대만·중국인, 일본 국적자들을 의미한다.

140) https://tsurushin.com/: 하지만 홈페이지의 초기 화면에 한복을 입은 무용수, 십장생이 있고, 소개 링크는 한글을 병기하고 있다. 그 외 취급 상품 아이콘에는 김밥, 김치, 꽃신, 한복 등이 나타나고 있어 주 소비자인 일본인들에게 한국 문화를 자연스럽게 주입하고 있다.

이후에 나타났다.[141] 다만 상점회의 명칭에 '고려'가 들어갔다는 것은 후발 상점가임에도 오히려 민족적 색깔을 더 뚜렷하게 드러낸 독특한 경우로 보인다.

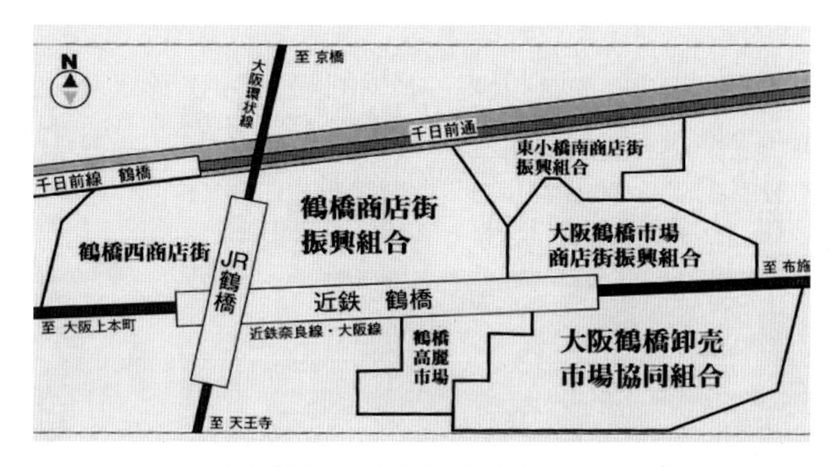

〈그림 3〉 현재 츠루하시 시장의 상점조합 분포도[142]

암시장 시기부터 재일조선인 제조업에서 큰 비중을 보인 고무화와 메리야스는 이 시기 츠루하시의 주력 판매 상품이었다. 하지만 관련 제조업이 사양길로 접어들면서 주력 품목도 전환되었다. 건어물, 떡, 족발 등 전국 각지의 재일조선인을 대상으로 하는 식품 전문가로 바뀌고 고려시장은 김치 판매로도 유명해졌다.[143]

츠루하시는 일본인과 혼재된 상점가지만 재일조선인의 영향력은 꾸준하게 이어지고 있다. 1960년대에는 김치와 전, 1970년대에는 야키니쿠

141) 猪飼野の歴史と文化を考える会, 『ニッポン猪飼野ものがたり』, 287쪽.

142) 猪飼野の歴史と文化を考える会, 『ニッポン猪飼野ものがたり』, 271쪽 그림 발췌.

143) 藤田綾子, 『大阪「鶴橋」物語 : ごった煮商店街の戦後史』, 164~167쪽. 특히 츠루하시는 전국에 분포한 재일조선인이 제수음식을 주문하는 장소로도 유명해졌다.

식당들이 공산품을 팔던 상점 자리에 들어섰다.[144] 1960년대 말에는 20곳에 가까운 점포들이 조선옷감, 민예품, 장아찌를 팔고,[145] 김치와 상어, 생내장 판매점, 조선요리점과 저고리 등을 파는 민족의상점도 있었다.[146]

암시장을 통해서 널리 알려진 호루몬 식당은 훗날 야키니쿠 식당으로 발전하게 되는데 츠루하시 시장은 당연히 야키니쿠 전문점의 집중도가 높다. 이런 업종 구성으로 인해 츠루하시 국제상점가는 일본에서 대표적인 재일코리안 타운으로 알려지게 되었다.

〈사진 7〉 서상점가의 초입. 일명 야키니쿠 골목으로 불리고 있다.

144) 猪飼野の歴史と文化を考える会, 『ニッポン猪飼野ものがたり』, 278쪽.
145) 『毎日新聞』, 1968년 1월 5일자.
146) 『大阪新聞』, 1969년 11월 5일자.

〈그림 3〉의 JR 츠루하시역 왼쪽을 보면 서 상점가(鶴橋西商店街)가 있는데 이곳은 '야키니쿠 골목'으로 전국에서도 으뜸으로 꼽히고 있다. 하지만 서 상점가는 원래 신발가게와 잡화상들이 모여있던 곳으로 이 부문이 사양산업이 되자 식당가로 변모하게 된 것이다. 이곳이 야키니쿠 골목으로 번성하기 시작한 것은 1970년대 무렵이라고 한다. 이 골목 대표적 식당의 한곳으로 오사카 시내에 여러 곳의 분점이 있는 아지요시(アジヨシ)도 구둣가게를 하다가 대형 점포에 비해 경쟁력이 떨어지자 1970년대에 야키니쿠 식당으로 전업한 경우라고 한다.[147)]

하지만 코리아타운으로서 더 오랜 역사를 지닌 곳은 역시 구 이카이노 지역이다. 츠루하시와 미유키도리는 해방 전후의 연속성을 지닌 재일 사회의 역사성과 일본 도시 정책사의 관점에서 대비해 볼 수 있다. 기존의 재일 커뮤니티가 해방 이후 외적 변수에 의해 와해되거나 약화된 것에 비해 미유키도리와 츠루하시는 '시장'을 구심점으로 삼아 재일 코리안의 집중도가 더욱 확대되는 경향을 보였다. 미유키도리 상점가 일대는 재일 역사 100년을 압축해 놓은 상징적인 장소라고 해도 과언이 아니다.

상점가가 위치한 구 이카이노 지역은 해방 이전 최초의 '코리아타운'이 성립된 곳이고, 당시 이곳의 일상은 고국생활의 축소판으로 묘사되고 있다. 그런 모습을 대표하는 곳이 조선시장이었다. 전쟁이라는 변수는 조선시장을 보다 나은 상업지역으로 변모시키는 요인이 되었다.

다음으로 교통 편의성과 개발을 중심으로 한 도시 정책사의 측면에서 접근하면 두 지역의 환경 차이가 보다 대비된다. 암시장은 1950년을 전후해서 대다수가 소멸했다. 그 과정 중에 츠루하시는 암시장 숙정과 국

147) 藤田綾子 著,『大阪「鶴橋」物語 : ごった煮商店街の戦後史』, 158~159쪽. 아지요시의 홈페이지에는 2017년 기준, 창업 50여 년으로 되어 있어 기존 기술과 차이를 보이고 있다.

제상점가 설립 등을 거치면서 재일코리안의 참여도가 증가했고, 구 이카이노에서는 기존 조선시장 권역이 유리한 상권인 미유키도리 상점가로 재편되었다.

새로운 입지의 조선시장이 형성된 미유키도리 상점가에서 중앙 상점회(御幸通中央商店会)와 서 상점가(御幸通西商店街)는 전쟁 당시 폭격의 피해가 크지 않았던 반면, 동 상점회(御幸通東商店会) 자리는 1945년 6월 15일의 공습으로 크게 피해를 보았다.[148] 전후 새롭게 복구하는 과정에 동 상점가로 새로 상인이 많이 유입되었다.[149] 그러다 보니 이미 정립되어 있던 구 상권의 영향을 덜 받게 되었다.[150]

중앙상점가에 조선인 상점군 비중이 높아지고, 일본인 상권 사이에 재일 상인들이 늘어나자 1951년, 이에 대항해 일본인 상인들의 반대 움직임이 늘어났다. 하지만 이런 시도가 실패하면서 상점회가 나눠진다.[151] 이후부터 상점가는 상가 운영 등의 공동 논의를 하지 않고, 별도로 진행하는데[152] 상점가 분리는 이후 코리아타운 조성에 이견을 낳는 요인이 되기도 하였다.[153]

홍여표(洪呂杓)는 김치, 떡, 면류 생산으로 유명한 덕산물산의 창업자

148) 猪飼野の歴史と文化を考える会,『ニッポン猪飼野ものがたり』, 273쪽.

149) 吉田友彦,「日本の都市における外国人マイノリティの定住環境確立過程に関する研究 : 京阪地域における在日韓国·朝鮮人集住地区を事例として」, 125쪽.

150) 90년대 코리아타운을 조성할 때 동 상점가가 가장 적극적으로 이를 진행하였다. 상가 입구의 문도 '코리아로드'라고 한 중앙상점가와 달리 동 상점가는 '코리아타운'이라고 내걸었다.

151) 홈페이지에서는 1951년에 미유키도리 상점가(御幸通商店街: 니시 상점가라고 하기도 한다), 미유키도리중앙상점회(御幸通中央商店会), 미유키도리 히가시 상점가(御幸通東商店街)의 3개 단체로 분화했다고 기술되어 있다.

152) 高賛侑,『コリアタウンに生きる 洪呂杓ライフヒストリー』, 86쪽.

153) 동 상점회가 가장 적극적이고, 중앙상점회는 이를 따르는 형국이다. 일본인 상인이 많은 서 상점가는 코리아타운 설립에 그 이름을 올리지 않았다. 다만 지금은 3상가 모두 한국색이 물씬한 점포들이 많다.

로 미유키도리에서 시작해 츠루하시로 영역을 확대한 대표적인 인물이다. 1930년 와카야마에서 태어난 그는 해방 이후 고향인 제주로 돌아갔지만 4.3 사건으로 다시 일본으로 되돌아왔다. 한때 민족운동에도 참가하였는데 1955년 구 조선시장으로 와서 상업 활동을 시작했다. 그가 처음 이곳에 왔을 때 이전 조선시장의 상권은 쇠퇴한 채 나물과 콩나물을 파는 가게 두세 곳이 고작이었다고 한다.[154] 50년대 중반에 전면의 미유키도리 쪽으로 상권이 이미 완전히 옮겨왔다는 것을 알 수 있다.

쇠퇴한 상권에서 점포를 얻어 떡과 식품류를 판매했는데 당시 그의 꿈은 재일코리안의 주상권인 미유키도리 상점가나 츠루하시 국제마켓으로 진출하는 것이었다. 1964년에 미유키도리 상점가에 덕산상점(德山商店)이라는 점포를 내면서 1차적으로 꿈을 이루었다. 당시 이곳에는 3분의 1 정도가 동포 운영점이었고, 중앙상점가에는 동포운영 점포가 7~8군데 정도였다. 전술한 바처럼 1951년경 일본인 상인들이 재일코리안 상점에 반대하는 움직임도 있었지만 그가 이곳에 점포를 열었을 때는 표면적으로는 그다지 갈등이 드러나지 않았다고 한다.[155]

이카이노 지역은 해방 이전부터 재일조선인의 주요 집거지였으므로 일본인들의 혐오 인식은 오래 축적되어 온 것이었다. 1920년대 일본 주민들은 위생과 소음을 문제 삼아 신고했고, 일본 경찰이 자주 단속을 나왔다. 해방 이후에도 밀항자가 일본에 도착하면 이곳부터 오는 경향이 있어 경찰의 불심검문이 상시적으로 일어났다.

1950년대까지만 하더라도 아침 일찍부터 술을 마시고 주사를 부리는 동포들에 관한 일화는 이카이노에 살았던 재일코리안과 일본인의 회고담에 공통적으로 등장한다.[156] 그런데 1960년대가 되면 미유키도리에서

---

154) 高賛侑, 『コリアタウンに生きる 洪呂杓ライフヒストリー』, 51쪽.

155) 高賛侑, 『コリアタウンに生きる 洪呂杓ライフヒストリー』, 58쪽.

의 여러 갈등 요소가 차츰 사라지고 치안 문제도 안전하게 되었다고 한다.[157] 그 시기는 츠루하시와 이카이노를 활동무대로 삼았던 동포 중심의 유명한 조직폭력배 메이유카이(明友会)의 해산과도 어느 정도 관련이 있는 것으로 보인다.[158] 하지만 길이 좁아서 화재의 위험은 상존하고 있었다는 것이 여전히 열악한 미유키도리의 환경을 설명해준다.

1960년대의 미유키도리는 한국 식재료상, 야키니쿠 식당, 잡화점, 한복집, 생선가게 등이 주종이었다.[159] 1982년의 조사에 의하면 미유키도리 중앙상점가에는 김치가게 2, 야채와 반찬 가게, 떡집 각각 1, 건어물 · 과일 · 일반식품점 6, 정육점 5, 곡물가게 2, 다방 2, 한복가게 6, 그 외 업종 포함 재일코리안 점포는 36곳, 일본인 점포는 18곳이었다.[160] 조선시장의 정체성을 가장 뚜렷하게 보여주는 곳은 김치가게와 한복집이라 할 수 있는데 2002년의 조사에서는 김치가게가 7곳으로 증가하였고,[161] 한복집이 3곳으로 줄었다. 그 외 건어물, 곡물, 떡집 등은 사라지고 재일코리안 점포는 21곳, 일본인 점포는 21곳으로 같은 비율을 보인다.[162]

---

156) 猪飼野の歴史と文化を考える会, 『ニッポン猪飼野ものがたり』, 280~282쪽.

157) 高賛侑, 『コリアタウンに生きる 洪呂杓ライフヒストリー』, 61쪽.

158) 黄民基, 『完全版 猪飼野少年愚連隊 奴らが哭くまえに』, 講談社, 2016, 메이유카이는 1953년경 조직되고 1960년에 해산된 재일코리안 중심의 폭력집단이다. 해산당한 조직원 중 일본의 조직폭력집단 산하에 들어간 경우도 많다.

159) 高賛侑, 『コリアタウンに生きる 洪呂杓ライフヒストリー』, 60쪽.

160) 이광규, 『재일한국인 : 생활실태를 중심으로』, 일조각, 1983, 110쪽.

161) 2020년 현재 전 상점가에 20곳의 김치가게가 있어 확장세가 매우 큰 업종이라는 것을 알 수 있다. 재일코리안 가정의 소비뿐만 아니라 일본인들도 '본토의 맛'을 선호하고 있으며 한식당에 대량 납품하는 경우도 많아 재일코리안 식생활의 보급이 큰 폭으로 이루어진 것을 반영한다.

162) 『일본 관서지역 한인동포의 생활문화』, 국립민속박물관, 2002, 140쪽. 하지만 이 조사는 월드컵 개최 이전의 것이고, 이후 한류붐까지 더해지면서 미유키도리와 츠루하시 모두 업종구성에 큰 변화가 나타났다. 조사 대상이었던 중앙상점회는 2020년 현재 홈페이지 기준 39곳이 등록되어 있다. 한류 관련 업소가 5~6곳이고 식당도 늘었다. 곡물점, 정육점도 있고, 식품점에서 떡을 같이 판매하기도 한다. 동상점회는 33곳, 서상점가는 34곳의 점포가 있다. 임원진 구성에서도 조사 시기별로 차이는 있지만 재일코리안과 일본인의 비율이 대략 절반 정도로 이루어진다.

1970년대가 되면 미유키도리 상권이 쇠퇴하기 시작했다.[163] 이는 미유키도리만의 문제는 아니었다. 일본에서 좁은 다세대 주택(長屋)이 중고층 맨션으로 전환하면서 가전제품 보급률과 자동차 소유 비중이 높아졌다. 슈퍼마켓 중심으로 식재료 구매 방식이 바뀌고, 자동차로 교외 드라이브를 하면서 미유키도리 같은 소매점 위주의 상점가는 타격을 입기 시작했다.

미유키도리는 일본 전체의 재일코리안 고객이라는 '특수소비층'이 있는 곳이지만 고향에 대한 기억이 있는 1~2세대들과 달리 후세대들이 태어나고 자란 일본의 생활문화에 익숙해지면서 소비생활에도 변화가 일어났다. 전통적 관습과 관련된 물품을 코리아타운에서 구매할 이유가 희박해지는 것이다. 상점가 홈페이지에는 "초기 도항자부터 시작하면 50여 년이 지나게 되자 재일교포 생활양식의 변화, 일본경제의 성숙, 후계자의 부재" 등 몇 가지 요인이 겹쳐 내방객이 눈에 띄게 감소했다고 기술하고 있다.

또 다른 이유로 홍여표는 1969년 개통된 츠루하시 지하철역을 꼽았다. 하지만 역에서 직결되는 츠루하시와 달리 미유키도리는 모모다니역에서 하차한 후 도보 10분 거리이므로 원래 교통 편의성과는 거리가 있었다. 츠루하시는 지하철 이전에도 국철과 긴테츠선 등 교통 요충지로서 기능하고 있었다. 그렇다고 해도 새롭게 추가된 지하철역은 츠루하시로의 쏠림 현상을 더욱 가중시키는 요인이 되었을 것이다. 이 시기에 미유키도리의 점포를 츠루하시로 이전하거나 분점을 내는 경우가 나타났다

163) 「大阪再発見 Vol.2(2)鶴橋・猪飼野 －旧村の歴史とコリアン文化が同居するまち」, 『CEL』 2001.9, 大阪ガスエネルギ-・文化研究所, 2001, 114~127쪽. 홍여표는 70년대에 쇠퇴기가 시작되었다고 본 반면, 히가시 상점가의 조합이사장이었던 김재문(金在文)은 1970년대를 가장 번성기로 회고한다. 정밀한 통계가 아닌, 업종과 각각의 체감에 따라 다른 기억을 가질 수밖에 없다. 종합적으로 보면 60~70년대 중반 정도가 가장 번성했던 것으로 보인다.

고 하니 미유키도리 상점가는 여러 변화를 동시에 겪게 되는 것이다.

상점가의 쇠퇴가 진전됨에 따라 상점가를 부흥시키기 위한 논의가 행해졌다. 1984년에 민단계의 오사카 청년회의소(KJC)와 일본 오사카 청년회의소(JC)가 '코리아타운'을 만들어 보자는 논의가 시작되었다. 재일코리안 집주 지구의 마을 꾸미기(まちづくり) 연구를 진행해 온 요시다는 1990년대 중반인구밀도가 줄어서 집객도가 떨어진다는 지역 주민의 불만을 청취하였는데 지역 개발을 위한 사회정책사 수립에 있어 당시로서는 충분히 타당성 있는 의견이라고 보았다.

하지만 1950년대부터 상점가가 분리되면서 상호 협조 체제가 구축되지 않았고, '코리아타운'이라는 명칭에 일본인 상인들이 찬동하지 않았다. 당시 중앙상점가의 회장이었던 후지이 다다시(藤井正)는 "아직 구체적 안도 나오지 않은 상황에서 이 내용이 신문 1면에 크게 보도되었다. 기사 내용을 보면 이쿠노 전체의 4분의 1을 코리아타운으로 하자는 내용이라서 하루 종일 항의 전화를 받았다. 주민 상의도 없는 제멋대로의 결정이라느니, 불을 질러버리겠다는 협박도 있었다"[164]라고 회고하였다.

일본인들이 '코리아타운'을 찬성하지 않는 것은 정황상 이해되지만 재일코리안 중에서도 "아직 시기상조다"라는 이유로 명칭 사용에 주저하는 경우도 있었다. 시의 지원금을 받아내기 위해 각 상가는 결국 총회 형식으로 모임을 가졌다. 동 상점회는 '코리아타운', 중앙상점회는 '코리아로드'라는 별개의 이름을 내건 아치형 게이트를 설치하기로 하였다.[165] 두 상점가는 공사 진행 업자도 별도로 계약했고, 세부적인 통일은 이루지 못한 채 완공에 이르렀다.

1993년 두 상점가에는 높이 약 8미터, 폭 6미터 정도의 게이트 4개가

164) 高賛侑,『コリアタウンに生きる 洪呂杓ライフヒストリー』, 87~88쪽.
165) 高賛侑,『コリアタウンに生きる 洪呂杓ライフヒストリー』, 92쪽.

설치되었는데 외형은 한국의 사찰 단청을 연상시킨다. 게이트 설치뿐만 아니라 도로포장, 가로등 신설 등 그동안 불편했던 환경도 함께 개선하였다. 가로등 기둥은 붉은 색이고, 이후에 교체한 가로등은 청사초롱 모양의 등을 씌워 한국적 색채가 물씬하다.

〈사진 8〉 미유키도리 상점가의 코리아타운 게이트

변화하는 소비 생활이 상점가의 새 단장에 자극을 주었지만 그 이후 미유키도리에는 예측하지 못한 행운이 변수로서 작용하게 된다. 일본에서는 1988년 서울올림픽을 계기로 한국에 대한 관심이 증폭되었다. 이는 재일코리안 상권에도 영향을 미쳤고, 2002년 한일 월드컵 공동개최, 『겨울연가』로 촉발된 한류붐이 뒤를 이었다. 1960년대부터 일본 외식산업의 한 축을 담당한 야키니쿠 외에도 김치, 전, 떡 등 한국 음식에 대한 일반인의 관심이 높아졌다.

미유키도리 상점가와 츠루하시 시장은 식자재 쇼핑을 비롯, '일본 속의 한국'이라는 이국적 풍경으로 인기를 얻기 시작했다. 재일코리안과 인근 일본인들의 쇼핑거리가 전국적인 지명도를 얻으면서 관광지로도 변모하게 되었다. 상점가에서는 이런 변화를 "골목상가가 코리아타운으로 자리 잡았다"라고 표현하고 있다.

미유키도리가 코리아타운으로 형성된 초기에는 필드워크[166] 등으로 학생들이 새로운 방문자가 되기도 했지만 이제는 일본인 남녀노소는 물론 한국인을 비롯한 외국인들에게도 관광명소로 알려지게 되었다. 양국 관계 속에서 한류붐 쇠퇴론, 소멸론이 대두되었지만 20년 가까운 기간 동안 한류 붐은 지속되고 있고, 상점가에 한류 관련 업소들이 꾸준히 영업하고 있는 것은 기존의 시장 문화와는 전혀 다른 양상이라 하겠다. 시장이 정체되고, 존폐 문제까지 거론되던 시기와 비교하자면 예측할 수 없던 변수가 추동하고 있는 것이다.

그런데 일본인들에게 츠루하시가 유명한 곳이다 보니 재일 사회 내에서도 두 지역에 대한 위상은 다르게 수용되고 활용되는 경향을 볼 수 있다. 츠루하시가 시기적으로 늦게 형성되었음에도 교통 편의성, 점포 수, 인지도 등 고객 유인 효과 면에서 유리한 까닭에 일반 대중을 대상으로 한 마케팅은 츠루하시의 이미지에 집중되어 있다.

홍여표의 후손이 운영하는 주식회사 덕산물산과 유한회사 덕산식품의 홈페이지에서 그런 사례를 볼 수 있다. 초기 화면에는 두 회사 모두 오사카 '츠루하시 코리아타운', 오사카 '츠루하시의 맛' 등을 강조하고 있다. 이들 회사는 한국 식재료를 취급하고 있는데 미유키도리보다 츠루하시가 인지도 측면에서 마케팅을 하기에 더욱 유리한 장소여서 그런 것이 아닐까 추측된다. 회사 연혁도 홍여표의 회고와는 다른 부분이 있다.[167]

---

166) 현재 홈페이지에는 필드워크 신청란이 별도로 있다.

167) https://tossan.jp/company/ : 홍여표에 의하면 창립년도는 1955년이지만 홈페이지에는

두 지역 상점가의 안내서에도 그러한 경향이 나타난다. 미유키도리 상점가는 모모다니역에서도 거리가 있는 만큼 여러 방식으로 접근 방법을 알려주고, 츠루하시와 같은 권역으로 묶어 '코리아타운'임을 설명하고자 하지만 역과 직결된 츠루하시 상점가는 굳이 미유키도리까지 한 권역으로 설명하지 않는다.

이런 이유에 대해 후지타 아야코는 "스스로 코리아타운이라고 이름을 대는 것은 이카이노의 미유키도리 상점가 쪽이다. 츠루하시 지역의 상점가도 김치나 한복집 등의 점포가 많고 한국·조선계 경영자가 적지 않다. 하지만 츠루하시 상점가는 점포수가 약 800개, 미유키도리 3개 상점가는 합쳐서 130점포[168]인 것에 비하면 그 규모가 꽤 크다. 츠루하시는 6개의 상점회로 구성되었고, 일본인 경영자가 많은 상점회와 중국·대만계의 경영자가 포함된 상점도 존재한다. 그래서 일괄해 코리아타운이라고 하기는 어렵다"[169]라고 설명한다.

츠루하시는 일본인이 주도적 세력이었지만 다국적 상인들의 집합체였던 암시장에 그 기원을 두고 있으므로 표면적으로 코리아타운을 부각하기 어려운 사정이 있다. 그렇다고는 해도 일반 대중들에게 각인된 코리아타운의 이미지는 츠루하시 쪽이 압도적이기 때문에 이를 마케팅이나 광고 측면에서 적극 활용하고 있는 것이다. 별도의 상권이라고는 해도 두 상권 모두 '코리안적 색채'를 발산하고 있는 것만은 분명하다고 하겠다.

요시다는 타 지역의 재일코리안 '마을 꾸미기'와 미유키도리의 차이점

1948년으로 나온다. 일본 재밀항 시기를 감안하면 시기적으로도 맞지 않는 듯하다. 창업 장소는 미유키도리, 엄밀하게는 구 조선시장이지만 이에 대한 언급 없이 츠루하시와의 인연만을 강조하고 있다.

168) 2020년 기준, 120점포로 표기되어 있다.

169) 猪飼野の歴史と文化を考える会, 『ニッポン猪飼野ものがたり』, 270쪽.

을 '시장화'의 유무라고 지적하였다.[170] 일본 각지에 재일 집거지가 많았지만 미유키도리처럼 해방 이전과 이후가 연속성을 지니면서 새 단장이 가능했던 것은 시장이라는 강력한 집중요소가 있었기 때문이다. 미유키도리가 구 이카이노의 연속성을 가지면서 변용되었다면, 츠루하시는 전후 암시장을 통해 오사카 굴지의 상권이 되고, 재일코리안 사회의 구심축으로 자리 잡았다. 두 장소 모두 '시장화'라는 요소가 이를 가능하게 한 것이다.

해방 이전에는 '이카이노 조선시장'이 재일조선인 중심의 최대 상권이자 지역 내 단일상권이었다면 해방 이후에는 1. 조선시장 → 미유키도리 상점가로의 진출, 2. 츠루하시 시장 내 확고한 상권 구축이라는 이중구조로 그 기반이 두텁고 단단해진 것이다.

도보로 20분 이내에 위치한 두 지역을 잇는 대로변과 뒷골목도 한국색이 강한 점포들이 점재하고 있어 체감적으로 거리가 더욱 단축되었다는 느낌을 주기도 한다. 츠루하시는 국철과 사철 외에 지하철까지 개통되어 '국제성'을 가진 독특한 상업지로 발달하는 반면, 미유키도리는 재일코리안을 중심으로 하는 상권이자 주거지로서의 성격이 더욱 강화된다. 또한 기존 '올드커머'[171]들이 구축해 놓은 바탕 위에 새롭게 이주해 온 '뉴커머'들의 참여도 더해지고 있어 츠루하시 시장과 미유키도리 상점가는 재일코리안과 한반도의 역사를 시간적, 공간적으로 다양하게 엮어주는 실체적인 장소라고 하겠다.

한편 1969년 오사카시 주도의 도시개발 계획으로 츠루하시도 재개발

---

170) 吉田友彦, 「日本の都市における外国人マイノリティの定住環境確立過程に関する研究 : 京阪地域における在日韓国・朝鮮人集住地区を事例として」, 133쪽.

171) 일제 강점기부터 해방 이후에도 일본에 계속 거주하고 있는 한국・조선, 중국・대만인들과 그 후손 및 특별 영주 자격증이 있는 사람을 지칭하는 용어. 일본의 식민지 지배가 종료되고, 외교 관계를 맺으면서 유학, 취업, 결혼 등으로 새롭게 유입된 집단은 뉴커머라고 한다.

논의의 대상이 된 적이 있다. 계획대로 진행이 되었다면 이 지역의 재일조선인 상점가도 해체되었을 것이다. 그러나 츠루하시는 개발의 효용성이 상대적으로 덜했고 채산성이 낮아서 결국 이 계획은 무산되었다.[172] 츠루하시와 더불어 오사카의 대표적 암시장이었던 우메다와 아베노 일대가 고층빌딩군으로 변하면서 암시장의 흔적이 대부분 소멸된 반면, 개발에서 제외된 츠루하시는 오히려 그 독특함이 돋보이게 되었다. 그리고 그 가운데에는 해방 이후 암시장에서 시작해 재일코리안의 산업사 변천과 함께 해 온 코리안 상가가 큰 비중을 차지하고 있는 것이다.

나. 우메다 시장의 형성과 소멸

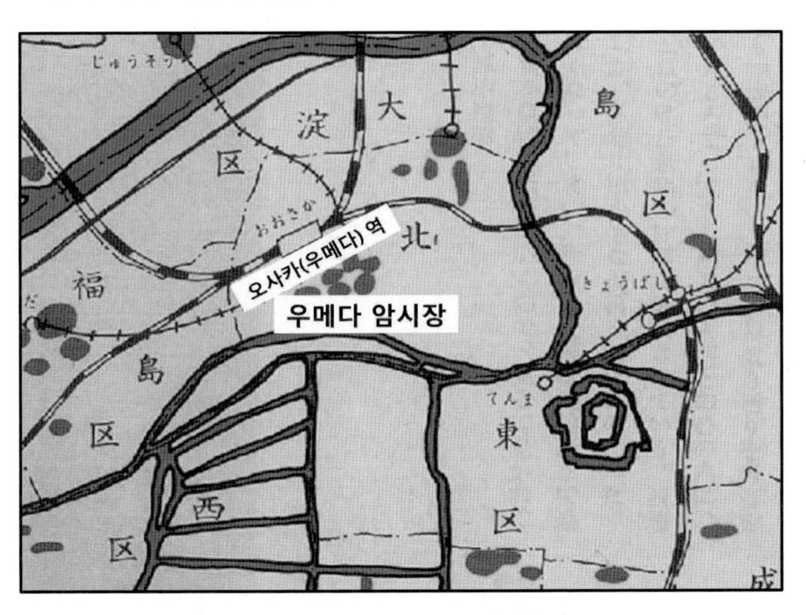

〈그림 4〉 우메다 역 인근 암시장[173]

172) 藤田綾子, 『大阪「鶴橋」物語 : ごった煮商店街の戦後史』, 150쪽.

173) 그림은 1946년 8월 1일, 암시 대숙정에 의해 폐쇄가 지정된 오사카 암시장의 분포도에 기초해 작성한 것이다.(大阪・焼跡闇市を記録する会, 『大阪・焼跡闇市 ―かって若かっ

츠루하시가 전후에 암시장을 통해서 새롭게 오사카의 부도심으로 부상한 것에 비해, 우메다는 전쟁 이전부터 오사카의 중앙역으로 관서 지역 최대의 교통 중심지였다. 우메다 암시장은 지정학적으로 관서 지역의 노른자위에 해당했고, "이해를 함께 하는 강대한 단결력, 거액의 자본력, 일기당천의 강자를 갖추고 돈벌이도 천문학적"[174]이라는 표현처럼 핵심적인 시장이었다. 오사카는 최대의 재일조선인 집거지이지만 츠루하시 암시장이 주요 활동무대였던 까닭에 재일조선인의 우메다 암시장 활동상은 상대적으로 부각되지 않는 편이다. 하지만 그 규모를 감안해 보면 관서 최고의 상권으로 꼽히는 우메다 역시 재일조선인에게 주요한 상업지역에 해당한다.

1945년 11월 우메다 역전의 부랑자 50명을 대상으로 한 조사를 보면 재일조선인 4명도 포함되어 있다. 조사대상자였던 일본인들처럼 직업이나 상황이 구체적으로 분류되지 않았지만 이 조선인들은 암시장 주변에서 생계방편을 찾던 이들이었을 가능성이 높다.[175] 1946년 중반 오사카 내 재일조선인 암시상인은 3,172명[176]으로 나타났다. 이 중 절반 정도는 츠루하시에서 영업하는 것으로 추정되므로 츠루하시 이외 지역에 1,500명 이상이 산재해 있는 것이 된다. 우메다는 오사카의 대표적인 암시장이었으므로 이들 중에서 상당수가 우메다를 중심으로 활동하였을 것으로 보인다.

암시장에서의 경험을 살려 훗날 '케미컬 슈즈'라는 용어를 창안해 낸[177]

た父や母たちの青春』의 大阪府 公報 참조) 그림에 타원형, 원형 등으로 표시된 곳이 암시장으로 동일 지역에 여러 곳의 암시장이 산재한 것을 알 수 있다. 우메다 역은 중앙역인 오사카 역과 한신, 한큐 등의 사철역이 동일한 지역에 있어 관서 최대의 교통 요충지였다. 여기에 여러 지하철 노선이 지나가고 고속버스 터미널도 한 지역에 있다.

174) 『商店界』, 1948년 7월호.

175) 『朝日新聞』, 1945년 11월 18일자.

176) 鈴木栄二, 『総監落第記』, 16쪽.

한석희는 당시 대학생 신분으로 아는 이들이 많은 츠루하시에서 노점상을 한다는 것이 부끄러워 일부러 우메다 암시장에서 쌀 행상과 고무제품 판매를 했다고 한다. 동포 사회 내에서 지식인이나 자산가 층은 이른바 체면 때문에 조선인이 많은 츠루하시 이외의 상권을 택한 이들도 있었을 것이다.

여타의 암시장과 마찬가지로 우메다에서 식료품은 주요 판매품목이었다. 빵, 고구마류, 계절채소와 생선을 비롯해 쌀밥과 초밥 등 및 간이 중화요리 등의 금제품 식품들이 '당당하게' 판매되고, 쌀보리 등의 주요 식량은 석유 깡통에 담긴 채 은밀하게 거래되었다. 중고옷은 2,500엔, 신사화는 500엔이라는 비교적 고가의 가격이었고, 중고군복과 군화 및 비누, 지카다비, 담배 등 암시장의 주요 물자가 진열되어 있었다.[178]

우메다 암시장은 대대로 이 일대의 대지주였던 요시모토(吉本) 가문과 와타나베(渡辺) 가문의 부지에 형성되었다. 암시장은 교통의 요지, 전후 지주의 부재, 관리와 통제능력 상실이라는 조건을 가진 곳에서 나타났는데 우메다 역시 그런 조건에 해당했다. 지주였던 요시모토 하루히코(吉本晴彦)[179]는 전쟁 중 중국에서 군인으로 복무하다 1946년 6월에야 귀환할 수 있었다. 그가 돌아왔을 때 그의 소유지는 이미 오사카 최고의 암시장으로 변해 있었다. 그는 당시의 상황을 다음처럼 회고했다.

---

177) 韓晳曦, 『人生は七転八起』, 148~149쪽. 학생 신분으로 암시장에서 일했던 한석희는 조선인이 많은 츠루하시에는 아는 얼굴이 많은 까닭에 체면상 우메다로 와서 노점을 했다. 이런 이유로 우메다로 옮겨온 이들도 있었을 것이다.

178) 鈴木栄二, 『総監落第記』, 12~13쪽.

179) 요시모토 하루히코는 대지주였지만 그의 소유지에 전후 암시장이 들어서자 토지 관리를 대행업체에게 위탁했다. 80년대 일본 부동산 버블 시기에 일본 부호 중 4위로 선정되기도 했지만 '일본 구두쇠교(教)'를 재미삼아 만들 정도로 검소한 생활을 했다. 그의 철학을 담은 책은 베스트셀러가 되었는데 한국에서는 『돈 버는 비결 99가지』라는 제목으로 번역되었다. 2017년 5월 30일 사망했다.

> 우리집은 다행히 전소를 면했지만 집 주변은 전부 암시장으로 변해서 출입구의 일부만 겨우 남은 상황이었다. 다다미 1조 정도 크기의 점포가 거머리처럼 집 주변을 둘러싸고 있었다.(……) 현재 마루비루가 있는 내 소유지 인근은 막걸리를 파는 암시장이 되어 있었다. 속된 말로 우메다촌이라고 불렀다.[180]

요지의 지주들이 전쟁 동안 농촌으로 소개하거나 뒤늦게 귀국한 경우, 요시모토의 경우처럼 암시장 상인들에게 소유지를 점령당하는 경우는 드문 것이 아니었다. 다만 요시모토의 토지는 전국에서도 손꼽는 일등지인 우메다 역 바로 앞이었으므로 향후 권리를 되찾는 과정은 길고도 복잡했다. 요시모토가 다른 어떤 암물자보다 막걸리를 특정해 기억하는 것은 이 시기에 재일조선인의 상당수가 이 곳에서 활동했음을 짐작하게 하는 것이다.

우메다는 경찰서 바로 앞에서 암시상들이 영업을 해도 경찰이 이를 단속하지 않을 정도로 방관 상태였다.[181] 1945년 12월 오사카시의회 경찰위원회는 자유시장의 전면폐지는 곤란하지만 경찰권 발동이 필요한 경우에는 단호하게 할 방침[182]이라고 밝히고 있다. 그러나 전격 통제에 대해서는 유보적인 태도를 보이고 있다. 오사카는 도쿄보다 늦은 1946년 1월 연합회가 결성되었다. 이 연합회에는 오사카부 44개 노점상조합이 가입했고, 이 조합은 다시 각 시장마다 노우(露友)조합을 만들어 시장 차원에서 "건전한 판매조직의 확립과 적정 가격으로 불건전 분자의 일소"를 내걸고 활동하기 시작했다.[183] 우메다 시장을 관할하는 소네자키

180) 大阪市都市整備局, 『大阪駅前市街地改造事業誌』, 1985, 73~74쪽.
181) 大阪・焼跡闇市を記録する会, 『大阪・焼跡闇市 ―かって若かった父や母たちの青春』, 85쪽.
182) 原山浩介 著, 『消費者の戦後史 ―闇市から主婦の時代へ』, 日本経済評論社, 2011, 33~34쪽.
183) 大阪・焼跡闇市を記録する会, 『大阪・焼跡闇市 ―かって若かった父や母たちの青春』, 50쪽.

서는 1946년 1월 14일 우메다와 텐로쿠 시장 간부를 모아 아래의 내용으로 협력을 요청했다.

> 府가 정식으로 인가한 노천조합을 결성, 조합원에게는 감찰을 교부하고 조합 자체에서 조합원장을 만들어 이를 가게 앞에 잘 보이도록 게시하는 한편,
> ▲ 판매가격을 표시할 것,
> ▲ 시장 정리원을 조합에서 만들어 시장 외의 장소에서 무통제 판매를 금지시킬 것,
> ▲ 조합원 상호의 自戒와 폭력행위를 근절할 것[184]

이상의 내용으로 도쿄와 마찬가지로 노점조합을 인가하고 자율적 관리를 위임했다. 노우회의 발족식에는 지사, 부지사, 부회의장 및 공무원들이 참석했다. 상부에 경찰조직을 두고, 노점조직이 하부에서 유기적으로 연결된 형태는 도쿄와 동일했다. 이는 일본인들의 상권에 대한 암묵적 협의체로 동일 구역 내의 이민족 업자들에게는 허용되지 않은 것이었다. 이러한 구조는 암시장 단속이나 개선 방향의 논의 등에서 외국인 관계자는 배제되고, 여기서 발생하는 문제는 '외부자'들에게 전가할 여지가 있었다.[185]

당시 노우회 성립 경위를 소상하게 기억하는 한 일본인은 "오사카에서는 노우회를 예전의 '협객'이 시작했기 때문에 제3국인이 끼어들 자리가 없었다"[186]고 언급했다. 그에 의하면 노우회는 도쿠가와 막부 시절부

---

184) 原山浩介 著,『消費者の戦後史 －闇市から主婦の時代へ』, 38쪽.

185) 예를 들어 도쿄 노점조합의 좌담에서는 폭리를 취하거나 시장을 교란하는 이는 '비조합원'이나 '제3국인'이라고 규정하고, 경찰도 '제3국인'은 단속하기 쉽지 않다는 식으로 언급하고 있다. 그러나 비슷한 시기, 고베는 외국인을 협상자리에 합석시켰고, 이후에도 꾸준하게 다민족 협의체를 구성하려는 노력을 보였다. 도쿄와 오사카의 당국자들이 외국인들을 진지한 협력자로 고려하고 이에 수반되는 노력을 기울였는지는 의문점이라 하겠다.

터 오랜 전통을 가진 데키야 조직과 전후 신흥 암시 조직들이 이중으로 관리비를 징수하는 것을 막기 위해 성립된 것이었다.

우메다는 오사카의 핵심 지역이었으므로 츠루하시에 비해서 이민족 사이의 갈등이 심했고, 일본 경찰과 충돌이 잦았다. 이를 보여주는 대표적인 사건이 1946년 3월 '소네자키서 습격사건'이었다. 사건은 3월 13일 정오 무렵, 전격 실시된 우메다 시장의 주요 식량 단속에서 재일조선인 및 대만인 노점상을 검거한 것에서 비롯했다. 재일조선인과 대만·중국인들은 경찰서장실로 가서 동료의 석방을 요청했으나 거절당했다. 이후 권총과 곤봉으로 무장한 200여 명이 몰려와 피의자 석방을 외치며 경찰과 격전을 벌였다. 오사카에 배치된 진주군 헌병이 출동하고 경찰관은 발포로 맞선 결과 50여 명이 체포되었다. 조선인 3명을 포함해 주범으로 추정되는 6명은 재판에 회부되었다.[187] 소네자키서 인근에서 이 사건을 목격했던 한 일본인은 이를 다음처럼 회고했다.

> 소네자키서가 조선인과 대만성민에게 포위되어 돌멩이와 벽돌조각이 날아다녔다. 경관은 6척봉 이외에는 비무장이었다. 지켜보고 있자니 곧 진주군 짚차와 장갑차가 도착했다. 바로 부근 도로는 전면 통행금지가 되었다. 장갑차는 소네자키서 앞 십자로에 위치를 잡고 기관총을 겨냥했다. 그 옆에 일본 경찰이 5~6인 조를 짜서 6척봉을 들고 뛰어 다녀서 매우 긴박하고 위압감이 느껴지는 상황이었다.[188]

소네자키서 사건은 대만인들이 주도하고 재일조선인이 가세한 집단

---

186) 大阪・焼跡闇市を記録する会, 『大阪・焼跡闇市 －かって若かった父や母たちの青春』, 85쪽.

187) 竹前栄治 監修, 『GHQへの日本政府対応文書総集成』, CLO Memorandum - 1505 (Apr. 1, 1946) Korean-Formosan-Chinese Attempt to Free their Arrested Compatriots.

188) 大阪・焼跡闇市を記録する会, 『大阪・焼跡闇市―かって若かった父や母たちの青春』, 34~35쪽. 증언 정리.

행동[189]으로 당시 우메다 암시장 관련 사건 중 가장 주목받은 건이었다. 사건 보고에는 민족단체의 개입에 대한 언급이 없지만 이런 종류의 사건에는 민족단체, 그중에서도 청년조직이 행동대로 나서는 경우가 잦았다. 오사카 노우회의 회원이던 한 일본인은 "경제통제 등으로 적발이 벌어지면 중화는 중화청년대라든지, 조선은 '조선 뭐라는 회'를 마음대로 만들었다"[190]라고 시장 내에서의 대립 관계를 언급했다.

그러나 이는 예전 '협객' 출신으로 '제3국인이 끼어들 자리가 없다'고 선을 긋는 노우회 회원들의 심리를 그대로 보여준다. 암시장은 일본인 외에 재일조선인과 중국계인이 함께 혼재되어 있는 장소였다. 그런데 이들은 상권의 구성원임에도 불구하고, 소수자였기 때문에 시장 내의 각종 문제나 개선점에 대해 배제당하는 경우가 많았고, 권리를 인정받지 못한 채 갈등이 발생하면 책임전가의 대상이 되기도 했다.[191] 여기에 우에노와 신바시의 폭력적 살상사례에서 보듯이 데키야의 자경단은 출처가 불분명한 무기로 무장한 집단이었다. 일방적인 세력 불균형 하에서 생명과 재산보호를 위해 조선인들이 민족 단위의 자경조직을 만드는 것은 필연적이었다. 일본조합의 자경대는 당연한 것으로 간주하면서 외국인 조직은 '마음대로 뭐라는 회'를 만들었다는 인식은 일본 조직원의

189) 竹前栄治 監修, 『GHQへの日本政府対応文書総集成』, CLO Memorandum - 2566 (May, 27, 1946) Korean-Formosan-Chinese Attempt to Free their Arrested Compatriots. 이 보고에는 대만인 2명이 주동자라고 명기되어 있다.

190) 鄭栄桓, 『朝鮮独立への隘路』, 法政大学出版局, 2013, 21~24쪽. 조련은 1946년 초 중앙 차원에서 조련 자치대의 결성을 논의했다. "운동경기, 운전기술, 병자의 간호, 군대훈련, 자경단 조직, 대원의 교양, 불량행위 방지" 등의 폭넓은 활동을 임무로 내세우고 있지만 가장 중요한 임무는 동포의 생명과 재산의 보호에 있었다.

191) 예를 들어 도쿄 노점조합의 좌담에서는 폭리를 취하거나 시장을 교란하는 이는 '비조합원'이나 '제3국인'이라고 규정하고, 경찰도 '제3국인'은 단속하기 쉽지 않다는 식으로 언급하고 있다. 그러나 비슷한 시기, 고베는 외국인을 협상자리에 합석시켰고, 이후에도 꾸준하게 다민족 협의체를 구성하려는 노력을 보였다. 도쿄와 오사카의 당국자들이 외국인들을 진지한 협력자로 고려하고 이에 수반되는 노력을 기울였는지는 의문점이라 하겠다.

배타성이 반영된 것이다.

지주 요시모토는 "지대를 받으러 가면 '일본은 전쟁에 졌으니 이 땅은 일본의 땅이 아니다, 우리가 점유한 토지다'라며 지대를 내지 않았다. 그 중에는 피스톨을 가지고 대응하는 이들도 있었다"라고 회고했다.[192] '일본의 땅이 아니다' '점유'라는 표현을 보아 임차인들은 일본인이 아닌 것 같지만 요시모토는 이들의 민족적 배경을 언급하지 않았다. 우메다에서 상업활동을 했던 상인이나 지역 담당 공무원들도 이 시기를 회고할 때 비슷한 화법을 구사하고 있다.

예를 들어 훗날 기타구(北区) 상점회총연합회(이하 연합회) 회장을 역임했던 가토 미츠오는 1946년 1월경 집을 지으려고 마련해 두었던 목재가 도난당하자 "'패전국'이라서 당한 일이다. 자경단을 만들어 범죄 지역에 야경을 돌아야겠다"라고 생각하고 실행에 옮겼다.[193] 같은 일본인에게 도난을 당했다면 굳이 '패전국' 신세임을 강조할 필요는 없었을 것이다.

오사카시 총합계획국장을 역임한 가와무라 시게토시는 1960년 부임 이후 구역 정리를 위해 이곳을 방문했을 때 일본인보다 '일본인이 아닌 사람들'이 더 많았다고 회고했다. 그는 '일본인이 아닌 사람들'로부터 "패전국(주제에) 뭐라고 하는 거야?"라는 반응을 접하며 혼이 났다고 했다.[194] 1960년이라면 패전 이후로부터 상당한 시간이 경과한 시기지만 이 지역에는 여전히 '비일본인'이 많이 있었고, 암시장 시기 일본인을 야유하는 용어였던 '패전국'을 들먹이면서 공무원을 대한 상황인 듯하다.

그런데 이들의 회고에서는 이들이 재일조선인인지 혹은 화교·대만

---

192) 大阪市都市整備局,『大阪駅前市街地改造事業誌』, 73~74쪽.
193) 大阪市都市整備局,『大阪駅前市街地改造事業誌』, 305쪽.
194) 大阪市都市整備局,『大阪駅前市街地改造事業誌』, 309쪽.

인·중국인인지에 대한 구체적 언급이 없이 '비일본인'이라는 뉘앙스로만 나타난다. 출신 민족을 판별할 수 없어 그저 '비일본인' 범주로 묶은 것인지, 차별적 발언을 조심하는 것인지 파악하기는 어렵지만[195] 암시장 시기와 그 이후에도 이 지역에 일본인과 '그 외 사람들'이 혼재했던 상황을 알 수 있다.

1946년 신경제 정책이 실시되면서 행정 권력과 암시장의 필요에 의한 유착관계는 통제를 기반으로 한 갈등관계에 돌입했다. 경찰력이 강화되면서 이듬해인 1947년에는 대규모 폭력단 소탕작전이 행해지고, 데키야의 세력이 약해지면서 암시장의 권력 구도도 재편성되었다. 우메다 조선상우조합(이하 상우조합)은 이러한 분위기 속에서 발족했다. 조합 결성에 중추적 역할을 담당한 이는 박한식이었다.[196]

그는 해방 이전부터 잡화상, 전쟁 중에는 소규모 군수공장을 운영할 정도로 상재와 경영에 능력이 있었다. 그와 우메다의 인연은 패전 직후, 일본인 지인을 통해 군에서 불하받은 면포, 신발, 옷, 셔츠, 작업복 등을 우메다에서 판매하면서 시작되었다. 트럭 두 대분에 해당하는 이 물자로 그는 당시로서는 엄청난 거금인 73만 엔을 벌었다고 한다. 당시 우메다의 대지주 요시모토가 다다미 한 장 크기의 점포로부터 한 달에 3천 엔 정도의 임대료를 받던 시절이었으므로 그는 이른바 암시장 '벼락부자'가 된 경우라 할 것이다. 이렇게 번 돈으로 트렁크 13개 분량을 만들어 가족들을 귀국시키고 그는 4만 엔을 들고 우메다에 왔다.[197] 그가 회고하는 당시의 우메다 시장 분위기는 다음과 같았다.

---

195) 좌담과 회고는 1985년에 발간되었는데 실제 사용한 단어를 순화하거나 적시하지 않은 채 편집했을 가능성이 있다.

196) 1913년 경남 사천 출신. 우메다 섬유도매상협회를 설립하고 회장을 역임했다. 민단 중앙본부 고문을 맡았고, 5.16 이후 여러 차례에 걸쳐 방한해 재일교포모국산업시찰단으로 박정희와 접견한 바 있다. 1968년 국민훈장 동백장을 받았다.

197) 이남호 저, 『在日僑胞 立志傳 -눈물의 關釜聯絡船』, 198~200쪽.

그때 우메다 시장에는 우리 한국 사람들이 절반 이상을 차지하고 있었다.[198] 중국 화교도 많이 살았다. 패전 직후의 오사카, 특히 우메다 암시장은 완전히 무법지대였다. 우리 교포와 화교들이 걸핏하면 일본인 상점을 습격하는 등 폭력을 난무시키고 있어 항상 살벌한 분위기였다. 세무서원들도 무서워서 핏발이 선 우메다 시장 안으로는 발걸음도 들여놓지 못했었고, 경찰이 암시장을 단속하려고 했다가 오히려 소네자키서가 습격을 당하는 등 불상사가 일어나곤 했다.[199]

소네자키서 사건 이후 설립된 조선인 상우조합은 시장 내에 난무하는 폭력상황을 크게 의식해 "암시장 내 폭력 제거, 일본인과 선량하고 신용 있는 거래 관계 수립, 폭리를 취하거나 고객을 속이는 일을 추방하자"[200] 등을 취지로 내걸었다. 일본인과 '선량하고 신용 있는 거래 관계'를 내세운 것은 시장의 주도권을 쥐고 있는 이들이 일본인이라는 것을 반증하는 표현이라고 하겠다. 반면 일본인 조합은 시장 내 외국인들과의 관계 설정에 대해 특별한 언급이 없다. 암시장의 주도권이 어느 집단에게 있었는지 알 수 있다.

1946년 8월 1일 암시 숙정 직전 우메다 시장의 상황은 스즈키 국장이 오사카 부임 직후 시찰한 내용에 잘 나타나 있다. 그는 "눈에 뜨이는 것만 해도 공유지, 사유지 할 것 없이 무단으로 점거한 점포들이 1,000곳 이상, 히로시마 역전 시장에 비하면 우메다는 10배 이상"이라고 주장했다.[201] 우메다 암시장에서는 조선인과 대만성민이 '압도적으로 눈에 띄

---

198) 전술했다시피 암시장 종사인원에 대한 구체적인 수치나 통계는 없다. 우메다 시장을 별도로 조사한 수치도 없다. 다만 1946년 초 조사 수치를 보면 오사카의 암시장 상인 중 조선인의 비중이 20% 정도였다. 따라서 박한식의 표현은 체감적으로 조선인 상인이 많았다는 표현이라고 보인다.

199) 이남호 저, 『在日僑胞 立志傳 －눈물의 關釜聯絡船』, 200쪽.

200) 이남호 저, 『在日僑胞 立志傳 －눈물의 關釜聯絡船』, 200쪽.

201) 鈴木栄二, 『総監落第記』, 12~13쪽.

고' 그들의 외모를 묘사할 때는 '혈색 좋은 늠름한 청년' '억센 낯짝'이라는 표현으로 재일조선인과 이른바 '제3국인'에게 명백한 적의를 서슴지 않고 나타냈다. 또한 "밤에 집단 강도를 하고 강탈한 물건을 낮에는 여기에서 파는 자들도 있을 것"이라며 부정적인 이미지를 나열하고 있다.[202]

우메다는 암시 숙정 당시 가장 강력한 폐쇄 방침의 대상이었던 것으로 알려졌다. 대숙정 이후, 암시장은 표면상 축소된 듯이 보였지만 통제가 지속되고, 공급이 수요를 따라가지 못하는 상황에서 이는 어디까지나 일시적인 현상일 뿐이었다.

철거당할 상황이 되자 박한식은 상우조합을 대표해 소네자키 경찰서장과 협상을 시도했다. 그는 협상 당시 "우메다 시장에서 목숨 걸고 장사하는 사람이 30명이나 된다"라고 가입 회원 수를 밝혔다. 경찰서장은 상우조합과 협의 끝에 지주인 와타나베 신우에몽과 교섭을 알선했다. 도쿄 우에노에서도 지역 데키야들과 외국인들 사이 끊임없이 갈등이 발생해 경찰과 지역관리들이 나서서 '친선' 협정을 맺도록 중재한 바가 있다. 이러한 상권 분리는 일본 측에서 보면 재일조선인이라는 '갈등 요인'을 제거한다는 의도가 저변에 깔려 있지만 재일조선인 측에서도 원래 상권 인근에서 안정된 상업 활동을 할 수 있다는 점에서 상생의 의의가 있다고 할 수 있겠다.

하지만 우메다는 우에노처럼 순탄하게 해결되지 않았다. 경찰의 알선으로 지주 와타나베는 200평을 차지해 주기로 하였지만 시장 상인들의 자금줄 역할을 하던 '유력자'[203]가 와타나베로부터 800평의 땅을 산 다

---

202) 鈴木栄二, 『総監落第記』, 14쪽.

203) 유력자라고 하지만 박한식은 지주와 담판할 때 이 유력자를 '돈 많은 폭력배'라고 표현했다.

음, 원래 약속한 땅 200평에는 단 11채의 점포만을 세워야 한다는 조건을 내건 것이다.[204] 이 유력자의 '골탕먹이기'에 의도가 있었는지는 알 수 없다. 상권경쟁만의 문제였다면 11채의 점포 허가 조건도 내걸지 않았을 것이다. 그 내면에 민족적 대결감정이 복합적으로 작용한 것은 아닌가 의문을 가질 여지는 있다. 박한식은 20여 차례에 걸쳐 와타나베를 찾아가 설득한 끝에 결국 그 '유력자'와의 계약 파기를 이끌어냈다. 하지만 상가 건립 과정에서 상인들 내부의 반발도 적지 않았다. 박한식은 이에 대해서 다음처럼 회고했다.

> 암시장을 없앤다고 하자 내용을 오해한 일부 상인들은 성난 황소처럼 날뛰며 나를 죽인다고 협박했다. 내가 시장 정리 작업에 일본 경찰과 손을 잡고 협조한다는 이유였다. 그러나 나는 겁을 내지 않았다. 시대의 추이로 보아 암시장은 어차피 합법적인, 떳떳한 일본 법률의 보호를 받는 밝은 시장으로 바뀌지 않으면 안 된다. 차라리 경찰에게 질서 정리하는데 협조를 해주고, 그 대신 우리 암시장 상인들이 영업할 수 있는 새로운 방도를 협조해 달라고 요청하는 편이 낫다고 생각했다. 그래서 경찰이 알선해 준 우메다 7번지의 지주를 20여 차례나 만나 협상을 거듭하며 2백 채 점포를 세울 땅의 차지권을 확보했고 또 경찰로부터는 150건의 고물상 허가를 얻어내 그 허가증을 우리 동포들의 암시장 가게 한 채 한 채에 달아주게 되었을 때의 감격은 평생 잊을 수가 없었다.[205]

그러나 상가는 이후 운영에서 난항을 겪게 되었다. 1950년대에는 화재가 발생해 일본인 상점 19채, 중국인 상점 2채, 조선인 상점 2채가 피해를 보았다. 피해자 중 일본인이 많았다는 것은 이 상가의 일본인 비중이 훨씬 높았다는 의미이기도 하다. 화재 발생 이후 토지 소유주였던 한

---

204) 이남호 저, 『在日僑胞 立志傳 －눈물의 關釜聯絡船』, 202쪽.

205) 이남호 저, 『在日僑胞 立志傳 －눈물의 關釜聯絡船』, 201~202쪽.

큐 그룹은 화재로 인해 차지권도 소멸했음을 주장하며 퇴거를 요청했다. 경찰의 중재에도 불구하고 한큐 그룹과 상인들의 주장은 전혀 합의점을 찾지 못했고, 이 과정 중에 폭력배를 동원해 강제 퇴거를 강행하려 하였다.[206] 이 문제 또한 법정으로 가게 되어 3년간의 재판을 거쳤다.[207]

이 사건의 특이한 점이라면 화재 피해자인 일본인 상인들도 뜻을 같이 해 한큐 그룹과 대치했다는 점이다. 이는 암시장에서 주로 대립적 관계였던 재일조선인과 일본인이 공동의 이익을 위해 결집했던 사례라고 할 수 있다. 우메다는 1949년 무렵에 전문 섬유가로 이름이 알려지기 시작했다. 1950년경에는 섬유전문점이 30여 곳 정도였지만 이듬해인 1951년에는 그 몇배로 증가하였고,[208] 같은 해 11월 도매상 220곳이 모여 우메다 섬유도매상 연합회가 결성된다.[209] 박한식은 우메다 섬유도매상협회의 초대회장을 맡았다.[210] 또한 집단행동을 통해 결속력을 다진 상인들은 1953년 신용조합 오사카 상은을 설립했고 박한식은 초대 이사장을 맡았다.[211] 이는 일본인과 재일조선인이 공동으로 설립한 신용조합으로

---

206) 渡瀬誠, 「視点 区画整理による地割りの継承 －大阪市域における土地区画整理事業のまちの成熟への関わり」, 『日本都市計画学会関西支部だより』 11호, 1998, 「大阪駅前市街地改造事業誌」 참조. 1961년부터 본격적으로 진행된 오사카 역전 구역 정리는 오사카의 도시개발사에서 여러 가지 문제점을 제기했다. 이곳의 권리 관계는 복잡하게 얽혀 있어 사업진행에 대한 찬동을 쉽게 얻지 못했다. 권리 관계자들인 우메다 섬유도매상 외에 지주와 건물주, 외국인 조합까지 각기 자신의 권리를 주장했다. 우메다 역 부근 개발 과정은 난항을 겪으면서 진행되었고, 그 결과 오늘날의 복잡한 도심지 구도를 형성하였다.

207) 이남호 저, 『在日僑胞 立志傳 －눈물의 關釜聯絡船』, 204쪽.

208) 1948년 이후 해제된 통제품목의 수가 급격히 늘어나고, 1950년 6.25 전쟁이 발발로 섬유업이 대호황을 맞이하면서 도매상도 증가하였다.

209) 大阪市協会, 『北区史』, 北区制百周年記念事業実行委員会, 1980, 325쪽.

210) 강제 철거를 실시하려 하자 박한식은 마이크를 들고 트럭 위에 올라가 사흘이나 연설하면서 철거를 지연시키기도 했다. 이런 활동으로 일본인 업자들에게도 신뢰를 얻게 된 것으로 보인다.

211) 국제고려학회 일본지부 재일코리안사전 편찬위원회, 정희선 · 김인덕 · 신유원 옮김, 『재일 코리안 사전』, 263~264 · 309~310쪽 ; 이남호 저, 『在日僑胞 立志傳 －눈물의 關釜連絡船』, 405쪽. 일본 금융기관에는 도시은행, 지방은행, 신용금고, 신용조합 등이 있으나

우메다 암시장을 기반으로 한 금융기관이었다.

우메다에서 암시장 시기 형성된 상권과 토지 사용 관련 소송은 우메다에서는 드문 일이 아니었다. 대표적인 지주였던 요시모토의 소송이 가장 유명한 사례에 해당한다. 암시장이 난립하던 시기, 피스톨까지 들고 나와서 임대료를 내지 않겠다는 임차인들을 감당해낼 수 없었던 요시모토는 다이에이 흥업이라는 회사에 토지 관리를 일임하였다. 관리를 맡게 된 다이에이 흥업은 이 부지에 가건물을 세우고, 임차인을 들이는 등 암시장을 오히려 확대시켰다.

1950년 8월에 지대 인상을 둘러싸고 요시모토와 다이에이 흥업이 갈등을 빚으면서 1954년 요시모토는 임대차 계약해지를 통고했다. 이 소송은 20년에 걸쳐 진행되었고, 20년이 지난 1974년 최고재판소에서 요시모토의 승소가 결정되었다. 다이에이 흥업은 24억 엔이라는 거금을 지불하고 파산을 하게 되었지만 문제가 종결된 것은 아니었다. 파산회사의 관재인이 세입자 60여 명을 상대로 퇴거를 구하는 소송이 진행되면서 1979년에야 이 사건은 마무리되었다.[212] 암시장과 토지의 권리 행사, 도시개발 등이 복합적으로 얽히면서 지속된 이 소송은 '오사카 전후 처리의 마무리'라고 불리기도 했다. 요시모토 가는 토지 관련 오랜 소송이 끝난 이후 우메다의 랜드마크 건물인 마루비루(丸ビル)를 그 자리에 올렸다.

1954년 기록에 의하면 우메다가 속한 기타구 상점회총연합회(연합회)에 가입해 있는 상점회는 총 32곳이고, 조선상우 조합(曽根崎上 4丁目 11)도 그중의 한 곳이다. 조선상우조합의 회원수는 90명으로 회원 수로

정주외국인에게는 이 중 최하위 신용조합의 설립만이 허가되었다. 예금액이 지방은행 수준에 도달하더라도 금융기관 설립 허가는 주어지지 않았다.

212) 大阪市協会, 『北区史』, 328~329쪽.

만 보면 전체 상인회 중 일곱 번째에 해당한다. 암시장이 성립된지 9년이 지난 시점에서 기타구 연합회 중 회원 수만으로 7위라는 것은 우메다 일대 재일조선인의 활동이 적지 않았음을 반영하는 것이라 하겠다. 박한식이 토지 임대 교섭을 위해 와타나베와 만났을 때 '30여 명'이었다고 언급한 것과 비교하면 거의 3배 정도의 회원이 늘어난 셈이 된다.

연합회의 조합 명칭을 보면 오사카 역전 상점회, 역전 나카스지 상점회, 사쿠라바시 상점회 텐로쿠 상점회 등 주로 활동지역에 기반을 두거나, 엠파이어 도오리 상점회, 소공원 상점회, 텔레비전 도오리 상점회 등 거리 이름을 차용한 사례들이지만 상우조합만은 민족명을 조합의 이름으로 사용하였다.[213] 다만 조합에 이중 가입하였거나 혹은 조선상우조합에 들지 않고 지역 상우회만 가입한 조선인도 있을 수 있으므로 실제로 이 무렵 우메다의 재일조선인 상인 숫자가 조합원 숫자와 일치하는 것은 아니다.

1954년 조선상우조합은 지역 특성상 섬유도매업자들이 대다수를 차지했다. 우메다 섬유가는 오사카 이외 지역의 재일조선인에게도 중요한 거래장소였다. 밤열차를 타고 구마모토 암시장과 오사카 우메다를 오가며 중고의류를 취급하던 한 재일조선인 상인은 1950년대 초중반은 상품을 가져오자마자 바로 팔릴 정도로 호황이었다고 회고했다.[214]

1960년대 이후에 핵심지인 우메다는 본격적인 개발의 대상이 되었다. 우메다는 전쟁이 한참이던 1940년에도 거미줄처럼 얽힌 우메다 지하가가 완공될 정도로 시의 핵심적 개발지역이었다. 하지만 요시모토의 소송에서 볼 수 있듯이 암시장 시기에 형성된 상권은 일정 시기가 지나면

213) 大阪市北区役所, 『北区誌』, 1955, 376쪽.

214) 島村恭則, 「熊本・河原町「国際繊維街」の社会史 : 闇市から問屋街、そしてアートの街へ」, 『関西学院大学先端社会研究所紀要』, 27쪽.

토지소유주의 권리행사나 시의 공권력으로 움직이기 어려운 상황이 되었다.

1961년 별도의 장소에 섬유가를 집단이전하기로 합의를 보았으나 상인들의 반발을 우려해 시는 새로운 섬유가 건물에 업자들을 수용하거나, 타 지역 이전 건의 등 여러 가지 의견을 제시하였다. 박한식이 초대회장을 맡았던 우메다 섬유도매상협회는 우메다 재개발 과정에 있어 핵심적인 역할을 했던 단체로 꼽히고 있다. 이들은 대책협의회를 구성해 국회 심의까지 염두에 두고, 진정을 하는 등 오사카 시의 개발계획을 국가 레벨로까지 확장해서 논의했다.[215] 그 결과 1969년 신오사카 역 앞에 섬유도매상 상가 신오사카센이시티(新大阪センイシティー: 신오사카 섬유시티)가 설립되고 상인들은 이곳으로 대거 이전하였다. 당시 이전 규모는 개발대상인 1, 2지구와 역전 북지구까지 포함해 약 600여 점포에 달할 정도로 대규모였다. 우메다는 2000년대 이후에도 개발이 지속적으로 진행되어 고층건물이 속속 올라가고 관서 최고의 핵심 상업지, 교통의 요충지로서 존재한다. 암시장 시기의 흔적이 일부 남아 있지만 한때 재일조선인의 생활 공간이었음을 알려주는 장소는 찾아보기 힘들다.

암시장을 기반으로 탄생한 재일조선인의 주요 상가 중 우에노와 츠루하시는 현재까지도 주요 상권이고, 재일코리안의 활동도 활발하다. 고베 산노미야 암시장도 우메다처럼 도시개발로 재일코리안의 흔적이 사라졌지만 이곳은 1970년대 초반까지도 존속했고, 재개발 시에도 재일조선인의 영향력이 컸기 때문에 현재와 전혀 무관하다고 할 수는 없다. 이들 상권에 비하면 우메다는 당시의 상권이 완전히 변용되면서 재일코리안의 역사에서 그리 부각되지 못하였다.

---

215) 大阪市協会, 『北区史』, 325쪽.

같은 오사카 안이라고 해도 입지의 차이로 인해 츠루하시와 우메다는 암시장 이후의 역사가 완전히 달라졌다. 이는 재일코리안의 생활 공간 변용과도 맞물린 것이다. 츠루하시의 경우, 암시장의 번성으로 재일사회 최대의 집거지였던 구 이카이노와 주거 및 상업 공간을 공유하고, 재개발에서 배제되면서 재일 사회의 구심점으로 존재를 이어가는데 비해 우메다는 암시장을 매개로 했던 한 시기에만 집중도가 높았다. 원래부터 핵심 상업지였고, 전후 암시장이라는 변수로 인해 재일조선인의 새로운 활동 공간이 되기도 했지만 특급지라는 위상은 그런 변수 요인을 오래 지속시킬 수 없었던 것이다.

〈사진 9〉 우메다역 재개발로 신오사카 역 인근에 새롭게 건립된 센이시티(섬유센터)

3) 고베 산노미야 시장

가. 형성과 운영

〈그림 5〉 산노미야 역 인근 암시장 216)

관서 일대는 해방 이전부터 게이한신(京阪神) 공업 지대를 따라 재일조선인 노동자들이 많이 거주했다. 암시장을 중심으로 성장하는 상공업 부문이 확대되면서 효고현 중심 도시 고베는 오사카와 더불어 해방 이후에도 재일조선인의 집중도가 높았다. 고베는 일본의 개항 이후 나가

216) 산노미야의 암시장은 중앙역 역할을 하는 산노미야 역과 차이나타운 입구 모토마치 역 사이 철도 아래에 형성된 대형 시장이었다. 재일조선인은 이곳에서 일본인 및 중국계인과 혼재되어 상업 활동을 하였으나, 그림에서 표시된 것처럼 1946년 산노미야 역의 오른쪽인 구모이도리와 아사히도리의 국제마켓 건립 이후 분리되어 나갔다. 철로 아래 상가는 오늘날까지도 지속되고 있으나 국제마켓은 도시 재개발로 사라졌다. 지도는 구글맵을 사용하였다.

사키 · 요코하마와 더불어 차이나타운 및 외국인 거류지가 설치되었던 국제도시였다. 해방 당시 효고현에는 재일조선인 약 130,000명, 화교 3,200명, 대만인 20,000명이 재류하고 있었다.[217)]

1948년 이후 고베의 화교는 대만인 중 중국국적을 획득한 이들까지 포함해 35,379명으로 나타나고 있다. 중국계인들은 재일조선인보다 인구는 적었지만 '연합국민'의 지위였고, 차이나타운으로 인해 고베 암시장은 타 지역에 비해 화교의 영향이 컸다. 암시장의 민족 분포도가 그 좋은 예가 될 것이다. 1946년 초 분포를 보면 조사대상자 3,576명 중 일본인은 2,877명으로 80.5%, 조선인은 344명으로 9.6%, 대만인과 중국인은 각각 236명과 113명으로 6.6%와 3.2%의 비율을 차지하고 있다.[218)] 중국인과 대만인을 합산하면 조선인보다 높은 비율이다. 도쿄, 오사카 등에 비하면 고베는 인구수에 대비해 중국계인들의 활동이 매우 활발하다는 것을 알 수 있다. 조사에는 그 외 터키, 타타르인도 6명이 있었다.

조선인 상인의 절반이 넘는 184명이 산노미야 고가철도 아래 근처 상권에서 활동하고 있었다. 도쿄와 오사카의 암시장 대책이 강력한 단속 일변도였던 반면 고베는 이들 도시와는 달리 상대적으로 온건한 암시장 대책을 펼쳤다. 이는 외국인 거주자가 많은 도시의 성격에서 기인한 것이 아닐까 한다.

고베의 교통 요충지는 산노미야 역으로 1874년 오사카와 고베 사이 관설 철도가 부설되면서 탄생했다. 1930년대 이후 철로의 고가화, 사철의 연결, 백화점 건설 등이 이루어지면서 산노미야는 우메다처럼 고베의 중앙역 기능을 하게 되었다.[219)] 산노미야와 인접한 모토마치역은 차

---

217) 兵庫県警察本部, 『兵庫県警察史〈昭和編〉』, 1975, 446쪽 ; 이정희, 「일본의 차이나타운 연구 －고베 난킹마치[南京町]를 중심으로」, 『동남아화교와 동북아화교 마주보기』, 학고방, 2015. 398쪽.

218) 神戸市 編, 『神戸市史 〈社会文化編〉』 第三集, 54~57쪽.

이나타운을 배후에 두고 있는데 두 역 사이를 연결하는 고가철도 아래 1.5km 구간에는 1,500곳의 포장마차들이 들어서서 고베 최대 암시장이 되었다.[220)]

산노미야의 암시장에는 화교가 많은 도시답게 중국인이 취급하는 음식과 식품류가 가장 먼저 등장했다. 모토마치 차이나타운은 패전 1주일 만에 영업을 시작했다. 당시 보도에 의하면 "고베 명물 支那요리점은 한 곳도 남지 않고 이재를 당했지만 재고베 화교 7명이 南京街의 부흥에 나서 県 외사과에 지나요리 개점을 신청했다. 독특한 미각으로 전재지를 빛내고 있어 당국은 희색을 보였다. 한잔 10전의 커피점도 개업했다. 역전과 省線 고가아래에는 예전부터 있던 포장마차, 우뭇가사리 묵집도 영업을 시작"[221)]했다고 전한다. 차이나타운 영업 재개와 동시에 산노미야 고가 아래에도 암시장이 형성되는 상황이다.

이 시기를 목격한 한 일본인은 "종전 발표 1주일 후 거리의 소문을 듣고 산노미야로 가보았다. '3국인'과 섞여 工員풍의 남자, 복원군인풍의 남자. 기타 남녀노소가 초밥, 고구마, 튀김 등 모든 식료품 가게를 열고 있었다. 당시에는 '3국인' 식당이 처마를 맞대고 나란히 늘어서 있어 어딜 가도 만원"[222)]이라고 회고하고 있다. 9월 중에는 중국인들을 중심으로 "법 외의 만쥬(饅頭) 판매"[223)]가 이루어지는 모습을 보도하고 있다.

---

219) 도쿄는 도쿄역이 중앙역이지만 특이하게 우메다와 산노미야처럼 중앙역을 중심으로 한 대형 암시장의 사례가 없다. 그 이유로는 첫째, 도쿄에는 환승이 가능한 주요 거점역들이 많았고, 둘째, 도쿄역은 황거와 일직선으로 연결되어 있고, 셋째, GHQ의 본부가 황거 앞에 설치되었다는 점을 들 수 있다. 그 대신 도쿄역에서 가장 가까운 신바시역이 도쿄 최대급의 암시장으로 부상했다.

220) 兵庫県警察本部, 『兵庫県警察史〈昭和編〉』, 424쪽.

221) 『神戸新聞』, 1945년 8월 22일자.

222) 『日本商業通信』, 1948년 1월호.

223) 『神戸新聞』, 1945년 9월 17일자. 만쥬는 중국과 달리 일본에서는 달콤한 팥소를 넣은 화과자의 일종으로 변형된 것이다.

발생 초기부터 외국인, 그중에서도 중국계인들의 존재감이 현저했던 것이 특징이었다. 신문 보도에 따르면 재일조선인의 참여는 11월경부터 가시적이었던 것으로 보인다.[224] 1969년 암시장에 대한 회고 기사에서는 당시 상황이 다음처럼 언급되고 있다.

> 산노미야 역 남쪽으로 현재 산노미야 센터빌딩이 인접한 일등지인 쟌쟌시장은 통칭 쟌시라고 불린다. 그 시작은 전쟁 직후 혼란기였다. '……' 시내에 아직 전쟁의 흔적이 남아있을 때 장사에 눈을 돌린 조선, 대만, 중국인 등이 가장 빨리 국철 산노미야역에서 모토마치역까지의 고가 아래에 청공시장 암시장을 개설했다. 이를 중심으로 암시는 점점 늘어나 고가 밑을 점거, 산노미야역에서 고베역까지 2.5킬로 정도로 확대되었다. 이는 오사카의 도부이케와 우메다의 암시를 능가할 정도가 되었다.[225]

이 기사에서는 재일조선인을 비롯한 중국계인들의 역할이 주도적으로 나타난다. 도쿄와 오사카는 일본인이 형성한 암시장에 재일외국인이 유입되는 방식이었던 반면, 국제도시인 고베에서는 처음부터 외국인의 역할이 적극적이었던 것이 대비된다.

산노미야에서도 가장 주류를 이루었던 품목은 식품류였다. 경찰의 순찰에서 눈에 띈 것은 쌀, 보리 등의 주식, 과일, 쇠고기, 생선 등의 신선식품, 이를 가공한 빵, 튀김, 카레라이스, 볶음밥, 잡탕죽, 주먹밥 등이었다. 사탕을 비롯한 소주, 막걸리, 위스키 등의 주류 및 담배[226] 같은 진주군의 횡류물자도 거래되었다.[227] 패전 직후에는 특수 지위에 해당하

---

224) 村上上しほり・梅宮弘光, 「戦後神戸におけるヤミ市の形成と変容 –「三宮自由市場」の事例を中心に」, 『神戸大学大学院人間発達環境学研究科研究紀要』 4(2), 73쪽.

225) 『神戸新聞』, 1969년 9월 26일자.

226) 兵庫県警察本部, 『兵庫県警察史〈昭和編〉』, 417쪽.

227) 『神戸新聞』, 1969년 9월 26일자.

는 조선인, 대만·중국인 등은 진주군의 PX에서 물자 구입이 가능했다. 이들은 사탕, 소맥분, 일용잡화 등을 일본인과 별도로 사들여서 직영 암시에서 판매해 이익을 남길 수 있었다. 또한 일본인은 사용할 수 없었던 달러를 쓸 특권도 주어졌다.[228]

산노미야역과 모토마치 역 사이 고가 철도 아래 점포들이 들어서면서 10월에는 일본인 노점상 조직 신노카이(神農會)가 장소 사용료와 적정 가격을 제시하고 노점 관리를 시작했다.[229] 암시장은 성립 한 달 만에 경찰의 본격적 단속을 받게 될 정도로 그 규모가 급성장해서 경찰은 9월 말경부터 암시장을 단속할 의도를 보였다.[230] 당시 단속에 나섰던 효고 경찰은 "폐허가 된 산노미야에 보자기와 손잡이가 달린 통을 들고 나와 비교적 고가인 개당 5엔에 튀김만쥬를 파는 사람들이 등장"[231]한 것을 목격했다. 튀김만쥬는 금방 명물이 되었고 찐 고구마, 주먹밥 등의 주식 가공품도 인기를 끌었다. 시세보다 비싸게 파는 것은 가격 통제 위반이었으나 초기에는 구두로 경고하는 것에만 그쳤다. 고베는 외국인이 많은 도시였고, 아직 재류 외국인에 대한 처우가 정해지지 않아 경찰이 상황을 봐가면서 대응을 해야만 했다.[232]

고베가 단속 문제에 있어 타 지역보다 온건한 태도를 취했던 이유는 다음 두 가지로 분석된다. 첫째, 고베는 암시장을 도시 부흥의 원동력으로 파악했기 때문에 이를 말살하지 않고 건전한 방향으로 유도해야 한

---

228) 高祐二, 『在日コリアンの戦後史』, 99쪽.

229) 村上上しほり · 梅宮弘光, 「戦後神戸におけるヤミ市の形成と変容 –「三宮自由市場の事例を中心に」, 『神戸大学大学院人間発達環境学研究科研究紀要』 4(2), 73쪽. 神農會는 전통적인 데키야 조직이 사용하던 이름 중의 하나로 타 지역에서도 사용되었다. 고베에는 그 외에도 일본인 조직으로 松明會가 있었다.

230) 『神戸新聞』, 1945년 9월 22일자.

231) 兵庫県警察本部, 『兵庫県警察史〈昭和編〉』, 414쪽.

232) 村上上しほり · 梅宮弘光, 「戦後神戸におけるヤミ市の形成と変容 –「三宮自由市場」の事例を中心に」, 72쪽.

다는 것이 시 당국의 의견이었다.[233] 당시 현 지사 사이토는 12월 5일 현 회의에서 "암시장은 여러 문제가 있지만 자연적인 사회현상임을 인정하고 강경한 경찰행위는 하지 않을 방침"이라고 의회에서 답변했다.[234] 이는 타 지역, 특히 박멸을 내걸 정도로 강경한 이웃 도시 오사카의 단속 방침과 대비되는 입장이다. 둘째, '제3국인' 문제가 있었다. 암시장 초기 중국인은 전승국민으로 일본의 경찰력이 미치지 못했고, 조선인과 대만인에 대한 처우는 기본방침조차 나오지 않은 때였다. 산노미야의 암시장은 외국인 비중이 높았으므로 쉽게 단속에 착수할 수 없는 현실적인 문제가 있었다.[235]

이런 상황에서 오사카에서는 10월 중 대규모 일제단속이 행해졌다. 오사카의 단속이 엄중해지자 암시장 관련업자들은 가깝고 단속이 상대적으로 가벼운 고베로 유입되었다. 이웃 도시에서 고베로 유입되는 경향은 1946년 8월 암시대숙정 이후에도 동일하게 나타났다. 다만 고베가 상대적으로 온건한 정책을 펼쳤다고 해도, 암시장을 용인하는 것은 아니었다. 경제통제와 관련해 GHQ에서도 고베는 예의 주시했으므로 부정기적인 단속이 벌어졌고 11월 26일에는 대규모 검거 사태가 발생했다. 하지만 이날 결과는 "늙은 너구리 같은 암상인은 자취를 감추고, 초심자만이 걸려든"[236] 상황으로 종결되었다. 검거자는 284명이었고 이 중에서 61명이 유치되었다.

단속은 GHQ의 외국인 처우에 대한 지령이 떨어진지 얼마 되지 않았

---

233) 암시장의 단속 방침은 근절보다 사회·경제적 因由, 특히 전재도시의 사회적 요청을 충분히 고려하고 있다. 암시장이 각종 사회문제의 근원으로 언급되고 있지만 폐쇄보다는 적절한 지도 단속을 행할 것임을 밝히고 있다. 이 방침을 기초로 상권의 이전과 분리 등 현실적인 방안이 제시되었다.

234) 兵庫県警察本部, 『兵庫県警察史〈昭和編〉』, 418쪽.

235) 兵庫県警察本部, 『兵庫県警察史〈昭和編〉』, 417쪽.

236) 『神戸新聞』, 1945년 11월 27일자.

던 시기에 행해졌다. 하지만 일선 경찰들이 어느 정도 적극적으로 외국인 검거에 나섰는지는 판단하기 어렵다. 동원인력이나 노력에 비해 결과가 미미했기 때문에 시 차원에서는 이에 대한 후속조치를 서둘렀다. 산노미야를 전후 부흥의 상징으로 보면서도 이민족 사이의 갈등을 최소화하기 위한 방침으로 경찰은 다음과 같은 암시장 건전화 대책을 제시했다.

(1) 교통, 위생, 단속 등의 면을 고려해 적당한 지역을 지정해 이전시킨다.
(2) 신노카이, 노우회 등 기존의 업자단체에게 시켜 자치조직을 육성해 자주 통제시킨다.
(3) 노점의 음식점은 포장마차 또는 점포영업으로 전환시키도록 한다.
(4) 폭리행위는 엄중하게 단속해 가격표시를 하게 한다.
(5) 주요식량의 판매는 엄중하게 단속하지만 그 외 식료품은 탄력적으로 다룬다.[237)]

고베 경찰의 제안은 GHQ의 식료품 통제정책이 개정안으로 혼란을 겪고, 초기 지령이 막 발표된 시점이어서 여러 가지 절충안을 감안한 상황으로 보인다. 암시장 내 질서를 상인 조직의 자체 통제에 맡기는 것으로 유도하고, 경찰과 협력관계를 맺고자 하는 것은 도쿄, 오사카의 기본방침과 비슷하다. 우에노와 오사카의 경우, 1946년 일제 숙정 이후, 상인측의 요청에 의해서 지역 지정과 분리가 행해진 것이지만 고베는 행정당국이 먼저 문제점을 파악하고 선제적 조치를 취한 것으로 보인다. 주요식량을 제외한 식료품 단속에 유연성을 보인 것도 주목할 만하다. 암시장의 가장 중요한 물자는 주요식량과 가공식품으로 이런 방침은 일선 경찰의 단속 때 융통성을 발휘할 여지를 마련해 준 것이다.

그러나 이러한 방침을 내놓은 직후인 12월 4일, 노점 단속에 나선 경

237) 兵庫県警察本部, 『兵庫県警察史〈昭和編〉』, 418쪽.

관과 상인들 사이 충돌이 발생했고, 경관 5~6명이 중상을 입는 사건이 발생했다. 암시장에서의 충돌 문제를 해결하기 위해 12월 중 조련, 화교총회, 대만성민회, 일본 신노카이 등 각 민족과 상인회를 대표하는 단체의 간부 30여 명이 효고현 경찰부장실에 모여 간담회를 가졌다. 이 자리에는 GHQ측에서도 장교가 참석해 서로 의견을 개진했다.[238] 간담회에서는 경찰이 제시한 지역지정에 따라 장소를 이전하고 지역 구분을 하자는 안이 본격적으로 흐름을 타기 시작했다.

도쿄에서는 경찰이 일본인과 외국인 상인 사이에서 중재자로서의 역할이 분명하지 않았고, 오사카에서는 스즈키 경찰국장이 외국인에게 적대적이었으므로 원만한 해결을 지향한다고 볼 수는 없었다. 고베에서도 소소한 충돌 사건은 있었지만, 암시장 조직 결성에 초기부터 재일외국인에게 참여를 허용한 것은 차이점이라 하겠다. 그뿐만 아니라 '제3국인은 끼어들 여지가 없었던' 도쿄나 오사카와 달리 관에서 참여를 장려했다는 것도 다른 방식이다. 재일조선인은 가장 적극적으로 조직 결성에 나섰다.

재일조선인은 고베의 암시장에서 민족 단위로는 가장 먼저 조직 결성에 나서 회합 직후인 12월 말 조선인 자유상인연합회를 결성했다. 영향력이 높은 중국계 조직과 암시장 주도권을 쥐고 있는 일본인 조직은 이보다 늦게 결성되었다. 대만성민회는 조선인 조직결성 시기보다 늦은 1946년 5월 국제총상조를 결성해 암시장 주변 교통의 자주적 정리, 도로 청소, 실업자 구제, 위생 의무의 설비, 사업 알선 등을 행할 것을 결의하였다.[239]

이어서 6월 4일에는 일본인 조직으로 송명회 납세조합이 결성되었다. 조합에는 시의회 의원을 조합장으로 추대하고 부조합장에는 신노카이,

---

238) 『神戸新聞』, 1945년 12월 9일자.

239) 『神戸新聞』, 1946년 5월 15일자.

다이마츠카이 및 조선인자유상인연합회가 이름을 올리고 있다.[240] 국제총상조의 발족식에도 신노카이, 다이마츠카이 등의 일본 조직과 조선인연합회가 초청되었다. 즉, 조직 발족식에 다른 민족단체도 상호 초청하고 있는 것이다. 이는 상호 존재 인정과 임원 교차 임명 등 고베 암시장 관리의 특징을 반영하고 있다.[241] 1946년 중반까지도 산노미야 지구를 중심으로 한 "이렇다 할 상업조직이 없다"[242]고 한 것을 보면 이 지역에는 초기부터 민족 조직들 사이에 암묵적인 힘의 균형이 이루어져 있었던 것으로 보인다. 민간 차원의 노력도 있지만 그에 앞서서 관이 이러한 여건을 조성했던 점이 타 지역의 암시장 대책과 비교되는 점이다.

이와 비슷한 시기에 도쿄에서는 우에노 단속으로 재일조선인과 일본경찰의 충돌, 신바시와 시부야에서는 이권을 사이에 둔 일본인과 중국인의 충돌이 큰 사회적 문제가 되었다. 또한 이런 과정 중 총격전이 발생하고 경찰의 사망까지 초래하였다. 고베에서도 초기에는 몇 건의 경찰서 습격사건 등이 보고되고 있지만[243] 관 차원의 실질적인 대처방안은 타 지역처럼 극한 대치 상황으로 치닫는 상황을 방지해 주는 효과가 있었던 것으로 보인다.[244]

---

240) 『神戸新聞』, 1946년 6월 6일자.

241) 高祐二, 『在日コリアンの戦後史 : 神戸の闇市を駆け抜けた文東建の見果てぬ夢』, 100쪽. 대만총상조의 설립 이전인 4월에 조선인과 대만인 그룹 사이에 피스톨 난사 사건이 발생했다. 민족 단체의 상호 초청은 이런 사건을 방지하고자 한 노력이었을 것으로 보인다.

242) 『神戸新聞』, 1946년 5월 15일자.

243) 1945년 12월과 1946년 1월에 각각 재일조선인의 이쿠타서 습격 사건이 보고되었다. 그러나 12월 사건은 오카야마에서 발생한 집단강도사건, 1월 사건은 도박범 검거 문제와 연루된 것으로 용의자 탈취를 기도한 사건이었다. 후자는 굳이 따지자면 암시장에서 발생한 사건이지만 암시장 상행위에 대한 단속은 아니었다.

244) 고베가 암시장 문제에 대해서 타 지역에 비해 유연한 대처를 해온 것은 다른 연구에서도 나타난다. 그러나 1948년 비상사태선언까지 야기한 한신교육투쟁에서는 점령군의 의도가 많이 반영되었다고 할지라도 고베시의 '비관용적' 측면을 강하게 드러내고 있다. 암시장 대처 방식에는 여러 가지 정치, 경제적 계산이 내재되어 있지만 교육투쟁에서는 대처가 달랐다. 따라서 암시장에서의 방침만으로 고베시의 재일조선인 정책 전반

〈사진 10〉 고베에서 중앙역 기능을 하는 산노미야역

나. 국제시장의 건립

1945년 12월 말 재일조선인 상인들은 조련을 기반으로 조선인 자유상인연합회를 결성했다. 조직 결성 당일의 상황은 다음처럼 보도되었다.

날이 갈수록 점점 번성해지는 자유시장이 국제 동업자를 둘러싸고 자리 분쟁이 그치지 않는 것은 국제적으로도, 평화 일본 건설을 위해서도 좋은 것이 아니다. 통제, 규율이 있는 명랑한 자유시장을 건설하고자 전국에서 가장 앞서 조선인 자유상인연합회 결성식이 28일 오후 6시부터 고베 산노미야 극장에서 재 고베조선인자유상인 이백○십명이 참석한 채 거행되었다. 먼저 강령으로 국제상인간의 친교 · 동업자 간 발생하는 제 문제의 자치적 해결 ·

이 유화적이라고 판단하기는 어렵다.

점포 개량 위생설비의 철저·일치단결 상호부조를 내걸었다. 이제 자유를 획득한 우리는 가진 능력을 유감없이 발휘해서 대만성민회, 신농회 등과 손을 잡고 각자 그 권리를 존중, 보호하고 상호 친선해서 국제적 경제 사명 달성에 공헌하는데 힘을 더하자고 결의, 연합회장 문개문씨 외 위원 선임을 행하고 9시가 지나 산회했다.[245]

이 기사는 고베의 조선인 상인연합회가 '전국에서 가장 앞서' 결성되었다고 보도하였다. 이보다 앞선 10월에 도쿄에서는 재일본조선인상공회가 결성된 바 있다.[246] 하지만 도쿄의 경우, 제조업체 및 도소매 점포 경영자 위주의 조직이었고, 이 기사에서 언급하는 '자유상인' 은 암시장에서 활동하는 상인들에게 무게중심을 둔 것으로 여겨진다. 고베의 조선인들은 대규모 모임을 통해 강령 채택을 하고, 이를 대내외적으로 널리 공표하면서 시의 정책에 적극 호응하겠다는 자세를 천명한 것이다.

이 결성대회에는 2백수십 명[247]의 상인이 참석하였다. 이보다 한 달 후인 1946년 1월 고베시의 조사에 의하면 344명의 조선인이 시내 주요 암시장에서 영업하는 것으로 나타났는데[248] 결성대회에는 고베 시내 조선인 상인 절반 이상과 민족단체의 회원이 참여한 것으로 보인다. 이 연합회는 1946년, 암시 숙정 이후의 상업지역 이전 실시 과정에서 일본인과 중국인을 함께 아우르는 주도적 역할을 하였고, 1947년에는 고베조선인상업경제회로 개칭하였다.[249]

---

245) 『神戸新聞』, 1945년 12월 29일자.

246) 吳圭祥, 『在日朝鮮人企業活動形成史』, 雄山閣, 1992, 46쪽.

247) 열화로 인해 판독 불가능.

248) 神戸市 編, 『神戸市史〈社会文化編〉』 第三集, 54~57쪽. 조사에는 가쓰기야나 일시적 노점 참여자들이 포함되지 않았다.

249) 村上しほり·梅宮弘光, 「戦後神戸におけるヤミ市の形成と変容 –「三宮自由市場」の事例を中心に」, 74쪽. 한편 이 단체는 1973년 3월에 실시된 도시개발 사업 시기까지 그 영향력을 미친 것으로 알려져 있다.

그런데 이 대회를 앞두고 주목할 만한 재일 사회 내부의 흐름이 있었다. 재일조선인 사회에서 최초로 결성되었던 최대 민족단체인 조련은 결성 초기부터 부일 경력자들을 축출했다. 이에 조련의 좌파적 경향에 반대하는 청년 중심의 민족주의자, 반공주의자들이 반발, 탈퇴하면서 별도의 조직을 결성하였다. 도쿄에서는 11월에 이들을 중심으로 건청이 결성되고, 조련과 대립구도를 형성해 나갔다. 1945년 말에서 이듬해 1월 초까지는 신탁통치문제로 본국과 마찬가지로 재일조선인 내부에서 본격적인 분화가 가속화되었다. 조련과 건청은 1949년 조련이 강제해산되기 전까지 전 기간에 걸쳐서 상호 사상자까지 발생하는 치열한 투쟁을 벌였다. 그런데 고베의 건청은 타 지역과 그 발생부터 달랐다. 고베 조련과 건청의 관계에 대해서는 다음과 같은 보도를 참조할 수 있다.

> 조련은 종전 후 9월 14일에 전해건씨 등을 발기인 총대표로 하여 설립했다. 기구도 6부 18과로 세분되어 40명의 직원이 속해 있다. 가장 주목받는 것은 청년부로 20세 전후의 혈기왕성한 청년으로 자위대를 조직해 조선의 명예 보호를 위해 자국인의 암거래 단속과 헌병대에 협력해 조선인 재주자가 많은 지구에서 거리의 불량배를 적발해, 연맹의 첨병적 역할을 활발하게 하고 있다.[250]

기사에 등장한 청년부는 12월 15일 결성식을 가지고 고베 건청으로 분리된다. 건청은 조련의 공산주의 경향에 반대하는 청년 세력이 결집한 단체라는 것이 일반적 인식이지만 고베의 건청은 원래 조련의 청년부에서 분리된 것이었다.[251] 이런 까닭에 대립관계가 다른 지역보다는 상대적으로 늦게 시작된 편이다. 1946년 1월의 진주군 환영권투대회도

---

250) 『神戸新聞』, 1945년 12월 8일자.

251) 高祐二, 『在日コリアンの戦後史 : 神戸の闇市を駆け抜けた文東建の見果てぬ夢』, 29쪽.

주최는 건청, 후원은 조련과 조선인 자유상인연합회가 하고 있는 상황이었다.[252] 따라서 12월 28일의 자유상인연합회 발족식에는 이들 양 단체가 모두 비교적 우호적 분위기에서 참석했으리라고 여겨진다. 민족단체 문제에 대해서는 후술할 예정이다.

고무제조업체 운영으로 크게 성공한 문동건은 이 시기 고베 건청에서 활동하고, 조선인 자유상인연합회에서도 중요한 역할을 담당했다. 그는 우파 단체인 건청 소속이었지만 1948년 단정 수립에 반대해서 탈퇴했다. 그의 역할을 감안해 보면 초창기의 자유상인연합회는 건청 쪽 인사들의 활동이 상대적으로 부각되었을 것이다. 이들 단체의 갈등은 일반적으로 정치적 대립으로만 파악하고 있지만, 내용을 살펴보면 암시장에서의 쟁탈전이 큰 비중을 차지하고 있으며 건청 내부에서도 이권 다툼으로 분열상이 반복되었다. 이에 대해서는 다음 절에서 상술하고자 한다.

1946년 2~3월에는 예금봉쇄와 신엔 교환 등 신경제정책, 물가통제령 등 암시장에 큰 변화를 야기한 정책들이 이어졌다. 타 지역에 비해 비교적 암시장에 유연한 자세를 보였던 고베에서도 내무성 통달에 따라 4월 15일 첫 번째 일제 단속이 행해졌다. 이날 검거자는 일본인 79명, 조선인 35명, 대만인 12명, 중국인 5명이었다.[253] 대만성민회의 국제총상조와 일본인 상인연합회가 이 단속 이후에 결성되었던 것은 고베시의 입장 변화와도 일정한 상관 관계가 있었을 것이다.

1946년 8월 1일에 예고된 암시장 폐쇄가 전국적으로 실시되었다. 도쿄를 비롯해 스즈키 국장의 강력한 의지가 반영된 오사카는 폐쇄 조치

---

252) 高祐二,『在日コリアンの戦後史 : 神戸の闇市を駆け抜けた文東建の見果てぬ夢』, 28~29쪽.

253) 兵庫県警察本部,『兵庫県警察史〈昭和編〉』, 420쪽. 이 시기는 재일조선인의 지위 및 형사재판권에 따른 처벌 권한이 일본 측에 있다는 정책이 분명해졌으나 고베의 단속 현황이 이를 반영하고 있는지는 불분명하다. 다만 조선인보다 유리한 지위에 있던 중국계인들의 검거율이 높은 것을 보아 신경제 정책 수립 이후, 암시장 단속을 보다 강화할 것이라는 점령군과 일본 당국의 의지가 반영되었을 가능성이 높다.

며칠 전부터 삼엄한 분위기를 형성했고, 숙정 당일에는 시장이 매우 한산한 모습을 보였다. 그러나 고베는 숙정에 대해 외국인이 많다는 특수 사정을 내세우며 즉각적인 폐쇄를 단행하지 않고 유예조처를 취했다.[254] 그러자 "암시장이 없어도 아사할 리가 없다"는 스즈키 오사카 경찰국장의 호언장담과 달리 부족한 배급을 암시장에서 보충하면서 살았던 오사카의 시민들이 고베로 몰려오는 상황이 발생했다. 교토 사람들까지 몰려들어 가이다시 인파가 매일 2~3천 명씩 쇄도했다.[255] 오사카와 교토의 시민이 밀려든 고베에서는 밀조주까지 공공연히 판매되는 상황이었다.[256]

내무성이 암시 숙정을 전후해 비교한 노점 출점수를 보면 오사카나 도쿄가 전성기에 비해 몇 분의 일 수준으로 축소된데 비해서 고베는 500개소 정도만 감소된 추세였다.[257] 이런 상황에 대해서 오사카부는 내무대신 앞으로 "효고현의 암시장 존속은 폐쇄를 단행한 오사카, 교토에 악영향을 미친다. 사태가 아직 험악, 불안하므로 정부의 격단의 조치가 필요하다"[258]는 취지의 의견서를 보내기도 할 정도로 인접한 두 도시는 대조되는 암시장 정책을 펼쳤다.

그러나 암시장 단속에 대해 근본적으로 반대하지 않았던 고베시 당국은 8월 13일, 재일조선인을 포함한 각 민족 조합 대표 등 일곱 단체 대표를 경찰본부로 불러 단속 방침에 대해 설명하고 대표들로부터 요망사항을 들었다.[259] 조선과 대만 대표는 이후 여러 번에 걸쳐 회합을 가지

---

254) 高祐二, 『在日コリアンの戦後史 : 神戸の闇市を駆け抜けた文東建の見果てぬ夢』, 99쪽. 암시폐쇄령이 전해지자 7월말에 300여 명의 노점상인들이 관할서인 이쿠타서로 몰려와서 항의를 벌이는 일도 있었다.

255) 大阪・焼跡闇市を記録する会, 『大阪・焼跡闇市 ―かって若かった父や母たちの青春』, 64쪽.

256) 『商店界』, 1946년 9・10월호

257) 大河内一男 編, 「戦後における露店市場」, 『戦後社会の実態分析』, 日本評論社, 1950, 248쪽.

258) 兵庫県警察本部, 『兵庫県警察史〈昭和編〉』, 424쪽.

고 경찰의 철거 요청과 장소 이전에 대해 동의했다.[260] 암시 숙정일로부터 철거 이전에 관한 합의는 20여 일 이내에 이루어진 것으로 진척 속도가 매우 빨랐다. 우에노와 츠루하시가 각각 1947년 초반에 조선인 비중이 큰 상가가 형성된 것에 비해서 산노미야가 이보다 이른 시기에 가능했던 것은 이런 배경이 있었던 것이다.

도쿄와 오사카도 재일조선인의 상권이 분리되어 나올 무렵, 당국 관계자들이 직접 나서서 토지확보 중재와 알선을 해주었다. 하지만 이들 지역의 상권분리는 '골칫거리'인 외국인 상권을 일본인 지역으로부터 분리하려는 후속 조치적 경향이 강했다. 반면, 고베는 암시장 발생 초기부터 시 당국의 고위 관계자들이 직접 개입함으로써 정책적으로 비교적 일관성이 있었고, 각 상인대표 및 민족 단체들이 동석하며 잦은 협의회를 가진 결과로 빠른 진행이 가능했던 것이다. 효고현 조선인자유상인연합회의 임원으로 활동했던 김찬동은 이전 당시를 다음처럼 회고했다.

> 철거에 대해서 노천상들이 맹렬하게 반대할 뿐만 아니라 이전장소를 찾는 게 큰 고민이었다. 당시 전재도시에서는 토지를 임의대로 사용할 수 있는 전시이재 토지물건령이 아직 유효했다. 그래서 어디에나 건설해도 괜찮았지만 후에 분쟁이 생길 것이 뻔히 보였다. 겨우 발견한 쥬오구 구모이(雲井) 도리와 아사히 도리 2곳에서 대부분의 지주는 차지에 동의해 주었지만 소유자를 모르는 토지도 있었다. 현 경찰부와 고베시 전재부흥본부의 미야자키 타츠오 정지과장[261]에게 불명지주의 소재지를 알아내고 그만큼의 이전지를 확보했다.[262]

259) 『神戸新聞』, 1946년 8월 14일자.
260) 『神戸新聞』, 1946년 8월 20일, 21일자.
261) 高祐二, 『在日コリアンの戦後史 : 神戸の闇市を駆け抜けた文東建の見果てぬ夢』, 101쪽. 실무를 담당했던 그는 훗날 고베시장이 되어 고베의 대표적인 개발 사업을 추진했다. 암시장 개발과 정리의 경험이 사업에 참고가 되었을 것으로 보인다.
262) 高祐二, 『在日コリアンの戦後史 : 神戸の闇市を駆け抜けた文東建の見果てぬ夢』, 101쪽.

조선인 연합회는 효고현 경찰부장으로부터 판매허가를 얻어 산노미야 역 인근의 구모이 도리 6쵸메와 아사히 도리 4쵸메 일대 600여 평을 1946년 9월부터 2년간 사용할 수 있었다. 조속한 시일 내에 이전이 결정되었으므로 급조된 상가 건물이 들어섰다. 새로 조성된 산노미야 마켓은 흙바닥 위에 합판으로 칸막이를 만들고, 슬레이트 지붕을 얹은 가건물이었다. 각 점포당 상자만한 크기의 한칸 반 정도가 기본으로 배정되었다.[263] 산노미야에서 퇴거하기로 예정된 인원 1,200명 중 약 700명이 넘는 이들이 새로운 장소로 이전할 의향을 밝혔고, 점포수는 650여 개에 달했다.[264] 노점상의 이전과 상가 형성은 재일조선인 조직이 적극적으로 주도하였지만 산노미야 마켓의 임차인은 "조선인 6할, 일본인 3할, 나머지가 중국인, 대만인, 백계러시아인, 터키인, 이태리인, 그리스인" 등이 혼재되어 있는 실질적인 국제마켓이었다.

재일조선인이 절반 이상을 차지하는 구모이 도리 일대 국제마켓의 주요 취급 상품은 고무제품이었다. 이 마켓에서는 지카다비, 고무장화, 자전거 리어카 타이어, 튜브 등 재일조선인 고무공업체가 생산한 제품을 주로 취급했다. 김찬동은 "고무제품은 통제품목이라서 자유판매는 당연히 위반이었다. 그래서 군정부에 어떻게든 판매허가를 좀 내달라고 교섭했다. 군정부와 현 정부도 암시철거는 단행했지만 상인의 생업까지 빼앗으려는 것은 아니었다. 그래서 전전(戰前)에 생산된 제품의 재고를 판다는 명목으로 판매허가증을 내주었다"[265]고 회고했다.

1947년 2월 무렵에는 30% 정도가 마켓으로 수용되고, 20% 정도는 산노미야와 모토마치 사이에 본격적인 점포를 개점하게 되었다.[266] 그런

263) 高祐二, 『在日コリアンの戦後史 : 神戸の闇市を駆け抜けた文東建の見果てぬ夢』, 102쪽.
264) 『神戸新聞』, 1946년 8월 14일자.
265) 高祐二, 『在日コリアンの戦後史 : 神戸の闇市を駆け抜けた文東建の見果てぬ夢』, 102쪽.
266) 兵庫県警察本部, 『兵庫県警察史〈昭和編〉』, 424쪽.

데 판매허가는 2년짜리로 1948년에 종료되기 때문에 2년이 지나면 다시 단속 문제와 마주해야 했다. 뿐만 아니라 1949년 닷지라인이 발표되자 재일조선인 고무공업계는 큰 타격을 받았고, 이듬해인 1950년에는 고무제품의 통제가 종료되어 전·폐업이 증가했다. 제조업의 감소는 판매업으로 이어져 재일조선인 중심의 고무산업은 현저하게 축소되었다. 단속이 아니더라도 산업 구조의 변화에 따라 시장의 주요 취급상품도 변하게 되었다. 아사히 도리 쪽의 국제마켓은 완구류와 과자류에 더 비중을 둔 도매점 중심이 되었다.[267] 국제마켓 인근에는 재일조선인 요식업체들이 집중되어 호루몬 구이, 간이식당 및 막걸리와 소주를 판매하는 술집이 많았다.[268] 최전성기에는 1,500 점포가 있었다고 알려진 산노미야 암시장은 재일조선인이 주도한 상가 분리로 인해 새롭게 정비되었다.

2. 갈등 발상지로서의 암시장

1) 치안 · 단속 문제와 재일조선인관

가. 암시장 단속

여러 차례 언급한 것처럼 암시장 발생 초기에는 단속에 대한 뚜렷한 원칙이 없었다. 생산과 유통 체계가 와해된 상황에서 주요 역을 중심으로 복원군인의 소지품, 도시 인근 농가의 식량이 물물교환되는 형태의

267) 村上上しほり · 梅宮弘光, 「戦後神戸におけるヤミ市の形成と変容 —「三宮自由市場の事例を中心に」, 76쪽.

268) 高祐二, 『在日コリアンの戦後史 : 神戸の闇市を駆け抜けた文東建の見果てぬ夢』, 103~105쪽. 재일조선인의 주요 상업지역 인근에 주거지도 함께 조성되었다. 도시 개발 이전까지만 해도 고베 시내 한가운데 재일조선인의 양돈업이 성행해 시장에서 나온 잔반을 사료로 활용했다.

상거래로 자연발생한 곳이 많았고, 이를 단속할 만한 공적 기구가 제대로 작동하지 못했기 때문이다. 최초의 암시장 개설자 오즈는 1945년 3월 도쿄 대공습 때 진재처리를 위해 적극적으로 활동한 전력이 있기 때문에 단속 주체인 행정부서와 우호적인 관계를 유지했다. 이런 공적을 인정받아 인근 경찰처, 경시청, 도쿄도청 등으로부터 양해를 얻어 영업이 가능했다. 암시장 개설 2개월 만에 도쿄 노점조합을 결성해 표면적으로 경찰과 협조관계를 형성했다. 대도시의 치안담당자들도 원칙적으로 단속은 하되 무리한 방식은 피하겠다는 것이 1946년 초까지의 방침이었다. 그러나 1946년 신경제정책의 수립과 함께 암시장 단속도 본격적으로 강화되기 시작했다. 단속을 기본방침으로 설정하더라도 오사카의 경우처럼 전면 폐쇄를 내거는 지역이 있는가 하면 고베처럼 유예기간을 두고 온건한 해결책을 모색하려는 지역이 있는 등 시기별, 지역별로 그 양상이 차이를 보였다.

재일조선인의 법적 지위를 처음으로 언급한 초기지령에 나타난 '해방민족'이라는 표현은 '치외법권'적 존재라는 의미로 인식되었다. 암시장이 8~9월경부터 시작되었고, 일본인조차 단속하기가 쉽지 않은 상황에서 '치외법권'의 재일외국인은 단속하기 더욱 어려웠다. 초기 단속 사례들에서 보듯이 비무장 상태인 경찰은 무장한 암시장 조직원을 검거하지 않고, 주로 노약자, 부녀자 등의 약소한 일반인 중심으로 검거 실적을 올렸다. 1945년 10월 초부터 일본은 경찰력 무장 증강을 요청했으나 총사령부는 현 시점에서 필요가 없다고 하여 거부했다.[269] 그러나 결국 이듬해인 1946년 1월 16일 총사령부는 경찰의 무장을 허용해 주었다.[270]

---

269) G 091.1(Oct, 11, 1945) DCSO, Subj.: Memorandum for Imperial Japanese Government Proposal to Increase Domestic Police Force.

270) AG 014.12(Jan 16, 1946) GC, Subj.: Memorandum for Imperial Japanese Government Armament of Police Forces in Japan.

GHQ는 일본 경찰의 비민주적이고 권위적인 태도가 교정되지 않는 한 무장을 용인하지 않으려 했지만 3~4개월 사이 사회 안전 문제가 심각한 상황이 되었다고 여겼던 것 같다.

공식적인 경찰 무장이 허용되기 이전 암시장 취급과 치안에 대한 다카노 경시총감의 발언은 무장을 염두에 둔 매우 강경한 입장이었다. 그는 "도민 편의를 위해 어느 정도의 노점상은 대범하게 봐주고 있다. 그러나 노점상이 번성하고 가격은 높아져 일반 대중도 너무 심하다고 여론이 움직이기 시작했다. 이에 나는 손을 써야 할 때라고 판단했다. 특히 식료품 단속은 철저함을 기하려 한다. 새로운 법규를 만들고 최악의 경우 치안유지를 위한 강권을 발휘해야 할 것이다. 경찰관의 무력강화를 위해 맥아더 사령부에 이를 신청했다. 특히 집단적 불법행위에는 단호하게 대처할 것"[271]이라는 취지를 밝혔다. 경찰 무장의 주요 이유로 암시장 문제를 내세운 것이다.

재일조선인 단속에 대한 법적 효력 발생은 1946년 2월 19일 「형사재판 관할에 관한 총사령부 각서」,[272] 「조선인 및 다른 특정국인에 대한 판결의 심사에 관한 총사령부 각서」[273] 등에서 조선인에 대한 형사재판 관할이 결정된 이후부터였다. 이어서 발표되는 일련의 정책들에는 재일조선인에 대한 규제가 보다 구체적으로 나타나고 있다. 1946년 3월 3일 칙령 제118호로 발한 「물가통제령」에서는 암시장 단속에 일본인은 물론, 재일조선인 및 대만인들에게 엄격한 기준을 적용할 것을 밝히고 있다. 이어서 4월 「철도 이용의 대만인 및 조선인의 단속에 관한 총사령부 각서」,[274] 「조선인의 불법행위에 관한 각서」[275] 등에서 일본 정부의 조

---

271) 『朝日新聞』, 1946년 1월 6일자.

272) SCAPIN- 756 (Feb. 19, 1946): Exercise of Criminal Jurisdiction.

273) SCAPIN- 757(Feb. 19,1946): Review of Sentences Imposed upon Koreans and Certain Other Nationals.

선인 단속의 권한을 다시 확인하였다. 그 내용은 다음과 같았다.

> 일본 정부는 일본의 철도를 이용하는 대만인 및 조선인을 단속할 완전한 권리를 가진다. 이 권한은 46년 2월 19일자의 총사령부 각서 「형사재판관할」 및 「조선인 및 다른 특정국인에 대한 판결의 심사」에 규정되어 있는 제한에 따른다.

철도 통제는 외국인과 암시 단속을 동시에 실시할 수 있는 방법이기도 했다. 내무성 경보국은 3월 25일부터 20일간에 걸쳐 조선인과 대만인에 대한 전면적 특별단속을 실시했다.[276] 재일조선인 내부에서도 자성의 목소리가 대두되었을 만큼 해방 직후부터 재일조선인의 집단행동은 잦은 편이었다. 이는 '해방민족'이라는 자긍심의 과도한 발로, 식민지 압제에 대한 보복심리, 치열한 생존경쟁 등이 복합적으로 맞물린 것이었다. 이를 제압할 경찰도 이 시기에는 무력했으므로 조선인의 지위규정, 법적 처리까지 결정된 1946년 초반 이후에도 유사한 사례들은 이어졌다.

해방 직후부터 1945년 연말까지 조선인의 불법행위로 보고된 것은 총 36건으로 '퇴직위로금부당요구'와 '귀환 문제를 둘러싼 불온행위'가 가장 많았다. 그러나 이런 행동의 근본적인 원인은 일본 식민 지배의 처리에 있었다. 일본의 전격적인 패배 선언으로 인해 강제연행되었던 재일조선인은 귀환 여비를 위해 미지급 급여를 요구하였다. 하지만 패전 이후의 일본 기업으로부터 이를 순탄하게 받아내기 어려웠기 때문에 물리력을 앞세운 집단행동에 나선 것이다. 여기에 강제 연행되어 정신적·신체적 학대를 받았던 노동자들이 직접 가해 당사자였던 일본 담당자를 공격하

---

274) SCAPIN-912-A (Apr. 4, 1946) : Control of Formosans and Koreans Using Railways.

275) SCAPIN-1111-A (Apr. 30, 1946) : Misconducts Committed by Koreans.

276) 内藤正中 著, 『日本海地域の在日朝鮮人 : 在日朝鮮人の地域研究』, 多賀出版, 1989, 172쪽.

기도 했다.

조련의 귀국사업 수행도 점령당국과 일본 정부 관점에서는 '불온행위'에 해당하였을 것이다. 조련은 조선인의 귀환과 송출업무를 잠정적으로 위임받아 정부기관을 대신해 이를 진행하였다. 피지배자 신분에서 급격한 정치적 권력 이동을 경험한 일부 청년층이 민족단체의 이름을 내걸고 과도하게 집단행동이나 호가호위한 것도 이런 배경이 있었던 것이다.

재일조선인 사회 내부에서도 이런 일탈에 대한 우려의 목소리는 지속적으로 제기되었다. 『民衆新聞』은 사설을 통해 "해방된 국민으로서 자존심과 자제심을 가질 것"을 당부하면서 "사소한 감정으로 일본인을 모욕하거나 독립국민으로서 체면을 버리고 개인 혹은 단체의 명의로 부정한 행위를 하는 불량한 자들이 있다면 타인의 법제의 제재를 통해서, 동포들 자신이 엄정한 제재를 가해서 바른 길로 지도해야 할 것"[277]이라고 조선인들의 폭력적 집단행동에 대해 경고하였다.

가쓰기야의 사례에서 보이듯이 '가이다시 부대'라는 집단으로 결속되어 조직적으로 열차를 점거하고, 열차 증결을 요구하는 경우도 보고되었다.[278] 1946년 불법행위로 보고된 건 중에서 가장 높은 비중을 차지한 것은 '관공서에 대한 부당요구'와 '철도수송 위반'이었다.[279] 내용을 살펴보면 해방된 식민지 국민으로서의 권리요구이자, 패전 이후 생존권 집단 자구책에 대한 요구지만 일본 정부와 점령군의 입장에서는 치안을 위협하는 것이었다.

재일조선인에 대해 법적 방침이 정해지자 검거 건수도 증가했다.

---

277) 『民衆新聞』, 1946년 7월 1일자.

278) 金太基, 『戰後日本政治と在日朝鮮人問題 : SCAPの對在日朝鮮人政策 1945-1952年』, 勁草書房, 1997, 205쪽. GHQ와 지방 경찰국 차원의 보고 및 김태기가 1995년 어당을 만나 인터뷰한 내용에서도 이러한 사례는 발견된다.

279) 최영호, 「조선인 노무자 미수금 문제와 조련의 예탁활동」, 『동북아역사논총』 45호, 2014, 11~13쪽.

1946년 상반기부터 암시장과 조선인의 활동을 치안 교란의 인자로 지목하는 경향성이 가시화되었다. 그 첫 번째 사례가 나가사키 사건이었다. 1946년 5월 16일 나가사키 암시장 단속에서 조선인 30명, 일본인 백수십 명, 화교 10명 등이 검거되었다. 조련 나가사키 본부 임원은 이들의 즉시 석방을 요구했으나 거절당했다. 여기에 항의를 하기 위해 몰려온 화교들과 합세해서 약 200여 명의 조선인이 나가사키서에 투석을 하고 인근 파출소를 습격했다. 이 사건은 법무부 특별심사국에 의해 조련의 폭력주의적 활동 중 최초 케이스로 언급되고 있다.[280]

6월에는 「조선인 등의 불법행위 단속에 관한 건」을 내고 ① 식량 사정의 궁박화에 따른 집단의 위력을 보여주며 객차를 불법으로 점거하고 대량의 암거래 쌀을 운반하는 철도수송에서의 불법행위, ② 조련 등의 각종 단체에 의한 정부의 계획수송 방해 행위의 단속, ③ 암시장을 둘러싼 불법행위의 단속, ④ 밀입국자 단속 등 네 가지 항목을 특별히 지시하였다.[281] 이 조치만 본다면 조선인 불법행위의 근거는 암시장, 조련, 밀입국자를 통해 주로 발생하는 것이었다.

이러한 일련의 조치들 이후에는 조선인 단속의 사례가 본격적으로 보고되고 있다. 6월에는 히로시마에서 쌀 가쓰기야를 하던 조선인 여성을 검거하고 암거래 물자 수색을 이유로 전 동포의 가택수사를 자행했다.[282] 히로시마에서는 이듬해인 1947년 10월에도 유사한 사건이 발생했다. 무장경관과 미군 헌병 500여 명이 암거래, 밀조주, 밀조엿을 단속한다는 구실로 히로시마 현 내 600백여 호를 불법수사하고 250만 엔의 물자를 압수해 간 것이다.[283] 조선인만을 표적수사하지 않는다는 인상

---

280) 鄭榮桓, 『朝鮮獨立への隘路 : 在日朝鮮人の解放五年史』, 17~18쪽.
281) 内藤正中, 『日本海地域の在日朝鮮人 : 在日朝鮮人の地域研究』, 172쪽.
282) 朴慶植, 「解放直後の在日朝鮮人運動 2」, 80쪽.
283) 『朝聯中央時報』, 1947년 11월 4일자.

을 주기 위해 일본인 가택수사도 행했으나 오히려 그들에게서 은닉물자가 많이 발견되는 예상 못한 상황이 벌어졌다. 이 사건은 큰 파장을 일으켜 내무성 경보국 공안 제1과장은 사죄를 표명하고 히로시마현 경찰부장은 면관이 되는 것으로 마무리 지었다.

그러나 일본의 관헌이 책임을 인정하는 이런 사례는 흔하지 않았다. 일본 공권력과 재일조선인의 충돌은 대다수가 집단 검거로 마무리되었고, 일본인에 비해 공무집행방해죄로 처벌되는 비율이 높았다.[284] 정치적 집회의 저항 행동은 물론 암시장 단속의 집단행동도 공무집행방해에 해당했다.

정치인이나 권력자보다 앞서 언론은 재일조선인에 대해 부정적인 견해를 표출하기 시작했다. 철도 단속 보도에서 애매한 표현을 구사하던 언론은 암시장 단속과 관련해 재일조선인과 공권력의 충돌이 증가하자 다음과 같은 사설을 통해 일본 사회에 '협력'할 것을 요구했다.

> 〈조선인의 취급에 대해〉
>
> 일본 통치하에 있던 조선이 전쟁 중 우리의 전력증강을 위해 무수히 많은 희생을 치른 것과 내지에 재류하던 그들이 군수생산 부문에 팽대한 노동력을 제공한 것에 대해 우리는 감사하게 여긴다. 그러나 종전 후의 생활태도에 대해서는 솔직히 말해 일본인의 감정을 불필요하게 자극하는 것이 적지 않았다. 예를 들어 일부의 사람들이지만 암시장에 뿌리를 내리고 물자를 유통시키고 물가를 교란시키는 것이다. 조선인은 정부 통제의 권외에 있는 자들로서 스스로 생활보호에만 급한 나머지 정부의 식량, 물가 정책 등에 나쁜 영향을 끼치는 것은 부정할 수 없다. 앞으로 수가 줄어도 또 잔류 조선인의 생활이 여전히 정부 정책 수행에 영향을 가진다는 것은 부정하기 어렵

[284] 高橋正己, 「外国人(特に朝鮮人)の犯罪」, 『本邦戦時・戦後の犯罪現象 第1編』, 法務大臣官房調査課, 1954, 264쪽. 해방 직후부터 3년간 재일조선인의 공무집행방해죄는 일본인의 69배로 집계되고 있다. 이는 일본인에 비해 가장 비율이 높은 범죄가 되었다.

> 다. 맥아더 사령부의 의향으로서는 잔류하는 조선인은 우리 경찰권의 행사를 거부하는 것이 불가능하게 되었다. 그러나 일본의 경찰당국은 개개 사건의 경우에는 조선인에 대해서 힘을 충분히 발휘할 수 없는 현상이다. 그 결과 때로는 이 조선인들의 행동이 전쟁 중 융화하고 있던 일선인간의 감정을 소원하게 만드는 것은 슬픈 일이다. 우리는 잔류 조선인이 일본의 재건도상의 곤란을 이해하고 이에 협력할 것을 기대해 마지않는다.[285)]

이 사설은 암시장에서의 일본인의 존재는 논외로 두고, 재일조선인의 역할만 강조함으로써 향후 속출하는 정치인들의 재일조선인 관련 비방에 기본 논리를 제공한 격이 되었다. 암시장은 일본의 패전으로 인해 발생한 경제 현상으로 그 시작과 전개 과정을 보더라도 주체는 명백하게 일본인이었다. 재일조선인이 귀국의사가 있어도 여의치 않아 일본에 잔류하게 된 상황에서 일본인과 마찬가지로 생계를 위해 암시장으로 유입된 인과관계는 무시한 채, '일부 조선인'에 의해 부각된 몇 가지 사실만으로 경제교란의 책임을 묻고 있는 것이다.

사설 발표 당시 일본에 잔류하고 있던 60여만 명의 재일조선인 남녀노소, 병약자 모두가 암시장에서 일을 한다고 가정해도 그 숫자가 일본인 암시장 종사자보다 많을 수는 없다. 사설에서도 인정하듯이 '일부의 사람'들이 나쁜 영향을 끼치는 것이고, 그 논리는 일본인에게도 마찬가지로 성립된다. '스스로 생활보호에만 급한 나머지 정부의 식량, 물가 정책 등에 나쁜 영향을 끼치는' 것은 일본 사회 전체가 함께 맞물려 있는 현상으로 일부 조선인에게만 그 책임을 추궁할 수 없었다. 이런 상황을 제공한 장본인은 무리한 전쟁을 수행하고, 패전으로 몰락한 일본 정부로 비난은 그들에게 향해야 하는 것이었다.

---

285) 『朝日新聞』, 1946년 7월 13일자.

이 사설은 암시장 범람에 대한 상황분석보다 “솔직히 말해 일본인의 감정을 불필요하게 자극하는 것이 적지 않았다”는 표현에서 그 본디 의도가 나타난다. 사설 마지막 문장의 ‘국가시책’에 따를 것을 요구하는 표현에는 식민지 지배자 의식이 고스란히 담겨 있다. 재일조선인 측에서는 보낸 즉각적인 반박은 다음처럼 독자투고란에 게재되었다.

> 우리가 스스로 일본의 침략전쟁에 대해서 희생을 치르고 노력을 제공해 전쟁에 협력했다고 그들은 칭찬을 해주는 것인가? 반성이 전혀 없는 관점으로 그와는 전혀 반대이다. ‘……’ 조선인 모두가 선량하다 할 수 없지만 패전 후 일본인 제군은 우리에 대해 따뜻한 말 한마디 해 주었는가? 해방되었다고 축하의 말 한마디 했는가? 정부조차 속죄의 말 한마디 하지 않았다. 그뿐인가? **생활의 활로도 주어지지 않고 구제 대책이라도 세웠는가? 오히려 기성의 사실 한두 가지를 과대 선전해서 여전히 탄압뿐**이라고 나는 단언한다.[286]

투고자는 건청 발기자 중 한 사람인 서종실이었다. 한 개인이 아닌 재일조선인 사회의 의견을 대표하는 것으로 볼 수 있다. 앞서 『民衆新聞』에서 강한 논조로 재일조선인 사회의 자성과 자제를 당부한 것처럼 서종실도 재일조선인 ‘모두가 선량하지는 않다’고 재일조선인의 문제점을 인정하고 있다. 하지만 재일조선인의 그러한 상황과 행동을 초래한 일본 제국주의 정부와 ‘한두 가지를 과대 선전해서 탄압’의 구실로 삼으려는 논조는 강하게 비판하고 있다.

본질적인 문제는 전쟁을 수행하고, 패전을 초래한 일본 정부에게 있지만 악화된 경제 사정의 중심으로 조선인을 편입시켜 ‘융화하고 있던 일선인간의 감정을 소원하게 만드는’ 존재라며 책임전가를 하고 있는 것

---

286) 『朝日新聞』, 1946년 7월 14일자.

이다. 이로부터 2년 후 동포언론의 사설을 보면 일본 사회가 여전히 경제와 사회 문제를 재일조선인에게 전가하려는 경향성을 볼 수 있다.

> 인플레 극복문제는 노점상과 중소상업자의 암거래 단속만으로 해결될 리가 없고 통화의 유통 상황과 물자 전체의 공급여하에 의해 결정되는 것이다. 따라서 국민경제 전체에 대한 종합정책이 아니라면 근본 해결은 안 된다. <u>상식적으로 생각해도 일본에 재류하는 소수의 제3국인이 일본의 경제계를 좌우할 수가 없지 않은가? 이런 무책임한 악선전은 양국민의 친선을 파괴하려는 것으로 일본의 재건에 협력하는 우리를 전부 제외하려는 것이다.</u> 조선인 중에 무분별한 자가 없다는 것이 아니다. 어느 나라라도 반드시 그런 이들은 있다. 그렇다고 해도 이것을 침소봉대해서 선전하고 자기책임을 이에 전가하려는 것은 언어도단이라 할 것이다. '……'
>
> 법률은 절대로 지켜야 하지만 굶어죽을 지경이라는 것에 문제가 있다. 가이다시 부대가 전국의 열차와 전차, 버스를 점령하는 것은 이유 없이는 말할 수 없다. '……' 그런가 하면 나는 암시를 인정하자는 것이 아니다. 생산에 대한 강력한 정책이 없는 한, 헛되이 법의 강권을 남발하고 탄압만을 강행하는 것은 마치 한쪽 바퀴의 수레에 짐을 얹은 것과 마찬가지다. '……'
>
> 최근 일본 정부 당국자가 고의로 '조선인은 일본의 법률에 따라야만 한다'고 강조하는 그 진의가 어디에 있는지 우리는 잘 알고 있다. <u>우리가 일본의 법률 적용을 받는 이상 일본의 헌법이 보증하는 모든 기본적 인권이 우리에게도 있다는 것을 알아야 한다.</u> 우리는 이후 한층 일본 법률 및 그 운영에 대해 엄중한 감시를 게을리 하지 않을 것이다.[287]

이 기사도 재일조선인 중 '무분별한 자'가 있음을 인정하고 있다. 하지만 암시장의 지속은 정부의 무능력과 경찰의 과도한 단속, 법률의 부적합성이 복합적으로 작용하는 결과임을 지적하고, 재일조선인의 문제를 침소봉대하고 책임을 전가하는 일본 측의 태도에 대해서 강한 어조로

287) 『商業タイムズ』, 1948년 5월호.

비판하고 있다. 일본 당국이 주장하는 법치주의의 진의가 편파적으로 작용했고, 그런 점을 묵과하지 않겠다는 의사를 강력하게 피력하고 있는 것이다.

일본 정부의 경제정책 문제는 일본 언론에서도 "관료는 통제 경제를 탁상 플랜에 의해 만들어 내고 이를 국민경제로 강압하고 있다. 그러나 경제는 유기적 활동으로 물이 아래로 흐르듯 자연 법칙으로 움직이는 것이다. 이를 거스르는 통제는 될 수 없다"[288)]고 지적하고 있다. 패전 이후 경제와 사회 전반의 문제는 일부 재일조선인이 좌지우지할 수 없는 구조임에도 불구하고, 일본 사회는 꾸준하게 이를 재일조선인의 문제로 몰아갔던 것이다.

'국가 재건'과 '치안'을 내세우며 암시장 박멸에 앞장섰던 오사카의 경찰국장 스즈키처럼 경찰의 입장에서는 '국책'에 역행하는 대표적인 장소가 암시장이었다. 『朝日新聞』의 사설이 작성된 1946년 7월에는 사설에서 주장하는 것처럼 조선인이 '정부의 권외에 있는 자'들이 아니었다. 원칙적으로 일본 경찰은 점령군에 의해 '완전한 단속'을 보장받은 입장이었다. 암시장 대숙정을 앞두고 7월 18일 나고야에서 개최된 6대 도시 방범과장 회의에서 "종래의 단속은 악덕 일본인만을 대상으로 했지만 앞으로는 당국의 방침에 반하는 모든 세력을 단속 대상으로 할 것"[289)] 이라는 방침을 내렸다.

도쿄 헌병 사령부는 7월 20일 신바시역과 시부야역, 8월 9일에는 우에노와 오카치마치 사이 일대 노점에 대해 폐쇄를 지시하면서 "일본인, 중국인, 조선인을 막론하고 전원 해당한다"고 못박고 있다. 문제의 『朝日新聞』 사설이 단속에 직접적인 영향을 끼쳤는지 알 수 없지만 7월에는

288) 『民主評論』, 1948년 1월호.
289) 『朝日新聞』, 1946년 7월 18일자.

단속의 본격적 강화, 숙정 이후에는 조선인을 대상으로 한 정치인들의 비난 발언이 이어진 것은 묘한 우연의 일치를 보인다. 초기 암시장 대처에서 단속의 근거가 없다며 망설이던 태도와는 확연하게 달라지고, 전술한 히로시마 가택수사 사례에서 보듯이 일본 경찰의 월권행위도 보고되는 상황이었다. 1947년 초반 경찰은 한 좌담회에서 암시장의 현황을 다음처럼 논하고 있다.

> 암시장의 불건전한 육성 성토, 국책과 역행하는 방향으로 진행된다. 군수산업의 붕괴에 의한 종업원의 정리, 복원자. 귀국자 등의 증가는 날마다 이들 업자가 늘어나는 요인이 되고 있다. 업계의 시장 통제는 점점 힘들어지고, 특히 비일본인의 개재는 문자 그대로 자유분방, 무질서 상태까지 이르렀다. 가장 현저한 지방은 대도시 도쿄, 오사카 등이다. 대표 지역은 도쿄는 신바시역전, 긴자 거리, 시부야역전, 우에노 히로코지 등이고 오사카는 우메다 역전, 츠루하시, 아베노바시, 교토는 고조, 교바시, 교토역전, 고베는 산노미야, 미나토가와, 신가이치 등이다[290]

일본인 실업자와 복원군인, 귀국자가 주류를 이루고 있는 암시장에서 '비일본인'만 '자유분방, 무질서 상태'였다고 보기는 어렵다. 법망을 피하기 위한 방법으로 '제3국인'의 존재를 이용한 이들도 있었다.

복원군인 출신으로 우에노 암시장에서 담배를 판매했던 한 일본인은 "규모가 큰 암거래 업자는 대부분 재일 '제3국인'을 중심으로 하고 있다. 그들은 막대한 자금력을 배경으로 각지에서 잎담배 경작지에 보증금을 내고 미리 묶어둬 사설 전매국이라고 불린다"[291]라고 회고했다. '제3국인'은 재일조선인과 중국계인을 다 의미하는 용어이므로 이 주장 속의

290) 『警察時報』, 1947년 2월, 15쪽.
291) 『庶民の体験 : 戦後30年 忘れ残りの記 上』, 177쪽.

‘제3국인’의 국적을 확인할 수는 없다. 재일조선인 중에서 ‘막대한 자금력’을 가지고 경작지에 선불보증금을 낼만한 이들이 어느 정도 있었는지 알 수 없지만 이 일본인의 주장은 당시 세간에 유포된 “암시장의 주된 세력은 제3국인”이라는 속설에 근거한 것이 아닐까 한다.[292]

그런가 하면 담배의 암거래 유통경로는 “야쿠자가 거의 장악”해서 자신은 돈을 별로 벌지 못했다고 하는데 이는 ‘제3국인 장악설’과는 모순되는 주장이다.[293] 이 일본인은 “당국의 감시가 약한 제3국인”의 집을 빌려서 담배공장을 차렸는데 재일외국인의 신분을 이용하면서 수익을 올린 일본인들의 행태를 보여준다.[294] 밀조주를 제조하다 발각될 경우, 조선인에게 창고와 오두막을 빌려주었을 뿐이라고 주장하는 경우도 있었다.[295] 해방 직후 우메다에서 점포를 차렸던 박헌행은 “일본인들은 일본인이 아닌 척 행세를 했다”[296]고 한다. 법망을 피하고, 암시장 데키야들에게 관리비를 징수당하지 않아도 되는 방법이었기 때문일 것이다.[297]

일본인들이 편의를 위해서 외국인 행세를 했다면 체감적으로 더욱 많아 보이는 효과가 있다. 스즈키의 우메다 시장 탐방 회고에서도 나타났듯이 일본인이 압도적으로 많은 수치임에도 불구하고, 경찰의 입장에서는 단속하기 어려운 외국인의 존재만이 부각되어 보였을 것이다. 이러한 상황은 암시장에서의 외국인의 존재를 과장되게 인지하고 세간에 유포하는 일련의 결과를 보여주었다.[298]

---

292) 「戦後における露店市場」에서는 화교가 막대한 자금력을 가진 것은 주지의 사실이라고 기술하고 있다. 하지만 군수물자 불하 등에서 특혜를 누린 일부 재일조선인을 제외한다면, 재일조선인의 경제력이 오랜 상업 전통을 가진 화교의 자금력과 비교되기는 어려웠다.

293) 『庶民の体験 : 戦後30年 忘れ残りの記 上』, 182쪽.

294) 『庶民の体験 : 戦後30年 忘れ残りの記 上』, 181쪽.

295) 『長崎民友』, 1949년 3월 19일자.

296) 安田常雄 編集, 『社会を消費する人びと －大衆消費社会の編成と変容』, 26쪽.

297) 安田常雄 編集, 『社会を消費する人びと －大衆消費社会の編成と変容』, 27쪽.

보수적인 형법학자인 우에마츠 다다시(植松正)는 재일조선인의 집단 반발에 대해 "패전과 함께 조선인의 반동적 행동은 한 사람에 그치지 않는다. 종래 피정복 민족으로서의 불리한 입장이던 민족이 정복 민족의 패전을 기회로 반동적 행동으로 나서는 것은 매우 자연스러운 일"[299]이라고 보았다. 보고서를 작성한 1949년의 상황은 "해마다 재일조선인의 범죄가 악랄해지고 기소율도 높아지지만, 높아지는 기소율은 조선인에 대한 검찰 태도가 엄중해진 것이고, 이는 일본의 국력회복을 반영하는 것"이라고 분석했다. 즉, 패전 이후 3~4년이 지나면 일본 공권력은 재일조선인의 위법행위를 충분히 제압할 수준이었고, 높은 기소율은 오히려 국력 회복을 입증하는 증거가 되는 것이다.

이하에서는 암시장 단속과 관련해 재일조선인이 연루된 주요 사건을 정리해 보았다.

〈표 9〉 조선인 관련 암시장 주요 사건 일지

	발생일자	지역	내용	비고
1	1946-01-18	교토	쌀 암거래 혐의로 검거된 조선인이 조련지부로 도망, 경찰이 용의자 인수거부	1월 24일 수백 명의 데키야와 조선인 집단 난투극, 양쪽에서 사상자 다수 발생
2	1946-03-29	石東	경찰이 열차 내에서 조선인 찔러 죽임	
3	1946-05-13	나가사키	암시장 단속으로 일본인 150명, 조선인 26명, 중국인 6명 검거, 조련과 중국단체 석방요구	석방 거부당하자 200여 명 집단 습격, 경관 1명 사망. 8월 24일 소요죄로 판결
4	1946-05-16	도쿄 우에노	단속으로 조선인 30명, 일본인 100명 연행	조선인, 일본인, 중국인 200명이 경찰서에 항의하러 감

298) 후지나가 다케시, 「차별어의 탄생, 그리고 그 기억 –'제3국인에 대하여'–」, 『한국사연구』, 153호, 2011, 281~309쪽. 후지나가는 언론인과 경찰고관의 편견, 지방자치체의 지방사 기술 등에서 재일조선인의 암시장 유입 상황에 대한 전후과정 설명 없이 그들 눈에 포착된 '암시장 신화'만 중첩되고 왜곡되어 표현되었음을 지적했다.

299) 「戦後朝鮮人の犯罪」, 『警察學論集』, 1949년 7월, 20쪽.

	발생일자	지역	내용	비고
5	1946-05-30	도쿄 우에노	대규모 단속	조선인 피격당함
6	1946-06-05	야마가타	야마가타 쌀의 8할을 조선인이 가이다시 해간다는 무고사건	
7	1946-06-20	히로시마	쌀 가츠기야 여성을 검거한 후 전 동포의 가택을 수색	이듬해에 유사 사건 발생
8	1946-07-13	도쿄	아사히 신문 '조선인의 취급에 대해' 사설에서 암시장을 통한 경제 교란 지적	
9	1946-07-24	도쿄	내무대신 조선인 단속방침을 명확히 밝힘	
10	1946-07-30		조선인과 일본인 동일한 기준의 식량배급	
11	1946-08-01	전국	8.1 대숙정으로 암시장 폐쇄	
12	1946-08-05	도야마	도야마역에서 쌀 암거래상 3명 단속, 조선인들이 도주 도와주자 경찰과 난투	
13	1946-08-06	도쿄 우에노	금제품 단속 중 노점상 50명과 경관 30명 격투, 무장 80명 급파	경관 1명 부상, 권총 4정 분실
14	1946-08-07	도쿄 우에노	전날 발생한 사건에 이어 검거상인 연행 중 동료들의 폭행	
15	1946-08-17	도쿄	진보당 시이쿠마 사부로 '재일조선인, 암시장에서 일본 경제 교란의 주범' 발언	
16	1946-08-22	니가타	조선인과 중국인 가츠기야 단속으로 경찰과 충돌	미군과 경방단 출동, 15명 체포
17	1946-08-30		GHQ, 조련발행의 철도승차권 금지 각서	조선인의 치외법권 없음을 명시
18	1946-09-22	니가타	가이다시부대 50명이 주재소 습격	경관 20명 부상, 주모자 14명 검거
19	1946-09-29	니가타	니가타 사건 왜곡보도에 항의, 신문사의 무성의한 답변에 조련맹원들의 격렬한 항의	19명 체포, 9명 업무방해죄로 유죄판결
20	1946-10-25	도쿄 우에노	조선인을 범죄자로 묘사한 우에노 방범포스터 부착	경찰서장의 사과
21	1946-12-03	치바	경관이 권총소지는 조선인 단속 때문에 필요하다고 발언	

	발생일자	지역	내용	비고
22	1946-12-20	도쿄	생활권 옹호투쟁을 위해 궁성 앞에 모인 데모대에 발포, 수상관저까지 행진	교섭위원 10명과 지도자 3명 검거, 교섭위원 10명은 47년 3월 한국으로 강제 송환
23	1947-01-03	구마모토	국회의원 미야무라 '조선인은 일본질서 파괴' '조선인이 일하는 도둑시장' 발언	
24	1947-01-08	오사카	조선인 암거래 탄압 명령	
25	1947-02-09	후쿠시마	다이라시에서 불량분자 80명과 크게 충돌, 사회당 지부장 '조선인이 경제교란자' 발언	조련맹원이 린조장이 된 것에 대해 불만 품음
26	1947-02-11	도쿄	국회의원 히라노 리키조 '제3국인인 조선인, 중국인이 인플레 촉진에 작용' 발언	
27	1947-02-20	오사카	국회의원 마츠모토 양 민족 이간 발언	오사카 민청 항의로 마츠모토 사과
28	1947-03-10	치바	국회의원 하세가와 다모츠 '조선인이 인플레의 원인' 발언	
29	1947-03-23	효고현	건청원 사카모토(김광선) 살인사건	건청 배급물자를 노린 폭력단원 김광선이 건청 내 노선 갈등으로 살해당함.
30	1947-05-28	도쿄 우에노	비누 도매거리 단속, 압수품 338상자	
31	1947-06-10	구마모토	귀국자 이름으로 쌀 73킬로 부정수급	암거래상 형제 체포
32	1947-07-25	오카야마	통제품 수색 이유로 400가구 불법 침입	폭언, 모욕, 불법 압수 행함
33	1947-09-10	홋카이도 츠베츠	암시장 사기도박 건으로 항의한 조선인 습격, 현지주민 선동하여 대규모 충돌	조련맹원 2명 사망, 군정부가 상황 수습
34	1947-09-16	하마마츠	사기도박 적발당한 무리들이 조선인 습격	이듬해 4월 하마마츠 사건의 단초가 됨
35	1947-10-20	야마가타	단속에 불만 가진 조선인 30명 파출소 습격	경찰 1인 중상, 2인 경상, 비상소집 조선인 26명 검속
36	1947-10-27	히로시마	이틀에 걸쳐 금제품, 쌀, 술 수색을 이유로 600 가구 불법 침입과 폭행	11월 11일 조련 임시대회 개최 책임추구, 내무성 사죄, 경찰부장 면직
37	1947-10-31	사이타마	데키야 주최의 공연장에서 시비가 붙어 조선인 2명 사망, 관할 경찰서의 철저한 묵살	사건해결 요구하러 간 19명 체포, 조련 4회 대회에서 항의성명 발표

	발생일자	지역	내용	비고
38	1948-03-20	히코네	조선인, 중국인 상점만을 대상으로 통제물품 압수, 상점 유리문 파괴	이전에 조선인을 탈세목적으로 검거하려다 실패한 적 있음
39	1948-03-29	시모노세키	1주일간 주식, 담배 등 암물자 적발	시모노세키 조선학교 폐쇄 지령 시기
40	1948-04-04	하마마츠	조선인과 일본인 200여 명, 암시장 권역 다툼을 구실로 대규모 충돌	사망 3명, 중상자 5명
41	1948-05-15	이시카와현 나나오	일본인 불량배들과 싸움 끝에 조선인 청년 피살	민족 감정은 전무하다 발언, 범인 체포
42	1948-05-28	도쿄 우에노	비누 거리 급습	조선인 26명, 일본인 20명, 중국인 6명 검거
43	1948-12-09	야마구치 우베	생활옹호 인민대회 중 조련 위원장 체포되자 탈환하기 위해 경찰과 충돌	쌍방 다수 부상자, 경찰 발포
44	1949-04-11	오카야마	오카야마 역전 상점가 급습	일본인 피해자 등 150여 명이 오카야마경찰서 항의 방문
45	1949-06-15	교토	가이다시 여성 경찰 피하다 열차에서 떨어져 사망	
46	1949-06-18	교토	경찰의 과도한 단속으로 인한 조선인 가츠기야 사망에 항의	대규모 군중대회, 10여 명 검속
47	1949-07-12	도쿄	도내 노점상 조합 해산 지시	94개소, 비민주적 운영 이어지는 것을 지적
48	1950-03-31	도쿄	노상점유 허가 마감	

나. 밀조주 단속

밀조주 단속은 부족한 식량 통제라는 측면 외에 세수 확보도 중요한 요인이 되었다. 앞장에서 기술한 것처럼 막걸리와 소주는 각각 일본의 북부와 남부의 농민 사회에서 제조되던 술이었다. 하지만 19세기 말 청일전쟁의 재정확보를 위해 주세법이 제정이 되면서 자가 양조는 법적 통제를 받게 되었다.[300] 1912년, 아래 내용의 주류밀조범 조사서를 통해

300) 『ドキュメント日本人 第7(無告の民)』, 1969, 14쪽.

조선 남부 농촌처럼 가양 막걸리가 성행하던 도호쿠 지역의 밀조 실태를 알 수 있다.

> 밀조범 범칙자 중 자가용으로 만든 이들은 교육 정도가 고르게 분포되어 있고, 관리, 승려, 목사 같이 지위와 명망을 가진 이들도 만들었다. 영리를 목적으로 하는 이는 무학자로 준법 관념이 없다. 밀조자의 직업은 농민이 가장 많다. 메이지 시절에는 밀조 장소가 자택이나 창고 등이었고, 발견할 수 없도록 점차 특별히 설치하는 경우가 속출했다. 예를 들어 마루 밑, 움막, 천정 뒤, 서까래 아래 등 발견이 안 될 장소거나 산림, 호수 늪, 하천 연안 등이다. 찾기 어렵고 위험하고 더러운 곳으로 외부에서 발견하기 어렵고 부근에 계류나 맑은 물이 존재하는 장소인 것이다.[301]

도호쿠에서는 '교육 정도가 고르게 분포'된 '지위와 명망을 가진 이들'도 일상적으로 마시는 대중적인 술이 막걸리였고, 조선과 마찬가지로 농주로 선호되었다. 해방 후 재일조선인의 밀조주 투쟁이 치열하고 절박했던 생존을 위한 것이라면 20세기 초반 도호쿠 지방의 밀주 투쟁은 일상의 소소한 즐거움과 관혼상제를 위한 막걸리에 과도한 세금을 추징하는 것에 대한 분노에 가까웠다. 위의 보고서를 보면 재일조선인 밀조 보고와 비슷한 내용, 표현 등이 있다. 이는 재일조선인이 밀조를 위해 새롭게 방법을 만들어낸 것이 아니라 일본의 방법을 답습했음을 의미한다. 또한 조선인들이 "완전 판매를 목적으로 백주에 공공연히 대규모로 밀조하고 단속에 대해서는 공동으로 격하게 저항"한다고 했지만 상기의 조사서에 나타난 것처럼 다이쇼기에도 영리를 목적으로 삼고, 저항 역시 격렬했던 일본인들이 있었다.

---

301) 仙台税務監督局 編, 『酒類密造犯調査書』, 仙台税務監督, 1912 ; 仙台税務監督局 編, 『東北六県酒類密造矯正沿革誌』, 仙台税務監督, 1920.

작가 미야자와 켄지는 1920년대에 밀조방지를 위해 순회하는 세무서장에 관한 『税務署長の冒険』이라는 작품을 썼다. 미야자와 본인은 협주주의자이고, 이 작품도 밀조방지를 위한 계몽적인 것이지만 그 내용을 보면 도호쿠, 홋카이도 지역에 만연한 밀조주 풍습을 엿볼 수 있다.[302] 1916년 아키타에서 세무서 직원 8명이 밀조주를 단속하자 주민들이 손도끼, 낫, 봉, 벽돌을 들고 나와 사상자까지 발생한 사건[303]이 있었다. 술은 매일 꺼내서 관리해야 하고, 밀조의 혐의가 한번 씌워지면 계속 표적 대상이 되는 심리적 불안감을 자아냈다. 적발에 대비해 농민이 할 수 있는 최선의 방법은 숨기는 것이었다. 이를 위해 여러 가지 지혜가 총동원되고, 일상의 고단함과 심리적인 불안함을 음주로 잊는다는 악순환이 반복되지만 밀주가 죄라는 의식이 좀처럼 없는 것이 지역 농민들의 관념이었다. 또한 적발시 흉기를 동원해 저항하는 경우도 많지 않았는데 이런 폭력 사건이 된 것은 예외적인 일이라고 보는 견해도 있다.

해방 후 재일조선인의 밀조주 투쟁은 주로 폭력적 사태를 야기했다. 그중에서 가와사키 사건은 사망으로 이어지는 비극이 되었다. 가와사키의 재일조선인 집주지구에서는 1947년 3월 초 대규모 단속이 행해졌다. 이 단속에 이어 6월 23일 가와사키 세무서 직원 88명, 검사 2명, 경찰관 206명과 미군 헌병의 응원까지 동원되어 재차 대규모 단속이 이루어졌다. 이 날 검거자수는 100여 명이고 압수물자는 밀조주 15kl, 쌀, 보리, 누룩 등 원료 200kg, 그 외 제조 기구였다. 그런데 대규모 압수 후 단속을 진두지휘했던 가나가와 세무서의 간세(間税) 과장인 하야마 토요조가 퇴근길에 가와사키역에서 재일조선인에게 심한 구타를 당하고 사흘 후에 사망했다.[304]

---

302) 宮沢賢治, 『税務署長の冒険』, 北海道酒類密造防止協力会, 1923.

303) 『ドキュメント日本人 第7(無告の民)』, 10~11쪽.

세무서원 사망사건은 큰 파장을 불러 일으켰다. 각의에서는 사건 이후인 7월, 「주류 밀조 감시 및 주세 수입확보에 관한 건」에 대해 다음과 같은 결정을 내렸다. ① 주류밀조의 횡행은 주류수입과 주식의 공출을 저해하는 것이 분명하므로 전국적인 한편 계속적인 밀조 감시를 철적하게 행할 것, ② 관계 각청은 일체가 되어 중앙 및 지방에 '주류 밀조 대책추진 위원회'를 둔다는 기본 방침을 결정했다.[305] 세무서와 경찰을 중심으로 지역별로 민간 차원의 밀조 대책위원회를 두는, 민관 협력의 방식으로 밀주 단속에 나선 것이다.

재일조선인이 민간 차원의 대책위원회에 참여하였는지 여부는 알 수 없다. 대다수 암시장 조합과 마찬가지로 이 위원회에도 조선인이 참여할 여지가 없었고, 협력이나 개선 요청은 받지 못한 채 일방적으로 단속의 대상으로서만 간주되었던 것이 아닌가 한다. 일본 정치인들의 선전선동에 의해 재일조선인 문제가 침소봉대되는 분위기 속에 세무서원의 순직사건은 이런 이미지를 더욱 확고하게 만드는 사건이 되었다고 할 수 있다.[306]

이 시기 밀조주 규모에 대해서는 구체적인 통계보다 추정에 의한 수치들만 제시되고 있다. 1945년부터 1950년까지 밀조주는 정규주보다 훨씬 많은 석수가 소비되었으며 1948년에는 두 배 이상인 300만 석이 소비된 것으로 보고 있다.[307] 국세청의 주류밀조 단속 통계에 의하면 1945~

---

304) 『在日のくらし－ポッタリひとつで海を越えて－』, 77~78쪽.

305) 『財政』, 1954년 5월호. 이 사건은 그해 7월 각의에서 "이번 사건은 단순한 밀조사건이 아니라 일본 정부의 경제 비상 대책의 성패를 좌우할 종대한 문제"라고 보고 주세법 적발과 식량관리법 위반 등에 대해서 각 부처가 협력할 것을 결정하는데 영향을 미쳤다. 범인은 이후에 검거되어 7년형을 선고받았다.

306) 인명살상에 대해서는 변명의 여지가 있을 수 없다. 다만 식민지 역사와 무관하지 않은 재일조선인의 경제적 상황에 대해서는 설명이 없고, 사건의 흉포함만 강조되어 전해지는 것은 유감이라 하겠다.

307) 『財政』, 1954년 5월호.

1952년도 사이 검거건수는 21만 건이 넘고, 많은 경우 조선인 집거지역이 그 대상이 되었다. 1945년에 1만 건 미만이던 검거건수는 1949년 22,000건에 육박하고 1950년에는 그 두 배가 넘었다.[308]

전후의 암시장은 남녀노소 및 다양한 계층과 계급, 민족이 혼재된 일본 역사상 초유의 공간이었다. 암시장은 데키야들의 세금 대리징수 사례에서 보듯이 세무서조차도 치외법권으로 인정하는 공간이었다. 하지만 폭력 조직의 관리 하에 있어 국가 권력조차도 접근을 꺼려 했던 암시장에 비해 밀주 단속은 용이한 편이었다. 밀주는 조선인 마을이라는 제한적 공간에서 집단적으로 제조되는 경우가 많았고, 암시장처럼 단속의 번거로움이 덜하면서도 실적은 확실하게 나타났기 때문이다.[309]

1948년 이후 세수 강화 방침이 결정되면서 집단 밀조가 행해지는 재일조선인 마을은 일벌백계의 좋은 본보기가 되었다. 암시장 단속은 주로 경찰이 관장했지만 밀조주 적발은 경찰과 세무서, 헌병대가 팀을 짜서 움직였다. 밀주단속 보고서는 경찰뿐만 아니라 세무서에 의해서도 작성되었다.[310]

암시장에서 경찰을 무서워하지 않던 일본인들도 세무서원과 주변에 의한 밀고는 두려워했다.[311] 세법이 강화되고 단속이 엄격해 지면 일본인들은 밀조를 그만 두고 다른 직종으로 전환했다. 그러나 직업 전환이 용이하지 않고, 선택의 자유조차 없었던 대다수의 재일조선인은 일본인들처럼 쉽게 전업을 택할 수 없었다. 암시장이 폐쇄되고 술 판매망이 축

---

308) 李杏理, 「「解放」直後における在日朝鮮人に対する濁酒取締り行政について」, 『朝鮮史研究会論文集』, 2013, 137~138쪽.

309) 「集団鮮人部落密造酒取締について」, 「集団犯罪の捜査に関する実証的考察」 등의 공개된 단속 보고를 보면 처음부터 재일조선인 마을을 표적으로 삼아 사전에 집중적이고 치밀한 분석을 시도하였음을 알 수 있다.

310) 『麻布税報』 2号, 1948 ; 『税務通信』 1948, 11월호.

311) 『庶民の体験 : 戦後30年 忘れ残りの記 上』, 123쪽.

소되어도 재일조선인의 밀조는 더욱 강화되는 경향이 있었다.[312] 1950년대에는 밀조주 적발을 명목으로 조선인 부락에 대한 검속이 확대 증가하였고, 국세청 담당관과 중장비를 갖춘 경찰이 동반되어 이루어졌으므로 지방재판관조차도 그러한 검속은 '과도'하다고 평하였다.

그런데 밀조주 관련기사는 유달리 재일조선인의 폭력을 수반한 집단저항이나 경찰과의 격렬한 충돌 및 단속 경과를 대서특필하는 경우가 많았다. 밀주 사례는 전국지 및 지방지에 걸쳐 광범위하게 나타나지만 기사 내용만으로 재일조선인이라고 알아보기는 어려웠다. 하지만 일정 시기 이후부터는 용의자의 국적 명기와 이름을 통해 조선인임이 분명한 사례들이 나타나기 시작했다.[313] 이하에서는 신문 기사를 중심으로 재일조선인 대상의 적발 사례를 살펴보고 단속의 추이를 분석해 보고자 한다.

도호쿠와 더불어 전국에서 밀조 비율이 가장 높은 규슈의 1946년 1분기 위반 건수는 641건이었다.[314] 이 시기는 재일조선인 단속에 대한 규정이 불분명하였으므로 적발자 중 조선인 포함 여부는 알 수 없다. 단, 규슈 지역에는 주요 귀환항구가 있었고, 귀국을 기다리다 정주하게 된 이들이 적지 않았다는 점은 염두에 두어야 할 것이다. 이듬해 초 나가즈

---

312) 1952년부터 주류 생산이 증가하고 1955년 일본의 고도성장기를 시작으로 산업전반이 제 궤도를 찾으며 밀조주만으로는 이전 같은 수익을 올리기 힘들게 되자 자연스럽게 조선인 마을 중심의 밀조주 제조는 감소되어 갔다. 그러나 일자리를 얻을 수 없는 시골의 최극빈층에서는 1950년대 말까지도 밀조주 제조를 했다는 기록이 있다.

313) 재일조선인들은 경찰의 취조에서 식민지 시기에 사용했던 통명을 그대로 사용하는 경우가 많다. 창씨개명 당시 조선인은 성을 파자(破字)하거나 관향 등을 이용한 성씨를 채택해 원래 성씨를 남겨두려는 노력을 취했다. 신문에는 일본인에게 익숙하지 않은 한자성이 오기되어 있는 경우도 발견할 수 있다. 적발대상이 재일조선인 마을로 유명한 곳일 경우라고 해도, 일본인이 혼주해 살기도 하고 일본에 흔한 성으로 창씨개명한 이들도 있어 기사에 나타난 성명으로 조선인이라고 유추할 수는 있으나 확언할 수는 없다.

314) 『大分合同新聞』, 1946년 7월 7일자. 한편 이듬해인 『九州タイムズ』 1947년 9월 9일자 기사를 보면 구마모토 현은 전년 동기 대비 두배나 증가했다는 기사가 나기도 했다.

의 밀조주 적발 기사[315]에는 "공출미 저해하는 막걸리 밀조 검거에 전력"을 기울였다는 내용을 담고 있다. 규슈는 일반적으로 소주가 주종을 이루는 곳이지만 막걸리 밀조라는 점, "상습자가 많다"는 점 등은 재일조선인에 의한 밀조였음을 짐작하게 한다.

비슷한 시기에 오쿠라시 한 마을에 거주하는 노점상 금본수길(金本秀吉)과 토목인부 하산무한(夏山武漢)이 "맛카리(マッカリ) 4말 밀조" 혐의로 검거되었다. 직업 및 조선인 특유의 통명, '도부로쿠'가 아닌 '맛카리'라고 표기한 것으로 보아 검거된 이들은 재일조선인이었을 것이다.[316] 9월에 막걸리와 소주 밀조로 적발된 산하낙진(山下洛鎮), 금산사랑(金山四郎), 금본우남(金本又南)은 국적을 명기하지 않았으나,[317] 전중춘길(田中春吉)[318]은 조선인이라고 밝히고 있다.[319]

일본 굴지의 쌀 산지인 니가타에서는 1947년 초 밀조주 검거건수가 53건에 달했고, "막걸리가 니가타의 새로운 명물이 되어 공공연히 제조된다"[320]고 보도하고 있다. 이 기사에서는 재일조선인에 대해 별도로 언급하지 않았다.

이듬해인 1948년부터는 밀주 적발 기사가 급속하게 증가했다. 1947년까지 보도에 잘 나타나지 않았던 집단밀조 현장을 적발하고, 이에 지면을 크게 할애하는 사례가 자주 나타났다. 기사에 조선이름 혹은 통명과

315) 『大分合同新聞』, 1947년 1월 30일자.

316) 『九州タイムズ』, 1947년 3월 21일자.

317) 『九州タイムズ』, 1947년 9월 18일자. 하지만 조선인 창씨를 연상시키는 통명으로 보인다.

318) 상기의 이름들은 성씨는 일본식이지만 이름은 일본인에게는 없거나 일반적이지 않아 조선인일 것이라고 추정한 것이다. 일본 이름은 주로 훈독으로 읽지만 조선인들의 특이한 이름은 음독으로 읽히는 경우가 있어 본문에서는 한국식 한자 음독으로 표기하였다.

319) 『九州タイムズ』, 1947년 9월 21일자.

320) 『新潟新報』, 1947년 3월 15일자.

더불어 한국의 출생지를 명기하는 경우도 늘었다. 규슈의 『九州タイムズ』를 보면 1948년 1월부터 6월까지 7건의 밀주 단속기사가 등장한다. 이 중에서 조선인이라고 명기된 것은 1건이지만 나머지 기사에는 조선인이 자주 사용하는 통명과 조선식 이름이 있고, 밀주부락을 중심으로 한 단속 내용이다.

규슈 오이타의 대표적 밀주부락으로 신문지상에 자주 이름이 오르내린 야바케이(耶馬渓) 철도연선 마을 단속은 1947년 7월 22일, 지역 신문 1면 상단에 상세하게 보도되었으나 조선인 마을이라는 언급이 일체 없었다.[321] 그러나 이듬해인 1948년부터 이 마을을 대상으로 몇 차례 행해진 검거와 이후 재판 과정 등의 기사에는 조선인마을이라는 것을 명확하게 밝히고 있다.[322]

대형 밀조 적발 보도에서는 조선인 마을이 '범죄의 소굴'이라는 식으로 묘사하기도 한다. 규슈의 『佐世保時事新聞』에서는 밀주의 종류를 "판매용, 상음용, 축제용의 3가지"로 나누고, "판매용이 가장 악질이고, 이는 특히 조선인이 많다"고 해서 조선인은 곧 악질 밀주업자라는 논리를 펼치고 있다. 일본인 중에서도 밀조를 하는 이가 적지 않지만 이 신문에서는 "일본인으로 아직 체포된 자는 없고 대부분 상음용, 축제용"이라고 보도하고 있다.[323] 나가사키서는 1947년부터 밀조주의 출처에 대해 장기 수사를 벌였다. 그 결과, 시내 모 호텔을 근거지로 삼아 목탄으로 위장한 소주 세말을 운반하고 있던 "충청도 출신의 조선인 김택원"을 발견하고 취조했다. 검거 내용은 다음처럼 요약된다.

---

321) 『九州タイムズ』, 1947년 7월 22일자. "일본 최대의 막걸리 마을 대규모 단속 이야기"란 표제로 검거 과정과 주민의 반응을 상세하게 보도하고 있지만 조선인임을 적시하지 않았다.

322) 『大分合同新聞』, 1948년 3월 26일자, 7월 5일자, 10월 17일자, 11월 21일자.

323) 『佐世保時事新聞』, 1948년 2월 1일자. 기사에 의하면 1947년 82건, 72명이 검거되었다고 보도하고 있다. 체포실적이 없었다고 해서 일본인 밀조가 없었다는 것은 아니다.

> 同人을 취조한 바 前記의 海江田 호텔에 대규모 밀조공장의 존재가 밝혀져 18일 오전 10시, 무장경관 25명, 사복형사 50명이 트럭 2대에 분승해 급습했다. 공장에서는 총액 120만 엔이 넘는 백미, 찹쌀 등 30가마, 거르지 않은 술덧 25석, 청주 및 소주 4통 외 밀조기구를 압수하고 관계자 약 50명을 연행 취조했다. 이는 전국적으로도 희박한 대밀조 공장으로 동 호텔은 종전 당시부터 조선인 숙사로 사용되었다. 현재 29세대 290명이 함께 살고 있다. '……' 판매처는 시내의 모 요리점을 주 대상으로 삼고 암시장, 요식업소 등이다. 원료 입수처는 불명하지만 동 호텔은 해안에 접해서 현하 각지에서 선박으로 대량 운반해오는 것으로 보인다. 한편 다사키 경제방범주임은 금후 시내의 암시장 그 외 요식업소에 유통되는 암거래 술은 그 출처를 철저하게 밝히고 획기적인 조치를 취할 계획이다.[324]

재일조선인의 밀조 사례는 대다수가 마을을 중심으로 한 것이지만 이 적발 건은 특이하게 호텔의 지하에서 행해진 것이었다. 단, 일반 숙박객 대상이 아닌, 해방 이후부터 조선인의 전용 숙사로 사용되었다는 점에 주목할 필요가 있다. 추정컨대 귀환을 위해 나가사키와 사세보항으로 왔던 조선인들이 집단으로 수용되었던 임시 숙사가 아니었을까 한다. 대기 기간이 길어지면서 귀국을 포기하고 암시장과 밀주로 생계를 이어가는 다른 지역의 상황과 유사하다. 하지만 신문 보도를 비롯해 여러 잡지에서 대대적으로 보도한 이 사건에서 집단 거주 이유는 언급되지 않았다. 이 적발 사건 이튿날에는 시내의 유명 업소 및 유통망을 대상으로 한 대규모 조사가 실시되었다.[325]

---

324) 『長崎民友』, 1948년 5월 19일자. 이곳은 이듬해인 1949년 3월 10일에도 다시 같은 혐의로 단속을 받았다. 유례없는 대형공장이라고 대대적 보도가 되었음에도 불구하고 동일한 건이 동일 장소에서 재발했다는 것은 향후 경찰의 관리·감시에 석연치 않은 면을 의심해 볼 만하다. 밀주 적발이 경찰의 실적 올리기와 연계되거나 뒷돈을 받고 유야무야 처리된 경우도 있었기 때문이다.

325) 『長崎民友』, 1948년 5월 20일자 ; 『佐世保時事新聞』, 1948년 5월 22일자.

이와 비슷한 경우로 이 해 연말 행해진 사세보 히우 시라타케초(日宇白岳町) 단속 건이 있다. 미군 헌병과 경찰, 세무서원 50명은 이전 공장 직원 숙사와 함바가 있던 이곳을 급습해 다량의 원료와 술, 용기 등을 압수했다. 최초 보도에는 조선인 마을이나 조선인 용의자라는 말이 등장하지 않았다. 하지만 기사 중 '악질자'로 검거된 원산점덕(元山点德)은 전형적인 조선인의 이름으로 이곳 역시 조선인 마을임을 알 수 있다.[326)]

후속 기사에는 이 마을이 속칭 '밀주 鮮人部落' 이고 공원 숙사에는 일본인 3세대를 포함해 25세대가 살면서 밀조를 '본업'으로 삼고 있다는 내용을 보도하였다. 이 마을에서 상습적으로 밀조가 가능한 원인은 "논밭, 삼림 등으로 가려지고, 인접한 부락이 없어 제조와 원료 및 물자 매매가 용이하기 때문"이라고 분석했다. "이 마을은 이미 사세보에서 밀조로 가장 유명한 부락이 되고 조선인은 밀조주로 생활을 꾸려나가고 있다"고 하며 "한 되에 150~400엔 가격으로 브로커에게 넘기면 시내의 포장마차, 음식점, 요리점으로 판매되어 1홉당 75엔 정도에 제공"되는 과정을 상세하게 기술하였다.[327)]

상기의 두 지역은 모두 일본의 패전 이후, 방치된 건물에 재일조선인이 집단으로 거주하며 밀조주를 제조했다는 공통점이 있다. 후자는 일본인도 혼주하며 재일조선인과 함께 집단 밀조를 한 것으로 이런 사례들은 전국적으로 적지 않게 발견된다. 일본인 중에서 전재자와 귀국자 등은 재일조선인과 마찬가지로 주거와 생활방편이 없는 상태였으므로 재일조선인의 생활방식에 합류하게 된 것으로 보인다. 다만, 일본의 경제 회복과 더불어 취업 시장이 확대되고 직업 선택의 자유가 있어 일본인들은 밀주 제조를 중단할 수 있었지만 재일조선인은 그렇지 못했다는

326) 『佐世保時事新聞』, 1948년 11월 30일자.

327) 『佐世保時事新聞』, 1948년 12월 1일자.

것이다.

다음으로 밀조주 단속시 발생하는 전형을 보여주는 사세보 히가시소노기 미야무라 (東彼宮村) 마을 사건이 있다.[328] 이 마을은 수차례에 걸친 단속과 저항하는 주민들과의 대립으로 자주 신문지상에 오르내렸다. 최초 보도에는 술덧 4말짜리 통이 55통, 소주 5석 및 제조용기를 압수했고, 추가로 빈 통 200개, 술덧 20석, 소주 2석5말, 증류기 십수 개를 발견[329]한 것으로 보도가 되었다. 다른 곳들과 마찬가지로 이곳 역시 수차례에 걸친 단속에도 불구하고 밀조가 계속되었다. 12월에는 이 마을의 청년 십수 명이 압수된 주류를 뒤엎거나 용기를 깨뜨리는 등 집단행동을 하면서 공무집행방해죄로 검거되었다.[330] 마을 전체에 "불온한 공기를 띠는" 상황이 되자 거류민단 간부가 노력해 평정을 되찾았으나 도피자들을 찾는 작업도 계속 수행했다.[331] 이 마을에서 밀조주 사건만으로 적발된 건수는 28건에 이르렀다.[332] 밀조주 적발 사건은 석방을 요구하는 집단행동이 이어졌고, 이는 공무집행방해죄, 기물파손죄 등의 부가적 범죄와 연결되기도 했다. 암시장 단속과 유사하게 밀조주 단속도 이에서 파생되는 '조선인 범죄'의 비율을 높이는 요인이 되었다.

---

328) 『佐世保時事新聞』, 1948년 6월 19일자. 기사 제목에 '鮮人部落'이라고 표기되어 있다. 해방 3년이 지난 후임에도 조선인 멸시 사상이 그대로 반영되어 있다.

329) 『佐世保時事新聞』, 1948년 6월 20일자. 7월 3일자. 이렇게 압수한 술은 정제해서 일반에게 배급되었다.

330) 『佐世保時事新聞』, 1948년 12월 1일자. 이 기사에서는 용의자를 한국인(韓國人)이라고 표기하고 있다. 대한민국 정부를 지지하는 거류민단 간부가 사건 무마를 위해 나섰기 때문으로 보인다. 그 외의 언론에서도 한 기사 안에 선인(鮮人), 조선인(朝鮮人), 한국인(韓國人) 등이 혼용되어 쓰이고 있다. 선인은 일본인들이 식민지기부터 사용하던 멸칭이다. 조선인과 한국인은 훗날에는 뚜렷한 경향성을 나타내는 용어가 되어 동포 사회 내에 존재하는 분리된 귀속감을 보여준다. 이 시기는 남북 정부가 분리 수립된 직후여서 이 용어는 당시의 현실을 반영하고 있다. 남북 정부가 분리 수립된 이후 당시의 현실을 보여주는 한 예라고 하겠다.

331) 『佐世保時事新聞』, 1948년 12월 7일자.

332) 『佐世保時事新聞』, 1948년 12월 29일자.

1948년 9월 7일 주류 밀조의 단속 및 주세수입의 확보에 관한 건이 재차 각의에서 결정되면서 지역별로 단속의 강도는 점점 강화되었다. 나가사키에서는 수회에 걸친 단속에도 불구하고 밀조주가 범람하고 있어 계속 묵인하면 쌀보리의 공출에도 영향이 미치므로 11월 1일부터 이듬해 3월까지 영속적인 단속을 실시할 것을 결정하였다.[333] 단속은 공출 시기, 명절 전후로 강화되었다. 군마에서는 밀조주가 공미 촉진에 큰 장애가 된다고 보고, 근본적 박멸을 위해 세무서 경제조사청, 검찰청, 식량사무소 외 관계단체로 이루어진 주류밀조대책 협의회의 발족식을 가졌다.[334]

가고시마에서도 현 하 각 서에 관계 관청이 일체가 된 주류 밀조 특별단속반을 구성하고 10월 말부터 소주 막걸리 등의 집단 밀조지역을 급습했다.[335] 구마모토에서는 현 부지사를 비롯해 재무국, 세무서의 주요 당국자들이 모여 다음과 같은 주력 단속 대상을 정했다. ① 집단 밀주 지역, ② 농촌 등 판매 목적의 악질범, ③ 식량 공출이 나쁜 부락, ④ 주류면허 제조자, ⑤ 주류 판매업자, ⑥ 음료업자, ⑦ 누룩 판매자 등을 다각도로 옥죄고자 하는 방침을 보였다.[336] 실적을 위해서는 밀조마을로 알려진 재일조선인 마을 급습이 가장 효과가 좋았다.

1948년 국가지방경찰의 발표를 보면 11월 한 달 동안 밀주 관련 검거 내용은 전국적으로 2,716건, 검거인원은 2,839명이다. 건수와 송청 인원을 국적별로 보면 일본인은 98건에 1,016명, 조선인은 1,038건에 1,102명, 그 외 19건 21명이다.[337] 일본인 중에서는 도호쿠 지역의 미작농가 출신

---

333) 『佐世保時事新聞』, 1948년 10월 27일자.
334) 『上毛新聞』, 1948년 10월 27일자.
335) 『南日本新聞』, 1948년 10월 26일자, 10월 31일자.
336) 『熊本日日新聞』, 1948년 11월 7일자.
337) 전체 검거건수와 비교해 볼 때 일본인의 검거건수는 인쇄상의 실수로 보인다. 이를 감

이 많았다. 한편 검거수는 후쿠오카현이 가장 많고, 아오모리, 구마모토, 미야기, 후쿠시마의 순이었다.[338] 지리적으로 규슈인 후쿠오카와 구마모토, 도호쿠 지역인 아오모리, 미야기, 후쿠시마가 각각 주요 밀주지역으로 재일조선인이 주력하는 소주와 막걸리를 주조하는 곳이었다.

1948년 1~6월 사이 나가사키현 방범통계과에서 발표한 검거 인원은 148명 중 일본인은 25명, 조선인은 113명이었다.[339] 같은 해 1~10월 사이 군마현 마에바시시의 검거자는 95명이고, 그중 한국인[340]은 43명으로 나타났다.[341] 1949년 2월 대장성이 발표한 1948년 10~12월 사이 주류 밀조 검거수는 5,369건에 추징 벌금 4,480만 엔, 구마모토는 전국 1위로 1,033건이 적발되었다. 종류로는 탁주의 비율이 가장 높고 소주가 그 뒤를 잇고 있다.[342]

언론 보도는 동원된 인력과 차량, 압수품의 내역과 총액, 이에 '폭력적으로 저항'하는 주민들의 반응에 초점이 맞추어져 있는데 단속반이 의도적으로 보도진을 대동해 르포로 작성된 경우도 볼 수 있다. 하지만 단순 보도이건 르포 기사이건 적발자의 시각만 반영된 기사 내용들이다. 재일조선인이 왜 밀조를 하는지, 폭력적인 집단저항의 연원은 무엇인지 분석하는 내용은 찾아보기 힘들다. 또한 단속을 이유로 행해지는 경찰 측의 불법과 차별행위도 나타나지 않는다. 단속시의 문제는 후에 정치적 공방으로 비화되기도 한다. 1948년부터 동포 언론에도 밀주 단속에 관한 기사가 증가하기 시작했다. 이 해에 보도된 단속 기사로 이하의 사

안하더라도 인구수 대비 재일조선인의 비율이 높은 것은 분명하다. 재일조선인 마을은 주된 단속의 표적이었기 때문에 검거건수 또한 높을 수밖에 없었다.

338) 『西日本新聞』, 1948년 12월 30일자.

339) 『長崎民友』, 1948년 8월 7일자.

340) 이 신문에서는 조선인이 아닌 '한국인'이라고 표기하고 있다.

341) 『上毛新聞』, 1948년 12월 7일자.

342) 李鐘泌, 『私の見て来た大分県朝鮮民族五十年史』, 317쪽.

례들이 있다.

전술한 오이타 야바케이 철도연선 마을은 1948년 한 해 동안 여러 차례 보도되었지만 그 내용은 기자의 눈을 빌린 일본 측의 단속성과로 일관한다. 이에 대해 조련중앙은 최초 단속 때 경찰의 언행을 다음처럼 알리고 있다.

> 밀조단속을 이유로 80여 호의 전 가택을 불법 수색했다. 그들은 일본 부인에게 "조선인은 일본인의 적이므로 적의 집을 알려 달라"는 폭언을 내뱉고, 동포 부녀자에게는 권총을 들이대며 "움직이면 사살해 버리겠다"고 위협했다. 주인이 없는 집에 입회인도 없이 자물쇠를 깨고 난입해 침구를 밟아 뭉개고 전 가구를 뒤집어 놓은 다음, 빈 물통 60개, 세척해 놓은 통 1개, 쇠솥 4개, 주식미 4가마 반, 찹쌀 7되, 그 외 약간의 소주와 원료를 탈취해서 갔다.[343]

이런 단속 내용은 일본 언론에서는 찾아볼 수 없다. 조선인의 반응은 '불온한 분위기'를 형성하거나 압수물품을 되찾기 위한 집단 항의, 혹은 압수품 파괴 등으로만 보도되었다. 경찰 측에서 차별적 언사를 하고, 폭력을 휘두르며 권총으로 위협하는 상황은 전혀 언급되지 않았다.[344]

한편 7월에도 타 지역에서 유사한 단속 사건은 계속 보고되었다. 이 시기 가택수사는 대다수가 밀조 관련 건에 집중되었다. 7월 15일 도치기현 우츠노미야에 무장경관 60여 명이 들이닥쳐 밀주적발이라는 사유로 조선인 가옥 22호를 가택 수색했다. 경찰은 신발을 신은 채 방안으로 들어가는 불법행동을 저질렀다.[345] 가재도구를 파괴하고 양돈, 축식기, 물

---

343) 『朝聯中央時報』, 1948년 4월 30일자.

344) 일본 보도진이 동행했을 경우에는 철저하게 교범대로 수색하는 모습을 보여주었을 것이다.

345) 조선인 측에서 이런 상황에 대해 항의가 이어지자 1949년부터 경찰의 단속지침에는 구

통, 변기통까지도 압수하는가 하면 항의하는 여성의 팔을 비틀어 부상을 입히고 임산부에게 폭력을 휘두른 사실이 보고되었다.[346] 아오모리에서는 11월 10일 무장경관이 조선인 주택 약 30호를 급습하였는데 수색영장도 없이 구둣발로 모든 가옥에 침입하였으며 권총을 부인과 소년의 가슴에 들이대고 물품의 소재를 물어보며 겁박하였다.[347] 이는 밀주 적발을 핑계로 저지른 인권유린이라고 조련과 민청의 항의가 이어졌다.

가택 수색시 경찰의 폭행으로 부상당한 조선인에게 의사가 진단서 교부를 거부해 물의를 빚기도 했다. 11월 13일 경찰 600여 명은 도야마현의 조선인 마을을 급습해 물자 압수 도중 항의하는 조선인 부녀자들과 남성에게 전치 1달의 부상을 입혔다. 이에 진단서를 떼러 간 조선인에게 의사는 "경찰관의 진단서 발행증명서를 지참하여야만 발행"한다고 거부하였다. 조련 도야마현 본부는 이에 대해 "경찰이 우리를 불법탄압하기 위하여 사전에 의사와 결탁한 것"이라고 지적하며 현 의사회에 단호하게 항의하였다.[348] 의사가 진단서 교부를 거부하고, 심지어 가해자인 경찰로부터 발행 증명서를 받아야 한다는 것은 상식적으로 이해하기 어렵다. 조련의 항의에는 충분히 그 이유가 있는 것이다.

경찰의 강압적이고, 조선인을 멸시하는 태도는 공식 보고서에도 나타나 있다. 패전 이후, 암시장 단속의 고충을 '제3국인'에게 전가하던 태도는 신경찰 제도[349]가 성립되면서 일전하고, 재일조선인에 대해서는 식민지 시기의 행태가 연장된 경향마저 보이고 있다. 1949년 2월 23일 오

둣발로 무단침입하지 말 것을 지시하고 있다. 항의를 받기 전까지는 조선인에 대한 이런 행동이 불법행위라고 인식하지 않았다는 것을 알 수 있다.

346) 『朝聯中央時報』, 1948년 7월 30일자 ; 『解放新聞』, 1948년 8월 1일자.

347) 『解放新聞』, 1948년 11월 21일자.

348) 『解放新聞』, 1948년 11월 21일자.

349) 신경찰 제도는 1948년 3월 6일부터 시행되었다.

카야마 밀조 부락 단속 이후 작성된 보고서는 서두에서 다음처럼 언급하고 있다.

〈집단 선인부락밀조 단속에 대해〉

선인 집단부락에 대한 경찰 단속의 문제는 단지 우리 오카야마만의 문제가 아니라 전 경찰 공통의 고민이다. 우리는 결코 이들 선인 부락에 대한 경찰권 행사에 대해 겁먹거나 주저하지 않고 단호하게 임할 것이다.[350]

이 보고서에는 일찍이 재일조선인 마을을 표적으로 삼고 상당히 공을 들여 사전조사를 한 내용이 나타난다. 재일조선인에 대해 멸시의 의미로 사용되었던 '선인(鮮人)'이라는 표현이 거리낌없이 등장했고, 경찰권 집행을 위한 강경한 의지를 나타내고 있다. 특히 "경찰의 위신이 실추되지 않도록" 무계획하고 무모한 단속이 아닌 진중한 태도로 임할 것을 강조하고 있다. 오카야마 경찰은 단속으로 "예상 밖의 성과"를 올린 것을 자축하며 이는 "현 본부 관계 자치, 국가 각 지구 경찰서 및 검찰청, 세무서 등 그 외 절대적인 협력의 덕"이라고 상찬의 문구를 나열했다. 밀조주 단속은 주요 관계 부서가 총동원된 '일대사업'으로 집행된 것이었다. 이 보고서에 나타난 방식과 유사한 내용은 향후의 단속에서도 볼 수 있는데 이 작전이 일종의 교본으로 작용한 듯하다. 단속에 대해 보고서를 통해 간략하게 분석해 보고자 한다.

1. 선인집단부락의 개황

이 단속 장소는 오카야마현 미츠(御津)군 마키이시(牧石)라는 선인 집단지역으로 오카야마 시 경계에서 200m 떨어진 곳이다. 종전 후 한때 하천공사의 관지를 점용하고 가건물을 건설해 선인밀집부락을 형성한 곳이다. 호

350) 「集団鮮人部落密造酒取締について」, 『こうらく』, 1949년 4월호, 34쪽.

수는 약 50여 호, 인구는 200 명 정도 된다. 대부분은 밀조주에 의해 생계를 잇고 생산품은 주로 오카야마 시로 유입된다.

2. 사전 비밀조사의 상황

이 지역은 일본인이 단 한명도 없다. 지역적으로도 비밀리에 시찰하기 곤란한 치외법권적 존재이다. 밀조 장소 확인이 어려우므로 한 달 정도 노력해 내탐한 결과 밀조 공장 9곳을 발견했다. 대다수는 합동출자 조직에 의한 밀조로 이에 대응하는 단속 개혁이 필요하다.

해당 마을은 징용된 노동자들이 전후 방치된 공사 현장을 거주지로 삼은 사례이다. 해방 이후 형성된 재일조선인 집락지구에는 이런 경우가 많았다.

사전 내사 방식도 상세히 기술하고 있다. 재일조선인 마을은 밀항자와 범법자의 은닉, 혹은 유령인구 식량 수급 등의 이유로 호구조사가 제대로 이루어지지 않았다. 경찰이 잠입하거나 공공요금 수금원 등으로 변장해 마을 사정을 조사하기도 했다. 하지만 이 마을은 "전원이 조선인인 까닭에 호구 조사나 경찰 침투가 어렵다"고 하였다.

조사 방법으로는 ① 밀주 제조 오두막 확인을 위해 형사부장을 어부로 변장시켜 침투, ② 망원경 및 망원 사진기에 의한 시찰 및 촬영, ③ 담당 순사 이외 간부 특별시찰반의 호구조사 및 비밀관찰, ④ 제3자를 이용한 확인,[351] ⑤ 야간 비밀시찰, ⑥ 목표로 삼는 의심스러운 오두막 및 장소를 간부가 최후 확인 실시 등이었다. 이 중에서 망원 카메라는 '최대 효과'를 거두었고, 영장 발부도 해당 사진으로 가능했다는 것을 특필하고 있다.

351) 『解放新聞』 1949년 1월 1일자. 관리의 아내를 밀정으로 조선인 마을에 보내 밀조주를 팔라고 애걸하고 구입한 다음, 이를 증거로 영장도 없이 수색한 사례가 보도되었다.

사진은 그 외에도 "밀조현장의 촬영, 압수증거물 촬영, 공무집행 방해 그 외 단속 상황" 등 재판에 유리한 증거가 되었다. 르포 형식으로 여러 언론에 보도된 경우는 기자의 사진 또한 증거가 되었다. 부대 편성은 경찰대장을 총지휘관으로 하고 행동대, 경비대, 차량경비대, 예비대, 사진 감식대, 차량 정비대, 감시계, 본부 등으로 나누어 업무 분장을 세세히 보고하고 있다.

이렇게 철저한 준비 끝에 행해진 작전은 "부근의 선인들은 거의 잡히고 무저항"을 한 까닭에 예정보다 빠르게 종료되었다. 이날 동원된 인원은 총 329명으로 경찰관 294명, 검찰청 3명, 세무서 32명이 협력하였다. 검거된 한 조선인은 "그 정도로 시커멓게 경찰들이 몰려오면 아무 것도 할 수 없다"라고 말했다. 경찰 입장에서는 "이 정도 성공이면 경찰의 사기에도 큰 영향"을 미칠 것이라고 뿌듯한 심경을 나타내고 있다.[352] 밀조 단속은 세수 확보를 위해 세무서로서도 사활이 달린 중요한 작전이었고, 경찰은 '위신 회복' 측면에 큰 의의를 두었다.

오카야마서의 이 '성공적'인 단속 직전에는 아마가사키 밀조 사건으로 재일조선인의 대규모 집단항쟁을 야기한 바 있었다.[353] 아마가사키에서는 1947년 수차에 걸쳐 밀조주 단속이 있었지만 조련과 조선인들의 집단적 항의로 압수품을 환수하고, 용의자도 석방하는 등 경찰로서는 위신에 크게 손상을 입은 일들이 이어졌다.[354] 아마가사키 밀조 단속 사건은 조선인에 의해 행해진 '집단범죄'의 대표적인 사례로 지적되어 한신교육투쟁과 더불어 단속과 기소까지의 전말이 「集団犯罪の捜査に関する実証的考察」이라는 보고서에 수록되어 있다.

352) 「集団鮮人部落密造酒取締について」, 『こうらく』, 1949년 4월호, 34~42쪽.

353) 『朝日新聞』, 1949년 2월 10일자. 무장경관 1,200명과 세무서 직원 100명이 동원되어 아마가사키의 조선인 마을의 가택 176호를 급습했다. 이날 급습으로 112명이 검거되었다.

354) 「集団犯罪の捜査に関する実証的考察」, 『検察研究所特別資料第1号』, 1951년 5월, 3~6쪽.

이 보고서에서는 밀주 단속이 실패하면 "관헌의 위신을 실추하는 결과를 부르고, 다른 경제사범의 단속도 실패할 뿐만 아니라 일부 식자들은 '아마가사키에서는 조선인에 대한 무경찰 상태'라는 풍자와 개탄을 하고 있어 치안 확보상 우려"라는 점을 강조하고 있다. "검거의 성과는 물량의 규모보다도 경찰의 건재를 무언 중에 증명한 것에 큰 의의가 있고, 경찰의 무력을 조소하는 것은 나쁜 말로임을 여실히 보여준다"[355)]는 표현에서는 밀주 단속에 임하는 경찰의 본의가 잘 나타나고 있다. 명목상으로는 식량관리 위반, 물가통제법, 세수 확보를 위한 단속이지만 경찰의 존재 증명을 위한 단속이기도 했다는 것을 분명하게 밝힌 것이다.

4월에는 니가타의 다카다에서 대규모 밀조 단속 및 이와 연계된 투쟁 사건이 발생했다. 일본 언론은 "경관 300명과 세무서 관리 100명이 지난 7일 네 부락의 밀조민가 29호를 급습해 술덧 약 60석, 소주 약 10석을 압수하고 43명을 검거했다. 이에 조선인 연맹지부 등의 100여 명이 체포자의 석방 등을 요구, 경관대 400명과 대립 위기가 심해져 9일 오후 1시 10분경 다카다 세무서 앞에서 충돌, 조선인 4명, 경관 3명, 신문기자 9명이 부상"[356)]이라고 간략하게 보도했다.

『解放新聞』은 이보다 2주일 늦게 "지난 4월 7일부터 14일까지 8일간에 걸쳐 니가타현 다카다시를 중심으로 근변 일대에서 발생한 조선인 탄압사건에 日政에서는 무장 경관 연인원 8,800여 명이나 동원하여 동포 69명을 검속하고 당시 조련 사무소까지 수색"[357)]하였다고 보도했다. 이 기사에서는 밀주 관련이라는 언급이 없으나 이하의 후속 기사로 그 내용이 알려졌다.

---

355) 『朝日あげ』, 1949년 2월 20일자. 한편 이 보도에는 조선인 마을임을 별도로 언급하지 않고, 아마가사키 모리배 부락이라고만 보도되었다.

356) 『朝日新聞』, 1949년 4월 10일자.

357) 『解放新聞』, 1949년 4월 27일자.

지난 4월 7일 오전 6시 무장경관 약 500명과 세무서원 약 100명, 미병 2명, 검사 약간 명을 동반하여 니가타 각 부락의 조선인 주택을 '밀조단속'이라는 명목으로 일제히 습격하여 왔다. 조선인의 집이면 그 이유를 명시하지도 않고 무차별로 3~40명씩 임시 편성된 경관대로서 포위하고 취침 중인 방안에 구둣발로 침입하여 잠자고 있는 동포들에게 폭언을 하는 등 갖은 악독행위를 감행하며 심지어 부녀자들에게도 수갑을 채우면서 남자 20명, 부녀 1명을 검거하여 갔다. 동 시각에 다른 마을에서도 약 300명의 경찰대가 세무서원, 검사 등을 대동하여 포위 습격하여 꼭 같은 폭력행위를 감행하면서 18인을 검거하여 갔던 것이다. 이에 분개한 조선동포들은 남녀노소를 막론하고 총동원되어 궐기하였다. 오전 10시까지는 다카다 시내 조련지부 사무소에서 약 150명이 집합했다.[358]

이 보도는 "지난 4년간 탄압 중 가장 악질적 반동적" 사건으로 이 사태를 설명하고, 이후 일본 관헌의 무성의한 대응 및 검거자수가 더욱 증가하게 된 상황을 기술하고 있다.[359] 일본 언론의 밀조주 적발 보도는 기본적으로 '일본 경제에 피해를 입히는' 압수품 규모와 검거자 수치, '일본 공권력의 대처능력'을 보여주는 동원 인원 규모와 상세한 단속 과정에 그 중점을 두는 형태였다. 조선인 측의 대응은 폭력이 동반되거나 격렬하게 항의하는 모습만 구체적으로 보도되었고, 피해 상황이나 조선인의 인터뷰를 실시하는 경우는 찾아보기 힘들다. 철저하게 일본 공권력과 일체화된 시각의 보도가 주류를 이루고 있는 것이다.

밀주 단속을 빙자해서 재일조선인만을 집중적으로 겨냥한 단속 세태에 대해서는 일본 사회 내에서도 동정의 의견이 있었다. 경찰과 세무서를 중심으로 한 엄중하고 폭압적인 밀주 단속의 실태와 달리 지방자치체 등에서는 재일조선인의 경제적 실태를 일정 정도 고려하고자 한 측

358) 『解放新聞』, 1949년 5월 12일자.
359) 『解放新聞』, 1949년 5월 15일자.

면도 볼 수 있다. 그러나 이는 일본 관료들의 적극적이고 자발적인 의견이라기보다 조련 등의 민족단체가 지속적인 요구와 투쟁을 병행하였던 결과로 보인다.

알려진 사례로는 이하와 같은 것들이 있다. 1949년 3월 10일, 조련은 후쿠시마현 가와누마군의 조선인 마을이 경찰 급습 이후, 일용식량까지 몽땅 압수당한 사실을 조사하면서 후쿠시마현의 '밀조방위예산'이 450만 엔으로 계상되어 있다는 것을 알게 되었다. 일본 민주단체 대표들은 이 자금을 "조선인 생활 자금에 돌린다면 갖은 탄압과 주목을 받으면서 밀주를 할 사람은 하나도 없을 것"이라고 주장하였고, 이들의 협조로 압수물 전부를 반환받는 성과를 올릴 수 있었다.[360]

또한 같은 후쿠시마현에서 재일조선인들이 "정당한 직장, 최저생활비 및 사업자금"을 당국에 요청하였는데 당국은 "정당한 직장이 있을 때까지 술을 만들라"는 반응을 보였다. 그러나 조선인들은 "우리도 밀주는 싫다"고 하여 자치체 대표들과 협상 끝에 사업자금으로 300만 엔을 확약받았다.[361] 같은 해 6월 23일, 시즈오카의 밀주 단속 공판에서는 시즈오카 시장이 증언대에 나서서 조선인의 생활이 극히 어렵고 밀주는 생활난 때문이라는 것을 시인하기도 했다.[362]

암시장 폐쇄 이후, 대체 생계방편을 찾지 못한 재일조선인이 밀조로 몰리면서 이런 경향은 1950년대에 더욱 심화되었다.[363] 1949년 9월 GHQ

---

360) 『解放新聞』, 1949년 3월 21일자.

361) 『解放新聞』, 1949년 3월 21일자.

362) 『解放新聞』, 1949년 7월 1일자. 시장은 시의 사회과장, 민생과장, 민생위원에게 조선인의 생활 상태에 대한 조사를 지시했다. 사건 이전에도 생활개선을 위해 수차례에 걸친 조선인 단체의 면담 시도, 인민대회가 있었으나 이의 개선이 구체적으로 실시된 적은 없었던 사실도 시인했다.

363) 시골의 극빈층에서는 1950년대 말까지도 밀조주로 생업을 삼았고, 생활형편이 지극히 어려운 이들이 1959년부터 시작된 '북송사업' 이후 북한으로 가는 비율이 높았다.

에 의해 조련이 강제해산 당하자, 1951년 민전이 결성되면서 조련의 사업 전반을 계승해 밀조주 투쟁을 이어나갔다.[364] 생활개선 사업 제안과 투쟁을 지탱해줄 뚜렷한 대표단체가 없었던 1949~1951년 사이 단속 건수가 많았던 것은 이와 무관하지 않을 것이다.[365]

1952년부터 주류 생산이 증가하고 1955년 고도 성장기를 시작으로 산업전반이 제 궤도를 찾으며 밀조주만으로는 이전 같은 수익을 올리기 힘들게 되자 자연스럽게 조선인 마을 중심의 밀조주 제조는 감소했다. 그러나 만성적인 실업과 불안정한 생활 상태에서 딱히 기댈 곳이 없는 이들은 밀주를 계속 이어나갔다. 또한 암시장 시기의 간이식당 운영자들 중에서 고객 유치와 경비 절감을 위해 밀주를 하는 이들도 있었다.

1949년 이후부터 본격적으로 강화된 밀주 단속 건은 몇몇 신문보도만 참고하더라도 사례가 많으므로 이하의 표에서 정리하였다. 여기에 정리한 사례들은 일본과 동포 언론에 보도되고, 단속 대상으로 재일조선인이 명백하게 나타난 경우, 혹은 충분히 재일조선인이라고 유추되는 경우만을 취합해 정리한 것이다.

보도되지 않은 건과 지역 단위를 확장해 보면 사례는 훨씬 더 많겠지만 당시 단속의 추이와 경향성을 파악할 수 있는 정도로 참고하면 좋을 것이다. 이하의 사건들은 단속이 본격적으로 강화되고, 조련의 투쟁과 해산으로 이어지는 1949년 말까지로 한정하였다.[366]

---

364) 『神奈川新聞』에 의하면 1951년 보도건수는 19건으로 10년 사이 가장 높은 비율을 보였다.

365) 山田貴夫, 『植民地主義克服の意識と現状』, 2005, 권말자료 참조.

366) 1950년대에도 밀조주 단속과 이를 막으려는 투쟁은 치열하였으나 본 글에서는 밀조주 투쟁을 암시장과 조련의 관계선상에서 언급하는 까닭에 이 시기로 한정하였다.

〈표 10〉 밀조주 단속 주요 사건 일지

	단속일자	지역	압수물자 및 내용	동원인력	조선인 명기 유무	비고
1	1946-11-10		2급주10석 1말2되		조선인 명기	22만 2천엔에 판매, 10만 2천엔의 이득 취함
2	1947-03-19	오쿠라	막걸리4말		성명으로 유추	막걸리를 맛카리로 표기
3	1947-06-23	가와사키	술, 원료, 도구 등	경찰206명, 검사2명, 경찰88명	조선인 명기	단속 담당자 세무서원 린치로 사망, 조선인 범인 상해치사죄로 7년 실형, 이후 밀조적발 강화 각의결정
4	1947-07-22	오이타 야바케이 연선	술 24말3되, 술덧40통, 증류기10본, 누룩, 백미, 환맥	세무서원15명, 경관 25명 (무장6명)	무	4마을 24명 검거
5	1947-09-16		막걸리 4통, 누룩25개, 백미3말4되		성명으로 유추	2명 검거, 쌀 공급책과 소주 제조자
6	1947-09-21	오쿠라	소주1말5되, 덧술4말짜리5통, 누룩, 백미, 밀양조장치일체		조선출신으로 표기	소주1되 350엔에 판매
7	1947-11-29	큐슈 와카마츠	청주, 소주, 막걸리, 누룩, 찹쌀 약 20석, 양조기		맛카리로 유추	맛카리와 도부로쿠가 동시에 표기
8	1947-12-12	에히메		사복경관 50명, 무장경관 재차 동원, 세무서원		조련 경찰당국에 항의대회 개최
9	1948-01-08	가고시마	예상보다 소량의 밀주 적발	세무서원 16명, 신문기자 동행	무	39호가 소주조합 조직, 기자 동행하였으므로 영장 제시
10	1948-01-08				조선명과 통명 표기	암거래로 고구마, 쌀 구입해 소주 만든 과정 보도
11	1948-01-13	오쿠라	소주1말5되, 술덧5석, 수수3말, 증류기	오쿠라 세무서 전과원이 출동	조선출신으로 표기	형제가 제조
12	1948-01-15	도쿄 아라카와구	막걸리6석8말, 누룩9말, 으깬쌀3말	무장경관 40명	조선성명 표기	10명 검거
13	1948-01-27	후쿠시마	막걸리69석1말, 소주1석7말, 보일러13대, 증류관16개, 그외	완전무장 진주군13명, 경찰74명, 세무서원6명, 소방단250명	조선인 부락 명기	87호 급습

	단속일자	지역	압수물자 및 내용	동원인력	조선인 명기 유무	비고
14	1948-03-05	오사카부 기시와다		경관 250명	조선부락	
15	1948-03-22	오이타현 하야미군			조선출신으로 표기	동네주민의 신고로 검거되었다고 주민폭행
16	1948-03-23	시코쿠 가가와	막걸리7석1말2되8홉, 소주35석7말2되, 합성청주6말, 그외	군정부4명, 호주군 정보부 7명, 경관18명, 세무서19명	조선인 명기	밀조12건, 무면허 판매 일본인 1건, 관계자 21명 검거
17	1948-03-25	오이타 야바케이 연선	소주2석, 술덧32석, 누룩12가마, 쌀10가마, 증류기 8개, 고구마400관, 항아리20개 외	세무서원, 경관, 검찰	조선인부락 명기	1947년 8월 대규모 단속실시 이후에도 지속적 밀조
18	1948-04-08	사세보	4홉병들이 소주1병, 술덧4말들이 통		조선인 명기	집에서 양조 중 순찰경찰에게 발각
19	1948-04-12	사가현	4말들이1통, 2말들이1통		조선명과 통명 표기	발각 시 막걸리를 엎고, 사진촬영 방해
20	1948-04-21	도쿄 오타구	막걸리16석7말, 카스토리9말8되, 쌀6석 7말, 불린쌀 5말5되, 누룩8말, 제조기	경관, 세무서원 300명, 군정과장 넬슨 동행	지역으로 유추	24명 검거, 장독 파손, 남성은 없고, 여성과 아이들이 아우성과 통곡
21	1948-05-07	사가현	소주 4말, 술덧4말들이2통, 누룩3가마, 백미3가마, 보리3가마, 증류기3대		성명으로 유추	주정기 설비 갖춘 밀조공장
22	1948-05-11	효고현	밀주32석, 제조용기	경관, 세무서원		
23	1948-05-14	사세보	막걸리4말들이1통, 당맥분1가마		조선인 명기	사전 내사 결과 검거
24	1948-05-15	하마마츠	주류 20석	경관, 세무서원 250명		
25	1948-05-17	나가사키	소주, 청주4말들이4통, 쌀30가마, 술덧25석, 제조기구		조선인 명기	암거래 소주 출처 추적, 시가 2천만 엔 상당, 대대적보도
26	1948-05-18	오쿠라	소주2말, 술덧8말, 제조기구 일식	세무서원, 경관	성명으로 유추	

	단속일자	지역	압수물자 및 내용	동원인력	조선인 명기 유무	비고
				(무장경관 5명 포함)		
27	1948-05-19	나가사키			조선인 명기	순찰 중 신발수리가게 근처에서 소주 냄새 포착, 밀양조 중인 상황에서 발각
28	1948-05-20	나가사키				시내 거래처 등 급습
29	1948-05-23	사세보	소주 1말5되, 술덧2석8말		조선인 명기	3건의 조선인 검거보도, 압수물품은 합계
30	1948-05-26	오쿠라	소주3말, 술덧1석2말4되, 제조기구2식,		성명으로 유추	같은 날 2회에 걸쳐 다른 장소에서 적발
31	1948-06-06	시즈오카	막걸리, 제조용기	경관		4월 4일의 하마마츠사건의 상황 연장, 동포들 격분
32	1948-06-10	미야기	막걸리2말5되, 합성주3말7되, 찐쌀2말5되, 누룩판20매, 사카린, 제조기구 외	경관, 세무서원	성명으로 유추	
33	1948-06-15	오쿠라	막걸리1말5되, 소주4말, 청주2되, 합성주3말, 살리칠산 그외 제조기구		성명으로 유추	용의자 金子斗文이 용기 파괴, 압수된 술을 전부 흙에 뿌려 공무집행 방해죄로 검거
34	1948-06-18	사세보	술덧 10통		조선인 명기	18~19일 조선인마을만 대상으로 한 검거 후속 보도
35	1948-06-18	사세보	소주5석, 술덧4말들이55통, 그 외 용기	무장경관30명, 세무서원44명	조선인부락 명기	東彼宮村 선인부락으로 보도
36	1948-06-19	사세보	소주 2석5말, 술덧 20석, 통200개, 증류기 십수조		조선인부락 명기	東彼宮村 후속보도, 사진 삽입 사건 강조
37	1948-06-20	미에현 욧카이치시	막걸리2석1말, 소주3석6말		성명으로 유추	밀조부락 급습
38	1948-06-22	사가현	막걸리1말, 현미5가마, 누룩3개, 백미1가마4되, 압맥1말,		성명, 맛카리로 유추	막걸리를 타물자로 속여 탁송하려던 순간 검거

	단속일자	지역	압수물자 및 내용	동원인력	조선인 명기 유무	비고
39	1948-07-03					東彼宮村 후속보도, 압수 밀조주 판매 풍경
40	1948-07-14	오카야마				피고인 이용학 외 19명, 최고재판소 판례집에 기재
41	1948-07-15	우츠노미야	양돈, 축식기구, 수통, 변기통압수	무장경관 60여명		여맹위원장 부상입힘, 임산부에게 피해, 16일 경관 30명, 검사3명 재단속, 4명 검거
42	1948-07-26	나가사키	소주2말, 술덧6말, 고구마, 증류기		조선인 명기	선인으로 제목, 거류민단 단원
43	1948-07-30	도쿄 후카가와	카스토리3석9말, 합성주1말5되, 술덧23석9말, 백미 272kg, 밀조도구	경시청, 경관, 세무서원	지역으로 유추	3명 검거, 3명 도주
44	1948-08-09	후쿠오카	막걸리3석8말2되, 소주1말, 누룩3말3되, 누룩원료 92개, 증류기1대, 으깬쌀1가마반		조선인부락 명기	이중벽에 숨긴 물자를 발견
45	1948-08-10	모지	소주 약2말, 누룩1말, 증류기2조, 4말들이통2개, 4말들이 항아리1개		성명으로 유추	사전부터 정밀내탐해서 검거
46	1948-08-10	미야기	소주1말, 술덧6말, 쌀6말, 증류기7대, 2말들이3통,		성명으로 유추	
47	1948-08-20	오이타현 우사	술덧3석, 누룩, 증류기1개		성명으로유추	
48	1948-09-02	군마	술덧4말들이1통, 드럼통1개, 그외 기구		조선성명 표기	
49	1948-09-08		주밀조취체대책 협회설치			
50	1948-09-09	오이타시	소주2말5되, 누룩4말 100개, 소맥4말, 술덧3통, 보리 한가마, 증류, 여과, 냉각기		조선출신으로 표기	두 곳을 단속

	단속일자	지역	압수물자 및 내용	동원인력	조선인 명기 유무	비고
51	1948-09-10	가고시마	소주2말, 술덧2석5말		한국인 명기	
52	1948-09-21	미에현 욧카이치시	소주3되, 술덧2말, 1석들이통1개, 6말들이통1개, 5말들이통1개, 기구		조선명과 통명 표기	100여 명이 항의, 8명 검거
53	1948-09-22	군마	제조중인 소주 4말들이 4통	경관1명, 세무서원 4명	성명으로 유추	
54	1948-09-22					주식과 밀주 단속 강화, 국가경찰본부 전국에 지시
55	1948-09-29	도야마	배급물자 가재도구 등 압수해감	무장경관, 세무서원 200명		영장없이 20여호 불법수색, 교섭위원 6명 검거, 추가로 12명 검거
56	1948-09-30	군마	술덧6말3되, 술덧4말들이2통	경관30명, 세무서원 10명	조선명과 통명 표기	
57	1948-10-14	나카츠	소주8되, 술덧 1석1말, 누룩3말 그외 증거품		무	
58	1948-10-15	군마	막걸리5되, 누룩29상자, 카스토리1되		성명으로 유추	
59	1948-10-20	나고야		무장경관 900명, 세무서원 300명		조선인 329가택 수사
60	1948-10-25	도쿄 산다마	막대한 물자 압수	경관 400명		27명 검거, 일본인4명 포함
61	1948-10-26	군마현 기류				조선인 12가구 거주 지역, 6명 검거(17세 소년 포함), 일본인도 참여해 구명운동
62	1948-10-27	후쿠시마	다량의 물자 압수	경관130명, 세무서원 30명, 판사, 검사		3명 검거
63	1948-10-30	도쿄	물자 다수 압수	무장경관 세무서원 약 80명		2명 검거, 수갑 채운 채 폭행, 조련 피검자 즉시석방과 압수물자 반환 요구
64	1948-11-01	히로시마	막걸리 3석		성명으로 유추	인근의 창고에서 밀조 중, 경찰에게 발각, 세무서에 통보

	단속일자	지역	압수물자 및 내용	동원인력	조선인 명기 유무	비고
65	1948-11-11	오이타 야바케이 연선	소주3말5되, 술덧1석1말, 누룩 7되, 보리2말5되, 증류기 2개		성명으로 유추	
66	1948-11-13	도야마	막대한 물자 압수	경관 600명 (영장무)		7명 공무집행 방해죄, 그외 수명 검거, 부녀자 폭행, 부상자 발생
67	1948-11-18	도쿄 시바우라	막걸리 10석, 청주 7되, 누룩1석, 쌀	경관 110명, 예비대 150명	조선인부락, 조선명 명기	30명 검거
68	1948-11-20	미에현	막걸리 1말5되, 소주1되, 술덧1석2말, 증류기2개, 가마10개		성명으로 유추	1945년부터 제조해온 것으로 추정, 10명 검거
69	1948-11-20	오이타 야바케이 연선	소주3석, 덧술20석, 누룩8가마, 쌀7말, 소맥7말, 그 외 다수			
70	1948-11-20	요코스카	증거품 없이 돌아감			무리한 수색으로 부녀들이 경찰서 찾아가 집단 항의
71	1948-11-21	기타큐슈	계란, 대바구니, 시계, 재봉틀 등 몰수, 각종 짐, 상자, 서류 조사	경관 200여 명		수색 후 각 지역에서 항의 인민대회
72	1948-11-21	오쿠라	막걸리5석6말3되, 소주3석2말2되, 누룩3석2말1되, 술덧10석8말5되, 주식8가마 그외	검사 6, 판사 4, 사무관 8, 경찰 150, 세무서원 120	조선인부락 명기	십수명 검거, 후쿠오카 군정부가 대성공으로 평가, 이후에도 철저 이행 언명
73	1948-11-26	후쿠오카	막걸리, 소주 합계 40석		조선인부락 명기	백지영장발부, 현장기입, 주민들의 대거항의
74	1948-11-27	도쿄				관내 조선인 가택 모두 수색, 혐의품 전혀 나오지 않음, 불법영장, 조련 항의
75	1948-11-29	시즈오카		경관, 세무서원 100여 명		정당한 외국인 대우 및 식량증배 등 8조 요구, 압수물자 8할 반환 받음
76	1948-11-30	사세보	술덧 5통,	미헌병, 무장경관 등 40명, 세무서원 10명	성명으로 유추	

	단속일자	지역	압수물자 및 내용	동원인력	조선인 명기 유무	비고
77	1948-11-30		소주4석1말, 술덧3석4말, 누룩7상자, 밀조기구9대, 4말들이90통	적발대 150명	조선인 명기	東彼宮村 폭행자체포, 한국민단 측에 폭행자 명단 요구
78	1948-12-01	사세보				후속 보도, 밀조주가 본업인 마을
79	1948-12-02	사세보				東彼宮村 검거단행 결의
80	1948-12-04	사세보				東彼宮村 후속보도
81	1948-12-05	사세보				東彼宮村 후속보도
82	1948-12-07	사세보			조선인 명기	東彼宮村 후속보도
83	1948-12-08	나고야, 기후				
84	1948-12-08	오사카	막걸리1석1말, 소주3말, 위스키 200병, 누룩19상자 외	경찰, 세무서, 지검		6명 검거, 이틀간 106명 송청, 결혼식장을 덮침. 3곳의 별도 장소 적발을 합산
85	1948-12-09	가와사키	가택 수사를 핑계로 현금 4만원, 금반지, 고급시계 1개 탈취			
86	1948-12-10	나고야				압수물 반환 소동으로 충돌
87	1948-12-10	하야미	술덧 7석, 4말들이 통 5통, 발효제 수십본		성명으로 유추	취조 중 다수의 공동밀조를 포착함
88	1948-12-11	오사카		무장경관 500여 명		30 명 검거
89	1948-12-14	오이타			성명으로 유추	동 마을주민에게 밀조투서 혐의로 30만 엔 배상청구 요구, 요구자 4명 공갈죄로 체포
90	1948-12-20	삿포로	막걸리2석3두, 소주1말, 쌀1가마		성명으로 유추	
91	1948-12-21	나가사키	소주1석7말, 누룩1석2말, 술덧77석,			관계자5명 검거
92	1948-12-21	도쿄	소주 1석2말, 쌀2말	무장 정사복 경관, 세무서원 50여 명		경관 아내를 밀정으로 보내 명절용 보관 술을 구매한 다음 밀조로 고발, 세무서장과 담판

	단속일자	지역	압수물자 및 내용	동원인력	조선인 명기 유무	비고
93	1948-12-21	벳부시	소주6말, 술덧4석, 누룩3석, 미맥3석, 증류기1대		성명으로 유추	
94	1948-12-24	나카츠		검찰, 경관, 세무서원, 무장경관 38명 증원	조련청년부 명기	도끼, 손도끼, 장작을 들고 저항, 증거인멸 위해 술덧 버리고 증류기 탈취시도
95	1949-01-13	군마				인권유린,가택침입,물품파괴,부당검속등을 내세우며 일본 단체들과 연대투쟁
96	1949-01-13	야마구치		수백 명 동원		어린아이를 앞장세우고 분뇨 등으로 경찰과 맞섬
97	1949-01-20	사세보	소주술덧드럼캔8통, 소주제조기 1조, 4말들이16통	무장경관 50명	한국인 명기	3명 검거, 3명 도주
98	1949-01-25	도쿄	막걸리, 소주, 누룩, 배급용쌀	1000여 명 동원		14명 검거, 임산부와 수유여성 포함, 경찰서장이 민단간부를 사주해 염탐사실을 누설
99	1949-01-27	오이타 야바케이 연선	소주1석, 술덧25석, 증류기5개	검거대 70명, 세무서원60	조선인부락 명기	27~28일 이틀 단속
100	1949-01-27	나고야, 마츠에				밀주단속으로 조선인 600명이 경찰서습격, 한국언론에 보도
101	1949-02-02	오사카	막걸리1석2말 그 외			순찰 중 경관이 냄새 맡고 적발
102	1949-02-08	아마가사키	막걸리, 청주, 소주	무장경관1100명, 경관100,	조선인부락 명기	가택 176호 급습, 112명 검거, 이후 성공적 단속사례로 자주 인용
103	1949-02-16	히로시마	트럭4대분의 술덧, 제조기구, 밀조주	세무서원 및 무장경관 30명, 추가 백수십명	조선인부락 명기	공무집행방해죄로 현행범 6명 외 관계자 체포
104	1949-02-23	오카야마		경관294명, 검찰3명, 세무서원 32명	조선인부락 명기	
105	1949-02-26	후쿠시마	압수한 술 마신 서장이 '조련 철저히 분쇄할 것' 발언	무장경관 200명		11명 검거, 일본인 3명 포함, 조련 교섭으로 석방

	단속일자	지역	압수물자 및 내용	동원인력	조선인 명기 유무	비고
106	1949-02-28	시즈오카		경관 100명		일본노동조합과 연대해 생활대책협의, 물품반환 위해 당국과 교섭 실시
107	1949-03-06	도쿄	주민들의 강력한 투쟁으로 성과 없이 돌아감	경관, 세무서원 200명		
108	1949-03-10	나가사키	청주6말, 소주1말5되, 쌀8말, 찹쌀5말, 누룩50개, 제조기구다수		성명으로 유추	
109	1949-03-10	야마가타	일용식량까지 모두 몰수	경관, 세무서원 80명		대책회의 중 밀주방지 예산으로 450만 엔 책정된 사실 밝혀짐
110	1949-03-11	센다이	카스토리5말, 청주라벨 수백매, 제조기, 냉각기		성명으로 유추	
111	1949-03-17	나가사키	막걸리4말들이5통외			용의자는 일본인이지만 한국인에게 오두막을 빌려주었다고 진술
112	1949-03-18	후쿠오카 일대	막걸리400통, 소주3석, 누룩3석, 증류기37대, 백미2가마	트럭 40대, 경관 1,000명, 세무서원 400명		200호 급습, 30명 체포(부산물로 다이나마이트 120본, 뇌관190본 압수)
113	1949-03-23	미야기	소주4말, 증류기 외 30점		조선성명 표기	일본인 창고 빌려 제조
114	1949-03-28	오사카	막걸리4말들이18통 그외			
115	1949-04-07	니가타현 다카다	소주10석, 술덧 60석	경관 300명, 세무서원 100명	조선인부락 명기	43명 검거, 조련지부가 항의, 며칠에 걸친 대규모 충돌－후카가와 사건과 겹침
116	1949-04-15	치바	막걸리3석, 소주, 누룩5가마, 주식7가마, 도구14점, 양과자, 엿 500관			30명 검거
117	1949-04-16	후쿠오카	막걸리, 소주8석2말, 술덧20석, 미맥30가마,	경관 800명, 세무서원 200명	무	30명 검거
118	1949-04-19	큐슈 일대	막걸리1말8되, 소주6되, 술덧10석, 쌀9석8말	경관과 세무서원 천여 명 심야비상소집	성명으로 유추	초대형 동원에 비해 현저하게 낮은 실적

	단속일자	지역	압수물자 및 내용	동원인력	조선인 명기 유무	비고
119	1949-04-23	나가사키	소주2석8말, 술덧66석, 고구마, 백미3되, 증류기3개, 술통	무장경관 90명, 세무서원 40명, 인부20	조선인 명기	2명 검거
120	1949-05-06	후쿠오카 나가하마	소주9말3되, 술덧4석8되, 누룩2되, 증류기		성명으로 유추	17호 급습, 심명택 외 3명 주세법 위반으로 취조
121	1949-05-10	후쿠오카	소주6말, 술덧5석, 누록150상자, 증류기1식		성명으로 유추	심명택외 6명
122	1949-05-12	도쿠시마	술덧4석, 제품3말, 증류기 20개 이상, 냉각기, 사입통		조선인부락 명기	대대보도, 마을 중앙의 제강공장에서 발견, 경영주인 일본인은 모르는 일이라고 증언
123	1949-05-19	오이타현 우사	소주6말8되, 술덧4석2말, 누룩50, 고구마100관, 제조기구 다수	경관 33명, 세무서원 35명	조선성명 표기	
124	1949-05-24	구마모토	청주5되5홉, 청주상표라벨		조선명과 통명 표기	용의자 외국인등록령 위반
125	1949-05-25	도치기		현하전경관 400명, 세무서원100여 명		40여호 주택 급습, 35명 검거, 조련지부 간부 전원체포, 그 외 지역에서 10명 검거
126	1949-05-31	시즈오카	피해 약 백만 엔 정도	무장경관 150명, 세무서원 120명		9명 검거, 150명이 몰려가 항의
127	1949-06-02	시즈오카		무장경관 75명		5월 31일 1차 단속 이후 재차 단속, 7명 검거, 여성 2명 포함-
128	1949-06-16	도바타	소주5말5되, 술덧4말, 그 외 도구 다수		조선성명 표기	도난품 신고로 출동해 밀조주 발견
129	1949-07-09	후쿠오카	소주5되, 술덧3석3말5되, 증류기각2조, 여과기 등	세무서원, 무장경관38명	무	생활옹호를 외치며 경관에게 반항
130	1949-07-29	사세보	증류, 냉각기각1개, 소주항아리, 1말, 1되, 2홉들이병2병 그외		조선인 명기	관내의 소문 듣고 수사 착수

	단속일자	지역	압수물자 및 내용	동원인력	조선인 명기 유무	비고
131	1949-07-30	가고시마	소주3말		성명으로 유추	발각된 후 봉인을 떼고 물과 교환하려는 시도와 기구 파기, 공무집행방해죄
132	1949-08-04	사가	술덧4말들이1통, 소주용기2본 -사가 8.6		조선성명 표기	영장불비로 거부, 대표 십수명이 재판소, 세무서 몰려감, 조련을 鮮連으로 표기, 쌍방 부상자
133	1949-08-18	사가				4월 이마리 밀조적발 중 주민과 경찰의 난투사건, 조련의 진상규명 요구
134	1949-10-20	나고야	막걸리16석, 소주 10여석, 쌀보리 16석	경찰 총동원		조선인 329가구 조사

다. 암시장을 통한 재일조선인관의 형성

언론과 일부 정치인들에 의해 생성, 유포된 암시장과 재일조선인의 상관관계에 관한 언설은 그 실체와 상관없이 해방 이후 재일조선인에 대한 부정적 이미지를 고착시키는 주요한 계기가 되었다. 식민지 시기부터 이어진 조선인 멸시사상이 여전히 존속하는 상태에서 재일조선인은 일본의 법률을 무시하고 암시장을 무대로 탈법적인 경제생활을 하며, 폭력적 방식으로 일본인을 위협하는 무질서하고 파렴치한 민족이라는 이미지가 추가되었다.

패전 이후 정관계 책임자들은 만연해 있는 각종 사회문제 해결을 전시 중과 마찬가지로 일반 시민의 '정신력'으로 귀납하려 하였고, 식민지 피지배 경험에서 촉발되어 과잉 분출된 재일조선인의 언행은 이를 전가하기 좋은 대상이 되었다. 암시장과 밀조주 단속에서 민족단체의 정치적 투쟁과 결부된 집단행동으로 이런 관점은 더욱 강화되고 이후에는 고착화되었다. 패전으로 우월적 위치를 상실하고 허탈상태에 빠진 일본 민중들은 이들 '해방민족'의 지위 전도를 받아들이지 않고, 권력층의 선전선동에 대리만족하면서 왜곡된 시각의 재일조선인관에 동참했다.

전술한 『朝日新聞』 1946년 7월 13일자 신문 사설 「조선인의 취급에 대해」는 이후 발화되기 시작한 관료와 정치인들의 '조선인 비난'에 상당한 근거를 제공한 시발점으로 여겨진다. 사설 발표 열흘 후인 7월 23일, 중의원 오노 반보쿠(大野伴睦)[367]는 시부야 암시장에서 발생한 대만인과 경찰의 살상사건과 국내치안 유지에 관한 긴급질문을 하였다. 그는 "비일본인인 그들이 사회질서 파괴행위를 하는 것은 평화로운 목장에 침입한 범과 이리"의 행동이며 "경찰의 민주화라는 것은 경찰의 무력화"라고 주장했다.

그가 언급하는 '비일본인'은 조선인과 중국계인을 의미하는 것이었다. 불과 1년 전까지만 하더라도 일본 제국주의가 주창하던 대동아공영권(大東亞共榮圈), 팔굉일우(八紘一宇), 내선일체(內鮮一體), 일시동인(一視同仁) 등 구호의 허상은 그의 '비일본인' 운운에서 잘 나타나고 있다. 그는 패전 이후의 일본 사회를 '평화로운 목장', '해방민족'을 날뛰는 '범과 이리'로 묘사하였는데 식민지 시기 일본의 역할을 생각한다면 적반하장 격인 표현이라 하겠다. 과거의 착취와 차별에 대한 사과 한마디 없고, 패전과 이로 인한 사회 혼란 문제를 외국인들에게 전가하는 전형적인 모습이다. 이에 대해 내무대신 오무라 세이이치(大村清一)는 다음과 같은 내용으로 답변하고 있다.

> 종전과 함께 민심은 일시 나아가야 할 목표를 잃어버린 결과 소위 허탈상태에 빠져 자성심을 잃어버린 무리는 사회 안전을 위협하는 악덕행위를 저

367) 훗날 중의원 의장, 자민당 부총재까지 지낸 거물 정치인으로 5.16 이후 한국에 와서 당시 국가재건최고회의 의장 박정희를 면담하였다. 밀항자였던 '박치기왕' 김일의 귀국에 힘을 써준 인물로 우익 거물이면서 친한파라는 모순적 평가를 받고 있다.

> 질러 사회불안을 양성하고 있다. 이에 더해 이른바 해방된 재류자라고 해서 오해하는 이들은 과거의 처우에 대한 반발을 이유로 들어 마치 승전국민인 것처럼 우월감을 가지고, 예를 들어 부당요구, 집단폭행, 각종범죄의 감행, 경제통제의 교란, 무임승차의 불법월궤 행위를 저지르고 있다. 이들이 사회인심을 불안하게 하는 것은 잘 알고 있는 바와 같다. 우리 경찰은 이들 재류자에 대해서 완전한 경찰권을 장악하고 이에 대해 단속의 의무와 책임을 가지고 있다.[368]

오무라는 '나아가야 할 목표'와 '자성심을 잃어버린 무리'가 '악덕행위'를 저지르고 '사회불안을 양성'하고 있다고 언급하였는데 일본인이 패전이라는 결과에 보이는 혼란상황을 의미한 듯하다. '해방된 재류자'들은 '과거의 처우에 대한 반발'을 가지고[369] '마치 승전국민인 것처럼 우월감'을 가지고 있다고 하는 것은 재일조선인을 에둘러 말하는 정치적 수사이다.[370] 문제의 신문사설과 마찬가지로 '일본인의 감정을 자극'한다고 보는 오무라의 본심이 발언에서 나타나고 있다. 이러한 혼란을 야기한 원인제공자는 일본 정부임에도 불구하고, 외국인들이 사회불안의 큰 요인인 것처럼 희석하려는 의도 역시 드러나고 있다.

암시 숙정 직후인 8월 6일 중의원 예산총회에서는 신엔 교환 이후 시중에 떠도는 소문에 대한 질의응답이 행해졌다. 중의원 사토 도라지로(佐藤虎次郎)는 대장대신 이시바시 단잔(石橋湛山)에게 "7월 현재 신엔

---

368) 「第90回 帝国議会衆議院議事速記録」 20호, 1946년 7월 23일.

369) 「中総経済部活動経過報告」 1946년 10월 14일, 『集成』 1卷, 52쪽. "그들은 일부 조선인의 불법행위가 모두 그들이 행한 전쟁교육의 부산물이고, 중국 조선에서 일본 자신이 실제 저지른 악한 행위의 몇천만분의 일에 지나지 않는, 극히 소수의 조선인이 흉내낸다는 것을 알 리가 없다"고 성토하고 있다.

370) SCAPIN- 1543 (Feb. 25, 1947) AG014.33, LS-L : Registration of Chinese Nationals. 대만 거류민은 1945년 10월 25일 이후부터 중화민국국적을 회복하게 되고, 이들의 법률상 지위 및 대우는 일반 화교와 같이 인정한다고 하였다. 1947년 2월 25일에는 일본의 형사재판권에 따르지 않는 연합국인이라고 간주하게 되었다.

발행액[371] 500억 엔 중 상당 부분이 '제3국인'의 수중에 있다는 것이 맞는가?"라는 질문을 던졌다. 이에 이시바시는 "국내의 '제3국인'이 상당한 신엔을 가지고 있다는 것을 인정하지 않을 수 없다. 그러나 이들은 기업에 장기투자하는 관습이 없으므로 장래 일본 기업이 그들의 수중에 들어가는 일은 없을 것"[372]이라고 답변했다.

의원들의 질문과 각부 장관의 답변은 그들이 전후 사회를 어떻게 보고 있는지를 반영한다. 이시바시는 신엔 발행액 중 '상당액'이 '제3국인'의 수중에 있다는 애매모호한 답변을 하였는데 '상당액'의 범위는 얼마인지, 어떻게 확인하였는지, 그리고 그것이 가능했는지 의문이 든다. 의혹으로 제기된 질문은 애매한 답변과 함께 기록되고, 이후에도 반복적으로 인용되며 기정사실인양 시중에 유포되었다. 또한 재일조선인과 중국인계를 통칭해서 표현했던 '제3국인'이라는 용어는 사회불안과 경제교란의 요인으로 부정적 이미지를 강조할 때마다 등장했다. '제3국인'이 조선인, 중국계인을 통칭한다 해도 실질적으로 조선인이 재일외국인의 대다수를 차지하는 상황에서 이 용어가 누구에게 가장 많이 적용될지는 자명한 일이다.[373]

8월 17일 진보당 의원 시이쿠마 사부로(椎熊三郎)는 이런 항간의 소문을 보다 침소봉대해 정쟁의 장으로 끌어들였다. 그의 발언은 신문사설과 오노, 사토의 발언을 종합해 패전 후 무력해진 경찰과 이로 인해 야기된 치안불안, 조선인의 밀항 문제, 암시장 단속, 조세 문제 등을 포괄하였다. 발언 중 쟁점이 된 부분을 정리해 보면 다음과 같다.

---

371) 1946년 2월 16일 시데하라 내각은 전후 인플레이션 대책의 일환으로 금융긴급조치령을 발령해 신지폐로 화폐를 교환하도록 했다.

372) 『朝日新聞』, 1946년 8월 7일자.

373) 오무라는 1946년 9월 의회 질의답변에서 "대만인 거주자들은 수에 있어서 매우 적다, 그리고 특히 중국인에 이르러서는 더욱 그 수가 적다"라고 해서 재일외국인들의 대다수가 조선인임을 분명히 했다.

> 지금 내지[374]에서 외국인이라는 특수 지위를 이용해서 경찰력의 無力化를 틈타 여러 불법을 감히 저지르는 자가 많다는 것은 이미 제군도 잘 알 것이다. 유감이지만 우리는 패전국민으로, 종전 순간까지 동포로서 함께 이 나라 질서 아래 생활하던 자가 즉각 변해서 마치 전승국민인 듯 행동하고 마음대로 철도, 특히 전용차라고 붙여놓고 다른 일본인 승객을 경멸, 압박하면서 참고 보기 힘든 행동으로 여러 악행을 저지르는 사실은 놀라지 않을 수 없다 '……' 제군, 이 조선인, 대만인 등의 참기 힘든 행동은 패전의 고통에 살아온 우리에게는 마치 전신의 피가 역류하는 듯한 감정을 가지게 한다. 그리고 그들은 특수입장으로 경찰력이 미치지 않는 점을 이용해 암거래를 하고 있으니 일본 암거래의 근원은 바로 오늘날 이 불령한 조선인 등이 중심이 되어 오늘날 일본의 상업 거래, 사회생활에서 큰 영향을 미치는 것은 놀랄만한 일이다. 금제품을 노상에 두고 밀매하고, 혹은 노점을 점거해서 경찰력을 모욕하며 백주대낮에 공공연히 거래를 하는 것은 공사적으로도 무시할 수 없다. '……' 지금 오백억을 넘었다는 신엔의 3분의 1은 아마 그들의 손에 장악되었을 것이라는 소문도 있다. 혹시 이 소문이 진실이라면 일본의 미약한 상업자는 세금도 안 내는 외국인인 조선인, 대만인에게 상업 거래로서는 대적할 수가 없다. 고베, 오사카에서는 이미 노점상, 음식점, 모두가 대만인과 조선인에 의해 장악됐다는 사실을 내무당국은 어떻게 보는가? 제군, 지금 정부는 엄연한 태도를 보여주지 않으면 바로 문제가 야기될 것이 두렵다.[375]

오노와 사토, 오무라는 '제3국인'이라는 표현으로 에둘러간 것에 비해 시이쿠마는 '내지' '불령선인' 등 침략적 제국주의 시기의 차별적 용어를 공적 자리에서 사용하며 재일조선인을 비롯해 외국인 세력에 대한 그의 감정을 여과 없이 드러냈다. 이들의 행동이 '참고 보기 힘든' 것이고 '전

374) 내지(内地)는 제국주의 식민지 시기에 일본을 의미한다. 패전 이후에도 여전히 식민지적 인식으로 일본과 그 이외 식민지 영역을 분리하는 용어를 거리낌없이 사용하는 정치인들의 행태를 반영한다.

375) 「第90回 帝国議会衆議院議事速記録」 30호, 1946년 8월 17일.

신의 피가 역류하는 듯한 감정'을 자아내게 한다는 언설은 신문 사설의 '일본인의 감정을 불필요하게 자극'한다는 표현보다 의도가 더욱 명확한, 배타적이고 선동적인 공격이다. 밀항한 재일조선인이 "일본 경찰력의 미약에 편승해 흉기를 가지고, 도당을 만들어 놀랄만한 흉악성을 발휘해서 당해 주민의 생활을 위협하는 것이 실로 언어로 표현할 길이 없다고 들었다"는 식의 과장된 표현은 발언 전반을 통해 일관되게 나타난다.

시이쿠마의 이 발언은 재일조선인의 큰 반발을 불러 일으켰다. 발언 이후 9월 1일 간다 공립강당에서 열린 관동대지진학살기념 인민대회에서는 시이쿠마에 대한 항의문이 결의되고, 대회대표는 중의원 의장에게 항의문을 건네며 사죄를 요구했다. 9월 25일에 개최된 조련 도쿄 본부의 정기대회에서도 이 문제를 중시해 반박성명서[376]를 작성하고 마찬가지로 중의원 의장과 시이쿠마의 사죄를 요구했다. 11월 5일, 시이쿠마의 소속당인 진보당에서 정식으로 사죄하면서 사건은 일단락되었다. 한국 언론에서도 이 사건에 대해 다음처럼 보도하고 있다.

376) 항의문의 내용은 다음처럼 정리된다. "일본군국주의의 패배에 의해 해방된 우리 조선인은 패전 일본에 대해 폭력은 폭력으로 갚는다는 생각을 하지 않고 마음으로 패전의 고뇌에 시달리는 일본이 하루라도 빨리 민주주의 국가로서의 재건과 자주성을 되찾고, 중국, 조선은 함께 마음으로부터 선린, 우혜에 의한 번영을 영구히 수립하도록 보복을 버리고 과거를 망각하고자 노력과 민중을 지도해 왔다. 그런데 시이쿠마씨는 조선인의 해방환희의 정서로 상규를 벗어나 극소수의 자가 한 행위를 거론하며 이를 침소봉대로 선전하고 의식적으로 배타적, 선동적 폭언을 하며 민족감정을 악화시키고, 이로써 민족대립을 조장한다. 양 민족의 장래를 생각해 다난한 일본 재건에 마음으로부터 우러나는 우호적 고려를 아끼지 않는 우리 조선인은 과거의 죄업에 무반성하고 또한 인류장래의 행복을 위해 각 민족이 해야 할 책무에 대한 인식이 매우 결여된 것에 놀라지 않을 수 없다. 여기에 일국의 의정단상에서 타민족에 대해 그토록 파렴치하고 비열한 폭언을 하고 악담모욕을 한 예는 세계 어디에서도 아직 있다고 들은 바 없으며 이는 필경 어떤 음모가 있는 것이다. 일본 제국주의 시대 착취와 학살을 일로 삼았던 반동군벌의 잔당과 이를 그늘에서 지지하는 일파가 오늘 연합군의 온정적 점령정책을 역이용해서 지금 일본 민중에게 적개심을 부채질해 후일 침략을 준비하는 기지를 만드는 것이라고 생각한다"

(東京 5일발 共立) – 진보당의 일 의원이 조선인에 관하여 발언한 건에 대하여 재일조선인연맹 중앙총본부에서는 기발언의 취소와 진사를 요구하는 강경한 태도로 진보당과 분쟁을 일으키고 있었는데 昨日 진보당에서는 犬養 총무회회장 기타 간부가 재일조선인연맹총본부대표와 회견하고 陳謝하였다.[377]

1946년 10월에 개최된 제8회 중앙위원회에서는 "일본 민중의 여론을 선동하여 의회에서 자유당 오노 반보쿠의 질문연설과 내상, 경보국장 답변, 진보당 시이쿠마 사부로의 질문연설과 내상, 후상의 답변, 귀족원 야마다 사부로의 질문연설 등이 일본 국민을 적극적으로 선동하고 조선인과 일본 민중을 대립시키고 있다"[378]고 하여 일본 정부의 악의적인 태도를 지적했다. 일본 정부에 대해 항의를 하는 한편으로 꾸준히 내부의 자성을 촉구했다. 일본인들이 가진 부정적 이미지를 탈피하기 위한 자성과 개선에 대한 노력은 조련 결성 초기부터 지속적으로 제기되어 온 것이었다.

그러나 시이쿠마가 증폭시킨 재일조선인에 대한 배타적, 모욕적, 멸시적인 언행은 이후에도 다양한 방식으로 이어졌다. 10월 우에노에는 조선 모독의 내용이 담긴 방범 포스터가 내걸렸다. "도난방지"라는 표어를 내건 이 포스터의 한가운데는 태극 문양, 그 문양 한쪽에는 "不在中", 나머지 한쪽에는 강도가 든 칼에 놀라는 일본 부인의 모습이 있다. 태극 문양 뒤에는 악마 형상을 한 강도가 일본 부인에게 칼을 겨누고 있었다.[379] 포스터는 우에노경찰 방범위원회 주최로 작성된 것으로 내용은

377) 『동아일보』, 1946년 11월 7일자. 그러나 사죄했다는 보도만 있을 뿐, 어떤 내용으로 어떤 경과를 밟았는지에 대한 설명은 없다. 당시 한국 사회는 혼란한 정정으로 인해 재일조선인 사회에 대해 매우 낮은 관심도를 보였다.

378) 「在日本朝鮮人聯盟第三回全國大會議事錄((附)第八回中央委員會議事錄)」, 『叢書』 9卷, 46쪽.

379) 朴慶植 編, 『解放後在日朝鮮人運動史』, 148쪽.

명백한 조선인 모독이었다. 조련은 이에 대해 항의하고 11월 4일 군정청 소좌가 우에노 경찰서소장을 불러 조사한 다음 배포된 720매의 포스터는 수거되었다. 서장은 잘못을 시인했지만 포스터의 그림은 소학생의 작품이라는 불분명한 해명으로 책임을 회피했다.

12월 3일에는 치바현 후나바시의 한 경관이 "피스톨은 조선인을 단속하기 위해 소지하는 것"[380]이라는 발언을 했다. 특히 경찰들은 암시장의 최일선에서 암상인들을 대해야 하는 처지였다. 오사카 우메다 소네자키서 방범부장은 한 회고에서 "오늘도 또 동료 한 사람이 '3국인'의 뒷전에 묶여 거리를 끌려 다니고 있다. 내일은 어찌 될 것인지, 거리의 사람들이 이 정경을 바라보며 이를 악물고 눈물을 삼키고 참아내고 있다"[381]라고 기술하고 있다. 그러나 경찰은 불과 몇 개월 전까지만 하더라도 제국주의의 첨병으로 재일조선인을 탄압하던 집단이었다. 식민지 지배와 패전의 피해에 대한 사죄 한마디 없이 역전된 처지에 대한 불만을 과장되게 나열하는 관료 및 경찰 관계자들의 회고는 제국주의 질서 붕괴에 따라 '전신의 피가 역류하는 듯한 감정'의 발로에 다름 아니었을 것이다.

이듬해인 1947년에는 각종 선거가 행해졌는데 이를 앞두고 후보자 및 정당 관계자들의 재일조선인 비난은 더욱 빈도가 잦아졌다. 내용의 대부분은 1946년의 언설과 동일한 맥락으로 선거운동과 각종 대중 집회 등을 통해 다양하게 전파되었다. 1947년 1월 구마모토현의 사회당 지부 결성대회에서 대의원 미야무라는 도쿄 일반정세 보고에서 "아사쿠사, 신주쿠, 신바시 등에서는 제3국인의 도둑 시장이 있지만 경찰관은 이를 단속할 수 없다" "조선인 노점상이 파는 물품은 가격이 엄청나게 높지만 일본인이 이를 사고 있다"라고 선동하면서 마치 조선인만이 암시장에서

380) 朴慶植 編,『解放後在日朝鮮人運動史』, 115쪽.

381) 大阪・焼跡闇市を記録する会,『大阪・焼跡闇市 ―かって若かった父や母たちの青春』, 214쪽.

폭리를 취하는 듯 문제를 호도하고 있다. 또한 "조선인은 귀국할 때 민족적 우월감을 가지고 지폐를 은화로 교환해 달라고 하지만 요시다 내각은 이를 해결할 수 없다"[382]는 식으로 현 정권 비난을 위해 재일조선인을 이용했다.

조선인의 계획수송은 1946년 말에 일단락을 지었다. 귀국 시 소지금액이 초기보다 상향조정이 되었지만 일본의 은화나 신엔을 풍족하게 가져가는 것은 현실적으로 불가능했다. 하지만 확인되지 않는 시중의 소문을 정치적인 선전선동을 위해 무책임하게 인용했고, 일본인의 '감정을 자극하는' 재일조선인은 그 소문의 배후로 활용하기 좋은 소재였다.

1947년 2월에는 협민당 의원 마츠모토가 한일 양민족을 이간하는 발언을 하여 오사카 민청이 반박 성명을 냈고 그 결과 마츠모토는 사죄했다.[383] 사회당 의원이자 최고 간부인 히라노 리키조(平野力三)는 일농(日農) 중앙위원회에서 "일본에서 '제3국인'인 조선인, 중국인의 대규모 경제행위는 일본의 인플레 촉진에 크게 작용하고 있다"라는 발언을 했다.[384] 이는 오무라와 시이쿠마의 발언에서 논란이 되었던 부분을 그대로 반복한 것이다. 민청 후카가와 지부장 등은 이에 대해 항의하였고, 히라노는 개인적인 차원으로 조련 중앙에 와서 사죄를 하고자 했다. 하지만 조련 도쿄본부와 민청 각 지부는 이는 당 차원에서 책임져야 할 문제라고 파악하고 그의 제명을 요구하며 항의 운동을 펼쳤다.[385] 우에노의 시의원 이리에는 암시장을 둘러싼 재일조선인과 중국인의 상거래에 관한 비방연설을 하였는데 근거없는 그의 발언은 물의를 빚었고, 경찰의 중재로 사죄장을 제출하였다.[386]

382) 朴慶植 編,『解放後在日朝鮮人運動史』, 151쪽.
383)『朝鮮新報』, 1947년 2월 26일자.
384)『朝鮮新報』, 1947년 3월 1일자.
385) 朴慶植 編,『解放後在日朝鮮人運動史』, 151쪽.

3월에는 후쿠시마현의 다이라시에서 조련 맹원이 린조(隣組)의 조장이 된 것에 불만을 품은 사회당원들이 "조선인 주제에 린조장이 웬말이냐?"며 모욕하고, 조련 지부를 습격해 간부에게 중상을 입히는 사건이 일어났다. 관련자들은 사건의 해결을 위해 경찰을 찾아갔으나 경찰은 사건에 대해 방관하는 태도를 보였고, 다이라시 사회당 지부장은 사죄는커녕 "일본의 경제를 교란하고 있는 자는 조선인, 대만인"이라는 비방을 했다. 같은 사회당 의원인 하세가와 다모츠(長谷川保)도 각 정당의 정책을 듣는 모임에서 "일본의 인플레의 원인은 제3국인이다" "그 제3국인은 조선인이다"[387]라고 발언했다. 조련 지부는 성명서 발표 및 사회당 본부에 하세가와의 제명을 요구하고, 사죄를 받아냈지만 유사한 발언은 그치지 않고 이어졌다.

4월에는 참의원 입후보자와 시장 후보가 각기 선거운동에서 조선인을 비하하는 선전선동 발언으로 물의를 빚었다.[388] 이러한 언설은 이듬해에도 이어졌다. 민주당 낙선후보인 와타베 죠마츠는 치바에서 300명을 상대로 한 시사 비판 연설에서 "일본인에게만 한해 통제경제를 요구하여 온 결과 일본은행에서 발행한 지폐 3분의 1이 제3국인의 수중에 집중되었다"고 주장했다. 현장에서 이를 듣게 된 조련 맹원은 그에게 항의하고 사과장을 받아냈다.[389]

시이쿠마를 비롯해 의회 의원 및 정치인, 경찰관계자 등의 발언에는 공통적인 맥락이 있다. 바로 재일조선인을 둘러싸고 암시장에서 양산된 '소문'에 근거한 무책임한 발언을 공식적인 자리를 통해 발화하였다는 것이다. 그리고 그 결과는 대부분의 경우, 민족단체의 항의로 발언 당사

386) 『朝鮮新報』, 1947년 3월 11일자.
387) 『朝鮮新報』, 1947년 3월 30일자.
388) 『朝鮮新報』, 1947년 4월 3일자, 4월 13일자.
389) 『解放新聞』, 1948년 3월 10일자.

자들이 사과하는 것으로 마무리되었다. 만약 언급한 내용이 명명백백한 사실에 근거한 것이었다면 사과를 할 이유는 없었을 것이다.

문제는 오피니언 리더이거나 지역 유지급들의 "재일조선인은 전후 일본 경제 교란의 주역"이라는 선동적인 발언이 일반 민중의 심상에 각인되어 버린 것이다. 중앙정치권에서 조선인이 경제교란자라는 확인할 수 없는 소문을 유포하면 지방 단위에서 오피니언 리더들을 통해 동일한 내용이 전파, 반복되고 조선인에 대한 부정적 이미지를 강화하는 방향으로 고착되는 것이다.

재일조선인 중에서 전후 혼란 상황을 이용해 벼락부자가 되고, 곤궁한 처지에 처한 한일 민중의 몫을 빼돌려 모리배와 결탁한 자들은 분명 있었다. 하지만 이런 전후 '벼락부자'들은 일본인이 압도적으로 많았고, 현실적으로 일본인이 형성한 암시장에서 재일조선인이 누릴 수 있는 권리는 일시적이고 제한적이었다. 이러한 언설의 배경에는 제국주의 질서를 만들고 이에 가장 봉헌했던 세력들의 패전 책임 회피가 자리하고 있다. 그런 수단의 하나로 암시장에서의 재일조선인 역할을 과도하게 침소봉대하고 경제 교란의 주역이라는 이미지를 덧씌우는 것이었다.

전후 몇 년 사이, 재일조선인들의 위상이 어떻게 부정적으로 형상화되어 갔는지 다음 좌담을 눈여겨 볼 필요가 있다. 식민지 시기부터 재일조선인 관련 변호를 꾸준하게 지속해 왔던 인권 변호사 후세 다츠지(布施辰治)[390]는 1952년 한 잡지사의 대담석상에서 암시장과 재일조선인에 관련해 이렇게 언급했다.

---

[390] 1880~1953. 일본의 인권 변호사로 식민지 시기부터 재일조선인 관련 변론을 담당했다. 황거의 니쥬바시에 폭탄을 투척한 의열단 김지섭과 '대역사건' 박열을 비롯해 조선의 소작쟁의도 변론하였다. 해방 이후에도 조선인과 대만인 등의 민형사 사건을 두루 담당했다. 2004년 일본인 최초로 한국 정부로부터 대한민국 건국훈장을 받았다.

> 암거래는 누가 했는가. 범죄는 누가 저질렀나 하는 문제가 있다. 암거래 물품을 산 장소를 밝히고 싶지 않으면 조선인에게 샀다고 한다. 이건 팔 때도 마찬가지다. 따라서 추정치로 보면 재일조선인의 범죄율이 높아지게 된다. '……' 화염병이라고 압수했는데 아무 것도 아닌 경우가 많다. 그러나 신문은 이걸 압수했다고만 보도한다.[391]

함께 대담을 나누었던 오야 소이치(大宅壮一)[392]는 신문의 보도 태도가 "관동 대지진을 연상시키는 듯이 보도하고 신문 투고도 조선인들이 일부러 요란하게 애국운동[393]을 벌인다고 한다"는 점을 지적했다. 또한 "민중이 그런 느낌으로 쓰는 것을 환영하고, 신문은 이를 반영해 그런 경향이 점점 강화되므로 언젠가는 심각한 문제가 될 것"이라며 우려를 표하고 있다.[394] 일부 지식인들은 해방 이후 재일조선인에 관해 실제 이상으로 왜곡된 이미지가 축적되고, 민중은 이에 동조하고 있음을 이미 인지하였다. 오야의 예언대로 향후에는 그런 경향이 더욱 강화되어 심각한 문제가 되었다.

---

391) 「特集 在日朝鮮人の生活と意見」, 『中央公論』, 1952년 9월호, 68~86쪽.

392) 1900~1970. 일본의 저명한 저널리스트 겸 논픽션 작가, 사회평론가. TV문화의 도래에 대해 '1억 총백치화' '입소문(口コミ)' 등 현재 자주 인용되는 어록을 남겼고, 오야 소이치 논픽션상과 오야 소이치 문고 등을 통해 일본 저널리즘계에 지대한 영향을 미쳤다. 이 좌담의 소제목은 「저널리즘이 강화한 오해」라고 되어 있고 신문기자도 동석했다. 이 좌담이 있었던 시기에는 일본 지식인들 사이에서도 재일조선인에 대한 왜곡현상이 있음을 인정하고 우려하는 분위기였지만 시간이 경과할수록 이런 자각도 점차 희미해져 갔다.

393) 대담 시기는 한국 전쟁 중인 1952년이었다. 일본에서는 재일조선인과 공산당이 함께 스이타 사건을 비롯한 전쟁반대 운동을 벌이고 있었다. 조국에서의 희생자를 막자는 의미로 무기 수송 열차를 지연시키고, 군수공장 파괴를 시도하는 행동을 '애국운동'이라고 불렀다.

394) 「特集 在日朝鮮人の生活と意見」, 『中央公論』, 68~86쪽.

2) 일본 암시장 조직과의 분규

가. 암시장 조직과의 갈등

노점상은 근대적 유통망 성립 이전부터 존재하던 이들로 주류 경제와는 거리가 있는 상업자들이었다. 판매물품도 식료품과 일상 생활용품이 아니라 사찰과 신사의 행사나 축제에 몰리는 인파를 겨냥한 임시 노점용 제품이 주류를 이루었다. 그러나 패전으로 인해 전근대적 상업 기구에 의존하게 된 퇴행적 상황에서 돌연 주역이 되었다. 제도권에서 보면 '사회적 일탈자'에 가까웠던 이 집단이 금제품의 판매, 공정가격 이외의 폭리, 탈세 등 비정상적 요소로 가득한 암시장을 주무대로 삼으면서 그런 문제점은 더욱 확대되었다.

「戦後における露店市場」에서는 데키야 조직 리더 오야붕은 수하의 노점상, 즉 고붕의 보호자, 감독자, 지배자 역할을 하는 후견인이라고 정의했다. 이는 일본 제국주의를 견인했던 천황과 국민과의 관계로 설정된 '의는 군신, 정은 부자'라는 요소를 답습한 '이에(家)' 구조의 축소라고 할 수 있다. 따라서 데키야의 오야붕은 예외없이 "천황제의 절대적 호지자"[395]였다. 패전 이후에도 여전히 천황제와 위계질서를 신봉하는 데키야 조직과 식민지 지배에서 해방된 재일조선인 사이에 이권 다툼뿐 아니라 사상 문제까지 포함된 충돌이 빚어지는 것은 당연한 일이었다. 데키야들은 재일외국인에 대해 배타적이었고, 재일조선인들은 '해방민족'이라는 의식으로 이들이 구축한 전통에 따라야 할 필요성을 느끼지 못했다. 동족들끼리도 치열한 생존경쟁의 각축장을 벌였던 암시장에서 패전국민과 제국주의 질서의 전도를 경험하게 된 국민들 사이 감정의 골은 심화되었다. 암시장을 배경으로 부상한 폭력 조직에 대해 언론에서

395) 大河内一男 編, 「戦後における露店市場」, 237쪽.

는 이렇게 분석했다.

> 현재 거리에 존재하는 불량도배는 대체로 3가지 흐름이 있다. 하나는 전시 중 자취를 감추었던 노름꾼(博徒), 야시(香具師)[396] 등 이른바 거리의 오야붕, 고붕이 종전 후의 혼란을 타고 암시장의 자주적 단속을 내걸면서, 불량청소년, 복원군인 등을 새롭게 가입시켜 그 진용을 강화한 것이다. 이들은 무슨 구미(組), 무슨 회(会)라고 하며 그 세력은 예전부터 뿌리 깊었던 자들이었다. 둘째, 패전의 혼란에서 태어난 불량 청소년(与太者)[397]이다. 셋째, '제3국인' 가운데 일부 불량분자이다. 그들은 대부분 생업이 없고, 그 때문에 범죄, 불량 행위 등이 그대로 그들의 생활수단이 되어 있다. 암시장에 기생하면서 패전경제를 한층 혼란하게 만드는 것에도 불구하고 단속의 손이 닿지 않는다. 이는 패전 후 경찰력의 약체에 기인한 것으로 검거주의를 버리고 교섭주의를 택해 경찰이 희망하는 선에서 일탈하지 않도록 절충하고 있기 때문이다.[398]

이 분석에 의하면 재일조선인은 세 번째 분류에 속한다. 하지만 기사에서 언급한 것처럼 이는 '일부 불량분자'였다. 일본 사회 전후 불량도배는 이전부터 존속해 오거나 새롭게 나타난 일본인 불량청소년이 주류이고, 외국인 집단은 생업이 없는 상태에서 암시장으로 유입된 일부라는 것을 기사에서도 인정하고 있다. 재일조선인은 상기의 기사가 작성되었을 때 일본법의 적용을 받게 된 상황임에도 불구하고, 기사는 기존에 주장하던 '단속의 손'이 닿지 않는다는 논리를 강조하고 있다.

데키야 중에는 암시장의 규모가 커지고, 이권다툼이 치열해지면서 홋

---

396) 야시는 임시노점, 축제에서 도박으로 고객을 유인하는 집단이었다. 데키야와 활동하는 공간이 동일하기 때문에 패전 이후 암시에서는 이 둘을 동일한 의미로 사용하기도 했다.

397) 요타모노(与太者)와 구렌타이(愚連隊)는 청년층 불량배를 의미한다.

398) 『朝日新聞』, 1946년 9월 26일자.

날 폭력조직이 되는 경우도 있었지만 그 본질은 노점상의 상행위와 이를 보호하기 위한 조직이었다.[399] 존재 그 자체가 불법인 암시장에서 도덕적 우열을 논하는 것은 무의미하지만 적어도 권력의 우열은 존재했다. 일본 조직을 상부에서 관리하던 주체는 경찰이었다. 절대다수인 일본 노점상 조직은 수적으로 열세인 재일조선인 및 중국계인들이 '치외법권' 신분을 이용해 불법을 저지른다고 시장 교란의 문제를 전가하기도 했다. 그렇다고 재일조선인 조직이 일방적으로 당한 것은 아니다. 상호 '자구책'이라는 명분으로 폭력을 절대시하는 경향이 고조되었다.

전통적으로 데키야들 사이에서는 타 지역의 상권을 방문하면 숙식 제공을 하고, 권위 있는 조직은 축제 등에서 좋은 자리를 먼저 배정받는 등 일종의 불문율이 지켜지고 있었다.[400] 이런 폐쇄적 협업 구조에서 재일외국인은 배제되어 있었고, 경찰조직과도 관계를 맺지 못한 상태에서 형평성을 기대하기는 어려운 것이다. 와그너는 암시장에서 재일조선인의 입지가 어려워지게 된 요인 중의 하나로 경찰과 일본인 조직의 결탁을 언급하고 있다.

> 최초에 취해진 시책의 하나는 노점 혹은 길거리 장사라는 이름으로 숨겨진 암시장을 공인하는 것이었다. 오래된 암시장의 기구를 무너뜨릴 때 일본 경찰은 때때로 일본인 상인에게는 사전에 경고하고, 조선인 그 외 비일본인 업자에게는 불시 수색 방식을 취했다. 노점 등의 영업허가를 일본관헌으로부터 얻어야 하는 사실은 조선인을 불리하게 했다.[401]

데키야는 암시장에 전근대적 상업 전통을 이식하는 퇴행 현상을 보이

---

399) 이들에게 폭력은 상권을 지키기 위한 자위적 수단으로 인정되었다.

400) 大河内一男 編, 「戦後における露店市場」, 237쪽.

401) エドワ-ド・W.ワグナ-, 『日本における朝鮮少數民族 : 1904年-1950年』, 90쪽.

는데도, 경찰이 개입하고 외견상 합법적 조직이 결성되면서 영세 노점상 대상으로 장소 사용료 등의 착취를 정당화하는 근거를 마련해 주었다. 암시장과 폭력단의 관계를 연구한 이노 켄지도 노점조합에게 자율적 관리를 맡긴 결과는 오야붕의 주머니만 불린 격이라고 보았다.[402]

한편 데키야와 외국인들과의 갈등 구조는 경찰에게 오히려 유리한 측면이 있었다. 인력 부족과 지위 규정에 따라 재일외국인 단속에 대해 난맥상을 겪고 있는 상황에서, 자경단 역할을 하던 데키야와 외국 상인들 사이 충돌이 발생해 사태가 심각해지면 총사령부의 단속명령을 받을 수 있었기 때문이다.[403] 오사카도 이와 동일한 구도였다. "패전 직후 일본인 업자와 '삼국인' 업자의 이권을 둘러싼 소동이 빈발할 때 경찰은 분쟁 진압의 용병으로서 암묵적으로 폭력단의 실력에 기대고 있었다. 폭력단을 일종의 자경적 조직으로 본 것 같지만 경찰과 폭력단의 심상치 않은 깊은 인연은 그 후 '거리의 顔役' 소탕 작전에서도 드러난다"[404]는 기술은 경찰 조직이 암시장 내부의 대립을 교묘하게 활용하고 있었다는 점을 설명한다.[405]

일본 경찰과 암시장 조직은 표면적으로는 관리의 주체와 객체로 경우에 따라서는 대립하는 구도로 보이지만 상기의 이유 등으로 유착관계에

---

402) 猪野健治 外, 『東京闇市興亡史』, 29쪽.

403) 猪野健治 外, 『東京闇市興亡史』, 29쪽. 이노 켄지는 이런 결속 방식을 다음처럼 설명하고 있다. 첫째, 약체화된 경찰력을 오야붕의 통솔력으로 무마하도록 하고, 둘째, 일본인 노점상을 완전히 일체화시켜 통제에 복속되지 않는 '3국인' 그룹의 대항세력을 압박하는 효과를 거두었다고 보았다.

404) 大阪・焼跡闇市を記録する会, 『大阪・焼跡闇市 ―かって若かった父や母たちの青春』, 215쪽.

405) 猪野健治 外, 『東京闇市興亡史』, 39쪽. 이노 켄지는 암시장을 일본이 처음으로 체험한 '해방구'라고 파악했다. 국적・계급・신분・출신・학력 등의 차별 요소가 붕괴된 상황에서 화족・야쿠자・군인・피차별궁민(窮民)・해방궁민이 한 장소에서 노점을 펼치고 기존의 가치관과 질서를 새롭게 재편한 곳이기 때문이었다. 일본 정부의 입장에서는 피지배국 출신 해방궁민과 패전의 원인을 정부에게 추궁할 가능성이 높은 일본궁민 모두가 불편한 존재였다. 계급적으로 동질성을 느끼는 그들의 내부분열을 유도하는 방식으로 민족 감정의 자극은 유용한 기제라고 보았다.

가깝기도 했다. 1946년 8월의 대숙정, 1947년 7월에 폭력단 일제 검거 등이 행해지지만 몇몇 거물급 인사들이 권력층과 매우 밀착한 관계였다는 증거는 많다. 그 대표적인 사례가 암시장의 최초 설립자인 신주쿠 마켓의 오즈였다. 1946년 7월, 대만성민과 일본 조직이 크게 충돌하고 경찰 사상자까지 발생한 시부야 사건 당시, 오즈는 경보국장에게 자신의 부하들을 보내주겠다고 제안[406]할 정도로 스스로를 공권력의 일원이라고 여기고 있었다.[407] 그는 1947년 3월 5일 수상관저에서 당시 요시다 수상과 직접 회담하고 자유당 공인후보로 4월의 중의원 선거에 입후보했다.[408] 암시장 조합의 이사장이라는 지위가 정치적으로 큰 영향력을 미칠 수 있는 존재임을 말해 주는 사례라고 할 수 있다.[409]

그러나 그는 선거에서 낙선했고, 우연의 일치로 보이지만 선거 이후인 7월에 폭력단 일제 소탕 작전을 통해, 하루아침에 전후 경제재건의 선구자에서 공갈용의자로 법정에 서게 되었다. 재판과정에서는 토지 불법점거와 관료, 경찰들과의 관계가 밝혀지기도 했다. 한편 다른 암시장 조직의 보스 4명은 구의회와 도의회에 의원으로 진출했다.[410] 이들의 정치적 영향력이 동일한 상권에서 경쟁을 벌이는 재일외국인들에게 불리하게 작용할 것임은 충분히 짐작할 수 있다. 1948년 제3차 폭력단 소탕에서 오사카의 대형조직인 사카우메의 보스가 체포되자 당시 거물급 정치인이자 사법성 행형사무촉탁을 겸한 중의원이 직접 면회를 하는 모

---

406) 大河内一男 編, 「戦後における露店市場」, 249쪽.

407) 「戦後における露店市場」에서는 당시 자유당 정부와 서로 유착관계인 오야붕에 대해 단속의 손길이 닿지 않은 것은 당연하다고 보았다.

408) 大河内一男 編, 「戦後における露店市場」, 258쪽.

409) 그뿐만 아니라 그는 라디오 방송, 신문기사 인터뷰에도 자주 등장해 전후 '스타급 인물'로 부상했다.

410) 初田香成, 「戦後東京のマーケットについて －闇市と戦前の小売市場・露店との関係に関する考察－」, 『日本建築学会計画系論文集』 667호, 1734쪽.

습이 포착되었다.[411] 정치인들의 재일조선인 비방용 언설이 정관계와 유착관계인 일본 조직의 편의를 위해 이용되었을 가능성도 배제할 수 없는 것이다.

폭력적 성격이 강한 암시장의 오야붕들은 오즈처럼 자신을 '난세의 구세주'로 인식하는 경향이 있었다. 오사카의 우메다 지역을 관리한 모리모토 미츠지는 단도와 권총을 차고 다니면서 "강자가 약자를 냉혹하게 먹어치우는 일을 막기 위해 최선을 다했다"며 자신의 행동에 정당성을 부여하려고 했다.[412] 그러나 이는 아전인수격의 해석으로 법의 테두리 외곽에서 발호했던 행적을 패전이라는 특수상황에 꿰어 맞춘 궤변이었다. 같은 논리라면 국가의 보호도 받지 못하는 재일조선인의 자경조직이 더욱 '최선'을 다한 것이 될 것이다. 비정상적인 시대 상황에 편승해 이권다툼과 부정부패 등 각종 사회문제를 일으킨 이들 조직은 내부의 갈등도 적지 않았다. 도쿄 최대의 암시 중 하나였던 신바시 시장의 오야붕 마츠다는 암시장 관리와 관련해 중국계 조직과 끊임없이 마찰을 빚다가 자신의 부하에게 사살당했다.[413]

암시장에서 갈등을 유발한 또 다른 세력으로 폭력단을 들 수 있다. 시간이 경과하면서 데키야와 폭력단은 성격이 유사해지거나 통합되어 명확한 구분을 짓기 어려워진다. 신주쿠의 오노, 우에노의 이이지마 계파들이 이에 해당한다.[414] 데키야가 폭력적 운영방식을 취하더라도 상업에 주안점을 둔 조직이라고 한다면, 전후의 폭력단은 상업 활동 없이 상

411) 大阪・焼跡闇市を記録する会,『大阪・焼跡闇市 ―かって若かった父や母たちの青春』, 215~216쪽.

412) 존 다우어, 최은석 옮김,『패배를 껴안고 : 제2차 세계 대전 후의 일본과 일본인』, 민음사, 2009, 169쪽.

413)『朝日新聞』, 1946년 6월 11일자.

414) 石井光太,「浮浪児1945」,『新潮45』, 2013년 1월호,

인 보호의 명목으로 협박과 갈취를 일삼는 집단이었다. 전술한 우에노의 후쿠시마 형제가 그런 예라고 할 수 있다.

근대의 폭력단이 성립된 배경은 법의 사각지대에 있던 항만, 건설현장, 광산의 최하층 노동자들이 동업조합 형식의 구미를 만들고, 자치적인 생존투쟁을 벌이면서 성장하고 발전한 것이다.[415] 전쟁 중에 세력이 약화된 폭력단이 다시 부활할 수 있었던 계기는 "패전 직후 암시장 해방구에서 '제3국인'으로도 불렸던 재일조선인 및 대만인과 이권을 놓고 벌인 치열한 투쟁이 시발점"[416]이라고 알려져 있다. 미야자키 마나부는 암시장에서의 대립에 대해 "일본인에게도 제3국인에게도 말 그대로 생존을 위한 싸움이었지만 상대편의 결집축이 3국인일 경우 그 싸움은 필연적으로 민족 대결구도로 부각된다"고 분석했다.[417] 그러나 이들의 대립에는 전술한 바처럼 경찰 조직의 의도된 사주가 개입되어 있었다.

1966년 일본 최대 폭력조직인 야마구치 구미 괴멸 작전이 계획되었을 때 효고현 경찰은 " '제3국인' 집단과 대결한 일본인 폭력단의 투쟁은 '야마토혼의 발로' '사내 중의 사내' 등의 말로 일부 시민들로부터 영웅으로 취급되며 진심어린 박수를 받았다. '……' 전후 20년이 지난 오늘날까지도 '전후에 목숨 건 우리들의 활약을 잊었는가? 시민을 위해 바친 우리의 노고를 잊지 말라'고 그들을 외치게 만든다"[418]는 논리를 펼쳤는데

---

415) 신상철, 「재일한국인야쿠자 활동과 대응방안 연구」, 『한국동북아논총』 제71호, 2014, 122~124쪽, 해방 이후 귀국하지 못한 재일조선인이 암시장과 범죄 조직으로 유입되고, 군소 범죄조직을 결성한 후 일본 주변부 사회에서 생활하였다. 일본 최대 범죄조직인 야마구치 구미는 조선인 인구가 가장 집중된 관서 지역에 근거지를 두고 있고, 이는 조직의 발전과 밀접한 관련이 있다. 다만 이는 이합집산 과정 중의 결과물이고, 초기 암시장에서는 폭력단 대 폭력단, 폭력단 대 민족조직 등 다양한 방식의 대립을 보여주고 있다.

416) 미야자키 마나부 지음, 강우원용 옮김, 『야쿠자, 음지의 권력자들 : 현대 일본의 숨겨진 내면을 읽는다』, 이다미디어, 2008, 236쪽.

417) 미야자키 마나부 지음, 강우원용 옮김, 『야쿠자, 음지의 권력자들 : 현대 일본의 숨겨진 내면을 읽는다』, 239쪽.

이 궤변 속에서 전후 폭력단에게 전시 수행의 철학을 불어넣고 이들을 이민족 제압의 도구로 사용했던 경찰의 의도가 고스란히 드러난다. 암시장에서의 이권 쟁패가 민족 대립을 촉발시켜 재일조선인은 '외부의 침략자', 일본 폭력단은 '정의의 수호자'라는 구도로 치환되는 것에는 일본 정관계의 이런 계산을 배제할 수 없을 것이다.

암시장의 일반 상인도 재일조선인에 대한 시각은 이와 별다르지 않은 연장선에서 형성되고 내재화되었다. 우에노 시장에서 35년 이상을 보낸 시오미츠 하지메(塩満一)는 암시장 시기 시장 내의 외국인들에 대해 다음처럼 기술하고 있다.

> 경찰이 암시 단속에 나서기는 했지만 다람쥐 쳇바퀴 돌 듯했다. 지역 야쿠자와의 갈등도 끊임없었다. 사령부의 지령도 있어서 일본 경찰은 외국인에게 손도 쓰지 못했다. 이를 이용해 그들은 눈에 거슬리는 행동을 했다. 일부 불량분자들은 그 입장을 악용해 마켓 안에서 금제품을 당당하게 판매하기도 했다. 자경단이라고 부르는, 권총으로 무장한 젊은이들을 동원해 거슬리는 행동을 하는 이들도 있었다.[419]

기자 출신인 그가 저술한 이 책은 우에노 시장의 역사에 관한 중요한 기록이다. 그런데 우에노 시장 내 재일조선인에 대한 묘사는 '특권적 존재' '폭력적 자경' '끊임없는 대립' 등으로 강조되고 있다. 시오미츠가 우에노에 온 것은 1946년 5월이었다.[420] 패전 직후 초기 몇 달을 제외한다면 '사령부의 지령'은 더 이상 재일조선인을 '치외법권'적 위치로 설정하지 않았고, 무장한 경찰은 이들을 단속할 근거가 있었다.

---

418) 미야자키 마나부 지음, 강우원용 옮김, 『야쿠자, 음지의 권력자들 : 현대 일본의 숨겨진 내면을 읽는다』, 237쪽.

419) 塩満一, 『アメ横の３５年の激史』, 5 · 76쪽.

420) 塩満一, 『アメ横の３５年の激史』, 157쪽.

1946년 5월과 8월, 신문 사회면에 크게 보도된 우에노 재일조선인 암시 단속 내용을 보아도 경찰이 본격적으로 강경책을 썼던 것을 여실히 보여주고 있다. 일본인의 '눈에 거슬리는 행동'을 하는 조련 자치대는 1946년 3월 26일 GHQ의 명령에 의해 해산 명령을 받은 바 있고, 7월 1일에는 조련 제22회 중총상임위원회에서 "사회적 질서도 점차 회복하고 내외정세를 고안한 결과 자치대를 발전적 해산"[421]하기로 결정이 되었던 상태였다. 이러한 변화가 즉각적으로 반영되지 못했던 점을 감안해도 시오미츠가 목격했던 재일조선인의 '발호'가 그리 오래 지속될 수 있는 상황은 아니었다.

1947년에는 재일조선인 상가가 별도의 위치로 분리되어 나왔으므로 상기의 기술은 초기부터 우에노에서 상업 활동을 한 이들의 인식을 전한 것으로 추정된다. 암시장 시기 '압도적인 존재'로 알려졌던 재일조선인에 대한 언급은 간략하지만 부정적인 몇몇 일화들은 강조되어 있어 강한 인상을 남긴다.

이러한 구성 방식은 암시장 존속 시기 내내 재일조선인은 특권적인 위치였고, 일탈만을 일삼았다고 오인될 여지가 있다. 우에노는 전국적으로도 재일조선인이 많은 암시장으로 알려져 있어 이 글의 '외국인'은 대다수가 재일조선인에 해당한다고 보아야 할 것이다. 암시장에서는 사소한 계기라도 자주 분규의 요인이 되었으므로 이런 정황은 재일조선인 측에만 일방적으로 책임을 따질 일이 아니었다.

암시 대숙정 이후 1년이 경과한 1947년 여름에는 암시장의 폭력단에 대한 일제 검거령이 내려졌다. 이 시기 전후로 우에노, 츠루하시, 우메다 등에서 재일조선인 상권이 분리되었다. 폭력 조직과 재일외국인들의

---

421) 『大衆新聞』, 1946년 4월 12일자.

대치가 강조되었던 초기 암시장의 권력 구도는 경찰이 통제 권력의 힘을 되찾으면서 새로운 국면을 맞이했다. 외국인 통제를 1차적으로 마무리한 후 한때 '권력의 대리자' 역할을 부여했던 주요 폭력 조직을 제거하면서 행정 당국의 엄중함을 과시한 것이다. 암시장이 불량도배들이 발호하는 '범죄의 온상'임을 꾸준히 주입하고, 순차적으로 이를 처리하는 모습을 보임으로써 패전 책임에서 국민의 시선을 돌릴 수 있는 효과도 무시할 수 없었을 것이다.

이와는 별개로 1950년대 이후에는 한때 암시장에서 치열하게 맞붙었던 일본 폭력단에 재일조선인 청년들이 가입하기도 한다. 특히 1952년 샌프란시스코 조약 이후에 재일조선인에 대한 취업차별은 중요한 전기가 되었다. 명문대학을 나온 이들도 원하는 직업을 얻을 수 없는 상황에서 선택지가 더욱 협소한 청년층들 중 조직폭력단에 가입하는 사례가 늘어났다.[422] 민족감정을 대립의 이유로 내세웠던 이들이 계급적 연대를 이루었다는 것은 묘한 역설이다. 다만 폭력 조직 가담의 동기를 민족과 계급이라는 단순한 관점만으로 접근하는 것은 매우 조심스럽다. 실질적으로 차별적 상황에서 자포자기하듯 선택한 이들도 있을 것이고, 시대와 상황에 상관없이 개인적 욕망과 폭력적 권력성향을 지닌 이들이 결과론적인 자기 합리화를 위해 '차별론'을 내세우는 경우도 있기 때문

---

422) 徐龍達, 「在日韓国人の職業」, 『別冊 経済評論』, 1972년 Autumn. 113~114쪽. 서용달은 직업으로서의 폭력단에 대해서 "막다른 곳이라는 의미지만 먹고 살 수 있다는 의미의 직업"이라고 하였다. 그가 직접 인터뷰한 전직 보스는 "한국인이 가입하는 이유는 중·고·대학을 우수한 성적으로 졸업해도 일본 회사에 못 들어가기 때문이다. 동포 기업도 뜻을 제대로 펼 수 있는 곳이 없어서 학력과 국적 상관없이 정신적으로 편안하다는 게 최대 이유"라고 했다. 민족교육을 철저하게 받은 북조선계는 적고, 불철저한 한국계가 많다는 것도 특징이었다. 이 보스는 이들이 "자신의 나라라면 벌써 훌륭한 인간이 되었을 것"이라고 아쉬워하며 능력이 있어도 국적과 국민감정의 벽이 있고 생활을 위해 부끄러움을 무릅쓰고 예의가 좋은 이들이 많아서 내적 고민이 많을 것이라고 짐작했다.

이다. 그 동기를 분리하고 분석하는 것은 현실적으로 불가능한 일이지만 이런 그림자 역시 재일코리안 역사의 일부분으로 그 인과관계 정도는 알아두는 편이 좋을 것 같다.

나. 암시장 외부에서의 대립

일본인 조직과 재일조선인의 충돌 사례는 암시장 외부에서도 연장되어 상호 사상자를 발생시킨 폭력사건이 끊임없이 발생했다. 암시장의 이권다툼이 연루되지 않아도 폭력사건으로 확대되는 사례가 많았고, 충돌의 근저에는 민족감정이 주요 요소로 작용했다.[423] 여기에서는 암시장 문제로 크게 충돌하고 사회적 문제로 비화한 사례를 몇 가지 살펴보겠다.

먼저 암시장에서 파생된 대표적인 사건으로 하마마츠 사건을 들 수 있다. 1948년 시즈오카현 경찰실태 보고서에는 이 사건이 군중범죄 항목으로 분류되어 있다. 내용은 "1948년 4월 4~5일 이틀 동안 하마마츠 시내에서 발생한 조선인 불량단과 일본인 야시 오노 조직의 영역다툼 싸움으로 사망자 3명, 부상자 14명이 발생한 日鮮人의 난투사건"[424] 이라고 간단하게 기록되어 있다. 그러나 이 사건으로 3일 간에 걸친 하마마츠시의 등화관제와 통행금지, 기후 미8군 24연대로부터 짚차 10대와 175명의 미국 병사 특별 출동, 24연대장의 비행기 급거 파견 등이 행해져 시가전을 방불케 하였다.[425] 이 사건은 국회 본회의와 치안 및 지방제도 위원회 등에서 여러 차례에 걸쳐 보고되었다. 국회 보고에는 치안 문제, 전후 무기 회수 문제점, 비슷한 시기에 전개된 한신교육투쟁과 맞

---

423) 1968년 이른바 '김희로 사건'으로 알려진 권희로의 인질사건도 이러한 전례들과 무관하지 않았다.

424) 「静岡県警察実態報告書」, 1948년.

425) 「衆議院 会議錄 官報號外」 41号, 1948년 4월 13일자, 344~345쪽.

물려 조선인 대응 방침 등이 나타나고 있다. 당시 국회의 보고 내용은 다음과 같다.

> 4월 4일 오후 4시경부터 시내 중심지 여러 곳에서 조선인 측 약 200명과 하마마츠의 야시 오노구미 소속이라는 무리 약 200명이 상호 피스톨과 엽총을 상당 소지하고, 혹은 죽창 등으로 무장하고 큰 소동을 벌이며 시내 각지에서 시가전을 전개했다. 그 결과 사망자 3명, 부상자 14명이 나왔다. 사망자는 조선인 1명, 오노구미 소속 1명, 투쟁에 의식적으로 참가하지 않았던 일본인 시민 1명[426]이다. 오노구미의 조장인 오노 치카요시는 하마마츠시에서 흥행사, 야시들 사이에서 상당한 세력을 가진 자로 고붕을 200~300명 거느린 이른바 '東海의 顔役'이라고 불린다. 그는 작년 4월 시행된 현회 의원에 무소속으로 출마해 당선이 되었으므로 표면적 행동은 하지 않고 있으나 여전히 오노구미의 실권을 장악하고 있는 오야붕이다. 조선인은 同市의 아사히 마치에 있는 국제마켓을 경영하는 오판술 외 수명이 이 싸움상대의 중심이다. 이 국제마켓은 작년 4월경 건설되어 마켓에는 각종 상점, 끽다점 등이 있고, 통칭 암시장이라고 불리는 곳이다. 동년 8월경부터 마켓 2층에 댄스홀이 개업하여 그때부터 근처 및 나고야, 도요바시 방면의 불량 鮮人[427]단의 집회소, 혹은 범죄의 소굴이 되었으므로 그 양자 사이에 필연적으로 영역다툼을 불러 서로 반목하는 것이다.[428]

이 보고에서 간략하게 언급된 것처럼 이 싸움은 암시장의 이권을 사이에 둔 일본과 조선인 사이의 살상전이었다. 사건의 발단은 댄스홀의 악사 섭외에 대한 오해에서 비롯되어 조선인 측에서 먼저 야기한 것이지만 '시가전'으로까지 확대된 실상은 일본 조직의 도발과 이를 뒤에서

426) 변론을 담당한 후세 다츠지에 의하면 이 시민은 조선인으로 오인된 일본인이었다.
427) 국회보고서나 공문서에 '선인'이라는 멸시적 표현은 해방 이후에도 지속적으로 사용되었다.
428) 「衆議院 治安及び地方制度委員会」 27号, 1948년 5월 6일자.

사주한 일본 경찰과의 유착관계로 여겨진다. 일본 조직의 보스는 정계로 진출한 현직 현회 의원이라는 점도 주목해야 할 부분이다.

이 사건에서 재일조선인의 변호를 담당했던 후세 다츠지의 변론을 보면 양측의 싸움은 사소한 것임에도 1차 충돌 이후, 경찰이 이를 크게 확대시키고, 교사한 정황이 있다. 후세의 변론을 통해 사건의 발생과 경위를 정리해 보면 다음과 같다.

> 사건 발생의 원인은 크게 보면 하마마츠에는 폭력단 오노구미가 있는데, 일부 조선인 세력이 급격하게 증가해서 서로 대립하며 항상 조선인에 대한 불만이 있었다. 일반 시민 중 종전 후 격증하는 일부 조선인의 횡포에 대해 공포를 느끼고 복수하려는 자도 있었다. 결국 양자의 세력다툼에 기인하는 것이다. 직접적인 원인은 4월 4일 조선인 주최의 댄스 파티에 오기로 되어 있던 악사가 오노 측의 초청을 받아 결근하고 파티는 유회되었다. 조선인은 이를 오노의 방해라고 오해하고 동일 5시경, 오노의 집에 조선인들 수명이 난입해 점포 유리 외 기물을 손괴했다. 오노의 집에서 물러나온 조선인 측은 하마마츠의 국제마켓 부근에 집결했다. 10시경 오노의 부하들이 동원되어 서로 권총과 엽총으로 대항하며 쌍방의 인원이 점차 증가해 약 50명이 시내 각 곳에서 발포하고 난투극을 벌였다. 다음날은 쌍방 각지에서 응원자가 와서 다시 발포하며 서로 격돌했다. 경찰은 4일 밤 사건 발생과 동시에 갑호 비상소집 발령, 전 서원을 소집하고 각 서에 응원을 요청해 현장으로 급파했다.[429]

이 사건 이전에도 하마마츠에서는 암시장을 둘러싸고 양측이 충돌을 벌여왔다. 사건 전해인 1947년 9월에는 일본인 야시 90여 명이 사기도박이 들켰다는 이유로 재일조선인을 습격한 바가 있었다.[430] 1947년 여름

---

429) 「布施辰治辯論集」, 27~28쪽.

430) 『朝鮮新報』, 1947년 9월 16일자.

은 전국적 폭력단 일제 검거가 시행되었고, 지역별로 재일조선인 국제마켓이 새롭게 형성되던 시기였다. 암시장에서 폭력단의 이익이 축소되고, 국제마켓 등의 새로운 영업점에서는 그들의 관리 방식이 통하지 않았다. 따라서 조그만 충돌도 큰 분쟁으로 번질 여지가 상존했다. 이 사건으로 상호 피스톨, 일본도, 곤봉, 죽창 등을 동원한 200여 명이 "조선인을 죽이자"는 구호를 외쳤으나 양측 대표의 중재로 마무리되었다. 그러나 2개월 후 다시 흥행장 문제로 충돌이 발생해 일본도로 조선인에게 중상을 입히는 사건이 벌어졌는데[431] 임시적인 미봉책은 언제든지 폭발할 위험을 안고 있었던 것이다.

1948년의 사건은 변론에서 보듯이 조선인의 오해에서 비롯되었다. 악사의 결근을 고의적인 영업방해로 오해한 이 조선인은 보스의 집에 가서 창문을 부수고, 가족들을 협박하는 행패를 부렸다. 이것이 1차 사건이었다. 이 사건은 이전에 두 차례 벌어진 사건에 비해 가벼운 수준의 분쟁이라 할 수 있다. 그러나 다음날 대규모로 확대되는 의외의 결과가 발생했다.

후세의 주장에 따르면 이 사건은 이보다 며칠 전, 중국인 도박 단속 중 벌어진 경찰의 발포사건을 무마하려는 의도가 개입되었을 것이라고 한다. 사소한 다툼에서 비롯된 재일조선인과 일본 조직 간 갈등을 확대시켜 무리한 단속이라는 비난을 피하고, 발포의 정당성을 입증하려는 강력한 치안 사건으로 유도했다고 보았다. 이에 대한 정황으로 1차 사건 직후, 병원에 입원한 오노에게 경찰서장인 오오이시가 병문안을 가서 병실에서 경찰로 직접 전화를 거는 것이 목격되었고, 그 직후 오노의 부하들이 대거 출동해 조선인의 도발을 유도했다는 것이다.[432]

---

431) 『朝聯中央時報』, 1948년 4월 30일자.

432) 「布施辰治辯論集」, 18쪽.

암시장이 경찰 관리 하에 있던 시절부터 경찰서장과 오노 조직 보스는 친분을 맺었고, 상호 선거 출마지지를 할 정도로 밀접한 사이였다. 조선인을 도발해 집단폭동이 일어나면 경찰 발포 사건을 함께 연루시켜 외국인 통제의 정당성을 얻을 수 있고, 조선인을 축출하면 친분 있는 암시장 보스의 세력권 보장이 되고, 궁극적으로 경찰의 치안강화가 필요하다는 여론이 형성되므로 이러한 상황을 획책했을 가능성이 있는 것이다.[433)]

이를 뒷받침하는 다른 증거로는 사건 이튿날, 오노의 부하들이 국제마켓과 재일조선인 운영 식당인 명월관, 금천관 등에 대한 습격을 하는데도 일체의 진압이나 단속이 행해지지 않았던 것을 들 수 있다. 타 지역에서 오노의 부하들이 무기를 들고 속속 집결할 때도 검문소는 설치했으나 실제로는 검문이 행해지지 않았다. 후세가 변론을 위한 증거를 수집하고자 할 때도 경찰은 진상을 은폐하고 오노 조직의 정당방위로 유도하려는 태도를 보였다.[434)]

이 사건에 대한 일본의 보도 태도도 재일조선인만을 폭도로 몰아가는 경향을 보이고 있다. 이에 『朝聯中央時報』는 "반동 보도에 휘말리지 말 것"을 당부하면서 "지난 9일 일본의 각 상업신문 및 라디오는 하마마츠 사건을 언급하면서 시가전 운운하는 과대선전으로 朝日 양 민족의 증오감을 조장했지만 그 기사 내용은 대부분 정확하지 않다"고 일본 언론에서 보도되지 않은 내용을 나열하고 있다. 이 기사에는 사건의 진행 과정에서 석연치 않은 경찰과 오노의 대처방식에 대해 10가지의 의문점을 조목조목 들었다.[435)]

---

433) 실제로 국회에서 최초로 이를 보고한 중의원 가와이 쇼부(川合彰武)는 이 분쟁에 관해 치안 측면을 강조하고, 유사한 사건 재발 방지를 위해 경찰력 강화를 역설하고 있다.

434) 「布施辰治辯論集」, 22쪽.

435) 『朝聯中央時報』, 1948년 4월 30일자. 이는 후세의 변론에서 보강되어 언급되었다.

이와 유사한 것으로 1947년 9월 10일 홋카이도 츠베츠의 충돌 사건이 있다. 이는 지역 주민이 일본인 암시상에게 선동당하면서 대규모 살상 사건이 된 사건으로 전후 한일 양 민중 사이에 고조되고 있는 대립 현실을 적나라하게 보여준 것이었다. 사건은 축제일에 일본인 야시에게 사기도박을 당한 재일조선인이 이에 항의하면서 시작된 사소한 것이었다. 이를 괘씸하게 여긴 야시는 동료 40~50명을 동원하여 조선인의 집을 습격하고 중상을 입혔다. 이 사태는 조련 지부로 전달되었고, 조련 지부원들은 경찰을 동행해 사건 현장으로 왔다. 그 사이 사건을 일으킨 일본인 야시는 동네 주민들에게 "홋카이도에 사는 전 조선인 수천 명이 복수하러 올 것"이라고 선동하여 주민들은 철봉, 곤봉, 죽창 등을 들고 나서서 현장에 도착한 조련 지부원들을 습격했다. 트럭에 타고 있던 조선인 34명 중 2명이 사망하고 나머지는 반죽음 상태에 이르는 심각한 사건이 되자, 이튿날 진주 군령부에서는 법정과장을 비롯해 관계자들을 파견해 사건 조사를 행했다.[436]

당일 사건을 주도한 야시 9명이 살인 및 살인미수로 기소되면서 범죄사실의 개요도 밝혀졌다. 그들은 이 사건에 대해 "상업 활동에 종사 중, 조선인 수 명이 영업방해를 했다"는 이유를 들고 있다.[437] 사기도박에 대한 항의는 일본인도 마찬가지로 제기할 수 있는 것인데 마을 주민까지 합세해 살상행위를 벌인 것은 평소 상호 악감정이 축적되어 폭발한 것으로 보인다.

조련 홋카이도 본부 위원장은 이 사건에 대해 "사건의 근원적인 원인은 평소 일부 조선인의 비상식적 행위에 대해 야시는 물론 마을 주민들의 감정이 나타난 것이라 하겠지만 이는 서로 이해가 부족하기 때문일

---

436) 『朝日新報』, 1947년 9월 21일자.

437) 『朝日新報』, 1947년 10월 21일자.

것이다. 어쨌든 피해사건이 매우 잔혹하고 일방적으로 당하기만 했으므로 검찰청도 철저하게 구명하고 엄벌해 장래 화근이 남지 않도록 해야 할 것이다"라고 의견을 밝혔다. 사건을 담당한 검사장도 "사건의 근본 원인은 단적으로 말하자면 최근 본도의 일부 日朝人 사이에 사소한 감정 대립이 시비로 폭발"한 것이라고 보았다. 또한 "사건의 철저한 구명과 상호 불상사가 생기지 않도록 특단의 반성을 요망"[438]한다고 의견을 밝혔다. 조련 측에서 사건의 발단에 '일부 조선인의 비상식적 행위'가 있었음을 인정했고, 검사장은 '사소한 대립이 민족감정을 촉발'했다는 취지였다.

이 사건은 조련이 신속하게 나서서 현지 경찰과 점령군의 협조를 얻었고, 법조계에서도 죄질의 악랄함을 충분히 인지하고 있다는 점에서 상황이 나은 편이었다. 진행 과정 중에 일본 언론의 왜곡보도가 지적되기는 하였으나[439] 여타 암시장 관련 폭력 사건의 해결 과정과 비교하면 그나마 제대로 된 절차를 보여준 결과라고 하겠다.

반면 일본 경찰에 의해 철저하게 묵살당한 사건도 있었다. 1947년 10월 31일, 사이타마현 요리이에서는 데키야 주최의 공연장에 무료입장의 허락을 받고 들어간 청년이 자전거를 넘어뜨렸다는 이유로 일본인 데키야에게 구타를 당하는 사건이 있었다. 이를 지켜보던 조선인 청년이 싸움에 합세하면서 참상이 벌어졌다.

공연장에서 비무장 상태였던 이들에게 동료 데키야 30여 명이 일본도를 휘둘러 조선인 2명이 사망하고, 1명이 중상을 입었다. 그러나 신고를 받은 요리이 서는 출동도 하지 않고 이후 과정에서도 무성의로 일관하였다. 사건 해결의 의지를 전혀 보이지 않아 조선인 측에서는 자체적으

---

438) 『朝日新報』, 1947년 10월 21일자.

439) 『朝日新報』, 1947년 9월 21일자.

로 사건을 해결하고자 하였으나 그 과정에서 오히려 19명이 체포당하는 상황이 되었다. 조련 제4회 전국대회에 참석한 대의원 800명은 일본 정부에 사건의 철저한 구명, 해당 경찰서에 대한 책임 추궁, 체포된 조련 지부원들의 즉각적인 석방을 요구하는 항의문을 전달했다.[440)]

한편 암시장과 관련된 사건으로 규정하기는 애매하지만 암시장 조직이 조선인 민족단체에 가한 폭력 사건을 언급해 보고자 한다. 재일조선학생관동보 부집행위원인 이강원은 1949년 7월 5일 오후 귀가하던 중, 아무런 이유도 없이 신주쿠 마켓 야스다 조직의 폭력배 열너댓 명에게 구타를 당하였다. 인근 요도바시 경찰서의 서원은 사건을 목격하였음에도 불구하고 관여를 하지 않았다. 이에 조련과 민청 지부, 피해학생이 다니는 메이지 대학 동창회가 항의를 하며 손해배상을 강력히 요청했다.[441)]

보도 내용만으로 보면 일본 폭력단이 조선인 학생을 구타한 우발적 사건으로 보이지만 이 사건 전후 시기 상황을 유념해 볼 필요가 있다. 사건 두 달 전에는 좌우 진영 학생들이 대규모로 충돌한 '학동사건'이 있었고, 이강원 피습 사건 두 달 후인 9월에는 조련이 강제해산되었다. 이 시기에는 좌우파 민족 단체들의 격렬한 대립으로 살상사건이 빈번하게 일어났고, 일본 관헌과의 폭력적 충돌도 자주 보고되었다. 이런 와중에 민족 단체의 임원급 인물이 일본 폭력배에게 폭행을 당한 것은 맥락상 의심이 가지 않을 수 없는 것이다. 이런 일련의 사건들에 항의하는 과정 중에 민족단체들은 폭력단체로 낙인 찍혔고, 이는 해산의 빌미가 되기도 했다. 이런 시기에 벌어진 이강원 피습 사건은 도발의 계기를 만들기 위해 일본 폭력단을 사주한 것이 아닌가 하는 합리적 의심이 들기도 한다.

---

440) 『朝聯中央時報』, 1947년 10월 31일자.

441) 『解放新聞』, 1949년 7월 23일자.

그 외 사소한 계기로 촉발되거나 계획적으로 도발을 의도한 일본 폭력단과 재일조선인의 충돌 사건은 무수하게 많지만 사건의 배경에 암시장이 명백하게 개입되어 있는지 확인할 수 없으므로 암시장과 관련된 상기의 사건들만을 기술하였다.

3) 민족단체의 대응

가. 암시장 대책의 구상과 현실

해방 직후인 8월 말경 도쿄, 오사카 등 주요 지역의 조선인들은 조직 결성에 대한 논의를 시작했다.[442] 지역별로 설립된 조선인 단체는 10월경 재일조선인연맹(조련)이라는 명칭의 전국적인 조직이 되었다. 10월 15~16일 양일에 걸쳐 개최된 조련 결성대회에서는 참여한 일부 인사들의 부일 경력이 문제가 되면서 분열 양상을 보였다.[443] 조련은 결성 당시 "일본 국민과의 우의보전,[444] 재류동포의 생활안정, 귀국동포의 편의를 도모"[445]할 것을 선언했다. 선언 및 강령[446]의 내용은 재일조선인의 귀

---

442) 呉圭祥, 『ドキュメント在日本朝鮮人連盟 1945-1949』, 岩波書店, 2009, 3~4쪽 ; 김인덕, 「재일본조선인연맹 조직 발전에 대한 연구」, 『한국민족운동사학회』 48호, 2006, 291~333쪽.

443) 呉圭祥, 『ドキュメント在日本朝鮮人連盟 1945-1949』, 12~14쪽. 준비 단계에서 이미 조련의 임원으로 일하고 있던 일심회 부회장 강경옥, 협화회 본부과장을 맡았던 친일문학가 권혁주, 이능상, 주기영 등의 중앙준비위원이 거명되고 고발되었다. 후에 민단장을 역임하게 되는 친일파 권일도 조련 대회에서 심한 모욕을 당했다고 회고하고 있다.

444) 최영호, 「해방 직후 박열의 행적을 통해 본 재일한인 사회의 로컬리티」, 『재외한인연구』 第36호, 2015, 17쪽. 해방 직후 일본인과의 우의 보전에 대해서는 개인적 경험에 따른 공감대가 달랐다. 예를 들어 박열은 장기간의 수형생활을 통해 일본인들과 동지적 연대를 맺었고, 일본 거주자들 중 일본인과 원만한 관계를 유지한 이들도 있지만 일본 제국주의의 착취에 시달린 한반도 민중들은 일본 그 자체에 대한 반감이 매우 심했다. 최영호는 이를 재일조선인과 본국 거주인들과의 차이로 보았고, 이에 따라 조련의 강령에서 후에 이 표현이 빠진 것을 언급하고 있다. 오규상도 이와 비슷한 의견을 밝혔다.

445) 呉圭祥, 『ドキュメント在日本朝鮮人連盟 1945-1949』, 14쪽.

446) 강령은 다음과 같다. 1. 우리는 신조선 건설에 헌신적 노력을 기한다. 1. 우리는 세계평화의 항구유지를 기한다 1. 우리는 재류동포의 생활 안정을 기한다 1. 우리는 귀국동

국사업과 권익옹호에 그 중심을 두고 있다. 결성 초기에는 사상적인 편향성이 크게 대두되지 않았다.

그러나 결성 대회에서 나타난 분열 상태에 실망한 청년층에서 별도의 조직을 결성하자는 논의가 시작되고 친일부역 인사와 반공주의자들이 규합해 1945년 11월 조선건국촉진청년동맹(건청)이 발족되었다.[447] 조선인들에게 신망을 얻고 있던 박열과 이강훈이 1945년 10월 이후 출소하자 이들을 중심으로 1946년 초에는 신조선건설동맹(건동)이 설립되었다.[448] 이를 계승한 재일본조선거류민단(민단)은 주요 임원들이 협화회, 일심회, 흥생회 등의 친일 경력으로 인해 조련에서 배제된 이들이었다. 지방에서는 이들 단체 출신이 위원장이 되기도 했다.[449]

조련에 반대하는 건청, 신탁 통치에 반대하는 건동이 발족하면서 1946년 초부터 좌우파 사이의 대립이 본격화되었다. 2월에 개최된 조련 제2회 임시전체대회에서는 건청과 건동을 반동단체로 규정하고, 좌우의 충돌은 더욱 심해지게 되었다.

포의 편의와 질서를 기한다 1. 우리는 일본국민과의 호양우의를 기한다 1. 우리는 목적 달성을 위해 대동단결을 기한다

447) 최영호, 「한반도 신탁통치 문제의 로컬리티 : 해방 직후 재일조선인 사회를 중심으로」, 『한국민족운동사연구』 70호, 2012, 346~347쪽 ; 김인덕, 「재일본조선인연맹 조직 발전에 대한 연구」, 301쪽.

448) 해방 이후 민족단체들의 계보는 다음처럼 분류할 수 있다. 북한을 지지하는 좌파 단체는 재일조선인 연맹 → 재일조선통일민주전선(민전) → 재일본조선인총연합회(조선총련)의 순으로 이어지고, 남한을 지지하는 우파 단체는 조선건국촉진청년동맹(건청) · 신조선건설동맹(건동) → 재일본조선거류민단(민단) → 재일본대한민국거류민단(민단)으로 이어진다.

449) 부일협력자들에 대한 건청과 건동의 태도는 일괄적으로 정리하기 어렵다. 한반도는 물론 재일조선인 사이에서도 일본에 대한 반감이 높은 상황에서 비록 지도자급이라 할지라도 친일 경력이 있는 이들을 조직에 받아들이기 어려운 분위기였기 때문이다. 표면적으로는 친일파와 거리를 두는 듯하였으나 '인물난'이었던 상황에서 궁여지책으로 유력자 중심으로 이들을 영입해야 하는 상황이었으리라 보인다. 조련이 건청과 거류민단에 대해 맹공할 수 있었던 것은 이런 구성 성분의 문제에서 비롯한다. 그러나 조련에도 일부 부역인사들이 소속되어 있는 등 친일 행적만으로 분열상이 다 설명되지는 않는다.

조련이 존속했던 4년여 동안 5회에 걸쳐 개최된 전국 대회와 중앙위원회 회의록, 생활옹호투쟁위원회, 기관지인 『朝聯中央時報』 및 『民衆新聞』 『解放新聞』 등에 전방위적인 활동이력이 남아있지만 건청, 건동, 거류민단의 활동은 이에 비해 상대적으로 기록이 적다. 조련은 발생 초기부터 동포의 귀국과 재산 및 생명 보호, 배급 문제 등의 생활 현안에 중점을 두었기 때문에 정치적 경향성은 별도로 하더라도 조선인 일반의 폭넓은 지지를 얻을 수 있었다. 반면 건청 및 건동은 해방 이후 조선인 문제 전반에 대한 사업계획을 수립하고 발족된 것이 아니라 조련에 대한 반대 세력임을 내세우면서 탄생했다는 한계가 있었다. 조련이 단기간에 형성한 전국적 조직까지 포함해 규모 및 내용에서 비교가 되지 않았고, 경험이 많지 않은 청년층을 중심이 된 건청은 조직 운영에 미숙한 점도 많았다. 따라서 민생문제인 암시장과 관련한 대응은 조련이 그 대표자 역할을 했다고 봐야 할 것이다.[450]

몇 차례 전술했지만 재일조선인 사회에서 암시장 경기를 이용해 개인적인 축재에 성공한 이들은 극히 일부에 해당한다. 그러나 해방 이전에는 가시적이지 않았던 '조선인 벼락부자'의 돌발적인 출현은 패전의 열패감에 젖은 일본인들에게 상대적 박탈감을 안겨주었고, 그런 심리를 자극한 이들이 재일조선인 전체와 동일시되면서 부정적 이미지를 형성하는데 큰 역할을 했다는 것을 부인할 수는 없다.

민족단체 내부에서 암시장과 관련한 자성의 목소리가 높아진 것은 1946년 상반기 무렵이다. 이 시기는 형사재판권 관할, 철도무임승차 금지, 조련 자치대 해산 등 암시장에서 활동하는 재일조선인을 주 대상으로 한 각종 제재조치들이 연달아 시행되었다. 그럼에도 불구하고 암시

450) 암시장 운영과 관련해 조련측이 조선인 상인대표 자격으로 회의에 참석하기도 했고, 조련의 청년 보안대는 암시장의 자경대 역할을 하였다.

장을 둘러싼 잡음은 끊이지 않았다. 일부 가쓰기야들과 나가사키, 우에노 및 지역 암시장 단속과 관련해서 대규모의 집단행동이 연이어 보고되는 것도 이 무렵이다.

조련계 신문인 『民衆新聞』은 '해방민족으로서의 자존심'을 강조하고 부정행위를 하는 불량한 자들에 대한 내부적 제재를 촉구했다.[451] 건동의 기관지인 『新朝鮮新聞』도 "일본에 거주하는 동포의 현상은 일시적 흥분에서 각성한다고 해도 아직 확고한 생활기준을 세우지 못하고, 공연히 내일의 현상을 어제의 그것과 혼동하고 오늘 이 순간을 좀먹는 자기 경제에 도취되어 가공의 꿈에서 살아가는 것은 아닌가"[452]라고 하여 좌우 할 것 없이 암시장 불법 문제는 심각하다고 인지하고 있었다.

암시장 관련 조선인 비난여론이 고조되던 1946년 10월에 개최된 조련 제3회 전국대회에서는, 시이쿠마에 대한 규탄과 함께 조선인 내부 문제를 진단하고 이의 개선방안을 모색하였다. 이 대회에서는 "동포의 재산이 급격귀국으로써 토석(土石)과 같이 무가치하게 처분되고, 그 후 잔류하여 있는 동포들도 대개 일정한 직업은 없고 해방의 기쁨과 독립국민이란 자존심을 오해하여서 여러 가지 폐단이 많은 것은 유감"이라고 당시의 상황을 분석했다. 조련이 심각한 문제점으로 지적했던 사항은 아래와 같았다.

(가) 진실한 노동자도 노동정신을 잃어버리고, 소규모의 암상인으로 다소 수입이 있으면 가정에 최저의 생활비를 던져주고는 주색에 없애버리는 경향이 있었다. 이것은 물론 보통 노동으로는 생활이 아니 되는 일본 사회 현상의 한 소산이다. 동시에 해방된 우리로서는 일본인에게는 사용 당하지 않는다는 인식부족도 있다고 본다.

---

451) 『民衆新聞』, 1946년 7월 1일자.

452) 『新朝鮮新聞』, 1946년 8월 30일자.

(나) 다소 지식과 재산이 있는 비양심적층은 하등 사업도 않고 매일 자동차와 연회를 일삼으면서 일확천금을 꿈꾸고 있다. 그들은 무슨 회니 동맹이니 하는 2~3인의 단체를 만들어서 술과 담배, 기타 물자를 획득하여 사복을 채우는 등 말할 수 없는 악행을 하고 있다. 이러한 것을 청산치 않고는 장래 우리들의 신용이 추락하여서 정당한 물질의 배급도 받지 못할 줄 믿는다.

(다) 이것은 극소부분이나마 가장 불량화한 일부는 소위 집단강도단, 암 악질 상인으로 화하여 우리 동포의 체면과 생활에 큰 영향을 주고 있다. 이러한 분자는 철저히 청산 재교육치 않고는 우리의 위신과 신용뿐만 아니라 일본 관헌의 조선인 압박구실을 주며 연합군에 조선인을 비방할 자료를 제공하는 것이다. '……'

(마) 종전 이후 꾸준히 사업에 전력하여 혹은 일본 사회의 변동을 이용하고 혹은 조련이나 조선인의 특권을 이용하여 상당한 성과를 올리고 있는 사업가도 물론 많다. 그중에는 적극적으로 조련에 협력하는 동시에 조련을 이용하는 이도 있고 조련에 무관심 혹은 반대하면서 일본인과 제휴 혹은 조련 이외의 단체와 제휴하고 있는 경향도 있다.[453)]

발췌해서 인용한 내용은 모두 암시장과 관련된 사항들이다. 이 내용에 따르자면 해방 후 1년 동안 노동자 계급 및 자산가 층의 경제활동은 실질적으로 암시장에 그 기반을 두었다는 것을 알 수 있다. 상기의 항목 중 (가)는 재일조선인 남성 노동자 일반을 지적한 것이다. (나)와 (다)는 일본인이 보는 재일조선인에 대한 부정적 이미지가 실제로 이런 무리들에 의해 형성되었으며 암시장에서 가장 문제가 되는 집단임을 강조하는 것이다. 단체를 만들고 특별물자 배급을 받은 이들은 가쓰기야나 영세 암상인에 비해 현저하게 높은 수익을 올려서 이른바 '암시장 벼락부자'의 전형이 되었는데 일본인뿐만 아니라 동포들에게도 비난받는 집단이

453) 「在日本朝鮮人聯盟第三回全國大會議事錄((附)第八回中央委員會議事錄)」, 『叢書』 9卷, 21~22쪽.

라고 할 수 있다. (다) 항목의 집단 강도와 악질 암상인은 민족을 막론하고 사회의 가장 암적인 존재였음은 말할 것도 없다.

(마)는 암시장 경기를 이용해 성공한 상공업자에 해당한다. 이 사업가들이 조련과 '협력 혹은 이용'하거나 일본인이나 다른 단체와 '제휴'하는 모습은 '민족'보다는 '영리'를 우선순위에 두는 자본가의 복잡한 셈법을 염두에 두어야 할 것 같다. 해방 직후에는 민족의식이 강하고 사상적으로도 좌파에 가까운 상공업자들이 적지 않았지만 민족단체 및 일본인들과의 친소관계는 사업의 편의를 위해 이용하는 측면이 많았으므로 이들의 행태는 별도의 관점에서 분리해서 볼 필요가 있다.[454]

조련의 청년조직에 해당하는 민청도 결성대회에서 "자기 계획을 자기 힘으로 성공시켜 본 적이 없는 무지한 조선 청년들은 모든 것을 팔자에 미루고 재수에 미루었다. 그런 심리는 투기심을 조장하고 전쟁 중 암상업의 모험적 투기심을 적중하여 다소 성공한 것이 더욱 노동에서 조선 청년을 근로에서 유리시키는 일대 원인이 되고 말았다"[455]고 불건전한 투기심리와 불로소득을 노리는 세태를 통렬하게 비판하였다.

또한 이런 사실들이 축적됨으로써 점령군은 재일조선인이 "법률을 존중치 않는 비법치 국민"이라고 결론짓고 "강도, 절도, 암상, 폭력행위, 또 특권의식을 가지고 일본인을 자극하고, 또 단체끼리 무기를 가지고 백주에 투쟁하는 것은 인심을 소란케 하고 사회불안의 원인이 된다"[456]고 보는 사실을 조련으로서는 심각하게 받아들이고 있다. 1946년 말이 되

---

454) 조련이 존속하던 시기에는 여러 상공 단체가 각자의 이익에 따라 창설되고 연합하였다. 전국적 단위의 상공단체로 형성되지도 않았고 명목적으로도 조련의 산하 단체가 되지 않았다. 정치적으로 지지 혹은 반대하더라도 경제적 계산은 달랐던 상공업자들의 현실을 반영하고 있다.

455) 「在日本朝鮮民主青年同盟結成大會」, 1947년 3월, 『叢書』 9卷, 287쪽.

456) 「在日本朝鮮人聯盟第三回全國大會議事錄((附)第八回中央委員會議事錄)」, 『叢書』 9卷, 26~27쪽.

면 점령군은 "일본 관헌을 통하여서 조선인의 과거를 듣고 현재를 보는" 정세가 상당히 구축되어 있었기 때문이다.

3회 대회를 계기로 조련은 사업 내용에서 생활안정을 더욱 강조하게 되었다.[457] 이 대회 이후부터는 생활안정을 위한 실질적 활동 보고의 비중이 높아지고 있다. 실천적 활동으로 암시장이 아니어도 생활이 가능하게끔 직업 쟁취 운동을 확대하였다. 1948년 제5회 전체대회 활동보고서에는 사업성과 중 하나로 "부동 생활극복을 위하여 각지에서 농지 획득경영, 각종 제작, 양돈 등 산업이 격증해 가게 된 것"[458]을 거론하고 있다. 조련과 밀접한 관계를 맺고 있는 일본 공산당은 이에 대해서 다음과 같은 전환책을 제시하고 있다.

> 일본에 사는 조선인 중 어쩔 수 없이 모순에 가득 찬 암거래 생활을 하는 이들에게 다음처럼 호소하고 싶다. '숨어서 술을 만들기보다 공공연히 술을 마실 수 있도록 바꾸는 것이 살아남는 하나의 방법 아닐까?' '……' 암시장과 밀조를 하지 않더라도 살 수 있는 일을 달라, 직장을 달라, 토지를 달라, 자금과 자재를 융통하라는 운동이야말로 멀지만 가장 가까운 생활안정 전환의 길이다. 술 재료를 가축 사료로 전환하는 것, 황폐해진 마을의 복구 공사를 요청하고 청부하는 것, 일용품, 공예품의 공동공장, 쉬운 기계 기술자로서의 지도 등 여러 가지를 생각해 볼 수 있고, 이런 어려움을 헤치고 성공한 동포도 있다. 민청의 공동농장(산다마 마치다 초), 장작과 숯 만들기(이바라기), 양돈(이바라기, 가나가와), 전력공사 청부(나가노) 등의 빛나는 사례가 있다.[459]

457) 「在日本朝鮮人聯盟第三回全國大會議事錄((附)第八回中央委員會議事錄)」, 『叢書』 9卷, 53쪽 ; 김인덕, 「재일본조선인연맹 '제3회 전체대회'에 대한 사실적 고찰」, 『史林』 제25호, 2006, 241~273쪽 참조.

458) 「朝聯第五回全體大會提出活動報告書」, 『集成 戰後編』 第1卷, 1쪽.

459) 『조선의 별』, 1948년 12월 20일자. 『조선의 별』은 일본공산당 관동지방위원회가 발행하던 신문이었다.

조련 각 지부는 지자체 수장들과 만나서 실천적인 생활 개선 노력을 기울였다. 위의 기사처럼 조련 산다마 지부는 직장요구와 실업대책의 일환으로 정장(町長)과 교섭해서 유휴토지 400평을 불하받고 민청이 운영하는 공동농장을 조성하였다. 공출과 세금을 면제받는 실적도 올렸다.[460] 가와사키시에서는 시장과 경제부장이 동석한 가운데 조선인 중소기업을 위한 자금과 자재확보의 협의가 있었다. 이 자리에서는 시장이 경찰에게 조선인에 대해 부당탄압을 하지 말라는 지시를 내리기도 했다.[461] 교토에서는 직장 획득투쟁을 통해 도로와 토목 공사 일감을 얻었다.[462] 그러나 이러한 활동이 순조롭게 진행된 것은 아니었다. 직장획득과 사업 전환을 위한 교섭을 하더라도 정부 측은 "일본 노동자와 중소기업도 사정이 어렵다"는 핑계를 대기도 하였다.[463]

양돈업은 밀조주 제조와 병행되는 주요 업종이었다.[464] 오카야마에서는 현청과 교섭하여 양돈 축산기사를 파견시켜 재일조선인을 대상으로 강습회를 개최했다.[465] 마이즈루에서는 전시에 사용했던 군창고를 무상으로 얻어 돼지 70마리를 기르고 양돈조합을 결성했으며 우즈마사에서는 186마리의 돼지를 길렀다.[466] 도쿄 에다가와에서는 조련의 꾸준한 활

460) 『조선의 별』, 1948년 11월 25일자.

461) 『조선의 별』, 1949년 1월 1일자. 이 발언으로 조선인에 대한 부당탄압이 있었다는 것을 반증하는 셈이 되었다.

462) 『解放新聞』, 1949년 4월 6일자.

463) 『조선의 별』, 1948년 12월 20일자. 지자체장에 따라서 적극적인 협조를 하는 곳이 있는가 하면, 비협조적인 곳도 있었다. 또한 시도는 많았으나 다 뚜렷한 성과를 보인 것은 아니었다. 실적 보고를 보면 노력에 비해 그 성과가 의도대로 잘 되지 않았음을 반성하는 경우도 볼 수 있다.

464) 양돈업은 돼지를 키워 판매해서 얻는 수익은 물론 내장, 족발, 각종 부속 등을 식재료로 활용할 수 있었다. 한편 밀조주의 부산물은 사료로 사용했고, 축사의 악취는 밀조주의 냄새를 가리는 역할도 했다.

465) 『解放新聞』, 1948년 11월 30일자.

466) 『解放新聞』, 1949년 4월 6일자. 양돈은 조련의 지도와 별개로 재일조선인에게는 주요한 수익원이 되었다. 암시장, 밀조주 등의 '불건전한' 직업 대신 현실적으로 대안이 될 만

동으로 1950년 무렵에는 막걸리 제조 세대가 줄고 양돈 세대의 비중이 높아졌다.[467)]

한편 암시장과 밀조주 단속에 대해서는 적극적인 투쟁을 펼쳐 나갔다. 초기에는 암시장에서 보안대 등의 청년조직이 활동하면서 시장 내 분규에 직접 개입했으나 보안대 해산 이후에는 민청이 그 역할을 담당했다.[468)] 암거래 혐의로 조선인 마을을 무단 수색한 경우에도 조련은 항의서를 보내고 관계자들의 사과를 요구했다. 암거래와 밀조주를 지양하고 다른 생활 방도를 찾자는 것이 조련의 기본 방침이었지만 불법 수색과 밀조 용의자가 검거되면 사건의 해결을 위해 전면적으로 나섰다. 암거래 물자 취급, 밀항자 은닉, 장물 취급, 밀조주 등으로 조선인 마을을 수색하면서 주민들을 겁박하고, 영장도 없이 구둣발로 생활공간에 들이닥치는 불법은 지속적으로 발생했다. 특히 1948년 이후에는 밀조주 단속을 빙자해서 조선인 마을을 집중적으로 단속하는 사례가 현저하게 증가했다. 『解放新聞』에서는 「가택 침입에 이렇게 싸우자」라는 기고문을 통해서 조직적인 대처 방법을 소개하고 있다.

無人家로 방치 – 습격이 오면 무인가로 만들고 혹은 부인에게 맡기고 남

한 직업으로 효용성이 있었으므로 조련이 이 방향으로 유도하고자 한 것으로 보인다. 밀조주 탈피를 위한 사업으로 제시되었지만 실질적으로는 밀조주와 병행되는 사례를 자주 접할 수 있다.

467) 「在日朝鮮人の生活実態」, 『集成 戦後編』 4巻 참조.

468) 우에노에서는 양 민족 사이에 분쟁이 일어나면 '트럭을 탄 집단이 깃발을 들고 달려왔다'는 부랑아와 지역 상인들의 회고가 있다. 시장 내에 조련 사무소가 있고, 우에노는 상권 다툼이 가장 치열했던 지역이었으므로 보안대가 해체된 이후에도 조련 혹은 민청 차원에서 분쟁에 개입하였던 정황을 짐작하게 한다. 1947년 이후에는 조선인 상권이 분리가 되어 나가지만 기존 일본인 상권에서 영업하는 이들도 여전히 많았다. 우파 단체인 건청도 이와 유사한 역할을 하였으리라 짐작되지만 조직이 조련만큼 확대되지 않았으므로 민청이 자주 언급되는 것에 비해 존재감이 없다. 건청은 보안대의 역할보다 암시장 유통에 더욱 적극적으로 관여했던 것으로 알려진다.

성은 피신한다. 이것은 그때의 조건에 따라 가부도 있으려니와 무인가로서 일경이 임의로 교란하여 약탈하고 이것이 그들이 의기를 돋아 제2, 제3의 습격을 초래하는 것을 생각한다면 자기 집을 지키기에 전력을 다할 것이며 부득한 경우에는 상호교대로라도 숨지 말고 동포의 집을 지켜야 한다. 이것이 조직적으로 되면 더 좋다.

수색영장 문제 – 조직이 약한 지방 이외에 지금 대략은 영장을 가지고 오기는 하나 지금까지 수색의 예를 보면 영장의 정당한 행사는 극소하고 대개는 애매하고 불완전하며, 타인명의, 혹은 내용은 영장이 아닌 것이 대부분이다.

1. 부인은 거의 전부가 영장의 제시를 요구치 않고 가운데는 흰 종이만 보이면 그냥 승낙한다. 그럼 입으로 신문지를 보이고 영장이라고 기만한 예도 있다.
2. 영장이 자기 성명과 주소번지가 일자 일구라도 相違하면 단호 거절하면 그뿐이다. 일경은 즉석에서 정정하는 예도 있으나 이것은 발행한 판사 이외에는 못하는 것이니 용인해서는 안 된다. 비록 자기를 목적한 것이 틀림없더라도 그러한 불완전한 영장으로 수색을 받을 이유는 없다.(조선인의 이름을 놈들이 틀림없이 쓰는 예는 적다. 틀린 것을 적어놓고 위협하는 법이다)
3. 영장의 주소, 씨명이 자기에 틀림없을 때는 영장의 수색이유를 祥讀하여 혐의의 원인을 추구한다. 대략은 투서라 하나 투서라면 투서의 제시를 요구하고 어쨌든 애매하면 거절할 것이다. 대략 일경은 조선인 가택이라 하여 모조리 영장을 남발하는 법이니 이것은 인권유린인지라 단호 항의하여야 한다.
4. 영장의 모든 조건이 구비되었을 때라도 혐의품이 없을 때는 의식적 불법탄압의 책임을 엄중히 추구할 것이다.
5. 그네들은 불명한 주소를 백지로 가져와 나중에 기입하고 혹은 '某 부근'이라고 쓰는 예가 있는데 이것은 물론 위법이고 날인한 판사명을 기억하여 책임을 추구할 것이다.

> 영장의 불지참 – 영장이 흘런다든지[469] 혹은 대표적으로 몇 장 영장을 지참하고는 대략은 '承諾濟'라는 형식으로서 영장 없이 하는 것이 대부분이다. 수십 명이 와서 '조금 수색할 것이니 양해해 주시오' 하여 대답할 사이도 없이 그냥 해버리는데 물품 있는 분은 공포심에 못 이겨, 없는 분은 안심감으로서 그냥 승낙하고 방치한다. 물품 없는 부인 중에는 자원하는 극단의 예까지 있는데 동포의 머리에 남은 관존민비 인습 잔재와 아울러 스스로 노예적 굴욕을 감수하려는 것은 엄계하여야 할 것이다. 간부가 영장 불지참의 책임을 추구하는데 일경이 '본인의 양해 하'라고 합법성을 운운하여 투쟁에 지장된 예는 枚擧할 수 없다.[470]

이 기고문은 상당히 세세한 부분까지 대처 방법을 지도하고 있다. 이를 통해서 일본 경찰이 어떤 방식으로 수색을 하고, 조선인들의 대응은 어떠하였는지 파악할 수 있다. 경찰의 불법수색에 적극 대처하기보다는 오히려 '자원' 수색을 요청하는 태도를 '관존민비 인습 잔재'와 '노예적 굴욕을 감수'하는 것이라고 하여 계몽하고, 일부 간부들에 대해서는 "대중과 같은 생활을 하지 않고, 좀 더 고급적 부동생활 간부일수록 이런 경향이 있다"[471]고 비판하고 있다.

1948년 11월 26일, 후쿠오카와 인근 일대에서 대규모 밀조주 단속이 행해졌는데 기사와 같은 방식으로 대처하였다. 단속 기사는 "일부 밀조업자들은 검찰 당국의 수속 불비를 이유로 일제히 막무가내로 수사를

---

469) 문맥상 '영장을 흘리고 왔다'라고 여겨진다.

470) 『解放新聞』, 1948년 12월 6일자.

471) 『解放新聞』, 1948년 12월 6일자. "최근 간부가 저급한 투쟁의욕과 無力으로서 투쟁의 확신을 잃고 그냥 무사안일만 기원하여 아무런 생활해결책도 강구하지 않고 반강제적으로 중지시켜 조련이 대중의 무용물이 되어 遊離하고 혹은 범죄라고 고취하여 공포심을 주는 동시에 자기의 성과 없는 굴종 교섭주의를 호도하려 한다. 그리고 일경이 합법적으로 나오는 것은 그들 전술의 발전인 바 얼마라도 합법적으로 거절, 대항투쟁이 무한히 있음에도 불구하고 '저렇게까지 나오는데 어디 해볼 도리 있어야지' 하여 최초부터 단념적으로 투쟁을 포기하고 방관한다"라고 하여 조련 내부에서도 불법수색에 대해 일관된 투쟁만을 견지한 것이 아니었음을 볼 수 있다.

거부하고, 백지영장에 기입해 현장교부를 하는 검찰 측의 강경방침을 '속임수 영장'이라 하여 받아들이지 않았다. 강변의 주민에게 전마선을 타고 가서 기입을 행하는 경찰관에게는 '가택침입죄'라고 큰소리쳤다. '용의만으로 확실한 증거도 없이 영장을 교부한다면 지사관사도 조사해 봐라, 물자통제 위반이 분명 있을 것이다, 전 국민이 암거래 생활한다'고 검사에게 대드는 등 현장은 대혼란을 빚었다"[472]고 보도하고 있다. 재일조선인 측이 주장한 불법수색은 이 일본 신문 기사에 등장한, 검찰에 의해 '현장 기입 백지영장' 건만 봐도 상습적으로 행해졌음을 알 수 있다. 주민들의 대응방식은 『解放新聞』의 기고문보다 약간 앞선 시기이기는 하지만 이미 조련 내부에서 대처 방식을 전달하였고, 주민들은 그를 충실히 따른 것으로 여겨지는 내용이다.

조련의 방식은 탄압에 가까운 단속에 투쟁으로 맞서는 한편, 조선인을 향해서는 암거래와 밀조주를 지양하자고 호소하는 것이었다. 불법, 부당한 단속에 대해서는 투쟁의 이유가 분명했고, 조련이 조목조목 지적했던 불법적 수색 항목은 이후 경찰이 단속 지시사항을 내리면서 주의해야 할 항목으로 특기되기도 한다.[473]

조련은 암거래와 밀조주에 대해서는 완전 박멸이 아닌, 감소로 유도하고 건전한 직종으로 이전할 것을 권장하는 계몽사업을 함께 전개했다. 히로시마 조련 지부는 밀양조를 자발적으로 억제할 것을 합의하고 설비와 생산 축소를 단행했다. 그러나 적어도 최소한의 생활권을 위한 부분은 인정해 달라고 정부에게 탄원하였다.[474] 취업 알선과 직장 창출을 위해 직접 교섭에 나섰지만 전후 일본 경제계가 총체적 침체 상황이

---

472) 『九州タイムズ』, 1948년 11월 26일자.

473) 오카야마 경찰서의 밀주 단속 보고에 그 내용이 잘 나타나 있다.

474) 『中国新聞』, 1949년 2월 27일자.

었다는 점을 감안하면 일부 성과는 이루어졌어도 전반적 생활개선을 도모하기에는 한계가 있었다. 점령군, 일본, 본국의 정정과 정치외교 사정, 이에 연동하는 재일조선인 사회 내부의 분열과 갈등은 이러한 노력을 가로막는 원인이 되기도 했다.

나. 민족단체 내부의 분열

암시장을 둘러싸고 재일조선인과 일본 사회가 충돌하는 지점은 주로 일본 조직과의 상권 경쟁, 단속에 대한 집단 항의 등에 관한 것이지만 동포 사회 내부, 특히 민족단체의 갈등 또한 적었다고 할 수 없다. 정치적 좌우 대립은 이면에 존재한 배급물자 획득, 암시장에서의 판매자금 확보 등 경제적 주도권을 둘러싼 대립과도 연결되었다. 청년 조직을 중심으로 전개된 유혈, 살상 사태는 일본 사회에 또 다른 부정적인 '재일조선인관'을 형성하는데 일조했고,[475] 이는 민족단체 해산에 직접적으로 작용하였다.

양 진영 단체들이 암시장을 수입원의 일환으로 삼는 이면의 모습은 정치 투쟁의 격렬함에 가려져 좀처럼 언급되지 않는다. 암시장에 대한 민족 단체의 태도는 이율배반적인 면이 있었다. 단체 간부들 중에서도 암시장에서 경제 활동을 하는 이들이 있었지만 암시장은 표면적으로 '해방민족'의 자긍심을 저해하는 요소로 강조하고 있어 공공연히 내세울 수는 없었다. 그럼에도 불구하고 암시장 중심의 각종 생활 안정 투쟁은 민중의 지지도를 얻기 위한 주요한 활동이 되었다. 암시장에서 특히 그 존재가 부각되었던 것은 자경 역할을 담당했던 청년 조직이었다.

조선건국촉진청년동맹(건청)은 조련 창립 대회 때 나타난 분열상과

---

[475]「在日本朝鮮人聯盟三全大會議事録」, 1946년 10월 14일,『叢書』9巻, 26~27쪽.

향후 진행된 좌경화 흐름에 불만을 느낀 청년들이 1945년 11월 도쿄에서 결성한 단체였다. 건청은 민족주의와 비공산주의를 표방하고, 민단이 설립되기 이전까지 조련과 반대지점에서 우파를 대표했다.[476] 조련의 사상적 경향성에 반대해 설립된 건청을 '반동분자'로 규정한 조련은 청년조직의 강화를 위해 청년층 중심의 자치대를 결성했다. 자치대는 분쟁의 전위부대, 귀국동포에의 편의제공, 범죄의 방지와 선도 등을 주요 목표로 내세웠다.[477]

1946년 2월부터 도쿄를 시작으로 지역단위의 자치대가 순차적으로 결성되었다. 전체 규모는 파악하기 어렵지만 지급된 제복이 2,500벌이었다는 것으로 보아 전국적으로 2,000명 이상이 가입했을 것으로 보인다.[478] 타 지역 건청이 처음부터 조련과 대립각을 세우고 결성된 것에 비해 효고는 자치대 집단이 건청으로 따로 분리해 나가는 특이한 경로를 밟았다. 효고의 건청 성립에 대해서는 다음과 같은 기사가 있다.

> 이 자위대 중에는 독립운동 혐의로 빈곤한 생활을 해오다가 종전으로 해방된 열혈청년도 있지만 대부분은 학생으로 지적수준이 높고 36년에 걸친 압정은 증오하지만 일본인 개인은 친구라고 할 정도로 일본 메이지유신의 지사적 분위기로 조국건설에 젊은 기운을 모으고 있다. 연맹의 청년부는 빠

---

476) 金太基, 『戰後日本政治と在日朝鮮人問題 : SCAPの對在日朝鮮人政策 1945-1952年』, 217~219쪽. 1946년 4월, 점령군에 의해 작성된 재일조선인 단체에 대한 평가는 조련에 대해 "개인적인 권력욕, 질투, 이념의 상이, 그리고 수 명의 리더에 의한 공산주의적인 활동을 하는 단체, 재일본상공연합회의 지지와 원호를 얻고 있다"고 하였고, 건청은 "매우 보수적이며 파시스트 지지자이고 리더는 전체적으로 일본의 감시하에 교육을 받은 청년들", 건동은 "박열, 이강훈 등의 지도력 하에 건청과 밀접한 관계를 맺고 있고, 장년층으로 전시하에 전시 동아연맹 등의 조직에서 적극적으로 일본을 지지한 인물도 포함"이라고 분석하고 있다.

477) 鄭栄桓, 『朝鮮独立への隘路』, 21쪽, 설립 당시에는 지역에 따라 보안대, 자치대, 청년대, 자위대, 자경단 등 다양한 명칭으로 불렸으나 수행하는 역할은 비슷했다.

478) 鄭栄桓, 『朝鮮独立への隘路』, 23쪽. 이 조직은 GHQ에 의해 해산명령을 받고 조련 산하의 민청 조직으로 재결성된다.

> 른 시일 내에 발전적 해체를 하고 조선건국촉진청년동맹으로서 12월 15일 고베 가스빌딩에서 결성식을 가질 예정이다. 조선이라고 하면 바로 전국적으로 공산주의의 색이 짙다고 안팎에 알려져 있어 이 오해를 풀기 위해서도 건국제일주의를 지표로 맹렬하게 운동을 할 계획이다.[479]

이렇게 결성된 효고 건청은 전체 건청 중에서도 특히 존재감이 부각되었다. 효고 아마가사키 지부 건청은 민단이 결성되면 조직 확장을 위한 '아리랑 부대'라고 불리면서 헌병적인 역할을 수행했다.[480] 자치대, 보안대의 결성과 활동, 소멸시점 등은 지역별로 조금씩 상이점을 보인다.[481] 후쿠오카에서는 이 자경단이 '코리안 폴리스'라는 이름으로 통용되었다. 이들은 암시장에서 미군의 제복과 제모의 착용 여부를 점령군에게 허가받고 마크까지 단 다음 귀환동포의 안전을 내걸고 귀환선에도 자유롭게 오르내릴 수 있었다.[482]

청년층의 활동은 긍정과 부정적인 측면을 동시에 보여준다. 동포의 권익과 재산을 위협하는 일본 관헌이나 폭력단과의 투쟁은 조선인에게는 보호자로 여겨졌으나 일본 정부와 점령군에게는 폭력 일변도의 조직이라는 인상을 심어주었다. 조선인의 권익 옹호라는 측면을 넘어선 월권행위는 이후 '조선인 폭도관'에 단초를 제공하기도 했다.

예를 들어 청년 조직은 일본 암상인의 물자를 압수해서 일부를 빼돌

---

479) 『神戸新聞』, 1945년 12월 8일자.

480) 朴憲行, 『在日韓國人一世 : 戦後50年の想い』, 新幹社, 1995, 93쪽.

481) 島村恭則, 『〈生きる方法〉の民俗誌 : 朝鮮系住民集住地域の民俗學的研究』, 98쪽, 당시를 기억하는 후쿠오카 재일조선인의 회고에 의하면 조선인 자경단은 조련 시대에 존재했고, 민단이 등장할 무렵 사라졌다고 회고했으나 시기와 내용에서 잘 맞지 않는 부분이 있다. 조직에 직접 참여하지 않은 이들의 회고를 보면 자경대, 보안대, 경비대 등의 명칭으로 불리는 이들의 소속을 혼동하는 경우가 많다. 이는 이들 청년조직이 위압적인 행동을 취할 때는 양쪽이 다 비슷한 행태를 보였기 때문으로 여겨진다.

482) 島村恭則, 『〈生きる方法〉の民俗誌 : 朝鮮系住民集住地域の民俗學的研究』, 98쪽,

리는 전횡을 저지르기도 하고, 지방에 물자를 조달하는 만원 열차에 '조선인 전용'이라고 표기해 무단으로 올라탔다.[483] 암시장에서 검거된 조선인들의 석방을 요구하고, 시장에서 일본 조직과 분쟁이 일어나면 집단으로 출동해 위협적인 분위기를 조성했다.[484] 후쿠오카에서는 동포구원회라는 이름의 자치대가 경찰권을 행사했다. 이 자치대는 사설 구치소를 만든 다음, 조선인 관련 사건에는 일본인마저 체포, 감금해서 취조하는 월권행위로 물의를 빚기도 했다.[485] 일본인들이 '권총으로 무장한 채 암시장에서 날뛰는 제3국인'으로 묘사한 모습은 이들 청년 조직의 외형과 행동에 해당한다고 할 수 있겠다.

동포 사회 내에서 경찰과 헌병의 역할을 자처한 청년조직은 좌우를 막론하고 위압적이고 폭력적인 이미지로 묘사되고 있다. 보호해야 할 동포에게조차 민폐를 끼치는 경우도 있었다. 고베의 건청 단원은 미군에게 불하받은 짚차를 타고, 카키색의 군복과 각반까지 두른 군인의 모습으로 동포 운영의 기업체에 가서 위압적인 태도로 자금을 요구했다. 당시 이런 모습은 "우는 애도 그치게 하는 건청"이라는 이미지로 각인되어 있다.[486]

조련과 건청의 반목과 대립은 사상적인 적대감정에서 비롯되었지만 자금원 역할을 하는 암시장 물자를 둘러싼 패권 다툼도 적지 않은 비중을 차지한다. 건청 설립 이후 양 단체 청년 단원들은 권총 등 무기를 들

483) 金太基,『戰後日本政治と在日朝鮮人問題：SCAPの對在日朝鮮人政策 1945-1952年』, 205쪽 ; 高祐二 著,『在日コリアンの戦後史 ： 神戸の闇市を駆け抜けた文東建の見果てぬ夢』, 124~125쪽.

484) 終戦連絡中央事務局政治部,「執務報告 第二号」,『日本占領外交関係資料集第 三巻号』, 295~296쪽.

485) 島村恭則,『〈生きる方法〉の民俗誌：朝鮮系住民集住地域の民俗學的研究』, 99쪽 ; 鄭栄桓 著,『朝鮮独立への隘路』, 35쪽. 정영환은 청년 조직의 활동이 범죄화되는 사례를 지적하고 이는 경찰이 조선인을 살상해도 정당방위의 면죄부를 주는 요인이 되었다고 보았다.

486) 高祐二 著,『在日コリアンの戦後史』, 34쪽.

고, 조선총독부 출장소를 차지하기 위한 쟁탈전을 벌였는데 이는 이른바 '간다 시가전'이 되었다. 효고 건청에서 주도적 역할을 했던 박헌행은 건청 존립 5년의 역사는 "주로 조련 · 민청과의 항쟁사"[487]였다고 단정할 정도로 양 진영의 갈등은 심각한 것이었다.

한편 건청과 건동은 조련의 좌파적 성향에 반대해서 설립되었음을 처음부터 명확히 하였으므로 점령군과의 관계에서 유리한 입지를 구축할 수 있었다. 건청의 주요 수입원은 미군물자를 횡류해 암시장에서 올린 수익이었다.[488] 건청 구성 인원 중에는 일본의 정보 수집을 위해 GHQ가 가깝게 두었던 학생 간부가 포함되어 자금 및 특별배급물자의 제공에서 특혜를 받을 수 있었다.[489] 이렇게 확보된 물자를 암시장에서 팔고, 상당한 금액을 융통할 수 있어 건청은 규모에 비해 자금력이 좋았던 것으로 알려진다.[490]

1946년 건청과 건동이 뜻을 규합해 민단을 결성할 때 조련측은 신문사설을 통해 민단의 결성 의도에 대해 강한 어조로 비난했다. 참가자들의 친일 이력과 단체의 분열은 민족통일을 저해한다는 이유 외에도 "거류민단을 만들어서 자기 이름으로 물자를, 동시에 일본정부로부터 물자배급을 받아서 사복을 채우려고 한다"는 속셈이 있음을 지적하고 있다.[491] 밀조주 단속에서 재일조선인 마을이 집중적 단속 대상이 된 1948년 말, 조련은 민단과 건청 하부조직이 조련으로 합류하는 추세가 늘어나고 있다면서 그 이유를 다음처럼 열거하고 있다.

---

487) 朴憲行, 『在日韓國人一世: 戦後50年の想い』, 92~93쪽

488) 高祐二, 『在日コリアンの戦後史 : 神戸の闇市を駆け抜けた文東建の見果てぬ夢』, 34~35쪽.

489) 高祐二, 『在日コリアンの戦後史 : 神戸の闇市を駆け抜けた文東建の見果てぬ夢』, 22~23쪽.

490) 高祐二, 『在日コリアンの戦後史 : 神戸の闇市を駆け抜けた文東建の見果てぬ夢』, 36쪽. 한편, 조련은 일본 공산당으로부터의 자금 지원과 귀국사업 교통편 배포를 담당하면서 이익을 얻을 수 있었다.

491) 『解放新聞』, 1946년 10월 10일자.

1. 민단에 가입하면 물자를 많이 주고 외국 생활을 보장한다는 말이 전부 거짓말이라는 것을 알았다는 것
2. 가택수사 등 탄압을 받지 않고 특별취급을 받는다는 것이 오히려 탄압을 더 받으며 사건이 일어나면 조련은 참으로 헌신적으로 하는데 민단 간부는 먼저 교제비라 하여 수만의 금액을 모은 나머지 아무런 해결이 없고 일경하고 술만 먹고 사복만 채우고 치운다는 것
3. 민단간부가 동포를 위한다는 것은 말뿐이고 아무런 구체적 대책도 없고 다만 물자를 둘러싸고 간부 사이에 사리사욕에 내분만 계속하고 부정사실이 연하여 탄로나고 있다는 것.[492]

상기의 분석을 보면 민단은 동포의 민생과 생활 안정을 위해 전면에서 나서기보다 오히려 착취하는 세력인 것처럼 묘사된다. 조련 산하의 여성단체 여맹에서는 "민단이 거짓으로 가득한 단체"임을 지적하며 박열과 정한경의 민단장 선거를 둘러싼 추태를 폭로하고 있다.[493] 그러나 민단 진영의 언론에서는 조련이 내세운 것과 반대로 자기 진영의 우월함을 주장한다. 민단 측에서 보기에 조련 대거 탈퇴의 이유로는 "앞날이 안 보이고, 우물 안 개구리로 크게 보는 시각이 없다, 적색분자의 청년들만 몰려들어 필히 붕괴할 것"[494]이라고 지적했다. 시즈오카 민단은 결성 이유로 조련의 정치적 색채가 농후해 이념적으로 상이함을 언급하고 "미군의 신뢰를 점점 잃어 권익옹호를 위해"[495]라는 실질적 목적을 들고 있다. '미군의 신뢰'라는 것은 배급물자 확보에 민단 쪽이 유리하다는 의

492) 『解放新聞』, 1948년 12월 6일자.

493) 『女盟時報』, 1949년 4월 25일자. 여맹은 조련의 하부 단체로 남성 중심의 조련으로부터 정보를 얻는 경우가 많았기 때문에 『女盟時報』는 『解放新聞』과 비슷한 주장을 펼치고 있다. 당시 여성들이 가계를 책임지는 비중이 높았으므로 생활밀착형의 정치활동은 여성들의 협조를 얻어내는데 주요한 요소였다. 다만, 이러한 생활 관련 기사도 진영논리에서 비롯한 비방성 기사가 많기 때문에 그 내용에 대한 신중한 접근이 필요하다.

494) 『北海民團時報』, 1949년 2월 15일자.

495) 『民團新聞』, 1947년 8월 23일자.

미이다.

자금을 둘러싼 부정부패의 양상은 진영과 상관없이 발생했다. 기회주의자 간부급들이 반대조직으로 옮겨가는 경우도 발생했다.[496] 적발 물자와 배급물자 확보는 전권을 지닌 점령군과 긴밀한 사이를 유지한 우파계가 유리할 수밖에 없었다. 따라서 이들의 축재에 관한 의혹은 조련의 강한 공격대상이 되었다. 조련계 언론에서는 건청의 부정사건을 자주 보도하고 있다. 1949년 1월 건청 사무국에서 용도과장을 맡았던 한삼수는 유령자동차로 수배받은 휘발유를 횡령한 다음, 위원장 홍현기 앞으로 다음과 같은 편지를 남겼다.

> 위원장 및 간부 여러분, 당신들은 여태껏 건청 물자를 횡류, 착복하여 첩까지 두고 자동차로 왔다갔다 하는 호화생활을 하고 있는데 내가 불과 10만 엔을 먹었다고 떠들지 마십시오. 왜냐하면 이 10만 엔은 내가 받을 월급과 상여금을 계산하면 똑 들어맞는 숫자이니 이것으로 내가 먹은 돈은 하등의 죄가 될 것이 아닌 것을 양해하시겠지요.[497]

물자와 기금을 둘러싼 건청 내부의 도덕적 와해는 조련에 의해 자주 지적되었다. 상기의 사건 외에도 급여를 제대로 받지 못한 건청 직원이 내부의 비품을 판매해 착복하고, 간부양성소라는 명목하에 건립한 합숙소에는 300여 명의 유령인구가 등록되어 간부들의 개인 생활비로 전용되기도 했다.[498]

건청 내부에서는 특별배급 이권을 두고 살상사건까지 발생했다.[499]

---

496) 『朝聯中央時報』, 1948년 7월 30일자. 조련 삿포로 지부장을 하다 민단으로 옮겨가 삿포로 민단장을 맡은 김주희는 조련 시기 공금을 착복한 혐의, 동포 노점상에게 돈을 빌린 후 갚지 않고 폭력을 휘둘렀다는 이유로 조련에서 축출된 인물이었다.

497) 『解放新聞』, 1949년 2월 3일자.

498) 『解放新聞』, 1949년 2월 3일자.

일본명 사카모토인 폭력단원 김광선은 특별배급을 노리고 효고 건청에 가입하였다. 그는 우파와 맞선 중도파의 대표 자격으로 활동했으나 실제로는 건청에 배당되는 맥주권 등으로 폭력단 자금을 조달하는 것이 가입의 목적으로, 이것이 발각되자 내부의 우파들에게 살해당했다. 표면적으로는 노선 차이를 내세우고 있지만 그 이면은 폭력단까지 개입된 물자 확보 투쟁이 치열하게 벌어진 상황을 보여준다. 김광선을 거느렸던 정건영은 미군 당국에 의해 파업분쇄공작을 담당하는 반공요원으로 활동했고, 그로 인한 특혜를 누리기도 했다.[500)]

조련 내부에서도 암물자 관리로 알력이 발생했다. 자치대의 역할 중 하나는 주요 각역에 담당자를 파견해 조선인 가쓰기야에 대한 자주적 단속을 실시하는 것이었다. 오사카항에서는 본국에서 온 밀수선 적발도 단속했는데 이 과정 중 오사카와 고베의 조련 조직원끼리 싸움이 일어나는 상황이 벌어졌다.[501)]

좌우 진영이 상대를 비방할 때 우파는 좌파의 공산주의적 성향을, 좌파는 우파의 친일경력과 개인적 치부를 집중 공격하는 방식을 취하고 있다. 일본 정부와 점령군이 물자 배급 등에서 건청 및 민단에 유리한 상황을 만들어 주면서 좌우 단체의 대립은 더욱 격화되었다. GHQ는 통제 측면에서 분리된 민족 조직을 원하지 않았다. 두 조직을 통합시키려

---

499) 高祐二,『在日コリアンの戦後史 : 神戸の闇市を駆け抜けた文東建の見果てぬ夢』, 62~63쪽.

500) 신상철,「재일한국인야쿠자 활동과 대응방안 연구」, 120~121쪽 ;『경향신문』, 1977년 6월 3일자 ;『동아일보』, 1985년 12월 9일자. 정건영은 한국의 극우 인사들과도 밀접한 관계를 유지해 한일회담의 막후에서 활동하기도 했다. 도쿄 긴자 폭력단의 보스였으나 한국 사회에는 교포 실업가로 알려졌고, 각종 기부 등을 통해 1968년 국민훈장 동백장을 수여받았다. 재일 대한체육회장을 맡으며 전국체전에 동포 선수들의 참여를 독려하고 부관페리호 운영권을 따냈다. A급 전범 고다마 요시오를 운영회사의 명예회장으로 위촉했는데 록히드 사건 이후 관계가 추급되고, 1977년에는 외환은행 대규모 대출사건으로 한국 정재계에서 큰 뉴스가 되었다.

501) 高祐二,『在日コリアンの戦後史 : 神戸の闇市を駆け抜けた文東建の見果てぬ夢』, 124~125쪽.

는 시도를 했다는 증언도 있으나,[502] 시작 지점부터 달랐던 두 조직이 통합되는 것은 불가능했다. GHQ 측에서는 우파인 민단이 조련을 흡수 통합하기를 원했다고 하지만 규모와 활동 내용에 있어서 성립되기 어려운 조건이었다. 점령당국은 양 단체가 패를 나누어 벌이는 무력항쟁을 이해할 수 없었기 때문에 그 대처에 대해서도 매우 엄격한 태도를 취했다.[503]

이에 대해 조련은 "우리에게 호의를 가졌으리라 하여서 마음 놓고 한 일이 사실에 있어 풍속습관이 다른 그들에게 호감을 주지 못한 적이 많았다. 그 반면 일본 관헌은 별별 수단과 음모로 우리를 중상하고 비방했다. 이것이 미군정당국과 조선인의 사이를 갈라놓은 제 일보였다"[504]라고 분석하고 있다. 1948년 10월 보고서에서는 물자획득 활동 부분에 대해 "이 활동은 특별히 활발치 못하였다. 공정 가격이 인상된 것, 일정에서 조선인에 대하여 점차 냉정하여진 것, 객관 노력이 직접 노골화된 것 등과 여기에 의하여 획득활동이 가장 소극적이 되어진 것"[505]이라고 보고하고 있다. 조련 측의 물자 확보 노력에 여러 변수가 있었음을 시사한다. 특히 이 시기는 남북한 정부가 각기 수립되고, 한신교육투쟁 이후 조련 측에 대한 점령군의 태도가 점점 강경해져서 조련의 사업이 어려움을 겪게 되었다.

건청도 암시장을 통해 확보된 여유자금으로 건국학원을 설립해 민족교육에 관심을 둔 바 있지만 한신교육투쟁 이후로는 교육 사업에서 손을 떼게 되었다. 이는 미군과의 관계 악화를 막기 위한 일종의 고육지책

---

502) 吳圭祥, 『ドキュメント在日本朝鮮人連盟 1945-1949』, 80쪽.

503) 金太基, 『戰後日本政治と在日朝鮮人問題 : SCAPの對在日朝鮮人政策 1945-1952年』, 274~275쪽.

504) 「在日本朝鮮人聯盟三全大會議事録」, 『叢書』 9卷, 26~27쪽.

505) 「第七回定期大会提出一般活動報告書」, 『集成 戰後編』 第2卷, 73쪽.

이었다.[506] 한신교육투쟁 당시 건청 조직원이 경찰과 협조해 조련 조직원들만 집중적으로 체포[507]하게 만들었다는 일화는 교육투쟁의 배후를 '공산주의자의 책동'이라고 보았던 우파의 인식을 반영하고 있다. 점령 당국은 초기에는 군국주의적 잔재를 버리지 못하는 일본 경찰의 민주화를 위해 공산당 등 좌익세력에 대한 조장적 정책을 펼치려 하였지만, 치안강화의 필요성을 강조하는 일본 정부의 보고와 중국의 정세변화에 따라 점점 공산당에 대해서는 강경한 정책을 수립하게 되었다.[508]

그런 과정 중에 일본 공산당과 밀접한 관계를 가졌던 조련으로서는 물자 배급 등 여러 불이익을 안게 되었고, 민단·건청은 그 반대의 행보를 보이면서 조련과 대립각을 점점 키워나간 것이다. 이런 상태로 1949년 9월 단체 해산 이전까지 양측에서는 인명살상, 사무소 파괴 등 상호 피해를 입는 사건이 빈번하게 발생하였다.

양측은 자주 폭력적으로 충돌하였음에도 경찰은 이를 방관하거나 사건 수습에 태만한 태도를 취해 상황이 더 악화되기도 하였다. 지역에 따라서는 경찰이 악화된 관계를 조선인 단속에 이용하기도 하였다. 예를 들어 도쿄 미나토구에서는 임신부가 유산할 정도로 과도한 밀조주 적발이 행해진 후 민단이 경찰에게 마을의 사정을 보고하였다는 내용이 알려졌다. 이에 항의하러 간 여맹단원들에게 경찰서장은 "민단은 우리와 맘이 맞아 좋은 보고 듣는다" "앞으로는 민단의 말을 듣도록 해라"라고 여성들을 대상으로 회유하고 협박하는 모습을 보였다.[509] 1949년 6월 교

506) 高祐二, 『在日コリアンの戦後史 : 神戸の闇市を駆け抜けた文東建の見果てぬ夢』, 44~45쪽.

507) 『解放新聞』, 1948년 5월 5일자. 한신교육투쟁 때는 효고 건청이 조련 조직원들만을 지적해 일본 경찰의 체포에 앞장섰다는 내용이 있다. 비상계엄이 선포된 시내에서는 건청 지지자임을 인정하는 '건청표'를 들고 통행해야 했다. 이를 배후에서 지시했다는 의혹을 받았던 효고 건청 위원장 현효섭은 이듬해 민청 청년에게 살해당했다.

508) 김창윤, 「일본의 연합국총사령부 점령기 치안정책 연구」, 『한국경찰학회보』 11권 3호, 2009, 205~243쪽 참조.

토의 가쓰기야 여성 사망 이후 대규모 항의 시위에서는 민단 측 인사가 경찰에게 교섭단 체포를 부추겼다는 보도도 나왔다.[510)]

1949년 5월 학동사건,[511)] 8월에는 시모노세키 해방 기념 경축대회에서 촉발된 대형 폭력충돌에서 경찰의 미심쩍은 대처[512)]를 주목해 볼 필요가 있다. 충분히 예상되는 폭력 사태를 의도적으로 방기한 듯한 경찰의 대처는 결국 9월이 되면 조련을 비롯한 민족단체가 폭력집단으로 지적되어 강제 해산되는 귀결로 이어졌다.[513)]

조련 해산 후 성립된 민전은 중앙준비위원회의 이름으로 「재일악질 매족도의 경력과 그 죄악」이라는 문건을 발표했다. 여기에서 홍현기(건청위원장), 박근세(건청 부위원장), 김재화(민단단장), 조영주(당시 민단 고문, 전 민단단장), 권일(주일대표부 자문위원회 정치부장) 등을 거론하며 이들은 "이승만 패전 도당들의 가장 악질적 앞잡이로서 8.15 해방 이후로부터 매족적 행위를 의식적으로 지도하고 일본 역대 지배층과 결탁하여 재일동포의 생활과 민주적 단결을 탄압하는데 가담하여 모리배적 사리사욕에 급급한 영원히 조선민족으로서의 영예와 이익을 얻을 수 없는"[514)] 자들이라고 공격하고 있다.

---

509) 『解放新聞』, 1949년 1월 31일자.

510) 『解放新聞』, 1949년 6월 25일자.

511) 『解放新聞』, 1949년 5월 9일자. 5월 8일에 개최된 조선학생동맹(학동) 관동본부 제5회 정기대회 개최 도중 우파 학생 40명이 사이렌을 울리며 의사진행을 방해했다. 이들은 폭력단 150명을 데리고 신주쿠의 학동본부를 습격했다. 이후에도 본부를 점거하고 옥상에서 태극기를 흔들면서 대치상태를 벌이자 GHQ는 경찰을 시켜 건물 사용을 금지시켰다.

512) 『解放新聞』, 1949년 8월 27일자. 해방 기념대회 이후 8월 20~27일 사이 양측의 대규모 충돌 사건이 일어났다. 폭력단이 동원된 사태에 대해 조련이 강력하게 항의하자 경찰은 2백 명의 폭력단을 보호한다는 이유로 경찰서 안으로 이들을 이동시키는 석연치 않은 태도를 보였다. 최초에는 경찰서장이 '폭력자는 조사 중'"경찰서 부족"피해자의 고발이 없으면 현행범으로 처벌 못한다' 등의 이유를 댔다.

513) 시모노세키 사건 이후 민단은 일본 당국에 조련과 민청의 해산을 요청했는데 요청 1주일 만에 전격 해산명령이 떨어진 것에 대해서는 여러 가지 의구심이 제기되고 있다.

이 문건에서 언급된 5인의 인사 중 홍현기와 박근세가 암시장을 통해 부를 축적했다는 사실은 조선인 내부에서도 잘 알려진 바였다. 홍현기는 건청 설립 당시 재정을 담당하는 중심축이었고, 민단 창립시 고순흠, 원심창 등과 함께 의장단으로 이름을 올렸다. 1949년 6월 민단장 선거에서는 선거 결과를 두고 각 분파끼리 큰 분쟁이 발생했다. 홍현기는 조규훈을, 박근세는 원심창을 지지했고, 투표장에서 두 사람은 서로 멱살을 쥐는 싸움을 벌이기도 했다. 이 선거에서 조규훈이 새로운 민단장으로 선출되었는데 그가 학생동맹에 50만 엔을 주고 매수했다는 사실이 밝혀지자 그를 향해 "야미쟁이"라는 인신공격이 행해졌다.[515]

한편, 박근세와 홍현기는 1949년 7월 28일, 도쿄에서 주일대표단과 일본 정치인을 초청해 연회를 열고, 극비리 회동을 가졌다. 이 자리에서 건청 임원들은 '조련의 분쇄' '반공 공동전선'을 위해 협력하자는 제의를 하고 그 전제조건으로 물자수배의 고려를 요청하였다. 이에 대해 일본 측은 '건청 내 민청, 조련과 밀접한 관계를 맺은 자들을 배제하라'는 조건을 내세웠다.[516] 건청은 진영투쟁의 명분으로 물자 보급을 요청하고, 일본은 조선 민족 단체의 분열을 이용하여 좌파를 축출하고자 했던 움직임을 보여준다. 조련은 이로부터 한달 보름 후에 강제해산을 당했다.

사상 대립은 한반도의 분열 상황과 동아시아의 정치 지형이 반영된 것이었다. 민족 단체 내부의 대립과 물자확보를 둘러싼 암투는 폭력적인 대치양상을 형성했고, 대규모 폭력사태를 불러왔다. 하지만 물자분배와 관련해 민족단체 내부의 균열은 점령군과 일본 측의 교묘한 계산을 의심해보지 않을 수 없다. 물자분배의 결정권을 쥐고, 반공주의 노선을

---

514) 「在日悪質賣族徒の經歴とその罪悪」, 『集成 戦後編』 第4巻, 4쪽.

515) 『解放新聞』, 1949년 6월 25일자.

516) 『解放新聞』, 1949년 8월 21일자.

취한 우파 단체를 적극적으로 회유하려고 한 흔적이 여러모로 나타나기 때문이다. 특히 1949년 이후에 본격적으로 강화되는 밀조주 단속과 이에 집중된 대대적 보도, 예상되는 조선인의 폭력적 저항과 민족 내부의 대치를 방관하거나 조장함으로써 문제를 더욱 확대시키는 방식은 조련 강제해산의 결정적인 빌미를 마련해 준 명분 쌓기라고 할 수 있었다.

제5장

결 론

제 5 장

일본은 전시 수행을 위해 국가 역량을 총동원했다. 공출로 식량을 통제했고, 군수용품 생산을 위해 민수용품 생산은 뒷전이 되었다. 전쟁은 통상적인 산업 시스템을 왜곡했고, 패전은 이러한 구조 전반의 재편을 요구했다. 암시장은 패전 이후 일본에서 나타난 경제 현상 중 하나였다. 전쟁 중에도 통제의 외곽에서 암거래는 이미 시작되었고, 점령군에 의한 통제 경제가 이어짐으로써 암거래 또한 지속되었다. 전시 중의 암거래는 전쟁이 끝나면 암시장이라는 공간에서 모든 이들의 공공연한 경험이 되었다.

전시기에 강제 동원되어 토목공사, 탄광, 군수공장 등에 집중적으로 배치되었던 재일조선인은 일본의 급격한 항복 선언으로 인해, 대거 해고되고 전면적인 실업 상태가 되었다. 강제 동원된 재일조선인 대다수는 귀국에 강한 의지를 가지고 있었지만, 재산반입 제한규정, 귀국선 문제, 한반도의 경제와 정치, 불안정한 치안 등은 귀국을 연기하거나 잔류하게 만드는 요인이 되었다. 해방 이전부터 일본 사회의 경제적 하층부에 머물러 있었던 재일조선인에게 일본의 급격한 패전과 이에 따른 대거 해고는 경제적 불안정성을 더욱 증폭시키는 것이었다. 귀국과 일본잔류 그 어느 것도 전망이 보이지 않아 고심하는 한편으로 일본인이 형성한 암시장에서 생계 방편을 구해야만 했다.

암시장은 주요 도시의 대형 역 인근에 형성된 공터를 중심으로 나타났고 그 범위는 전국적이었다. 복원군인들의 의류와 소지품, 농촌부의 식량이 교환되고, 거래 품목이 확장되면서 그 형태를 갖추어 나갔다. 자연발생적인 초기의 암시장은 거리의 좌판으로 시작되었으나, 전통적인 노점상 조직인 데키야가 개입함으로써 공간 개념이 자리 잡았다. 흙바닥의 노점 좌판은 갈대발, 가림막, 합판 등으로 구획이 만들어지고, 이후에는 가건물 형태의 마켓으로 변용되었다. 재일조선인은 도쿄의 우에노, 오사카의 츠루하시와 우메다, 고베의 산노미야 등 대도시의 거대 암시장에서 일본인과 같은 공간을 공유하며 암시장 활동을 전개하였다.

암시장은 고정 상업자 외에 유동적이고 임시적인 종사자의 유출입이 많은 곳이어서 종사 인원과 규모를 측정하기 어려웠다. 도시의 암시장과 농촌부의 생산지를 오가면서 물자를 유통하는 단신운반업자 가쓰기야는 그러한 속성을 보여주는 대표적인 직종이었다. 고정적으로 영업할 자금, 인맥이 없는 상황에서 가장 쉽게 시작할 수 있는 직업이 가쓰기야로 암시장의 기층을 이루는 노동력이기도 했다. 경제 활동의 주역이 아닌 미성년자, 여성을 비롯해 지식인과 엘리트 계층들도 당장 할 수 있는 일이 없는 상태에서 가쓰기야로 생계를 이어나갔다. 훗날 자산가로 불리는 재일조선인들 중에는 가쓰기야의 경험을 가진 이들이 적지 않았다.

한편, 가쓰기야는 재일조선인의 불안정하고, 유동적인 경제적 현실을 투영하는 직업군이기도 했다. 물자 몰수와 벌금, 체형 등의 위험이 높고, 일본 관헌과의 충돌은 상존했다. 1946년이 되면 일본 경찰의 무장 허용, 재일조선인의 형사재판권 관할 결정, 철도 무임승차 금지 등 가쓰기야의 활동을 직접적으로 제한하는 여러 규제가 실시되었다.

특별한 수완이 없는 한 수수료 정도나 되는 수익을 얻는 가쓰기야 중에서 기술이나 교육이 없으면 이 일 외에는 생계방도가 없어 암시장이 사라진 이후에도 경제적 하층부 직업을 전전하게 된다. 이는 해방 이후,

오랜 기간에 걸쳐 이어진 재일조선인의 직업적 특성이 되었다.

한편, 암시장은 '재일산업' 형성의 계기도 마련해 주었다. 술과 내장 및 육류의 취급은 재일조선인이 일본 산업계에서 새롭게 창출해낸 야키니쿠업의 시작이 되었다. 제조업 부문에서도 해방 이전과는 다른 경제활동이 가능해졌다. 해방 이전부터 재일조선인은 고무·플라스틱·섬유·화학·유리·주물 공장 등의 단순 노동자, 혹은 초급 기술자로 종사하는 비중이 높았다. 일본인 군수 관련 공장들은 포츠담 선언에 의해 조업 중지가 되었는데 공장 경험과 어느 정도 자산이 있는 재일조선인은 이를 인수해 본격적인 제조업에 진출하였다. 재일조선인 상공업자들의 활동은 전후 일본 경제의 회복에 일익을 담당하기도 했다.

하지만 일본의 제반 산업이 회복기에 접어들면서 대기업이 생산을 증대하고, 도매상들의 복귀가 이루어지면서 조선인 경영업체는 큰 타격을 받았다. 암시장 시기에 높은 비중을 차지했던 고무공업과 유지가공업은 이른바 '닷지불황'과 1950년경 암시장의 폐쇄로 전폐업 비중이 높아졌다. 다만 플라스틱, 섬유, 제화업은 이후에도 재일조선인의 비중이 높은 제조업종으로 전개되었다.

대부분의 암시장은 일본인이 주도권을 쥐고 있었지만 몇몇 대형 암시장에는 재일조선인의 존재가 눈에 뜨이기도 한다. 도쿄 우에노, 오사카의 우메다와 츠루하시, 고베의 산노미야는 그 대표적인 장소였고, 이들 시장을 통해 해방 이후 재일조선인의 생활권역이 새롭게 재편되기도 했다. 이 중에서 우에노와 츠루하시는 암시장 시기에 형성된 재일조선인의 독자적인 상권이 오늘날까지도 이어지면서 일본 내에서 재일 문화의 중심지 역할을 하게 되었다. 하지만 이 상권들을 형성하고 유지하는 과정은 일본 암시장 조직, 관헌과의 지난한 투쟁과 협상의 결과이기도 하였다.

암시장 내에서 재일조선인과 일본인의 갈등은 많은 경우, 이권다툼에서 비롯된 것이지만 때로는 적대적인 민족 갈등이 싸움의 이유로 내세워지기도 했다. 해방 직후 재일조선인의 지위는 불분명하였고, 경찰의 단속 기준도 정해지지 않았다. 일본 관헌은 상권을 둘러싼 이민족끼리의 갈등을 수수방관하거나, 경우에 따라서는 일본 조직을 교사하여 경찰의 무력 개입을 정당화하는 계기를 만들기도 했다. 재일조선인의 지위 및 각종 법률적 제재가 순차적으로 정해지면서 상업 활동도 이에 따라 제약을 받게 되었다. 경찰은 치안을 내세우며 암시장에 대해 강력한 단속을 시도하고자 하였다.

해방 1주년이 되는 1946년 중반부터 재일조선인에 대한 정치인과 언론의 비방과 선전선동이 고조되기 시작했다. 암시장을 재일조선인이 지배하고, 일본 경제를 교란한다는 근거 없는 세간의 소문을 정치의 장에서 본격적으로 언급하고, 패전 이후 허탈상태에 빠진 일본인들은 이를 적극적으로 수용하였다. 식민지 지배논리로 존속되어 오던 조선인 멸시 사상은 일본 패전의 현실인 암시장 난맥 양상을 재일조선인에게 전가하는 방식으로 연장되었다. 이 시기에 형성된 재일조선인에 대한 부정적 이미지는 고착화되고, 지속적으로 이어지게 된다.

암시장이 주요 거래처였던 밀조주 관련 양태도 이러한 이미지를 강화하는 요인이 되었다. 해방 이전부터 재일조선인 마을에서는 주요 행사나 도락을 위해 술을 집단으로 제조하고 소비하였다. 주류법의 통제를 받으면서도 조선인 마을 안에서 이는 일종의 관습으로 여겨졌으나 해방 이후에는 생계를 위한 영리 활동이 되었다. 명목상 세수확보와 통제물자 단속을 내세운 일본 정부의 밀조주 단속은 1948년 이후에 본격적으로 강화되었다. 요시다 내각의 성립 이후 보수정권으로의 회귀 경향을 보이면서 경찰은 존재 증명과 검거 실적에 효과적인 조선인 마을을 집중적으로 단속했다. 경찰의 조선인 마을에 대한 인식과 단속의 의도는 경찰 보고서에도 잘 나타나 있고, 언론은 조선인 밀조에 대한 사회적, 역사적 접근과 고찰 없이 경찰과 일체화되어 단속 성과만을 집중적으로 보도하였다.

최대의 민족단체였던 조련은 이러한 상황들에 대해 권익 옹호 투쟁을 벌여 나갔다. 조련은 재일조선인의 압도적 다수가 실업상태에 처해 있고, 암시장 활동과 밀조주 제조는 선택지가 없는 생계의 장이라는 것을 알고 있지만 그런 처지가 일본 사회에서 비난의 대상이 된다는 점에 대해 심각한 문제의식을 가지고 있었다. 그런 까닭에 암시장에 대한 방침은 이율배반적인 면모를 보이기도 하지만 궁극적으로는 건전한 직업으로의 전환을 권장하고 이에 대한 장려 활동을 전개했다. 하지만 조련의 노력만으로는 일본 전후 경제 현실이라는 난관을 극복하기 어려웠고, GHQ의 강력한 반공정책 등으로 조련의 사업은 결실을 맺지 못한 채 결국 강제 해산을 당했다.

일본 내 좌우 민족 단체의 격한 대립은 본국의 정치 사정과 직접 연동되는 한편, 그 이면에는 암시장 내의 이권다툼도 존재하였다. 단체들은 배급물자를 우선 확보하고 여유분이 있으면 이를 암시장에 팔아 단체 활동의 자금원으로 삼기도 했다. 표면적으로는 신조국건설의 노선 차이와 사상 대립을 내세웠으나 이익을 목적으로 반대 진영을 오가는 기회주의자들도 있었다. 강력한 반공주의를 내세우며 우파를 지원하고, 교묘하게 분열을 조장하는 일본 정부와 GHQ의 의도도 이런 분열의 뒷배경으로 작동하였다.

암시장은 일본 사회에서는 일시적으로 존재한 경제 현상이었으나, 해방된 재일조선인에게는 재일상공업의 탄생과 성장의 발원지가 되었다. 암시장 속에서 일본 사회와 다방면에 걸친 갈등을 겪고, 민족 내부의 자구책과 분열을 겪으며 특유의 재일산업이 싹을 틔우게 되었다.

재일조선인 대다수는 암시장이 폐쇄된 이후 막노동·밀조주 제조·양돈·내직을 전전하고 생활보조금을 받아가며 생계를 이어나갔다. 한반도에 전쟁이 일어나자 일본은 '전쟁 특수'를 누리며 본격적인 경제 회복을 할 수 있었다. 일본 경제 발전의 일각에서 재일조선인도 '에스닉 비즈니스'의 기반을 닦아가게 된다. 암시장에서 내장구이와 밀조주를 팔던 이들은 야키니쿠 전문점을 개업했고, 자본 축적을 한 이들은 암시장의 유흥산업이었던 파친코업으로 진출했다. 야키니쿠업은 일본에 존재하지 않았던 새로운 산업의 창출이라는 점에서, 파친코업은 종사자의 70% 이상이 재일계로 추정된다는 점에서 재일산업 중에서 가장 대표적인 업종이라 하겠다. 직업 이동성이 낮은 외국계 정주자의 속성으로 인해 이러한 경향은 장래에도 일정 시기 동안 지속될 것으로 관측된다.

이상으로 해방 직후 여러 사정으로 귀국하지 못한 채 암시장과 그 주변부에서 생활의 방편을 찾았던 재일조선인의 역사를 경제활동 중심으로 살펴보았다. 암시장 활동은 재일조선인의 정치, 경제, 사회 문제 전반에 걸쳐 심대한 영향을 끼쳤다.

해방공간의 재일조선인에 관한 기존의 연구들은 신조국 건설에 협력하고, 일본 내 권리를 위해 투쟁한 정치적 엘리트와 경제적 상층부로 부상한 자산가 계층에 주목하는 경향이 있었다. 큰 흐름을 만드는데 기여했다는 점에서 이들의 활동이 주요한 의의를 지니고 있는 것은 사실이지만 재일조선인 사회를 구성한 대다수는 교육과 기술, 자본이 충분하지 못한 기층 민중계급이었다. 경제활동의 장이 박탈당했던 전후 사회에서 악조건에도 불구하고, 차별과 빈곤을 이겨내며 암시장을 통해 '입지전'적인 성공을 이룬 이들이 있는가 하면, 암시장 시기와 다를 것 없는 하층부 생활을 전전한 이들도 있었다. 엄밀하게 말하자면 후자의 삶이 해방 후 대다수 재일조선인의 현실이었다.

이는 개인과 구조의 문제가 복합적으로 작용한 것이지만 재일조선인의 경제적 상황이 장기간에 걸친 악순환을 겪으며 개선되지 못한 것은 전후 점령정책, 일본의 재일조선인 정책 등과 관련이 있고, 그 원천은 일본의 식민지 지배역사에 뿌리를 두었다고 할 수 있을 것이다.

암시장을 통해 해방 직후 재일조선인의 다양한 생활상을 조감해 보고자 하는 의도는 필자의 천학과 역량 부족으로 제대로 구명하지 못한 채 수박 겉핥기식의 논리만 펼친 것 같아서 아쉬움이 남는다. 다만 향후 지역사 단위에서, 혹은 재일사회 내부에서 새로운 자료가 발굴이 된다면 이러한 부족함을 보충하고, 재구성할 기회가 주어지기를 희망하는 바이다.

참고문헌

1. 원사료

① 민족 단체 의사록 · 보고서 · 명부록

「報告書」, 在日本朝鮮人聯盟, 1945년 11월.
「第七回中央委員会会議録」, 在日本朝鮮人連盟, 1946년 8월.
「在日本朝鮮人連盟第三回全国大会議事録」, 在日本朝鮮人連盟, 1946년 10월.
「1946年解放年誌」, 解放新聞社, 1946년 10월.
「在日本朝鮮民主青年同盟結成大会」, 在日本朝鮮民主青年同盟, 1947년 3월.
「第十回中央委員会議事録」, 在日本朝鮮人連盟, 1947년 5월.
『在大阪朝鮮人各種事業者名簿錄』, 在日本朝鮮人連盟大阪本部, 1947년 7월.
「第四回全体大会会議録」, 在日本朝鮮人連盟, 1947년 10월.
「第十三回中央委員会経過報告」, 在日本朝鮮人連盟中央委員会, 1948년 1월.
「第五回全体大会議事録」, 在日本朝鮮人連盟, 1948년 10월.
「在日悪質賣族徒の經歷とその罪悪」, 在日朝鮮民主戦線中央準備委員会, 1950년.
「在日朝鮮人の生活実態」, 在日朝鮮科学技術協会, 1951년 11월.
「民戦第三回全体大会提出議案」, 在日朝鮮統一民主戦線, 1952년 12월.
「在日朝鮮人の生活実態」, 在日朝鮮統一民主戦線中央常任委員会社会経済部編, 1953년 7월.

② 일본 정부 및 점령기 관헌자료

仙台税務監督局 編,『酒類密造犯調査書』, 仙台税務監督, 1912.

仙台税務監督局 編,『東北六県酒類密造矯正沿革誌』, 仙台税務監督, 1920.

「内閣官房内閣参事官室警視庁並大阪府に於ける露店取締概況」, 1946년 8월 1일.

閣甲第三二八号「内閣流通秩序確立対策要綱」, 1947년 7월 29일.

「第90回 帝国議会衆議院議事速記録」20호, 1946년 7월 23일.

「第90回 帝国議会衆議院議事速記録」30호, 1946년 8월 17일자.

「衆議院 会議錄 官報號外」41号, 1948년 4월 13일자.

「衆議院 治安及び地方制度委員会」27号, 1948년 5월 6일자.

「静岡県警察実態報告書」, 1948년.

「集団鮮人部落密造酒取締について」,『こうらく』, 1949.4.

「集団犯罪の捜査に関する実証的考察」,『検察研究所特別資料第1号』, 1951.

GHQ/SCAP 関係ファイル, 日本国立国会図書館憲政資料室所蔵, 1945~1950.

2. 신문잡지

① 재일조선인 및 국내 언론

『朝聯中央時報』『民團新聞』『大衆新聞』『民主朝鮮』『民衆新聞』『民衆時報』『民主新聞』『北海民團時報』『商業タイムズ』『世紀新聞』『新世界新聞』『新朝鮮新聞』『女盟時報』『朝鮮商工時報』『朝鮮新報』『朝鮮人生活權擁護委員会 ニュース』『朝鮮日報東京』『조선의별』『朝日新報』『解放新聞』

『경향신문』『동아일보』『매일경제』『한국경제』

『三千里』『朝光』

② 일본 신문 및 잡지

『大分合同新聞』『大阪日日新聞』『読売新聞』『毎日新聞』『佐世保時事新聞』『西日本新聞』『神戸新聞』『長崎民友』『九州タイムズ』『上毛新聞』『神奈川新聞』『熊本

日日新聞』『佐賀新聞』『朝日新聞』『中国新聞』

『家庭生活』『経営と宣伝』『警察時報』『警察学論集』『こうらく』『労働と文化』『道路』『麻布税報』『民主評論』『別冊経済評論』『部落』『産業南日本』『商店界』『生活と福祉』『世界』『税金と生活』『税務通信』『新都市』『信毎情報』『新潮45』『輿論時報』『日本商業通信』『日産協月報』『月刊民評』『月刊山陽』『自警』『座談』『財政』『中央公論』『探訪』『八甲田山』

3. 총서 · 통계 자료 · 연감 · 편람 그 외

① 국내

국사편찬위원회 편, 『일본 한인의 역사 자료집』, 국사편찬위원회, 2010.
국사편찬위원회 편, 『일본 한인의 역사 상』, 국사편찬위원회, 2010.
국사편찬위원회 편, 『일본 한인의 역사 하』, 국사편찬위원회, 2010.
국제고려학회 일본지부 재일코리안사전 편찬위원회, 정희선 · 김인덕 · 신유원 옮김, 『재일코리안 사전』, 선인, 2012.
재일본 대한민국민단, 『民團五十年史』, 재일본 대한민국민단본부, 1997.

② 국외

姜徹 編, 『在日朝鮮人史年表』, 雄山閣, 1983.
金耿昊 編纂, 『在日朝鮮人生活保護資料 2』, 緑蔭書房, 2013.
加藤秀俊, 『昭和日常生活史 1 ―モボ・モガから闇市まで』, 角川書店, 1985.
加藤秀俊, 『昭和日常生活史 2 ―欠乏から消費の時代へ』, 角川書店, 1986.
『結成40周年記念誌』, 在日本朝鮮人上野商睦協同組合, 1999.
高橋正己, 「外国人(特に朝鮮人)の犯罪」, 『本邦戦時・戦後の犯罪現象 第1編』, 法務大臣官房調査課, 1954.
朴慶植 編, 『在日朝鮮人関係資料集成』 1~5巻, 三一書房, 1975~1976.
朴慶植 編, 『朝鮮問題資料叢書』 1~15巻, アジア問題研究所, 1981~1991.

朴慶植 編,『解放後在日朝鮮人運動史』, 三一書房, 1989.
朴慶植 編,『在日朝鮮人関係資料集成 戦後編』1~10巻, 不二出版, 2000~2001.
森田芳夫,『在日朝鮮人処遇の推移と現状』, 法務研究所, 1955.
森田芳夫,『數字が語る在日韓国・朝鮮人の歴史』, 明石書店, 1996.
植松正,「戦後朝鮮人の犯罪」,『警察學論集』, 1949.7.
坪江汕二,『在日本朝鮮人の概況』, 巖南堂書店, 1965.
坪井豊吉,『(戰前・戰後)在日同胞の動き : 在日韓國人(朝鮮)關係資料』, 自由生活社, 1977.
台東同胞沿革史編集発行委員会編,『대동』, 2007.
大阪都市協会編,『東成区史』, 東成区制七十周年記念事業実行委員会, 1996.
大阪市都市整備局,『大阪駅前市街地改造事業誌』, 1985.
大阪市北区役所,『北区誌』, 1955.
大阪市生野区,『生野区誌』, 1953.
大阪市行政局編,『大阪市警察誌』, 1956.
大阪市協会,『北区史』, 北区制百周年記念事業実行委員会, 1980.
兵庫県警察本部,『兵庫県警察史〈昭和編〉』, 1975.
『昭和史全記録 1926~1989』, 毎日新聞社, 1989.
『昭和二万日の全記録 : 廃墟からの出発 : 昭和20年~21年』, 第7巻, 講談社, 1989.
『昭和二万日の全記録 : 占領下の民主主義 : 昭和22年~24年』, 第8巻 講談社, 1989.
神戸市編,『神戸市史〈社会文化編〉』第三集. 神戸市, 1965.
外務省 編,『日本外交年表並主要文書: 1840~1945』下, 原書房, 1966.
日本外務省特別資料部 編,『日本占領及び管理重要文書集』, 東洋經濟新報社, 1949.
『日本労働年鑑特集版 太平洋戦争下の労働者状態』, 法政大学大原社会問題研究所, 1964.
在日本大韓民国民団中央民族教育委員会 著,『歴史教科書 在日コリアンの歴史』, 明石書店, 2006.
在日本朝鮮人商工便覧/在日本朝鮮人商工連合 編,『在日本朝鮮人商工便覧 / 1957年版』, 綠蔭書房, 2011.
『在日朝鮮人管理重要文書集』, 湖北社, 1978.
布施辰治資料研究準備会 編,『布施辰治植民地関係資料集 : 石巻文化センター所蔵 v.2(朝鮮・台湾編)』, 布施辰治資料研究準備会, 2006.

川端直正 編,『東成区史』, 東成区創設三十周年記念事業実行委員会, 1957.

4. 연구문헌

◈ 단행본

① 국내 및 번역본

강덕상, 정진상 외,『근현대 한일관계와 재일동포』서울대학교 출판부, 1999.
강재언 · 김동훈, 하우봉 · 홍성덕 옮김,『재일 한국 조선인 －역사와 전망』, 소화, 2000.
고광명,『재일 제주인의 삶과 기업가 활동』, 보고사, 2013.
국립민속박물관 편,『일본 관서지역 한인동포의 생활문화』, 국립민속박물관, 2002.
국립민속박물관 편,『일본 관동지역 한인동포의 생활문화』, 국립민속박물관, 2005.
김광열,『한인의 일본이주사 연구: 1910~1940년대』, 논형, 2010.
김광열 외,『패전 전후 일본의 마이너리티와 냉전』, 제이앤씨, 2006.
김용덕 · 미야지마 히로시 공편,『근대교류사와 상호인식Ⅲ: 1945년 전후』, 아연, 2008.
김인덕,『재일본조선인연맹 전체대회 연구』, 선인, 2007.
김찬정, 박성태 · 서태순 역,『재일 한국인 백년사』, 제이앤씨, 2010.
나가노 신이치로 편저,『한국의 경제 발전과 재일 한국 기업인』, 말글빛냄, 2010.
도노무라 마사루, 신유원 · 김인덕 옮김,『재일 조선인 사회의 역사학적 연구』, 논형, 2010.
미야자키 마나부, 강우원용 옮김,『야쿠자, 음지의 권력자들 : 현대 일본의 숨겨진 내면을 읽는다』, 이다미디어, 2008.
박기석 저, 정미영 역,『보쿠라노 하타』, 도서출판 품, 2018.
백형엽,『일본 속에서의 재일한인의 경제환경』, 전남대학교 출판부, 2004.
서용달, 서윤순 역,『다문화 공생 지향의 재일한조선인』, 문, 2010.
송승석, 이정희 편저,『동남아화교와 동북아화교 마주보기』, 학고방, 2015.
이광규,『在日韓國人 : 生活實態를 中心으로』, 一潮閣, 1983.

임영언 외 공저, 『재일코리안 기업의 경영활동』, 북코리아, 2006.
윤건차, 박진우 역, 『교착된 사상의 현대사: 1945년 이후의 한국 · 일본 · 재일조선인』, 창비, 2009.
윤영도, 이정은, 조경희 엮음, 『아시아의 접촉지대 : 교차하는 경계와 장소들』, 그린비, 2013.
전준, 『朝總聯硏究』, 고려대학교 출판부, 1972.
존 다우어, 최은석 옮김, 『패배를 껴안고』, 민음사, 2009.
청암대학교 재일코리안연구소 편, 『재일코리언의 생활문화와 변용』, 선인, 2014.
최영호, 『재일 한국인과 조국광복 : 해방직후의 본국귀환과 민족단체 활동』, 글모인, 1995.
카지무라 히데키, 홍종필 역, 『한국사와 일본인』, 백산출판사, 1999
타케마에 에이지, 송병권 옮김, 『GHQ : 연합국 최고사령관 총사령부』, 평사리, 2011.

② 국외

姜誠, 『5グラムの攻防戰 : パチンコ30兆円産業の光と影』, 集英社, 1996.
高祐二, 『在日コリアンの戦後史 : 神戸の闇市を駆け抜けた文東建の見果てぬ夢』, 明石書店, 2014.
橋本健二, 初田香成 編著, 『盛り場はヤミ市から生まれた』, 青弓社, 2013.
宮田浩人 編, 『65萬人 : 在日朝鮮人』, すずさわ書店, 1977.
金原左門 外, 『日本のなかの韓國 · 朝鮮人, 中國人 : 神奈川縣內在住外國人實態調査より』, 明石書店, 1990.
金正根 · 園田恭一 · 辛基秀 共編, 『在日韓國 · 朝鮮人の健康 · 生活 · 意識 : 人口集團の生態と動態をめぐって』, 明石書店, 1995.
金太基, 『戰後日本政治と在日朝鮮人問題 : SCAPの對在日朝鮮人政策 1945-1952年』, 勁草書房, 1997.
內藤正中 著, 『日本海地域の在日朝鮮人 : 在日朝鮮人の地域硏究』, 多賀出版, 1989.
內海愛子, 梶村秀樹, 鈴木啓介 共編, 『朝鮮人差別とことば』, 明石書店, 1986.
大石 進, 『弁護士布施辰治』, 西田書店, 2010.
大阪 · 焼跡闇市を記録する会, 『大阪 · 焼跡闇市—かつて若かった父や母たちの青春』,

夏の書房, 1975.
大河内一男 編,『戦後社会の実態分析』, 日本評論社, 1950.
島村恭則,『〈生きる方法〉の民俗誌 : 朝鮮系住民集住地域の民俗學的研究』, 關西學院大學出版會, 2010.
『ドキュメント日本人 第7 (無告の民)』, 学芸書林, 1969.
藤田綾子,『大阪「鶴橋」物語 : ごった煮商店街の戦後史』, 現代書館, 2005.
リチャード・H・ミッチェル, 金容權 譯,『在日朝鮮人の歴史』, 彩流社, 1981.
梶村秀樹,『解放後の在日朝鮮人運動』, 神戸學生・青年センター出版部, 1980.
梶村秀樹,『朝鮮史と日本人』, 明石書店, 1992.
梶村秀樹,『在日朝鮮人論』, 明石書店, 1993.
牧田清 写真・土井聡夫 文,『残影 : 闇市跡から・鶴橋』, アットワークス, 2001.
木下航二,『戦後昭和史』, 六興出版部, 1959.
文京洙,『在日朝鮮人問題の起源』, クレイン, 2007.
朴在一,『在日朝鮮人に關する總合調査研究』, 新紀元社, 1957.
飯沼二郎 編,『七十萬人の 軌跡』, 麥秋社, 1984.
兵庫朝鮮關係研究會,『在日朝鮮人 90年の軌跡』, 神戸學生青年センタ-出版部, 1993.
杉原達,『越境する民 : 近代大阪の朝鮮人史研究』, 新幹社, 1998.
徐龍達,『在日韓国商工人の意識と実態』, 青商連合会, 1989.
山田貴夫,『植民地主義克服の意識と現状』, 川崎市 ふれあい館, 2005.
山田風太郎,『戦中派闇市日記—昭和22年・昭和23年』, 小学館, 2003.
上田正昭 監修, 猪飼野の歴史と文化を考える会,『ニッポン猪飼野ものがたり』, 批評社, 2011.
篠崎平治,『在日朝鮮人運動』, 令文社, 1955.
小林聡明,『在日朝鮮人のメディア空間 GHQ占領期における新聞発行とそのダイナミズム』, 風響社, 2007.
松平誠,『ヤミ市幻のガイドブック』, 筑摩書房, 1995.
水野直樹, 文京洙,『在日朝鮮人 歴史と現在』, 岩波新書, 2015.
安田常雄 編,『社会を消費する人びと : 大衆消費社会の編成と変容』, 岩波書店, 2013.
梁永厚,『戦後・大阪の朝鮮人運動 −1945~1965』, 未来社, 1994.
エドワ-ド・W・ワグナ-,『日本における朝鮮少數民族 : 1904年~1950年』, 湖北社, 1975.

呉圭祥,『在日朝鮮人企業活動形成史』, 雄山閣, 1992.

呉圭祥,『ドキュメント在日本朝鮮人連盟 1945-1949』, 岩波書店, 2009.

李洙任 編,『在日コリアンの経済活動 : 移住労働者、起業家の過去・現在・未来』, 不二出版, 2012.

李瑜煥,『在日韓國人の五十年史: 發生要因に於ける歴史的 背景と解放後に於ける動向』, 新樹物産 株式會社 出版部, 1960.

原山浩介,『消費者の戦後史 ―闇市から主婦の時代へ』, 日本経済評論社, 2011.

原山浩介,「出発としての焼やけ跡・闇市場」,『社会を消費する人びと : 大衆消費社会の編大衆消費社会の編成と変容』, 岩波書店, 2013.

殷宗基,『在日朝鮮人の生活と人權』, 同成社, 1986.

『在日のくらし ―ポッタリひとつで海を越えて―』, 昭和のくらし博物館, 2009.

猪野健治 外,『東京闇市興亡史』, ふたばらいふ新書, 1999.

佐々木道雄,『焼肉の誕生』, 雄山閣, 2011.

佐々木道雄,『焼肉の文化史 : 焼肉・ホルモン・内臓食の俗説と真実』, 明石書店, 2012.

鄭栄桓,『朝鮮独立への隘路』, 法政大学出版局, 2013.

中原良二,『在日韓国・朝鮮人の就職差別と国籍条項』, 明石書店, 1993.

初田香成 述,『都市を占拠する:闇市・バラック街から見た都市空間の「戦後」: 第85回公開講演会』, 同志社大学人文科学研究所, 2015.

樋口雄一,「日本の朝鮮・韓國人」, 同成社, 2002.

河明生,『マイノリティの起業家精神 ―在日韓人事例研究―』, 株式会社ＩＴＡ, 2003.

韓載香,『「在日企業」の産業經濟史 : その社會的基盤とダイナミズム』, 名古屋大學出版會, 2010.

ほるもん文化編集委員会 編,『ほるもん文化 2 ―はたらく在日朝鮮人』, 新幹社, 1991.

ほるもん文化編集委員会 編,『ほるもん文化 6 ―戦後を生きた在日朝鮮人』, 新幹社, 1996.

ほるもん文化編集委員會 編,『ほるもん文化 9 ―在日が差別する時差別される時』, 新幹社 2000.

黄民基,『完全版 猪飼野少年愚連隊 奴らが哭くまえに』, 講談社, 2016.

◈ 연구논문

① 국내

고정자, 손미경, 「한국문화 발신지로서의 오사카 이쿠노쿠 코리아타운」, 『글로벌 문화콘텐츠』 통권 제5호, 글로벌 문화콘텐츠학회, 2010.

곽진오, 「해방초기 재일조선인의 귀국과 일본에서의 생활에 관한연구」, 『통일연구』 제10권 제2호, 연세대학교 통일연구원, 2007.4.

권숙인, 「일본의 전통, 교토의 섬유산업을 뒷받침해온 재일조선인」, 『사회와 역사』 91호, 한국사회사학회, 2011.

金英順, 「戰後在日韓國・朝鮮人の日本定住への轉換」, 『日本文化學報』 제15집, 韓國日本文化學會, 2002.

김인덕, 「在日朝鮮人 民族解放運動 硏究 : 1925-31년 時期 社會主義 運動을 중심으로」, 成均館大學校 大學院 박사학위논문, 1996.

김인덕, 「1920년대 후반 재일조선인의 생활상태 연구」, 『한국근현대사연구』 5권, 한국근현대사학회, 1996.

김인덕, 「재일본조선인연맹 '제3회 전체대회'에 대한 사실적 고찰」, 『史林』 제25호, 首善史學會, 2006.

김인덕, 「일제강점기 오사카 조선촌의 식문화」, 『동방학지』 163호, 연세대학교 국학연구원, 2013.

김창윤, 「일본의 연합국총사령부 점령기 치안정책 연구」, 『한국경찰학회보』 11권 3호, 한국경찰학회, 2009.

김태기, 「미국무성의 대일점령정책안과 재일조선인 정책 : 일본통의 재일조선인에 대한 인식과 정책결정 과정을 중심으로」, 『한국동북아논총』 제33집, 한국동북아학회, 2004.

김태기, 「미국의 대일점령정책과 재일한인의 경제적 권리」, 『한일민족문제연구』 제23권 한일민족문제학회, 2012.

나주몽・임영언, 「파칭코산업을 통해 본 재일코리안 기업의 네트워크에 관한 실증분석」, 『日本文化學報』 제35집, 한국일본문화학회, 2007.

신상철, 「재일한국인야쿠자 활동과 대응방안 연구」, 『한국동북아논총』 제71호, 한국동북아학회, 2014.

이승연, 「1905년-1930년대초 일제의 酒造業 정책과 조선 주조업의 전개」, 『한국사론』 32호, 서울대학교 인문대학 국사학과, 1994.

이연식, 「왜 식민지하 국외 이주 조선인들은 해방 후 모두 귀환하지 못했을까」, 『내일을 여는 역사』 제24호, 2006.

정용욱, 「일본인의 '전후'와 재일조선인관 : 미군 점령당국에 보낸 편지들에 나타난 일본 사회의 여론」, 『일본비평』 제3호, 서울대학교 일본연구소, 2010.

이혜숙, 「전후 미국의 대일 점령 정책 : 경제 정책을 중심으로」, 『사회와역사』 52권, 한국사회사학회, 1997.

정혜경, 「일제하 在日한국인 민족운동의 연구 : 大阪지방을 중심으로」, 韓國精神文化硏究院 韓國學大學院 박사학위논문, 1999.

조현미, 「在日 韓國·朝鮮人의 集住化 過程과 現狀 : 神奈川縣을 사례로」, 『日本語文學』 제6집, 日本語文學會, 1998.

조경희, 「도쿄 우에노의 로컬리티 형성과 이동하는 하층민 : 우에노 공원 일대를 중심으로」, 『사회와 역사』 97호, 한국사회사학회, 2013.

조경희, 「전후 일본 "대중"의 안과 밖 －암시장 담론과 재일조선인의 생활세계－」, 『현대문학의 연구』 50, 한국문학연구학회, 2013.

최영호, 「재일교포사회의 형성과 민족 정체성 변화의 역사」, 『한국사연구』 제140호, 한국사연구회, 2008.

최영호, 「한반도 신탁통치 문제의 로컬리티 : 해방 직후 재일조선인 사회를 중심으로」, 『한국민족운동사연구』 70호, 2012.

최영호, 「조선인 노무자 미수금 문제와 조련의 예탁활동」, 『동북아역사논총』 제45호, 동북아역사재단, 2014.

최영호, 「해방 직후 박열의 행적을 통해 본 재일한인 사회의 로컬리티」, 『재외한인연구』 제36호, 재외한인학회, 2015.

洪仁淑, 「第2次世界大戰直後 GHQ의 在日朝鮮人政策」, 『韓日民族問題硏究』 1호, 한일민족문제학회, 2001.

황선익, 「연합군총사령부의 해외한인 귀환정책 연구」, 국민대학교 대학원 박사학위논문, 2013.

허광무, 「戰後 日本公的扶助體制의 再編과 在日朝鮮人 : 「'생활보호법' －민생위원」 체제의 성립을 중심으로」, 『日本學報』 제58집, 한국일본학회, 2004.

후지나가 다케시, 「차별어의 탄생, 그리고 그 기억 –'제3국인에 대하여'–」, 『한국사연구』 153호, 韓國史硏究會, 2011.

② 국외

吉田友彦, 「日本の都市における外国人マイノリティの定住環境確立過程に関する研究: 京阪地域における在日韓国・朝鮮人集住地区を事例として」, 京都大学 博士論文, 1996.

金廣烈, 「戦間期日本における定住朝鮮人の形成過程」, 一橋大学 博士論文, 1997.

内薗惟幾, 「税務職員の殉難小史 –酒類密造等の沿革と併せて」, 『税務大学校論叢』 12号, 税務大学校, 1978.

渡瀬誠, 「視点 区画整理による地割りの継承 –大阪市域における土地区画整理事業のまちの成熟への関わり」, 『日本都市計画学会 関西支部だより』 11号, 1998.

島村恭則, 「在日朝鮮半島系住民の生業と環境 –ポッタリチャンサ(担ぎ屋)の事例をめぐって」, 『民具マンスリー』 通号 409, 神奈川大学日本常民文化研究所, 2002.

島村恭則, 「熊本・河原町「国際繊維街」の社会史：闇市から問屋街、そしてアートの街へ」, 『関西学院大学先端社会研究所紀要』, 2013.3.

朴慶植, 「解放直後の在日朝鮮人運動 2」, 『在日朝鮮人史研究』 第2号, 在日朝鮮人運動史研究会, 1978.6.

水野直樹, 「第三国人の起源と流布についての考察」, 『在日朝鮮人史研究』 第30号, 在日朝鮮人運動史研究会, 2000.10.

徐龍達, 「在日韓国人の職業と経営の実態: 「国際化時代」の盲点・差別の社会構造を考える」, 『桃山学院大学経済学論集』 14, 1972.

徐龍達, 「在日韓国人の職業」, 『別冊経済評論』, 1972.9.

徐龍達, 「韓国系商工人の現象」, 『三千里』 8号, 1976.

植松正, 「戦後朝鮮人の犯罪」, 『警察學論集』, 1949.7.

李杏理, 「解放」直後における在日朝鮮人に対する濁酒取締り行政について」, 『朝鮮史研究会論文集』, 朝鮮史研究会, 2013.

鄭祐宗, 「解放後在日朝鮮人の政治社会史」, 大阪大学 博士論文, 2013.

初田香成, 「戦後東京におけるバラック飲み屋街の形成と変容：戦災復興期, 高度成長期における駅前再開発に関する考察」, 『日本建築学会計画系論文集』, 2004.5.

初田香成, 「戦後日本における都市再開発の形成と展開に関する史的研究」, 東京大学博士論文, 2008.

初田香成, 村上しほり, 石榑督和, 「第二次世界大戦後の闇市の全国的な成立・展開と行政の関与 : 自治体史の闇市に関する記述の全国調査」, 『日本建築学会計画系論文集』, 2017.3.

村上しほり, 「三宮東地区「三宮国際マーケット」の形成と変容過程について : 戦後神戸におけるヤミ市と市街地形成に関する史的研究」, 『日本建築学会計画系論文集』693号, 2013.

村上しほり, 「占領下日本の都市空間に関する史的研究 : 神戸におけるヤミ市の生成と展開に着目して」, 神戸大学 博士論文, 2014.

村上しほり・梅宮弘光, 「戦後神戸におけるヤミ市の形成と変容 ―「三宮自由市場」の事例を中心に」, 『神戸大学大学院人間発達環境学研究科研究紀要』, 神戸大学大学院人間発達環境学研究科, 2011.

村上しほり・梅宮弘光, 「『神戸新聞』における「ヤミ市」報道 : 1945年8月15日から1947年3月31日、三宮地区を対象として」, 『神戸大学大学院人間発達環境学研究科研究紀要』, 神戸大学大学院人間発達環境学研究科, 2012.

崔永鎬, 「戦後の在日朝鮮人コミュニティにおける民族主義運動研究 : 終戦直後南朝鮮の建国運動との連動を中心に」, 東京大学 博士論文 1994.

樋口雄一, 「川崎市おおひん地区の朝鮮人の生活状態」, 『海峡』, 社会評論社, 2002.

平林久枝, 「八・一五解放後の在日朝鮮人の生活」, 『在日朝鮮人史研究』 第2号, 在日朝鮮人運動史研究会, 1978.6.

「大阪再発見Vol.2(2)鶴橋・猪飼野 ―旧村の歴史とコリアン文化が同居するまち」, 『CEL』 2001.9.

5. 구술 · 르포 · 인터뷰

① 국내 및 번역본

공봉식 · 이영동, 『재일동포』, 문학관, 1997.

노무라 스스무, 강혜정 · 정동선 역, 『일본, 일본인이 두려워한 독한 조센징 이야기』, 일요신문사, 1999.

이남호, 『在日僑胞 立志傳 －눈물의 關釜連絡船』, 삼보문화사, 1981.

이민호, 『(신한은행을 설립한) 자이니치 리더 : 벼랑 끝에서 일어선 재일교포 성공담』, 통일일보, 2015.

이붕언, 윤상인 옮김, 『재일동포 1세, 기억의 저편』, 동아시아, 2009.

재일제주인의 생활사를 기록하는 모임, 김경자 옮김, 『안주의 땅을 찾아서』, 선인, 2012.

정순태, 『신격호의 비밀』, 지구촌, 1998.

조맹수, 『한국은 조국 일본은 모국: 戰後 재일동포들이 말하는 在日』, 높은 오름, 1995.

청암대학교 재일코리안연구소, 『재일코리안의 생활문화와 변용』, 선인, 2014.

청암대학교 재일코리안연구소, 『재일코리안의 삶과 문화』, 선인, 2015.

② 국외

かわさきのハルモニ・ハラボジと結ぶ2000人ネットワーク生活史聞き書き・編集委員會 編, 『在日コリアン女性20人の軌跡』, 明石書店, 2009.

吉見義明, 川田文子, 「姜徳相さん氏からの聞き取り 第1回 －ある在日朝鮮人の戰中体験と戰後体験」, 中央大学商学研究会, 2012.12.

藤永 壯, 高 正子,伊地知 紀子 他, 『解放直後・在日済州島出身者の生活史調査』, 大阪産業大学論集, 人文・社会科学編, 2000.10~2015.11.

「百萬人の身世打鈴」編集委員編, 『百萬人の身世打鈴:朝鮮人强制連行・强制勞動の「恨」』, 東方出版, 1999.

石井光太, 「浮浪児1945」, 『新潮45』, 2012.5~2013.5.

小熊英二, 姜尚中 編, 『在日一世の記憶』, 集英社, 2008.

塩満一, 『アメ横三十五年の激史』, 東京稿房出版, 1982.

長田昭, 『アメ横の戦後史 : カーバイトの灯る闇市から60年』, ベストセラーズ, 2005.

前川恵司, 『韓国・朝鮮人 : 在日を生きる』, 創樹社, 1981.

川田文子, 『ハルモニの唄 : 在日女性の戦中・戦後』, 岩波書店, 2014

『庶民の体験 : 戦後30年 忘れ残りの記 上』, 佼成出版社, 1975.

『在日のくらし －ポッタリひとつで海を越えて－』, 昭和のくらし博物館, 2009.

6. 전기 · 회고록 · 일기

① 국내 및 번역본

강명운, 『재일코리안 할머니와 한국의 파워』, 청암대학교 재일코리안연구소, 2012.
사노 신이치 저, 장은주 옮김, 『손정의 －끊임없이 시대를 휘젓는 손정의의 숨겨진 이야기』, 럭스 미디어, 2012
이성우, 『일본에서 지내온 세월들 －재일교포 할아버지 이야기』, 이담북스, 2011.
이진희, 이규수 옮김, 『해협 －어느 재일사학자의 반평생』, 삼인, 2003.
장훈, 『방망이는 알고 있다 －張勳自傳』, 서문당, 1977.
정환기, 『일본에서 보이는 세상』, 동아일보사, 1998.

② 국외

姜徹, 『足立から見た在日コリアン形成史 : 済州島 · 東京足立に生きた私の半世紀』, 雄山閣, 2010.
金本春子, 金性鶴 著, 『Haruko : 母よ!引き裂かれた在日家族』, フジテレビ出版, 2004.
綱島信吉, 『昭和を切り拓いた男 : 上野闇市から世界企業へ』, 星雲社, 2007.
朴慶植 外, 『體驗で語る解放後の在日朝鮮人運動』, 神戸學生青年センタ-出版部, 1989.
朴慶植, 『在日朝鮮人—私の青春』, 三一書房, 1981.
朴日粉 編, 『生きて, 愛して, 闘つて : 在日朝鮮人一世たちの物語』, 朝鮮青年社, 2002.
朴憲行, 『在日韓國人一世 : 戦後50年の想い』, 新幹社, 1995.
山田風太郎 著, 『戦中派闇市日記 －昭和22年 · 昭和23年』, 小学館, 2003.
鈴木栄二, 『総監落第記』, 鱒書房, 1952.
李鐘泌, 『私の見て来た大分県朝鮮民族五十年史』, 東九企画, 1992.
長田昭, 『アメ横の戦後史—カーバイトの灯る闇市から60年』, ベストセラーズ, 2005.
韓晳曦, 『人生は七転八起』, 岩波書店, 1997.

▎박미아

서강대학교 신문방송학과 졸업

서강대학교 사학과 석사(일본 근현대사 전공)

서강대학교 사학과 박사(한국 근현대사 전공)

청암대학교 재일코리안 연구소 학술연구교수

재일코리안의 생활사에 관심을 가지고 관련 연구를 하고 있으며 저서로는 『재일코리안의 생활 문화와 변용』(공저, 선인, 2014)이 있다.